蘭臺國學研究叢刊 第一輯 5

中國傳記文述評

毛鵬基 著

蘭臺出版社

總序

夫國學者，一國固有之學術思想也；此乃民族精神之所基，國家靈魂之所依，文化命脈之所寄。吾泱泱中華之所以卓然傲立於世數千載，端賴於此道統思想薪火相傳，燈燈無盡，代代傳衍，不絕如縷。故四大文明古國，獨中國存世於今，此誠世界文明之奇蹟，亦吾國歷代知識份子之功也。然自清末列強交侵，民初之「五四運動」以來，西潮如浪，澎湃洶湧，傳統之學術思想受到極大的衝擊，頗有「經書緒亂，書缺簡脫，禮壞樂崩」之勢。

中國自上古時代起即有史官記事之傳統，綿歷於今數千年不衰；歷代知識份子亦皆有傳承道統思想之自覺。傳統學術思想之傳承，有賴於斯。更切要者，乃在中國傳統之學術思想與人生關係密切，無一不可於日常生活中確實篤行，且隨其歲月歷練淺深之不同，而有不同之感悟，如張潮於《幽夢影》中所言：「少年讀書，如隙中窺月；中年讀書，如庭中觀月；老年讀書，如臺上玩月，皆以閱歷之淺深，為所得之淺深耳。」此乃吾國學術思想之特色和引人入勝處，亦是與西方之純哲學與人生決無關涉所不同者。

於今物質勃發，人心飄搖無著之際，中國哲學當有所裨益於世，所謂「求其放心」，進而能「為天地立心，為生民立命；為往聖繼絕學，為萬世開太平」。更有甚者，在於一國之復興，必先待國學之復興；一國之強盛，必先待國學之強盛！未見一國之富強而國學不興盛者。國學興盛，民族精神方有基礎，國家靈魂方有依憑，文化命脈方有寄託。

蘭臺於此時出版「蘭臺國學研究叢刊」，除傳承固有之國學命脈，亦是為故國招魂，更深信東方哲學是本世紀人類文化的出路，在舊傳統裡尋找新智慧，將大有益於世。希冀此叢刊的出版，能收「雲蒸霧散，興化致理，鴻猷克贊」之效。

蘭臺出版社

毛鵬基教授全集序

毛鵬基教授，江蘇宜興人，民國前三年（1909）生，享壽八十六歲。家世耕讀，1928年入「無錫國學專門學院」，後改為「無錫國學專修學校」，畢業旋即攷入上海商務印書館編審部工作，與同學王紹曾等人參與校印「四部叢刊」、「百衲本二十四史」等巨著。於先秦學術思想興趣濃厚，用力最多，在商務印書館任內廣泛涉獵，曾與同學馮書耕有約：共同編寫「四部論」，為「四部叢刊」提要勾玄，作為導讀，經七年努力，已近完成。怎奈抗戰軍興，回鄉率領青少年子弟毛鴻基等二十餘人，徒步向大後方轉進，經長途跋涉，多次涉險，終於抵達重慶，曾有「避難日記」，詳加敘述，可惜早已佚失，余幼時於父摯輩閒談中，尚略聞一二。「四部論」的原始文稿，也在日後的遷徙中丟失，曾為此懊惱不已。

文化和教育乃國家命脈所繫，重慶商務印書館是當時全國最大的出版機構，日寇軍機多次地毯式轟炸，商務印書館也是重要目標，在一次轟炸中，曾險些喪命。旋應召從軍，帶筆從戎；抗戰勝利，受聘南京國民大會祕書，尚未到職又奉命隻身來台在警備總部，創辦「民眾服務站」，擔起民眾組訓與調解糾紛之責，與當時工商業者相知甚稔，因熱忱服務，清廉自持，普受民眾信賴和敬重。以上校副處長除役，轉任黨職，在臺北市黨部工作時與同事馬鶴凌，理念相同，相知相惜。分離多年後，在芝山岩相遇，曾蒙題詩相贈，茲錄於后：

歸隱泥塗意自如，芝山岩下結廬居。聖徒舊是薪傳者，嘯傲林泉合著書。
菊徑松坡扉半開，扶笻親引故人來。烹茶細說還山後，傳道傳經亦快哉。
一別都門廿五年，舊時風骨更清堅。欣聞徹夜燃藜事，想見山居不羨仙。
我亦泥塗衛道人，甘為赤子老風塵。海天握手情何限，放眼乾坤且自珍。

在離開黨職後，重回學術天地，應張其昀之聘在文化學院任教，即今之中國文化大學，近三十年之久。其間曾自設「雅言出版社」，便利出刊國學專書。

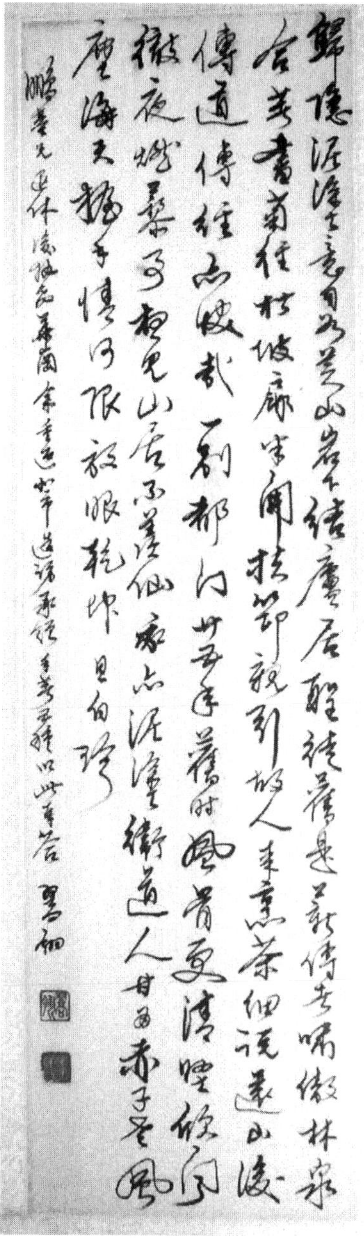

馬鶴凌〔翯翎〕先生題詩

無錫國專與民國以來國學的命脈密不可分，校長唐文治，字蔚芝，以救國救民為宗旨，抱捨我其誰的胸襟，以堅毅不撓之精神，首先創辦南洋大學，師法西洋，發展科技；繼而創辦無錫國專，傳承優良固有文化。科技與人文並重，希冀本末兼治，特從教育著手，致力培植振興國家民族的基礎人才。抗戰時期，國專也輾轉搬遷，雖然物質條件極度困窘，顛沛流離，仍弦歌不輟，絕不放棄！而唐校長當時雙眼已失明，靠助教為其讀文和板書，加上嚴重的糖尿病，身體衰弱，但仍親自授課！

錫國專招生，除嚴格筆試之外，唐校長都親自口試，精挑細選，入學者絕無僥倖，因此招生不多，卻人才輩出。「敦品勵節，修身養性」，是國專所強調的，非但在平時，而在危難之時，尤其能堅持不違。自校長以下，教師與學生都能以「孰讀精審，循序漸進，虛心涵泳，切己體察。」作為辦校和求學的圭臬。新生入學先求博覽，厚植基礎之後，再由博返約，集中在興趣相近的專項，不抄捷徑，不尚空談，不趨時尚，不畏批判，都能以發揚我國固有文明，為「舍我其誰」的終身職志！基於國專的傳統，畢業生在社會上給人的觀感，當然與眾不同。雖然不是個個「博古通今，學究天人」，但是都可以稱得上經師人師，足以表率群倫！

中華文化以人為本，重點在講求個人和社會的和諧關係，強調的就是「人倫」，是最務實的哲理。禮義道德為人生的基址，知識學問如同建築在基址上的屋宇。沒有強固的基礎，不可能有宏大的建築；沒有道德的人，學問反而更助其為惡。知識份子要學以致用，濟世利民，不泥古，不矯情，不欺暗室，去偽存誠，躬行實踐，為民表率！文化涵蓋生活中的一切，包括物質和精神兩個層面：有從橫切面看到某一時期的社會，也有從縱切面看到歷史的演變。其中支配著整個文化進程的，就是人文思想。中華文化在先秦，就已有多樣而且成熟的哲思，有文字記錄在典籍，延續了數千年之久，是世界文明史上最光輝的一頁。歷代的戰禍，對古籍的破壞，固然是無可彌補的損失，而近世國人對自身文化的蔑視，才是最大的危機！

整理古籍是目前當務之急，若不能將有學術價值的著述保存下來，時間一久就會被遺忘，甚至被煙滅。普及國學，不能祇喊口號，第一件事就要保存古籍，但是古籍浩瀚，要能精擇細選，避免遺珠之憾。第二步是要整理古籍，把內容散亂的重新編排，使之易於閱讀，便利初學者。第三步，在古籍的基礎上，配合當代的環境，闡發其精義，而不是以現代人的眼光，作狂妄的批判。有人認為，社會不斷在進步，為什麼要抱殘守缺，應該順應新時代的潮流。乍看似乎有理，但若以生物演化的速度來看，幾千年或幾萬年，在自然界只算是一瞬間而已，人類在最近一萬年內基因結構的改變，實在微乎其微。雖然人類發明了許多前人沒有的工藝技術，物質條件不斷改進中，但是今人和兩三千年前古人的遺傳基因並無差異！人與人相處的基本關係，並沒有改變：人們要追求理性和平的社會，要仰賴互助合作的關係，要父慈子孝兄友弟恭的親情，要誠信互敬的友誼，要有關心民生疾苦的政府，要有道德素養高深的領袖，諸如此類，並沒有今古或中外之別！那麼為什麼要拒絕學習前人的智慧？排斥先人的教訓？

「博學、審問、慎思、明辨、篤行」，是做學問的步驟，以現代語言來說，就是要大量涉獵，小心假設、虛心求證、實踐篤行。先要大量收集資料，瞭解其中的內容，有了充分的背景資料，再小心選定要探討的主題。主題的選定非常重要，不可以輕率大膽假設，若是弄錯方向，將是失之毫厘，差之千里。經過了謹慎思攷和研討，虛心接受事實，証明真相，確認無誤，就要切實奉行。

書固然要博要精，更重要的是能融會貫通：通情達理，捨短取長，師法先哲，以為己用。先秦諸子百家，處衰周之亂世，其言論皆以救世濟民，除弊安邦為宗旨。著眼處不同，主張也相異，做法當然也不一樣。春秋戰國是中國文化史上的大黃金時代，百家爭鳴，門戶各立，各是其是，而非其所非。各家主張自有獨到之處，但也難免一偏之譏。「諸子十家平議述要」，扼要說明各家立論的主旨和矯正當時社會亂象的方法。就各家相互批評和爭議之中，整理出各家學說的優劣點。實際上，百家之說雖然不同調，甚至相互譏評，勢同水火，但各有所用，如偏執於一家之言，就會像沈滯於泥濘之中，難以自拔。反之，若能摘取各家之長，偏者裁之，缺者補之，各家都可取法；相反又能相成，相滅亦能相生！

「論孟會通」是「論語會通」和「孟子會通」兩書的合訂本。古本論語因編次體例，均無定則，學者茫無頭緒，教者也難作有系統之講述。論語為孔子學說之精髓，孟子一書則為繼孔子之後，最能發揚儒家精神的代表，均為研習固有文化學術所必讀。為便於研習與講述，經過重新編目，以類相從，次第相關，各有所歸，不需苦思力索，即能得其融會貫通。

不語：怪力亂神，並非否定其存在，而是對未知事物，持保留態度，並非劃地自限。以孔子的智慧，尚且無法解釋許多現象，所謂知之為知之，不知為不知，不強不知為知。對一般人而言，實在沒有必要在這些方面浪費時間和精力。「齊諧選編」與「異夢選編」二書，是把古人神道設教的精神，加以宣揚，以勸善濟世存心，在物慾橫流人性墮落之世，有矯正世俗的偏差，端正人心的作用，千萬毋以迷信視之。迷信是若本無其事，卻盲從而附會之；

若確有其事，經親身體驗之奇事，不能因無法解釋，而歸之於迷信。兩書之編，旨在鍼薄俗而砭澆世，藉以有所警惕，亦有助於教化。

「傳記文述評」一書，為「傳記」與「文」正名，攷鏡源流，區別傳記文為經學、歷史、文學三大類，並詳述其原起、流裔、作法等，為傳記文體之特識創獲。

臺北市「蘭臺出版社」為宏揚中華文明，不計工本，重刊民國以來國學專著，不使日久湮滅，厥功至偉。為所當為，勇氣可嘉！謹向盧瑞琴女士與蘭臺全體仝人致敬！

中華民國壹佰零壹年壬辰上元日毛文熊謹記於臺北旅次

序

毛君鵬基，撰「中國傳記文述評」既成，以書抵余，謂事煩少暇，未能深考，疏漏必多。囑為校閱評裁，獻替可否。余於傳記，未嘗深涉，知之甚淺。安足以措一辭？惟籀誦全書，可得而言者，有數端焉。

世之論傳記者多矣！有但言其源，未竟其流者；有但言其流，未溯其源者。有混經學傳記於歷史，混歷史傳記於文學者；其故何也？蓋我國傳記，源流綿長，名目煩多，非觀其會通，析其微芒，則不免得此而失彼，知一而遺二，無足怪也。夫傳記，由經而出，由一本而散為萬殊。世所謂注疏、箋解、故訓、釋義、題跋、序引、述錄、考辨；及讀某書、讀某文，書某集後，書某文後；曰贊、曰評、曰論、曰說、曰傳奇、曰平話、曰劇曲，要皆為傳記所衍變之派流支裔也，毛君考鏡源流，區分義類，舉凡異名同實之文，各從其類，分別納之於經學、歷史、文學三者傳記之中，義界既明，條序秩然，名目雖多，要不出此三者之範圍。世之從事傳記研討撰著者，可即類以求，無相奪倫，涇渭自分矣。是乃毛君特識創獲，有足稱道者也！

毛君言：「治學為文，均應有正確之目標」。正確目標者，即端正趨向也。其以目標之正確與否，有易見，有一時未易察知者：詭言邪說，怪異誕妄，足以導人為非之稗野，此易見者也；若傳經之儒，稽古之士，標榜門戶，相互是非，競名爭勝，趨向偏激，孰當孰否，難衷一是；然雖各執一端，而亦各有所明，未為無取也。等而下之，則有附會經義，牽合傳說。創託古改制之說，著新學偽經之考，鑿空臆斷，蔓衍支離，有背學術，已失道真。雖指斥有人，言猶未已，而拾其餘唾，考史疑古者又起，徒漲囂風，有昏耳目，衆醉猶醒，是非顛倒矣。尤有甚者！喜為異說而不讓，敢為高論而不顧，詆譭先聖，毀棄禮教。後學小生，喜新厭故，叫囂跳踉，此倡彼酬。是乃學術之大厄，世道之隱憂。有人起而爭之者，則同聲斥之為背逆時潮，玄黃反覆，黑白莫辨矣。雖事經久而論定，而遺患已深，雖有大力，莫之能挽。治學為文，應有正確之目標，誠救時之藥石也。

自古鴻文鉅製，豈能備善，一無可議？毛君曰：「無傷也，前人有偏失，後人能補之，則偏者全，失者得矣。無如世士，虛衷者少，自滿者多。人人自以懷瑾握瑜，純善無疵，挾恐見破之私意，而無從善服義之公心。人有稱我善者則喜，言我短者則慍。由是諛佞日進，諍言莫聞，驕矜自大，惟我是尊，此文人之通病，大抵然也」。毛君之撰是書，進退百家，臧否前修，是則是之，非則非之，要在期於允洽；而其望於人也，冀能匡其失而正其誤。其言：「昔人有為易一字而下拜，苟有人賁賜匡糾，則當拜賜之不暇，而我何慍之有」？陸祁孫曰：「君子之於學也，自為之與他人為之，無以異也」。明乎文字通流之義，則可以相因為益；且人可改我之文而入彼集，我亦可改人之文而入我集，古人恒有之事，不以為嫌也。猶之善用人者，可因人之長，而為我之長，不僅學問文章而已。

余嘗謂學問文章，貴能救弊補偏，發前人所未發，非此則皆可以不作。毛君區傳記為經學、歷史、文學三類。於名目繁多中，各依類相從，有條不紊，此乃前人所未言，自毛君發之也。學問文章，所以趨於偏歧，由無正確之目標所致。前人有缺，後人補之；我之有失，人能糾之，互補相益，可臻備善，此救弊補偏之謂也。此書於此數者，庶幾近而有之。書中所言，固不僅此，繹其歸趣，要不外是。傳記範圍至廣，自難括囊無遺。言而未盡，畧而欠周，詎能無之；惟大綱已舉，嗣後補之益之，可臻邃密，毋煩深功矣，謹撮舉書中要旨數端，特表而出之，以為引喤云爾！

中華民國六十七年歲次丁巳七月日漂陽馮書耕謹序

中國傳記文述評

目次

中國傳記文述評

宜興毛鵬基述

緒言第一

世之凡百事物，大抵其始也微而後著，其始也簡而後繁。因之其始之名也一，而其後則分。當其既分之後，名各有主，則便不得混；如大江之發源，其流甚細，及至下游，則支分派別，寖廣寖多。如木之由一本，而枝葉扶疏，漸盛漸茂。尋其源本則一，討其枝流則殊。一致而百慮，殊途而同歸，凡事莫不然也。若夫大江一也，其派流分歧，則爲漢、爲淮、爲湖、爲沼、爲溪、爲澗，各同其本質名之。各有其名，則不能稱漢爲淮，稱湖爲沼，稱溪爲澗；稱漢、淮、湖沼爲江也。其於木也亦然，推而至於學問文章，亦無不皆然。何以明之？我國學問文章，莫非原六經，由經而後有經學之傳記，由經而後有歷史之傳記，由經而後有文學之傳記；然在古時，凡著之竹帛者，皆可稱之爲文，爲文章，爲文學；可將經學、歷史、文學之傳記，胥以文，以文章，以文學歸納而統稱之。吾人觀於論語所言，便可知之。論語學而篇曰：

孔子曰：「弟子入則孝，出則悌，謹而信，汎愛衆，而親仁，行有餘力，則以學文」。正義曰：「能行以上諸事，（卽入則孝，出則悌，謹而信、汎愛衆而親仁）仍有閒暇餘力，則可以學先王之遺文。若徒學其文，而不能行上事，則爲言非、行僞也。注：「言古之遺文者，則詩、書、禮、樂、易、春秋六經是也」。

觀此，知古人所謂「文」，爲先王之遺文；遺文，卽詩、書、禮、樂、易、春秋六經，六經文學之價值固甚高，但古人之所重者不在此。故朱注曰：「愚謂力行而不學文，則無以考聖賢之成法，識事理之當然；而所行或出於私意，非但失之於野而已」。此言失之於野，「野」與「文」相對，古人謂文爲儀文，亦涵有今人所謂文學之意。但古人學文，在考聖賢之成法，識事理之當然，而後方能不失於野；不失於野，是學文之末，而非其本。論語八佾篇曰：

子曰：「周監於二代，郁郁乎文哉！吾從周」。正義曰：「此章言周之禮文猶備也。周監於二代，郁郁乎文哉者，監，視也；二代，謂夏、商；郁郁，文章貌。言以今周代之禮法文章，回視夏、商二代，則周代郁郁乎有文章哉！吾從周者，言周之文章，備於二代，故從而行之也。」

此言周代之「文」，與上述學文之「文」，無大殊異。其詮釋之謂：「周代之禮法文章，視夏、商二代，則周代郁郁乎有文章」。易言之，夏、商二代禮法，質而少文，至周而具有華美之觀，質有其文矣。故曰：「周之禮文猶備也」。亦卽禮法典章中，涵有藝文之意。朱注：「二代，夏、商也。

言其視二代之禮而損益之。郁郁，文盛貌」。尹氏曰：「三代之禮，至周大備矣，夫子美其文而從之」。此言禮法之「文」，與今人所言文學之「文」不同。論語雍也篇曰：

子曰：「君子博學於文，約之以禮，亦可以弗畔矣夫」！正義曰：「畔，違也。此章言君子若博學於先王之遺文，復用禮以自檢約，則不違道也。」

此將「文」與「禮」對擧，似若純就文學而言；但正義解謂：「博學先王之遺文」。遺文見上注，謂詩、書、禮、樂、易、春秋六經也。朱注：「君子學欲其博，故於文無不考；守欲其要，故其動必以禮。如此，則可以不背於道矣」。朱子言：「於文無不考」，視正義所言涉及更廣。於此，知所謂之「文」，非如今人所言文學而已。又論語述而篇曰：

子以四敎：文、行、忠、信。正義曰：「此章記孔子行敎，以此四者爲先也。文謂先王之遺文，行謂德行，在心爲德，於事爲行。中心無隱謂之忠，人言不欺謂之信。此四者，有形質，故可擧以敎人也」。

此以文、行、忠、信四者爲言，而以文居先，似若此「文」字但就文學而言；而正義訓「文」，謂先王之遺文。蔣伯潛四書讀本中釋此章，言：「文謂詩、書、禮、樂等典籍，行謂德行，此二者致知力行之敎。忠與信，則爲品性之訓練。孔子以此四者敎人，知識、行爲、品性三方面並重也。孔子行敎，以此四者爲先」。解說頗爲詳明。此所謂文，與今人所言之文學亦異。次之言文章。論語泰伯篇曰：

子曰：「大哉！堯之爲君也，巍巍乎！唯天爲大，唯堯則之：蕩蕩乎！民無能名焉！巍巍乎！其有成功也！煥乎！其有文章」！正義曰：「……煥乎其有文章者，煥，明也。言其立文垂制，又著明也」。

此言立文垂制，又著明也，以訓釋煥乎其有文章，與周監二代，郁郁乎文之意相參，彼祇言文，而此言文章，義亦無甚區異，但較簡括。朱注：「成功，事業也；煥，光明之貌；文章，禮樂法度也」。簡言之，文章，卽堯之禮樂法度，光輝有文彩也。是知古人言「文」，言「文章」，固涵有藝文之意，但並非爲文言文，爲文章而言文章。其文其文章之郁郁，煥乎，由禮樂法度之美備，而著明光輝於外也。與今人所言爲文學而文學亦不同。又論語公冶長篇曰：

子貢曰：「夫子之文章，可得而聞也；夫子之言性與天道，不可得而聞也」。正義曰：「此章言夫子之道深微，難知也。子貢曰：夫子之文章，可得而聞也者，章、明也。子貢言夫子述作威儀禮法，有文彩形質著明，可以耳聽目視，依循學習，故可得而聞也」。

此以夫子述作威儀禮法，有文彩形質著明，以訓釋夫子之文章。朱注：「文章，德之見於外者，威儀文辭皆是也」。此言夫子文章，無非威儀禮法文辭，有文彩煥發於外之意。以上言文章，次言文學。論語先進篇曰：

子曰：「從我於陳、蔡者，皆不及門也。德行：顏淵、閔子騫、冉伯牛、仲弓；言語：宰我，子貢；政事：冉有、季路；文學：子游、子夏」。邢昺疏：「若文章博學，則子游、子夏也」。

邢疏以「文章博學」，以釋文學，惟非今人所言狹義之文學，且欠明顯。蔣伯潛四書讀本，注釋此文，謂：「孔子之學，是學做人，所以德行列爲第一，言語列爲第二。因孔子時，列國並立，做官的人，常要出國辦外交，所以說話極其注重。政事，是政治學識，而能從政的人才。文學者，能讀詩書，知典則的人」。於此，知孔子言文學，亦非但就文學而言文學也。吾人觀於後來傳六經之學者，多出子夏之門，則知孔子所謂文學，爲能讀詩書，知典則之人，而非以文爲學而已也。此但學論語中，所言「文」、「文章」、「文學」三者而言，在其他典籍言及此三者，亦有之，大多相同。於此知古人論「文」論「文章」，論「文學」，多從廣義而言。自秦漢而後，作者輩出，篇章日多，則漸次由總而趨於分，於是經學與史學分，史學又與文學分，出於時勢之不得不然。在史記，前漢書中，列有儒林傳，而無文苑傳；但雖無文苑傳，將能文之士，各別爲傳，似若別出於傳經之士儒林傳以外者。即其所立能文之士列傳觀之，亦多非純粹文學之作。其著作雜兼子史者頗多。至東漢，則顯有分異，故後漢書於儒林傳外，而立文苑傳以爲之對。經學與文學，不併爲一談。但考之後漢書文苑傳，列舉作者所爲之文，如杜篤所著賦、誄、弔、書、讚、七言、女誡及雜文凡十六篇，又明著世論十五篇。劉珍著誄、頌、連珠凡七篇；又著釋名三十篇，以釋萬物之號云。所謂明世，乃子家之遺；釋名，以釋萬物之號，同於劉熙釋名，爲訓釋名物之作，皆與文學無關。則文學與經學之界限雖分，猶未謹嚴也。自前漢書起，多爲作史者立專傳，如前漢書有司馬遷傳；後漢書有班固傳之類。雖未表明爲史家立傳，亦表示史家與經學家、文學家不同科。其後正史，亦相承爲史家立傳，則史學與經學、文學，於無形中分而爲三。下逮魏晉六朝，文尚華藻，而有文筆之分，以有韻者爲文，無韻者爲筆。但在魏世，上承東漢，論文識解，雖與之相近，而已趨向純文學之途，猶不甚嚴密也。如魏文帝與吳質書曰：

觀古今文人，類不護細行，鮮能以名節自立；而偉長獨懷文抱質，恬淡寡欲，有箕山之志，可謂彬彬君子者矣；著中論二十餘篇，成一家之言，辭義典雅，足傳於後，此子爲不朽矣！德璉常斐然有述作之意，其才足以著書，美志不遂，良可痛惜！間者歷覽諸子之文，對之抆淚，既痛逝者，行自念也！孔璋章表殊健，微爲繁富；公幹有逸氣，但未遒耳；其五言詩之善者，妙絕時人。元瑜書記翩翩，致足樂也！仲宣屬自善於辭賦，惜其體弱，不足以起其文；至其所善，古人無以遠過。（文選）

魏文帝所言徐幹著中論二十餘篇，成一家言，中論爲諸子之遺，屬於子家，而與德璉（應瑒字）孔璋（陳林字）公幹（劉楨字）元瑜（玩瑜字）仲宣（王粲字）並舉。其於典論論文中亦提徐幹及孔融。於此知漢魏之間論文，別文於經史之外，而未別出於諸子之外也。逮至晉代，似較嚴而仍未澄清，如陸機文賦所學文體，其曰：

詩緣情而綺靡；賦體物而瀏亮；碑披文以相質；誄纏緜而悽愴；銘博約而溫潤；箴頓挫而清壯；頌優遊以彬蔚；論精微而朗暢；奏平徹以閑雅，說煒曄而譎誑。

清代阮元芸臺言文賦，賦及十體，而未言史子，以此十體，合於昭明文選選文，「事出沉思，義歸翰藻」之旨。不悟「說煒曄而譎誑」之「說」字，指戰國時遊說之士之說辭而言，非論說文之「說」也。戰國說士之言辭，具載戰國策，戰國策乃屬於史，亦可作縱橫家言讀，縱橫家言屬於子也。縱橫家無專書，卽鬼谷亦僞託，欲知縱橫家之意旨，舍戰國策無自。故在晉代，文學與史子之界限，仍未畫清也。至蕭梁則畫清矣。梁昭明太子文選序曰：

若夫姬公之籍，孔父之書，與日月俱懸，鬼神爭奧。孝敬之準式，人倫之師友；豈可重以芟夷，加之剪截？老、莊之作，管、孟之流，蓋以立意爲宗，不以能文爲本；今之所撰，又以略諸。若賢人之美辭，忠臣之抗直，謀夫之話，辨士之端，冰釋泉涌，金相玉振，所謂坐狙丘，議稷下，仲連之却秦軍，食其之下齊國，留侯之發八難，曲逆之吐六奇。蓋乃事美一時，語流千載，概見墳籍，旁出子史。若斯之流，又亦繁博；雖傳之簡牘，而事異篇章。今之所集，亦所不取。至於記事之史，繫年之書，所以褒貶是非，紀別異同，方之篇翰，亦已不同。若其贊論之綜緝辭采，序述之錯比文華，事出於沉思，義歸乎翰藻，故與夫篇什，雜而集之。遠自周室，迄于聖代，都爲三十卷，名曰文選云爾！

觀此，知昭明別經史子於文外，與經學傳記，史學傳記，以及諸子之說，區別界分，所選之文，以文學爲歸，與今人所言之文學，則不約而同。其言：「謀夫之話，辯士之端，冰釋泉涌，金相玉振」，所謂「坐狙邱，議稷下，仲連之却秦軍，食其之下齊國」云云，正是陸機所言：「說煒曄以譎誑」也。故吾謂在晉代畫文與非文之界限，尙未清者以此。同時梁元帝金樓子，有文筆之說，與昭明選文之旨相同，不備列舉。亦爲阮元所言如文選序，別出經史子之外者謂之文，其餘皆謂之筆，以其非沉思翰藻也。阮氏只以駢偶之作爲文，而散行之作爲筆而非文，其觀念仍未澄清，而不知擧凡抒情之作，不論有韻無韻，爲駢爲散，皆屬於文學之範圍。闡理述事之作，即駢偶之文，亦不屬於文學之範圍。阮氏之意，在排斥古文於文之外，而以駢偶有韻之作謂之文。如藥性賦，八股文駢體也，可以謂之「文」乎？有無纖毫文學之氣息？

以上所述，在說明我國古人所謂之「文」、「文章」、「文學」，擧凡載之竹帛之文字，皆可以文，以文章，以文學稱之；所謂廣義之文學也。一如大江之發源，無所分異，迨後作者輩出，篇章日富，不拘於一格；一如大江下游支流分異，而有漢、淮、湖、沼、溪、澗之別，而各賦以名稱。其名既立，則不能皆稱爲江。而傳記中，有屬於經學，屬於歷史，屬於文學，亦猶是也。其名既立，屬於經學之傳記，不能與屬於歷史之傳記相混；屬於歷史之傳記，亦不能與屬於文學之傳記相混。以往載籍中，往往相混而不分，時至今日，應加以鑒別，釐清界限，不能涇渭不分，混爲一談。故本書名之「中國傳記文述評」，而不曰「中國傳記文學述評」者，以傳記實括經學、歷史、文學三者，而非傳記文學所能概之也。

或曰：屬於經學、歷史、文學傳記之作猥多，何得以此三者而概括之？余謂屬於經學、歷史、文學之傳記，不知凡幾，若每類細加分別，各可得數十目，以其各人著作主張之不同，派別之分歧，研究某一家，某一派之學術思想，藝文撰著，可以縷分條別以明其究竟。今爲欲明傳記文義界限，故各依其性質之相同，以此三類而統攝之。傳記文之作雖多，舉凡所有傳記之作，胥不出此三者之範圍。以此三者括所有傳記文，各舉要而討論之，在畫清其界限，不致混淆，與但研究某一家，某一派之傳記者，不能同類而共語也。故不論古人及今人所作之經學、歷史、文學傳記，統稱之爲「文」則可；而以所有傳記，概以文學名之；或要求爲傳記者，必須具有文學之價値亦不能。但取經學、歷史傳記，具有文學之價値者，用爲爲文之借鏡，揣摹倣效，作文學讀則可；而以此卽爲傳記文學則不可。以經學、歷史傳記，其所重者，而非文學也。玆先舉其綱要，說明我國傳記，有此三類，以發其端。以下條分三類傳記之原起、類別、流裔、作法及餘論等凡八目，而論次之。述緒言第一。

凡事莫不有其本源，由其本源之所發，則不能無變而無弊。不由其流而溯其源，不由其末以尋其本，則其利病得失不可得見，亦不能取其長而懲其失。章學誠言：「唐宋八家之文，皆無旁出，可因集部之目錄，而推論其要旨，以見古人所謂言有物而行有恒者，編於敍錄之下，則一切無實之華言，牽率之文集，亦可因是而治之，庶幾辨章學術之一端」。（校讎通義）其謂「可因集部之目錄，而推論其要旨」者，即窮源竟委之意也，能窮源竟委，可知文章利弊得失之所在。傳記之原起自六經；而六經由孔子據古史修訂而成；經由古史修訂而成；而經與古史則有別。傳記爲闡發經義，故先有經而後有傳記，在傳記中，要以經學之傳記爲最早，是以言傳記，不可不明傳記與經之關係也。述傳記原起第二。

傳記之大別有三：一曰經學傳記；二曰歷史傳記；三曰文學傳記。而三者之中，往往混而不分。經學傳記，爲闡發經義，此人所知也。歷史傳記，亦並非與經義無關，如公、穀，則重在明經義，亦有述事；此當屬於經學之傳記。如左氏傳，則重在述事，而間亦明經義，此當屬於歷史之傳記。欲明經義，亦須明事，事明而經義亦明；但述事固可明經義，而不能深入以闡發之，則所明之經義，則較淺而不深。二者實相成而不相背，故亦易滋混淆；但左氏傳則述事編年之史也。一變而爲傳人之傳記，二十四史皆是也。劉知幾所謂「二體」者，即編年與紀傳也。傳經之義之傳記，固由經而出，而述事傳人之傳記，亦由經而出，雖皆由經而出，其性質作用不同矣。文學傳記，亦由經而出。人有以屈子離騷，爲屈原之自傳，其開端即敍世系生日及命名，以及所遭罹之憂患，懷忠君愛國之忱，不爲人見諒，而遭放逐，固可作爲屈原自傳讀。惟其所言，皆爲引述事物，借以抒悲憤之情，與實事求是歷史傳記有別；雖可視爲屈原之自傳，乃屬文學之傳記，而非歷史之傳記也。歷史、文學之傳記區分卽在此。亦爲證實與抒情之不同，世人多以證實之歷史傳記，視同抒情文學之傳記，不無忽略也。述傳記類別第三。

經學之傳記，其目的固在闡發經義，而經義無窮，非一人之撰著所能盡之。因之有前人所言簡，而後人加以申說者；或前人所言未盡當，而後人加以諟正者；又或前人所言不備，而後人加以補充者。於是而有注疏、箋、解、詁、訓等名，此傳中有傳，記外有記，直至今日而未有已。而各有所見，各有承受，區其門類，不一而足，要皆爲經學傳記之派流支裔。自劉歆移讓太常博士書後，而有今古文之對峙，互不相讓，各守門戶，此與彼衰，層見迭起。至鄭康成兼綜今古，其爭始息。繼之非關今古，而爲好名，有王肅起而與鄭康成爭。直至清末，而今文公羊家學又突起，雖與古文家對立，亦有爭議，非如以往之烈。但爲公羊學者，至末，則牽附經說，以遂其政治主張之私意。論者甚不以爲然。治今古文之學，其所著書立說，莫不欲以明經義也。而派系分歧，雖其言不無可取，不免失之偏倚。辯生於末學，此亦爲經學傳記流派支裔，不免於流弊者。漢儒尙考證亦明義理，宋儒尙義理，亦兼通考證。考證爲治經之津逮，義理爲治經之實踐，二者本相因而不相背。淸初諸儒，懲明末王學末流，空談心性，束書不讀之弊，起而崇尙實學，以拯其弊，重考證亦尙義理，歷順治、康熙、雍正、風會略同。迄乾隆中葉，則重名物訓詁，而諱言義理，號曰漢學，而詆訾宋儒義理之學之說與，至嘉道壁壘森嚴，江藩作漢學師承記，而方東樹起而作漢商兌與之相抗。漢宋學之爭，如同水火。漢學宋學，其目的皆爲發明經義；發明經義，固須通名物訓詁，而非治經之極則；惟義理方能明經之奧義，反之於身體力行。爲求通經明義，爲義理亦有藉考證。爲考證又豈能棄義理？倘各趨極端，要皆爲有害而無益。故凡爲漢學宋學者之著述，吾人當兼收並覽。此二者，要皆爲經學傳記之流派支裔，其得固當取，其失亦應知之也。述經學傳記流裔第四。

歷史傳記，與發明經義之經學傳記固有不同；但歷史傳記，既由經而出，與經義又豈能無關？故爲歷史傳記之作者，期能與經義相發者爲貴；而論詐歷史傳記之作者，亦多以此定其品値之高下，雖有人以爲論歷史不必盡如此，但豈能全然舍而不講？經學傳記之有注、解、箋、釋，可視爲傳記中之傳記；而歷史傳記亦然；但未如經學傳記之多耳。歷史傳記之包含範圍，視經學傳記尤廣，體裁亦龐雜；然於龐雜之中，雖有歧出，而正常之歷史傳記體裁，要皆有承受而或稍有變易。不僅劉知幾所謂「二體」已也。古人傳記，傳可稱記，記亦可稱傳，述事傳人，可以互用，迨後傳與記有分矣，記與敍有分矣；而分之中，亦有不分者，其合其分，要爲後來著作日多，於事實有不得不然者。歷史傳記，顧名思義，皆當與歷史有關者，然與歷史無關者亦有之。在記物、記山水、記事諸作品中，但記物之形態，山水之光景，事實之聞見者皆是也，皆不能作歷史讀。此又歷史傳記流派支裔之餘波也。述歷史傳記流裔第五。

歷史傳記，在信而有證，實事求是；文學傳記，在因事興感，抒情寓意，而出於詩之比興。但我國歷史傳記中，不乏有文學傳記。讀歷史傳記者，遇此類之文，亦認爲屬於歷史之傳記，故易使人以文學傳記，視同歷史傳記。因我國以往作史者，常借事以爲一己之寄托；或好奇喜載不經之事，不知此與實事求是歷史傳記之旨不合；而不知其不可也。當舉例說明，俾知歷史傳記與文學傳記之區異。我國文學傳記，亦至龐雜，其內容有勸善懲惡，不致爲非；有說狐言鬼，以寓譏刺；有言情說愛，離合悲歡；下焉者，爲誨淫誨盜，導人作惡，此不足爲訓也。其體裁有長篇章回，有短篇傳奇，有詩、有曲、有文言、有語體、有駢文等，難以悉述，亦皆爲文學傳記之流派支裔也。或謂：文學傳記中，頗多以歷史爲背景，何以不能作歷史傳記讀？在文學傳記中，固多以歷史爲背景，甚有其所言之事，頗多與歷史傳記相同；但爲作者增損變易，由客觀而變爲主觀；由證實而變爲抒情，與歷史傳記，截然不同，此二者，倘不細加辨別，則不免有毫釐千里之失。述文學傳記第六。

傳記文雖可以經學、歷史、文學三大類以統攝之，而三類之中，各類所含之範圍至廣，其體裁性質並不一致，故作法亦各不同，任何具有才高學富之人，必不敢自言皆能爲之。譬如治經，有義理，考證二途。考證欲其博，義理欲其精。考證、義理二者固爲治經不可一缺；欲二者兼擅並長，曠古以來，非無其人，求之古來作者究有幾人？故二者之中，多不免得一偏之長。如六經，在漢人各自專門，有皓首窮經而不通一藝者比比然也；欲求遍通六經，如鄭康成者不可多見；而鄭康成亦只偏擅於考證，義理則不逮宋儒之精也。又如治歷史，歷史有史家，史學家之分，欲爲史家，劉知幾以爲須具才學識三長；而章學誠於三長之外，又加以史德，非具此四者，則不能稱爲良史，故有致歎史才之不易得也。非具此四者，則所爲之史，不免乖體益訛；則誣濫而不信，二十四史，自四史以下，所爲之史，多不能滿人意者，良有以也。而史之體裁亦猥多，以一人之才力，亦不敢自信皆能爲之。大抵眞正之史家，亦卽史學家；以不明史學，便不知史之作法，不能成完美無缺之史也；而史學家，不能卽視爲史家。唐之劉知幾，清之章學誠，千百年來，不世出之史學家也；皆明於各史之體裁作法者也；倘使之勒成一家之史，其能如司馬子長班孟堅乎？降而如陳承祚之三國志，范蔚宗之後漢書，恐亦難能及之。有識有學矣，而無其才，則不能隨心之所欲如其企求而達成之也。才難，不其然乎？推之爲文學傳記，亦何獨不然？文學傳記，種類猥多，卽具有才學識德四者之長，亦不能爲之而俱善；於諸體中，擇其一二而爲之，能自成一家，已非易事，欲皆爲之而求其並善，則所爲便無一善可取，業貴專精而不貴多；多則便不能精，理勢然也。作各種傳記文，固須具備各種條件，而首在知體要，知體要，則不致乖訛矣。述傳記文作法第七。

傳記文，在各種文體中之一耳，而涉及之方域如此之廣；以上所述，不過引其端緒，略陳綱要；而本書所述，亦不過言其大凡，不能備具也。但吾人欲爲何種傳記文，對於此種傳記文以往之撰著，須先博覽徧觀，汲前人之芳潤，陶鑄融會，發自我之靈秀，由前人已行之途，而我能另闢新徑。但此新徑，亦須人人可行；行之而不趨於僻塞，則另一新境界出矣。故無論爲學爲文，貴平實而坦蕩，不危言以聳聽；凡放言高論，聳人聽聞者，必非眞正爲學爲文，爲求一己之名而已。己名已得，而人所蒙受其害不可勝言矣。又有人不明爲文眞諦，曰我爲文而文之耳，不知其他也。吾人出門行路，皆有其向往之目的，如曰：我爲行路而行路耳，其可乎？其不可乎？所貴爲學爲文，在於淑身益世，在能箴時救弊，非以學問文章，獵取一己之名，豐厚之碩果也。古昔聖賢，不得已而後有文，文之出於不已而爲之，則其所爲之文爲不虛作；而其爲益，可沾被於世人。故其爲文也雖難而亦易。文各有體，而各有其難易，豈曰某體文易爲，某體文則難爲。倘於爲人爲學，修養甚深，又識作文之體要，就其性之所近者而爲之則易；否則，不論爲何體之文，則難。故凡爲學爲文者，須先言修養，修養深，胸中積理自富，覺有千言萬語，非吐之不快，其於爲文，亦沛然如泉之涌出，滔滔不窮矣。此雖前人之常言，人多忽之者。述餘論第八。

本書所述，多掎摭前人之言；而以一己之見，爲之進退予奪；或偶及近人之言，而爲之抑揚，未必盡當也？學問乃天下公器，即古今撰著，不能言一無可議？所貴者，能以己之一得，補前人之遺。爲欲申一己之見，不挾私嫌不妨信筆而書，以冀讀之者，亦能以其所得補我之遺，則眞理將因之愈辯而愈明矣。

傳記原起第二

前言：傳記由經而起，無經即無傳記；故欲明我國傳記之原起，不可不先考經之所由名；欲考經之所由名，不可不尙論古史之與經之關係。邃古之世，所傳典章文物，不知凡幾？記事記言，皆設專史以典掌之，故古代所有記載，皆可稱之爲史。自有經之名見稱於世，則史與經，不能無別。有人以爲經者，由古史刪削而成，經既可皆以史視之，則一切之史，又何不可稱之爲經？是殆由於未達古史經刪削所稱之爲經；與一切之史，所以不能稱之爲經之義，故有以一切之史，皆可稱之爲經之說。是則一切之史，不能稱之爲經，容有不得不加以分辨矣。傳記由經而起，至後世，又有人以爲傳記旣附於經，經與傳，實無大區分，故有將傳記，列之爲經者，則經與傳記爲一物矣。卽此以言，擧凡所爲史傳，皆可稱之爲經；經之與史傳之名，可以互稱，或併而爲一，均無不可。如此，則經之與史傳，又何容分而爲二？經之於古史，猶衣之於棉也；衣由棉製成後，則衣可復稱之爲棉乎？傳記之於經，猶子之於父也；子由父而生，則子可稱爲父乎？故有人以爲一切之史，皆可稱之爲經，何異以棉皆可稱之爲衣；以傳記稱之爲經，又何異以子與父同名？明乎此，則一切之史，不能稱之爲經，傳記不能稱之爲經，灼然可見矣。今分古史與經之關係，經與古史之不同，有經而後有傳記三目，述之如次：

一、古史與經之關係

世既有經史之稱，則經之與史，自不能混爲一談。故經容可以史視之，而史不得皆稱之爲經。以史皆可稱之爲經，則經與史，又何容分而爲二？經雖由史删削而成，則删削後之經，自與史有別。自來言經史之分者，不一其人，其所持之理由，以爲經既由史删削而成，其爲用與意義，已與史不同，當別經於史之外。其混經史爲一者，亦不一其人，其所持之理由，以爲經既由史出，經可以史視之，何以史不可稱之爲經？二者相互比較，則後者所持之理由，顯然不足；不及前者所言爲有據。今撮舉各家之言論，以說明古史與經之關係，而史不得稱之爲經之原因，曉然可覩矣。

自六經以外，古史之傳於今者絕少；論者以爲古史原本無多。不知歷世久遠，代有遺佚，留存於今者，自然寥落。吾人但觀漢書藝文志，所列書目猥多，其書多不可見，以之推之前古，概可知矣。但前古之書雖多亡佚；而在各書中之所稱引，猶可見之，爲數至多，其未經稱引之書，不知凡幾？可以想知。近人柳翼謀先生曰：

古史孔多，唐虞時已有五典，史克述虞書愼徽五典。（左傳文公十八年。）皋陶謨稱五典五惇，是唐虞之前，已有若干典也。五惇之義，自來未析，稽之內則，蓋古有惇史，記載長老言行，皋陶謨所謂五典五惇，殆惇史所記善言善行可爲世範者，故歷世尊藏，謂之五典五惇；惇史所記，謂之五惇

，猶之宋元史官所編之書，謂之宋史元史矣。（國史要義史原第一）

柳氏言古史孔多；但在唐虞之時，其所稱引者，祇五典、五惇。而五典、五惇今亦不傳；五典、五惇所載之事爲何？柳氏言惇史所記爲善言善行可爲世範者，是依其字義而言之耳，應無不當。是則五典所記者，不外典章制度矣。柳氏又曰：

典册相承，歷世滋多。周公誥多士曰：「惟爾知，惟殷先人有册有典。」吾史首堯典，固即夏商相傳之典矣。史典舊典，通知程式，記事命官，必資史以作册。周書克殷載尹佚策。洛誥曰：王命作册，逸作册。世存金文，亦多本史册。史册之積累者不知凡幾？今所傳誦，特選擇寶藏億萬中之一二耳。（同上）

上言五典、五惇。茲引述周公誥多士，言殷先人有册有典。周書克殷，載尹佚策。洛誥：王命作册，逸作册。記事命官，必資史以作册，以明典册相承，歷世滋多，史册之積累者，不知凡幾？今所傳誦，特億萬中之一二。此雖以事理推之，要爲實情。亦不外說明古史甚多，今多不傳；不能以其多不傳，而謂古史之少也。柳氏又曰：

酒誥稱太史友內史友，足證商代有太史內史諸職，第其職務不可詳考。周之史官，若史佚，辛甲之倫，皆開國元老，史官地位特尊，故設官分職，視唐、虞、夏、商爲多；而其職掌又詳載于周官。自隋志以來，溯吾史原，必本之周之五史。惟後世囿于史官但司記注撰箸，初不參加當時行政，故于周官五史之職掌，若與史書史學無關，但知溯職名所由來，而不悟政學之根本。實則後史職權，視周代有所減削而分析，而官書史體，及其所以爲書之本，皆出于周也。（同上）

此言史之設官分職，唐、虞、夏、商已有；但其職務不可詳考。及至周，史官既多，職掌之詳，載於周官。自隋志以來，溯我國之史原，必本之周之五史，視周代有所減削分析，而官書史體，及其所以爲書之本，要皆出於周。於此，可知自唐、虞、夏、商之史官，既已分職，而史書載記必多，至周益臻詳備，觀於周官五史職掌可知。故孔子曰：「周監於二代，郁郁乎文哉！吾從周。」柳氏所言，與孔子相同。周官春官宗伯序官：

太史下大夫二人，上士四人。

小史中士八人，下士十有六人，府四人，史八人，胥四人，徒四十人。

內史中大夫一人，下大夫二人，上士四人，中士八人，下士十有六人，府四人，史八人，胥四人，徒四十人。

外史上士四人，中士八人，下士十有六人，胥二人，徒二十人。

御史中士八人，下士十有六人，其史百有二十人。府四人，胥四人，徒四十人。

以上所述太史、小史、內史、外史、御史，謂之五史。任人既多，而其所爲之史之多，不言可知。而各官之職掌，各有不同，要皆爲文物典章，詳於周官春官宗伯，不備述。依柳氏之言，五史所掌，又可歸納之區爲八類，其曰：

總五史之職，詳析其性質，蓋有八類：執禮，一也。掌法、二也。授時，三也。典藏，四也。策命，五也。正名，六也。書事，七也。考察，八也。歸納于一則曰禮。五史皆屬春官宗伯，春官爲典禮之官，即堯典之秩宗。伯夷以史官典三禮，其職猶簡，故宗伯與史不分二職。歷夏商至周，而政務益繁，典册益富，禮法益多，命官益夥，其職不得不分。然禮由史掌，而史出於禮，則命官之意，初無所殊。上溯唐虞，下及秦漢，官制源流，歷歷可循。漢書百官公卿表奉常秦官，掌宗廟禮儀，屬官有太史令丞。景帝更奉常爲太常，後漢因之，太史仍屬太常。此非本于周官五史之隸春官宗伯歟？（同上）

柳氏分析五官職掌爲八類，要皆爲典章制度。其在唐、虞猶簡，歷夏、商至周，政務益繁，典册益富，禮法益多，命官益夥，故不得不分官以職掌之。此可說明三代時文物典章之盛。又言「推之後世史官源流，亦無非本于周五史之隸。」是說明後世史官制，源於周官，以見周官之非妄。實則，不但後世史官源于周官五官，即後世如漢之大司馬、大司徒、大司空三公，亦本之周官之太師、太保、太傅也。（後世命官、亦有稱太師、太保、太宰者）又如後世之吏部、戶部、禮部、兵部、刑部、工部，亦本之周官之天官、地官、春官、夏官、秋官、多官也。但後人對於周官之論說，頗爲不一。今文學家多以爲劉歆僞造，以媚新莽；古文學家多以爲周公致太平之迹；何休（今文學家。）則以爲六國陰謀之書。若以爲周官爲僞造，則柳氏所言，根本可勿論矣，是不可不加以說明。近人呂思勉曰：

日本織田萬曰：「各國法律，最初皆惟有刑法，其後乃逐漸分析。行政法典，成立尤晚，惟中國則早有之，周禮是也。周禮固未必周公所制；然亦必有此理想者所成，則中國當戰國時，已有編纂行政法典之思想矣。」(見所著清國行政法) 此書雖屬瀆亂，亦必皆以舊制爲據。劉歆竄造之說，大昌於康有爲，而實始於方苞。苞著周官辨十篇，始舉漢書王莽傳事迹爲證，指爲劉歆造以媚莽，說誠不爲無見。然竄亂則有之，全然僞撰，固理所必無；則足以考見古制矣。此書雖屬虛擬之作，然孔子刪定六經，垂一王之法，亦未嘗身見諸施行。當二千餘年前，而有如周官之書，其條貫固不可謂不詳，規模亦不可謂不大，此書可貴，正在於此，初不必託諸周公舊典；亦不必附合孔門禮經，所謂合之兩傷，離之雙美。(經子解題)

以上所言，頗切情實，而不偏倚，以前紛紜過情之說，得此可以澄清。陳澧曰：

史記封禪書云：上與公卿諸生，議封禪，羣儒采封禪、尙書、周官、王制之望祀射牛事。漢書藝文志云：河間獻王，與毛生等，共采周官及諸子言樂事者，以作樂記。賈公彥序周禮廢興，引馬融周禮傳云：孝成皇帝時，衆儒並出，共排以爲非是。蓋西漢儒者，始則信周禮，後則排之耳。賈又云：林孝存，以爲武帝知周官末世瀆亂不驗之書。澧謂此說非也。武帝以爲瀆亂，羣儒尙采之乎？張横渠語錄云：周禮是的當之書；然必有末世增入者，此以末世瀆亂，改爲末世增入。四庫提

要引之，而伸其說云：如此後世律令條格，數十年一修，修則有所附益，斯爲定論矣。（東塾讀書記卷七周禮）

觀陳氏之言，以爲在漢武時，羣儒曾采用周官，以明周官非劉歆所能僞造。與經子解題所言竄亂則有之，全然僞造，理所必無，雖略有不同，而以周官爲可信則相侔。實則除少數今文學家外，大多認爲非僞書。因古書之爲後人增益者，往往而是，不必周官爲然，自不能以有增益，即指爲僞造。倘以有增益皆指爲僞書，則傳於今之古書，無一可以徵信矣。陳氏於此言周官非僞書外，而繼述有關古籍與周官相互徵引發明之處甚多，不一一備舉，亦無非說明周官之非僞造而已。近人熊十力曰：

周禮一經，以職官爲經，事義爲緯，其於治理，直是窮天極地，無所不包通。此經有同於易，春秋者，亦是義在言外。其表面只有若干條文，並不鋪陳理論。而條文中，却蘊藏無限理論。此經決是孔子之政治思想，七十子承受口義，轉相傳授，不知何時始著竹帛。但戰國時儒者，當有增竄。然若以爲劉歆僞託，則是知見太短，未足窺此經之蘊，遂推崇劉歆，而不自知其陷於愚妄也。（讀經示要卷三）

熊氏之言，視呂、陳二氏所說尤爲切理而著明。以上只就周禮大體而言，此則並其表面及義蘊而述之。以爲周禮價值，直同於易、春秋，非劉歆所能僞託；以劉歆爲僞託，實由於知見太短，而造成推崇劉歆之愚妄。於此，吾人於周官之眞僞，不必覼縷矣。今所以附述呂、陳、熊三氏之言，以明柳翼謀先生之證引周官，言古史之多爲足證信也。實則言古史之多者，不一其人，蒙文通曰：

莊子天下篇稱：「其明而在數度者，舊法世傳之史尙多有之。其在詩書禮樂者，鄒魯之士，搢紳先生多能明之。其數散於天下，而設於中國者，百家之學，時或稱而道之。」是周季之學，類別有三：舊史爲一系，魯人六藝爲一系，諸子百家爲一系。外史掌三皇五帝之書，夏有連山，殷有歸藏。孔子語宰予曰：「五帝用記，三王用度。」此皆古代史籍之可考見者也。呂氏春秋說：「太史令終古出其圖法乃奔如商。殷內史向贄載其圖法出亡之周。」是三代迭興，圖史不墜，史公謂：「諸侯相兼，史記放絕，秦燒詩書，諸侯史記尤甚。」則列國又各有舊法世傳之史，至秦而夷滅盡矣。孔子制作春秋，旣求觀於周史記，又求百二十國寶書，此尤列國之史，燦然具在之證。荀卿亦謂：「三代雖亡，治法猶存。」故孔子曰：「吾猶及史之闕文也。」三古列國之書旣存於世，則孔子之刪定六經，實據舊史以爲本，孰謂凡稱先王之法言陳迹者，並諸子孔子託古之爲乎？（經學抉原舊史第一）

觀蒙氏所述，亦足證古代舊史之多。推蒙氏之所以爲此言，以今文學家言六經皆爲孔子託古之作，並非藉先王之法言陳迹刪述而成。故特列舉孔子以前舊史之多，以見孔子六經，並非一無憑藉之創作，用以證今文學家之言偏蔽而違於事實。作者不厭其煩，引述以上諸家之說，亦爲使人知我國之古史，要爲孔子六經刪述之資。亦卽無歷世相傳之古史，孔子不可能刪述六經；無六經便無傳記文之產生。古史之與六經，六經之與傳記，皆有相互之關係，故言傳記文之起原，不可不上溯之古史，及古史與六經之關係。觀於上述，雖可略知其梗概，尚不甚明顯，仍有待於說明；而古史何以不可皆稱之爲經？孔子之刪述，又何以獨稱之爲經？則更不能不加以說明矣。今先言經之定義，再言古史與六經之關係。

經之定義，古來解說之者不一其辭；雖皆言之成理，但迄未能衷於一是，是有先予澄清之必要。要而言之，有三種不同之解說：

今文學家以爲六經爲孔子之著作，孔子以前不得有經，孔子以後之作，亦不得稱之爲經。故經與傳記說四者須有區別。是以孔子之作爲經，弟子所述爲傳，或爲記，弟子後學展轉口傳爲說。猶佛敎稱佛所說爲經，禪師所說爲律，爲論。是以經祇有詩、書、禮、樂、易、春秋。（樂在詩與禮中，無經文，實則祗有五經）

古文學家之言與上相反。以爲經乃書籍之通稱，非孔子六經之專有。孔子以前固已有經；孔子以後，羣書亦可稱經。經與傳記說之不同，非由作者身分之區別，而是書籍版本長短之差異。如國語、吳語：「挾經秉枹。」兵書可以稱經。王充論衡謝短篇：「至禮與律獨經也。」法律可以稱經。管子有經言、區言，則敎令可以稱經。漢書律曆志援引世經，則歷史可以稱經。隋書經籍志著錄讖服經，則地志可以稱經。墨子有經上，經下篇，韓非子內外儲說篇另立綱要爲經，老子至漢代鄰氏次爲經傳，賈誼書有容經，則諸子皆可以稱經。

此外駢文學家，以爲經是經緯組織之意，六經中文章，多爲奇偶相生，聲韻相協，藻繪成章，如治絲之經緯，故可稱之爲經。易言之，六經文章，大抵爲廣義之駢文體，卽所謂「文言」，所以其他羣書，如是「文言」，亦可稱之爲經。如老子稱道德經，離騷稱離騷經者皆是。（以上約擧周大同羣經概論之意。）

以上三派對於「經」所下之定義，自以今文學家之說爲長；惟其以六經爲孔子託古之作，與古史無關，覈之事實，要非如此，當於下文言之。古文學家，以一切之書籍，皆可稱之爲經，則經之畔岸，浩無際厓，則經史子集，可不必分爲四部矣；不免過於籠統，人亦多不採取。駢文家之說，殊爲牽强附會，人更不加重視，可置弗論。玆進而述古史與經之關係，以明孔子之六經，須具有何種條件，與一般載籍，究有何不同之處，倘能一一加以剖析明白，則紛紛不一之論，可不辯自解矣。

今文學家以六經爲孔子託古而作，似與歷世相傳之古史，並無有何關係，所言不免偏蔽，而駁正之者頗多，玆略擧一二以明之。近人馬宗霍曰：

六經先王之陳迹，此爲莊生所述老子之言。陳迹者，史實也，後儒六經皆史之說，蓋從是出。是故伏羲畫八卦，以通神明之德，以類萬物之情，（見易繫辭）卽易之始也。制嫁娶以儷皮爲禮，（見譙周古史考）卽禮之始也。作瑟五十絃，樂名立基，一曰扶來，（見世本及孝經緯。）卽樂之始也。造駕辯之典，作網罟之歌，（見王逸楚辭註及元結補樂歌）卽詩之始也。（鄭玄詩譜序謂詩之興也，諒不于上皇之世，似不信伏羲時爲有詩，然自大庭以還，又疑其有，大庭神農之別號，是亦在三皇之世也。）是易、詩、禮、樂，三皇已肇其端矣。及黃帝時而有書契，於是左史記言，右史記事，（亦有其具）事爲春秋，言爲尚書，故白虎通溯春秋之始，謂自黃帝以來；隋書經籍志溯尚書之始，謂與文字俱起。葢五帝時，六經皆有萌芽矣。三皇無文，或由書契已後，仰錄其事，若唐虞之世，則煥乎其有文章，故易、詩、禮、樂之用尤顯。（中國經學史，古之六經。）

馬氏言伏羲畫卦，爲易之始；嫁娶儷皮，爲禮之始；五十絃瑟，爲樂之始；駕辯之典，網罟之歌，爲詩之始。以及黃帝時而有書契，於是左史記言，右史記事，事爲春秋，言爲尚書。故溯春秋之始，自黃帝來；溯尚書之始，與文字俱起。所謂始者，謂古代帝王制作之肇起，至孔子時典章文物已大備，因之以刪述六經，明六經所由本也。雖其所舉駕辯之典，網罟之歌，不必多出於前古，但不能謂其無詩歌嘔唱，所謂由書契已後，後人仰錄其事者，要爲事實，卽尚書，亦多出於史官之記述也。凡此所云，皆是以說明古史與六經之關係。馬氏又曰：

晚近學者，或則篤信今文家說，尊孔子爲素王，謂六藝皆孔子託古改制之書，實爲後王立法。或則牢守古文家說，儕孔子於良史，謂六藝皆周公國史之舊，孔子不過傳述而已。是二說者，竊以爲皆過也。孔子嘗言：吾欲垂之空文，不如見之行事之深切著明。又言：非天子不議禮，不制度，不考文。又言：蓋有不知而作者，我無是也。則託古改制，夫豈孔子之意？莊子天運篇，孔子謂老聃曰：丘治詩、書、禮、樂、易、春秋六經，自以爲久矣，孰知其故矣，以干者七十二君，論先王之道，以明周召之蹟，一君無所鈎用。是孔子於舊有六經，初但治之，欲以用世。及乎周流不偶，始將所治之經，加以修訂，以之垂敎。故白虎通曰：孔子所以定五經者何？以爲居周之末世，王道陵遲，禮樂廢壞，强陵弱，衆暴寡，天子不敢誅，方伯不敢伐，閔道德之不行，故周流應聘，冀行其道德。自衛反魯，自知不用，故追定五經，以行其道。此言追定，最得其實，非初挾意爲後王立法也。雖然，孔子固不改制立法；然遂以良史位孔子，則亦失倫。蓋孔子修訂六藝，雖本之於史；然史之職，守而弗失而已。所謂良史，亦不過洞見治原，迹其所終始，足以存故實，備咨諏。至如歷記成敗存亡禍福古今之道，知秉要執本若老聃，斯尤史之上選也。而其所以自處者，善守善持，非同孔子以撥亂反正，繼往開來爲己任也。且孔子於六藝，旣有述有作。作固手定，述亦筆削。其間擇改因革，大有經營，則亦自與泛言傳述有別。龔自珍曰：「天生孔子，不後周，不先周也。存亡續絕，俾樞紐也。史有其官而亡其人，有其籍而亡其統。史統替夷，孔統修也。史無孔，雖美何待？孔無史，雖聖曷庸？」準斯以談，則史實爲孔子所用，孔子固不欲以史自居，而良史又詎足以盡孔子哉？要而言之，以六藝爲政者王之業，以六藝爲掌者史之職，以六藝爲敎者師之任。孔子有德無位，蓋以六藝爲敎者也。稱曰素王，孔子之道，不從而大，是之謂誣；儕之良史，孔子

之道，不從而小，是之謂簡。夫惟萬世之師，則尊莫尙焉，亦卽孔子之所以自處也。（中國經學史孔子之六經）

上述古史爲六經之肇始，此引述各家之說，以明孔子定六經之故。孔子居周之末世，王道陵遲，禮樂廢壞，强陵弱，衆暴寡，天子不敢誅，方伯不敢伐，閔道德之不修，故周流應聘，冀行其道德。自衛反魯，自知不用，故追定五經，以行其道。是孔子修訂六藝，雖本之古史，與良史但歷記成敗存亡禍福古今之道不同：而旨在撥亂反正，繼往開來，其間擇改因革，大有經營，與泛言傳述不同。古史爲孔子所用，孔子固不欲以史自居。可知古史經孔子刪定，其意義已與古史純屬歷記成敗存亡禍福者自殊。故六經雖可以史視之，其爲用，已超越乎史之範圍矣。馬氏之言，蓋亦本之史記孔子世家。

孔子世家曰：

孔子之時，周室微，而禮樂廢，詩書缺。孔子追述三代之禮，序書傳，上紀唐、虞之際，下至秦繆，編次其事。曰：「夏禮，吾能言之，杞不足徵也；殷禮，吾能言之，宋不足徵也；足，則吾能徵之矣。」觀殷、夏所損益，曰：「後雖百世可知也；以一文一質。周監二代，郁郁乎文哉！吾從周。」故書傳，禮記自孔氏。孔子語魯太師：「樂其可知也。始作，翕如；縱之，純如，繹如也，以成。」「吾自衛反魯，然後樂正，雅頌各得其所。」古者詩三千餘篇，及至孔子，去其重，取可施於禮義，上采契、后稷；中述殷、周之盛，至幽、厲之缺，始於衽席。故曰：「關雎之亂以爲風始，鹿鳴爲小雅始；文王爲大雅始；淸廟爲頌始。」三百五篇，孔子皆弦歌之，以求合韶、武、雅、頌之音。禮樂自此可得而述，以備王道，成六藝。孔子晚而喜易，序象、繫、象、說卦、文言。讀易，韋編三絕，曰：「假我數年，若是，我於易則彬彬矣。」……子曰：「弗乎！弗乎！君子疾歿世而名不稱焉，吾道不行矣，吾何以自見於後世哉？」乃因史記作春秋，上至隱公，下訖哀公十四年，十二公。據魯、親周、故殷，運之三代，約其文辭而指博。故吳、楚之君稱王，而春秋貶之曰子；踐土之會，實召周天子，而春秋諱之曰：「天王狩於河陽。」推此類以繩當世。貶損之義，後有王者擧而開之，春秋之義行，則天下亂臣賊子懼焉。孔子在位，聽訟，文辭有可與人共者，弗獨有也；至於爲春秋，筆則筆，削則削，子夏之徒不能贊一辭。弟子受春秋，孔子曰：「後世知丘者以春秋，而罪丘者亦以春秋。」

此言孔子追述三代之禮，序書傳，上紀唐、虞之際，下至秦繆。是書本之前史刪述而成。又言夏禮殷禮所損益，自衛反魯，然後樂正，雅、頌各得其所。古詩三千餘篇，及至孔子，去其重，取可施於禮義，三百五篇，孔子弦歌之，以求韶、武、雅頌之音，是禮樂詩本之前史刪述而成。又言孔子晚而喜易，序象、繫、象、說卦、文言。讀易、韋編三絕。蓋古有三易，孔子取周易而爲之傳。孔子言作易者，其有憂患；易興於中古，是述易亦本之前史也。古者，各國有史，孔子春秋，因魯史記而成，其筆削，尤具有微言大義，視他經更爲重視。由此觀之，知六經之刪述，要皆本之前史，並非一無憑藉，爲孔子託古改制而作。但史記孔子世家言，仍有人懷疑。不知司馬遷爲西漢武帝時人，去古未遠，較近代人所見所聞爲眞實；且所據而爲孔子世家者，多採自論語，孟子等書，司馬遷之言全不足信，則論，孟亦不足信，古代典籍擧無一可信矣？或曰：信如所言，古籍均一無可疑之處乎？余謂古籍，並不能謂傳之數千年來，無錯訛增益，不能以間有錯訛增益，皆視之爲僞作。近人呂思勉曰：

> 古代史書，傳者極少；古事之傳於後者，大抵在經、子之中。而古人主客觀不甚分明；客觀事實，往往夾雜主觀爲說；而其學問，率由口耳相傳，又不能無譌誤；古書之傳於今者，又不能無闕佚。是以隨擧一事，輒異說蜂起，令人如墮五里霧中，治古史之難以此。……世之尊經過甚者，多執經爲孔子手定，一字無譌；傳爲後學所記，不免有誤。故於經傳互異者，非執經以正傳，即棄傳而從經，幾視天經地義。殊不知尼山刪定，實在晚年，焉能字字皆由親筆；即謂其字字皆由親筆，而孔子與其弟子，亦同時人耳，焉見孔子自執筆爲之者，即一字無譌。言出於孔子之口，而弟子記之；抑或推衍師意者，即必不免有誤哉？若謂經難私造，傳可妄爲，則二者皆漢初先師所傳，經可信，傳亦可信；傳可僞，經亦可僞也。（經子解題論讀經之法）

呂氏所言經傳互異之處，或因當時筆削口傳，難免一無差異，而傳之數千百年來，亦不免有譌誤。執經正傳，或棄傳從經，皆未免偏執；一涉偏執，則經傳之旨歸，亦將因之而晦蒙不明矣。此雖測度之詞，要爲平情之論，而亦頗切近事實。但因其偶有互異，即疑其爲僞，甚至將所有經傳，盡擧而棄之，一無可信，則不免因噎廢食矣。呂氏又曰：

經之與子，亦自有其不同之處。孔子稱「述而不作」，其書雖亦發揮己見；顧皆以舊書爲藍本。故在諸家中，儒家之六經，與前此之古書，關繫最大。（古文家以六經皆周公舊典孔子特補苴綴拾，固非，今文家之偏者，至謂六經皆孔子手著前無所承，亦爲非是，六經果皆孔子手著，何不明白曉暢自作一書，而必僞造生民虛張帝典乎）治之之法，亦遂不能不因之而殊。（同上）

此亦爲折衷至當之論。其言儒家之六經，與前此之古書，關繫最大，以孔子雖「述而不作，」但六經要皆以舊書爲藍本，據之以發揮己見也。其又言古文家以六經皆周公舊典，孔子特補苴綴拾，是則周以前一無典籍，而孔子所稱堯郁郁乎文章，又稱夏禮、殷禮，豈皆周公舊典？此古文家之言，殊不足採信。今文家以六經，皆孔子手著，呂氏言「孔子何不明白曉暢，自作一書，必僞造生民，虛張帝典，」以駁正之，尤爲不爭之論。古史與經之關係，言之者甚多，並非僅如上述而已；惟即此，亦可見其大凡，不再一一論列。然則經由古史刪述而成，經與古史，是否相同？抑或殊異，不可不加以說明。

二、經與古史之不同

前述古文家以兵書可以稱經，法律可以稱經，教令可以稱經，歷史可以稱經，地志可以稱經，諸子可以稱經，以爲經乃書籍之通稱，六經非孔子之專有，是羣書皆可稱之爲經，而古史可稱之爲經，更無論矣。爲是說者非一，近人章太炎氏亦主張之。其曰：

經典諸子中有說及道德的，有說及哲學的，却沒曾說及宗敎。近代人因爲佛經及耶敎的聖經都是宗敎，就把國學裏底「經，」也混爲一解，實是大誤。佛經，聖經，那個「經」字，是後人翻譯時隨意引用，並不和「經」字原意相符。經字原意只是一經一緯的經，即是一根線。所謂經書，只是一種線裝書罷了。明代有線裝書的名目，即別於那種一頁一頁散着的八股文墨卷；因爲墨卷，沒有保存的價值，就讓他們散葉，別的要保存的，就用線穿起。古代記事書的簡，不及百名者書於方；事多一簡不能盡，遂連數簡以記之；這連各簡的線，就是「經。」可見「經」不過是當代記述較多，而常要翻閱的幾部書罷了，非但沒含宗敎的意味；就是漢時訓「經」爲「常道」也非本意。後世疑經是經天緯地之經，其實只言經，而不言天，便已不是經天的意義。（國學概論，經典諸子非宗敎）

章氏言經典諸子，是說道德，說哲學，並未說宗敎。近代因爲佛經及耶敎的聖經，都是宗敎，不能與國學裏的經，混爲一談。又言：佛經、聖經之「經」字，是後人翻譯時隨意引用，和「經」字原意不相符，並無不當。但其解釋經義，只是一種線裝書，將有保存價值之書，用線穿起，爲之經；以別於明代八股文墨卷，無保存價值，讓他散葉，所以不得稱之爲「經。」不無斟酌餘地。將有保存價值之書，用線穿起，稱之爲經，耶敎聖經，固非如中國之書，用線穿起；但我國以往翻譯之佛經，亦並非都讓其散葉，一無保存價值，不用線穿起，何以不可稱之爲經？孔子讀易，韋編三絕，古時穿書，並非皆用線穿；即以韋編，有用線穿之意義；而時代有變遷，近數十年來，中國翻印出版之古書，多爲洋裝，而非線穿，是則中國之書，皆不得稱之爲經矣。經訓爲「線，」自是一種解說，惟書之稱經，並不專指爲以線穿起之書；以線穿起之書，恐並不皆可稱之爲經？莊子稱詩、書、易、禮、樂、春秋爲六經，未嘗以其他各書列之爲經，其他各書，是否皆如明代八股文墨卷，皆無保存之價值，讓其散葉，不用線穿起？恐並非如此？誠如所言，則經之範圍，浩無際涯，亦不能爲人採信，前已略言之。茲言經與古史，究有何不同之處，古史何以不能稱之爲經？皮錫瑞曰：

　經學開闢時代，斷自孔子刪定六經始。孔子以前不得有經；猶之李耳旣出，始著五千之言，釋迦未生，不傳七佛之論也。易自伏羲畫卦，文王重卦，止有畫而無辭，（史遷、揚雄、王充皆云，文王重卦，不云作卦辭）亦如連山、歸藏，止爲卜筮之用而已。連山、歸藏，不得爲經，則伏羲文王之易，亦不得爲經矣。春秋魯史舊名，止有其事其文，而無其義；亦如晉乘、楚檮杌，止爲記事之書而已。晉乘、楚檮杌，不得爲經，則魯之春秋，亦不得爲經矣。古詩三千篇，書三千二百四十篇，雖卷帙繁多，而未經刪定，未必篇篇有義，可爲法戒。周禮出山巖屋壁，漢人以爲瀆亂不驗；又以爲六國時人作，未必眞出周公。儀禮十七篇，周公之遺；然當時或不止此數，而孔子刪定，或並及此數；而孔子增補，皆未可知？觀孺悲學士喪禮於孔子，士喪禮於是乎書，則十七篇亦自孔子始定；猶之刪詩爲三百篇，刪書爲百篇，皆經孔子手定而後列於經也。易自孔子作卦爻辭，（史記，周本紀不言文王作卦辭、魯世家、不言周公作，爻辭。則卦辭、爻辭、亦必是孔子所作）象象文言，闡發義、文之旨，而後易不僅爲占筮之用。春秋自孔子加筆削褒貶，爲後王立法，而後春秋不僅爲記事之書。此二經爲孔子所作，義尤顯著。漢初舊說，分明不誤。東漢以後，始疑所不當疑。疑易有蓋取諸益，蓋取諸噬嗑。謂重卦當在神農前，疑易有當文王與紂之事邪；謂卦爻辭爲文王作，疑爻辭有箕子之明夷，王用亨于岐山，謂非文王所作，而當分屬周公。於是周易一經，不得爲孔子作。孔疏乃謂文王、周公所作爲經，孔子所作爲傳矣。疑左氏傳，韓宣適魯，見易象與魯春秋，有吾乃今知周公之德之言，謂周公春秋，於是春秋一經，不得爲孔子作。杜預乃謂周公所作爲舊例，孔子所修爲新例矣。或又疑孔子無刪詩書之事，周禮、儀禮並出周公，則孔子並未作一書。章學誠乃謂周公集大成，孔子非集大成矣。（經學歷史、經學開闢時代）

皮氏言六經由孔子刪定，此與自來論者大多相同；但其間以易之卦爻辭爲孔子所作，則不能云六經皆爲孔子刪定矣。據其所言：春秋爲魯史舊名，有其事其文，其義則爲孔子獨有，故孔子所修之春秋，則與魯史有別矣。是本之孟子言。古詩原有三千篇，經孔子刪定爲三百篇；書三千二百四十篇，經孔子刪定爲百篇，而後有義，可爲法戒。儀禮十七篇，爲周公之遺，當時或不止此數，經孔子刪定；或並不及此數，而孔子增補，皆未可知？此亦皆爲多數人之主張。總之，是詩、書、春秋、儀禮，皆爲孔子本之以往舊典，加以刪削，而始稱之爲經，始有經之名。是則經與古史之分，在一則有義，一則無義。此亦可以說明古史與經之不同處，亦可明古史不能稱之爲經之原因。其於易，謂伏羲只畫卦，文王只重卦；而卦爻辭，皆爲孔子所作，不啻易全爲孔子所作矣。但論者不一其辭，容待後述之。

以古史經孔子刪定，而成爲六經，而後有義，可爲法戒；因此，六經便不能全以史視之矣。孔子刪定六經在明義，孔子實自言之，傳孔子之學者述之。戴記經解篇，述孔子之言曰：

孔子曰：入其國，其敎可知也：其爲人也，溫柔敦厚，詩敎也；疏通知遠，書敎也；廣博易良，樂敎也；絜靜精微，易敎也，恭儉莊敬，禮敎也；屬辭比事，春秋敎也。故詩之失愚，書之失誣，樂之失奢，易之失賊，禮之失煩，春秋之失亂。其爲人也，溫柔敦厚而不愚，則深於詩者也；疏通知遠而不誣，則深於書者也；廣博易良而不奢，則深於樂者也；絜靜精微而不賊，則深於易者也；恭儉莊敬而不煩，則深於禮者也；屬辭比事而不亂，則深於春秋者也。

此言詩敎在「溫柔敦厚，」書敎在「疏通知遠，」樂敎在「廣博易良，」易敎在「絜靜精微，」禮敎在「恭儉莊敬，」春秋敎在「屬辭比事，」是六者皆爲六經之義。又所言「失之愚，」「失之誣，」「失之奢，」「失之賊，」「失之煩，」「失之亂，」是皆言習六經而失之者之流弊。又所言「不愚，」「不誣，」「不奢，」「不賊，」「不煩，」「不亂，」必如此，方可稱爲深得六經之義者。六經之義，固非僅如此，是蓋舉其要言之，後之推演六經之義者，要皆以此爲樞機，莫能外焉者也。今將孔子刪定六經，在於明義，分別依次述之：

茲先言詩。關於詩之論說，不知凡幾？殊難一一列擧，祇能約擧正反兩面不同之說言之，以見其概。卽一言經孔子刪定後之詩方有義，一言孔子刪定後之詩，不必有義，請先言後者。近人呂思勉曰：

詩序有大小之別，今本小序分列諸詩之前，而大序卽接第一首小序下。（自「風、風也」以下、據正義）小序之不足信，前已言之，大序亦系雜采諸書而成，故其辭頗錯亂。但其中頗有與三家之義不背者。（魏源說、見詩古微）今姑據之，以定風、雅、頌之義。大序云：「風、風也，敎也。風以動之，敎以化之。」又云：「上以風化下，下以風刺上，主文而譎諫，言之者無罪，聞之者足以爲戒；故曰風。至於王道衰，禮義廢，政教失，國異政，家殊俗，而變風變雅作矣。國史明乎得失之迹，傷人倫之廢，哀刑政之苛；吟詠情性，以諷其上；達於事變，而懷其舊俗者也。故變風，發乎情，止乎禮義。發乎情，民之性也；止乎禮義，先王之澤也。」此其言風之義者也。又云：「一國之事，繫一人之本，謂之風。言天下之事，形四方之風謂之雅。雅者，正也。政有大小，故有小雅焉，有大雅焉。」此其言雅之義者也。又曰：「頌者，美盛德之形容，以其成功，告於神明者也。」此其言頌之義者也。案詩序言風與頌之義，皆極允愜。惟其言大小雅，則似欠明白。史記，司馬相如傳：「大雅言王公大人，而德逮黎庶；小雅譏小己之得失，其流及上。」分別大小之義，實較今詩序爲優，葢三家義也。（經子解題，論讀經之法「詩」）

觀呂氏引論詩序，以定風、雅、頌之義，而總之曰：「詩序言風與頌之義，皆極允愜；惟其言大小雅，則似欠明白。」而以史記司馬相如傳，分別大小之義，較詩序爲優。似以詩有本義可言；但其引詩序，則曰：「今姑據之，以定風、雅、頌之義。」則其意不過引述詩序，聊以存一說耳，實則並非眞以爲詩之有義可言也。故呂氏文曰：

王制述天子巡狩，命太師陳詩，以觀民風。何君言采詩之義曰：（公羊宣十五年注）「五穀畢入，民皆居宅。男女有所怨恨，相從而歌。饑者歌其食，勞者歌其事。男年六十，女年五十無子者，官衣食之，使之民間求詩。鄉移於邑，邑移於國，國以聞於天子。故王者不出牖戶，盡知天下所苦，不下堂而知四方。」其重之也如此。夫人生在世，孰能無幽約怨悱，不能自言之情？而社會之中，束縛重重，豈有言論自由之地？斯義也，穆勒羣己權界論，（嚴復譯）言之詳矣。故往往公然表白之言，初非其人之眞意；而其眞意，轉託諸謠詠之間。古代之重詩也以此。夫如是，詩安得有質言其事者；而亦安可據字句測度，卽自謂能得作詩之義耶？漢書藝文志曰：「漢興，魯申公爲詩訓詁。齊、轅固生，燕、韓生，皆爲之傳。或取春秋，采雜說，咸非其本意。與不得已，魯最爲近之。」此乃古學家攻擊三家之辭，其端已肇於班固時。其後乃采古書，附會詩義，而別製今之詩序，謂三家皆不知詩之本義，而古學家獨能得之也。其實詩無本義，太師采詩而爲樂，則祇有太師采之之意。孔子刪詩而爲經，則只有孔子取之之意耳。猶今北京大學編輯歌謠，豈得編輯之人，即知作歌謠者之意耶？三家於詩，間有一二，能指出其作之之人，及其本義者，(如、柏舟之類)此必確有所據。此外則皆付闕如。蓋詩固祇有誦義也；以祇有誦義故，亦無所謂斷章取義。我以何義誦之，即爲何義耳。今日以此意誦之，明日又以彼義誦之，無所不可也。以爲我誦之之意，則任何義皆通，必鑿指爲詩人本義，則任舉何義皆窒，詩義之葛藤，實自鑿求其本義始也。

呂氏言世人幽約怨悱，不能自言之情，難以公然表白；公然表白之言，初非人之眞意，其眞意，轉託之謠詠，故詩無質言其事。後人但據字句測度，自不能得其作之之意，後來詩傳，其不能得作詩之本義可知。其言固然，但當分別論之。詩固多爲轉託之詞，而並非無質言其事者。詩人固多爲曲此申彼之言，其詞隱約，但亦並非絕對不可意會得之者。三百篇，年代久遠，作之之意，較爲難明；三百篇後之作，則能知其作意者多，難以知其作意者少矣。孔子生當晚周，距作者爲近，其得詩人之意，自較親切。呂氏以孔子刪詩，只是孔子取之之意，以之比北京大學編輯歌謠之人，亦不能知歌謠者之意，是亦當分別論之。孔子刪詩，是否同於北京大學編輯歌謠之人，恐同意此言者不多？而孔子所刪定之詩，除國風可謂屬於歌謠之範圍，至雅、頌則否，質言其事爲多，亦易知其意，與北京大學但編輯歌謠者，便間有不同。呂氏又言，三家於詩，間有一二，能指出作之之人，及其本義，此必確有所據，外此則皆付闕如。是則歌謠，亦並非皆無本義可尋。呂氏又言，詩只有誦義，而無本義；誦義者，各人所得之義，各自不同；且今日誦之之義，明日又可以彼義誦之，則任何義皆通，如確指爲詩人之本義，則任擧何義皆窒。所謂誦義，不但讀詩如此，讀其他各經，亦多類是情形。孔子所謂「仁者見之謂之仁，智者見之謂之智。」讀古人書，所見本不能相同，亦不必相同也。因經傳中之涵義至廣，自非一端可以盡；且其所指，亦多非爲一人一事而發，故吾謂誦義比本義，尤應重視，此卽呂氏所言孔子刪詩，只是孔子取之之意。孔子取之之意，卽孔子刪詩之義也。孔子刪詩，卽以後世編輯詩文總集同等視之，要亦不能無義。因編輯詩文總集，必有其編輯之標準與目的；其標準目的，卽有其義存乎其間，否則，隨意採擷，漫無繩尺，後世稍具有價値之詩文總集，必不如此。可謂孔子刪詩，一無其義存乎間可乎？上言自古詩文之涵義至廣，其淺其深，要在讀者之自得，誦義比本義，尤應重視。何則？詩文固有作者之意甚淺，而讀之者反深；頗多詩文，一經引用，其無義，而變爲有義；又頗多詩文，本屬平平，一經選評後，情形便不相同。詩三百篇，本非篇篇皆有深義，經孔子刪定後，其義自別。孔子於詩，只是孔子取之之意，此卽孔子刪詩之義。如謂孔子刪詩，並無意義可言，孔子何用爲此無聊之事；且孔子之於詩，在平日，一再言其爲用意義之重要，以教門弟子。惟後世解詩者，固不免多穿鑿附會，有失本義；是讀詩之未能盡善其事，不得謂孔子之刪詩亦無義也。玆略引述孔子對於詩之言說，亦可謂孔子取之之意。近人熊十力曰：

詩經難讀，非有大智慧，雖讀之，與不讀等。吾學論語言詩者四章，以示後生，願思之終身，無妄謂易解。夫惟知聖言不易索解也，而後可求眞解，而後可與言詩。

論語爲政篇云：子曰：詩三百，一言以蔽之，曰：思無邪。

八佾篇云：子曰：關雎，樂而不淫，哀而不傷。

陽貨篇云：子曰：小子何莫學夫詩。詩可以興，可以觀，可以羣，可以怨。邇之事父，遠之事君。（案古言事君，猶今言治國平天下之道） 多識於鳥獸草木之名。

子謂伯魚曰：女爲周南，召南矣乎？人而不爲周南、召南，其猶正牆面而立也歟？

三百篇，蔽以思無邪一言，此是何等見地，而作是言。若就每首詩看去，焉得曰皆無邪耶？後儒以善者足勸，惡者可戒爲言，雖於義無失；但聖意或不如斯拘促。須知，聖人此語，通論全經，即徹會文學之全面。文學元是表現人生，光明黑闇，雖復重重，然會通之，則其啓人哀黑闇而向光明之幽思，自有不知所以然者，故曰思無邪也。非於人生領悟極深，何堪語此，嗚呼！難矣。

關雎，古今人誰不讀，孰有體會到樂不淫，哀不傷者？情不失其中和，仁體全顯也。仁者，萬化之本源，人生之眞性也。吾人常役於形，染於物欲，則情蕩而失其性。樂至於淫，哀至於傷，皆由溺於小已之私，以至物化，而失其大化周流之眞體，此人生悲劇也。夫子於關雎，直領會到仁體流行，其妙如此。從來哲學家，幾曾識得此意？凡今之人，愼勿輕言詩也。（讀詩不易、讀文亦然。今人論古書眞僞，輒曰辨抉其文、何言之易乎？胸無義解與容蓄者、眼光浮短，焉得上下古今，論文章得失乎？海上逐臭其不以金玉爲瓦釜者希矣！）

詩有功能；興觀羣怨，人生眞感。時代狂潮，政俗極敝，讀三百篇，而猶可興可觀可羣可怨，騷經猶足嗣響，後此，而詩亡矣。

不爲二南，其猶正牆面而立。（面牆者一物無所見，一步不能行）二南於人生之啓示，若是重要，夫子訓伯魚以此。試問二南是甚境界？後人欲究夫子作人精神，與其思想淵源，必不可不求之二南，何得輕心放過。

熊氏引述論語孔子說詩四事，可分爲二類。詩三百、小子何莫學夫詩，是通論全詩。關雎、子謂子魚、是論一詩二詩。合而言之，謂之誦義可，謂之本義亦可；亦爲孔子教人讀詩之法。惟孔子對於詩，有如此之認識，他人則不能，所謂賢者識其大者，不賢者識其小者也。論語中孔子對於詩之言說，並非止此，熊氏不過特舉此四事，以明詩之涵義精深，實不易領會耳。孔子刪詩三百篇，故其說詩，以三百篇爲範圍，亦以三百篇爲教，可知孔子刪詩爲三百篇，皆有所取義，與未經刪定之詩，實有不同。是則以孔子刪詩，比之北京大學編輯歌謠，編輯歌謠之人，並不知作歌謠之意，同類共語，似未允愜？熊氏之推闡孔子之意，不能謂其所言外，並無別義可言，但謂其亦爲說明孔子解詩之義，無可否認。故世人多言，詩經孔子刪定三百篇，而後列爲經；未經刪定，未必篇篇有義，不可謂之經，不能謂其無據而無所見也。本師錢子泉先生基博曰：

夏殷以上，詩多不存。姬周始自后稷，而公劉克篤前烈；太王肇基王迹；文王光昭前緒；武王克平殷亂；成王、周公化至太平，誦美盛德，踵武相繼。幽、厲板蕩，怨刺並興。其後王澤竭而詩亡，魯太師摯次而錄之，得三千餘篇。及孔子去其重，取可施於禮義，上采商，下取魯，凡三百五篇。曰：「詩三百，一言以蔽之，曰思無邪。」（經學通志，詩志第四）

錢師所述姬周之盛衰，與詩因之以興亡；而歸結之魯太師錄詩三千餘篇，及孔子去其重，取其可施於禮義者，定爲三百篇，此固爲前人所言。而所云去其重，取其可施於禮義者，一言以蔽之，曰思無邪。此正說明未經孔子刪之三千餘篇，未必篇篇有義；取其可施於禮義者，定爲三百五篇，皆有義可言也。其有義無義之區分，以三百篇可施於禮義；三千餘篇，不必皆可施於禮義，其理甚明。故孔子亦自言：吾自衞反魯，雅、頌各得其所。所謂雅、頌各得其所，非其有所取義乎？亦可反證未經孔子刪定，雅、頌未能各得其所，便無義可取。史記孔子世家曰：「三百五篇，孔子皆弦歌之，以求合韶、武、雅、頌之音。」所謂「合韶、武、雅、頌之音，」正說明雅、頌各得其所。「古之爲樂本於詩。」「孔子自衞反魯，然後樂正，」是正詩，即所以正樂，則樂本無經，非樂之亡，此前人亦已言之。皮錫瑞曰：

孔子所定之詩書，以爲並無義例，則孔子於詩書，不過如昭明之文選，姚鉉之唐文粹，編輯一

過，稍有去取。王柏又作詩疑、書疑，恣意删改，使無完膚，而詩書大亂矣。（經學歷史，經學開闢時代）

此言孔子之定詩書，各有其義例，不同於昭明文選，姚鉉唐文粹，編輯一過，稍有去取，可與呂氏之言參稽。（其實、文選、文粹，對於文章之去取，亦各有其宗旨標準取義也。）吾人觀於「三百五篇，孔子皆弦歌之，以求合韶、武、雅、頌之音，禮樂自此可得而述」諸語，則孔子詩書之删定，必不同於編輯歌謠，不知作歌謠之意，其有所取義，灼然明白，亦無容費辭矣。

古來有關詩之說者頗多，不能悉擧。本文所欲說明者，卽爲未經孔子删定，與經孔子删定後之詩，有有義與不必皆有義之分，觀於上述，便可知之；亦以見古史與經之不同者在此，不能混爲一談也。次言孔子删書：

孔子删詩，不同於昭明文選，姚鉉唐文粹，編輯一過，稍有去取，上已略言之。但經孔子删定後之書，與未經孔子删定後之書，有無不同？一如世人之言詩，有不重視孔子之删定，有重視孔子之删定者，亦各約擧其要以言之。

尙書眞僞之紛爭，今古文之聚訟，最爲激烈，雖累數十萬言，有不能盡，亦非本文所欲討論之範圍。本文所欲加以說明者，爲尙書經孔子删定後，與古史之不同，亦卽有義，與未必皆有義之區分。

今文學家言六經爲孔子託古改制，六經爲孔子制作，並未有所本，與古史無關。如其所言，則無從言古史與六經之不同。是固有爲而發，但論學術，則亦不免偏執，故駁難者頗多。近人錢玄同輩，則以爲六經與孔子無關，孔子並未有刪述或制作之事。言書爲三代時「文件類編」，或「檔案彙存，」應認爲是歷史，並不是經，（見努力週刊讀書雜誌第十期）今文學家以六經爲孔子託古改制，而不承認有古史；此言祗有古史，並無六經，與今文學家之見相反。將孔子刪述之事，完全推翻，更無從談經與古史之不同矣。此不免聳人聽聞，譁衆取寵，不足以服人之心。故世之尙論者，仍多以孔子本之古史，以刪述六經，六經經孔子刪述，便有義，與不必有義之分。本師錢子泉先生曰：

> 孔子觀書於周室，得虞、夏、商、周四代之典，乃斷自唐、虞之際，下迄秦穆，芟煩翦浮，舉其宏綱，定爲尙書百篇；而爲之序，言其作意。或說：「孔子求得黃帝元孫帝魁之書，迄於秦穆，凡三千二百四十篇。斷遠取近，定其可爲世法者一百二十篇；以百二篇爲尙書，十八篇爲中候。」此據尙書緯璇璣鈐文也，謂之尙書者。梅賾僞孔安國傳曰：「以其上古之書，謂之尙書。」王肅曰：「上所言，下爲史所書，故曰尙書也。」蓋書之所生，本於號令；所以宣王道之正義，發話言於臣下，故其所載皆典謨訓誥誓命之文。子夏問書大義？孔子曰：「吾於帝典，見堯、舜之聖焉！於大禹謨、臯陶謨，見禹、稷、臯陶之忠勤功勳焉！於雒誥，見周公之德焉！故帝典可以觀美，大禹謨、禹貢，可以觀事，臯陶謨、益、稷謨，可以觀政；洪範，可以觀度；太誓，可以觀義。五誥可以觀仁。呂刑，可以觀誡。通斯七者，書之大義舉矣！」三千之徒，並受其學。（經學通志，尙書志第三。）

如言書未經孔子刪定，未必僅有百篇，或百二十篇；亦猶詩僅有三百十一篇。在其他諸子書中所引逸詩逸書頗多，可以證明詩書，在孔子前，所存甚多。否則，在詩書外，何以有逸詩逸書？故孔子刪詩書，要爲不爭之事實。所言六經爲孔子制作，及孔子並未刪述六經，皆爲臆說，不待爭辯矣。此言「孔子刪定尙書百篇，而爲之序，言其作意。」所謂「作意，」卽說明書之每篇意義也。（現有書序，是否孔子所作，頗多爭議。）又子夏問書大義，孔子言：見堯、舜之「聖，」見禹、稷、皐陶「忠勤功勳，」見周公之「德。」以及於帝典可以「觀美，」大禹謨、禹貢，可以「觀事，」皐陶謨、益、稷謨，可以「觀政，」洪範可以「觀度，」太誓可以「觀義，」五誥、可以「觀仁，」呂刑，可以「觀誡，」所謂「見聖，」「見仁，」「觀美，」「觀事」云云者，皆孔子所言書之大義也。以此推之，未經刪定之書，不必皆有義可說；此可謂書與古史不同之處，近人馬宗霍中國經學史亦曰：

其在書也，舊兼存三皇五帝之書，緯璇璣鈐稱：「孔子求書，得黃帝玄孫帝魁之書，迄於秦穆公，凡三千二百四十篇。（見尙書序疏所引）其言雖不盡可信；然今尙書於堯典，則知三皇之書，當時不可睹（朱子曰：周禮外史掌三皇五帝之書，周公所錄，必非僞妄。若果全備、孔子亦應悉刪去之或其簡編脫落，不可通曉）

此言舊存三皇五帝之書、凡三千二百四十篇，不盡可信。但周禮掌三皇五帝之書，周公所錄，必非僞妄。謂若果全備，孔子亦應悉刪去之。孔子時，三皇五帝之書不全備誠然。惟言三皇之書，當時不可睹固事實。今尙書載堯典、舜典、夏、商、周謨訓誥誓，在孔子時猶及見之，故孔子敍書，斷自唐、虞，下迄秦穆。除孔子所錄外，不能謂其無餘文也，雖不能確定其爲三千二百四十篇，經孔子刪去者不少也。呂思勉曰：

案璇璣鈐謂：「孔子求得黃帝玄孫帝魁之書，迄於秦穆公，凡三千二百四十篇。定可以爲世法者百二十篇。以百二篇爲尙書，十八篇爲中侯」。此蓋張霸之僞所由來，而亦古文家百篇之說所由昉。緯說荒怪，誠難盡憑；然謂孔子刪書祇取二十八篇，則其說可信；謂尙書一類之書，傳於後代者，必祇二十八篇，則未必然。何者？逸書散見古書者甚多。（散見古書篇名，見新學僞經考，從略）豈能指爲僞物？史記謂古者詩三千餘篇，說者亦多疑之。然今佚詩散見羣書者亦甚多，謂孔子刪詩三百五篇則可，謂詩止三百五篇，亦未必然也。蓋孔門所傳之詩書爲一物，固有之詩書，又爲一物。孔子所刪。七十子後學奉爲定本者，詩止三百五篇，書只二十八篇。原有之詩書，則固不止此。抑此三百五篇，二十八篇者，不過孔子刪定時所取之數；固未必無所取義；然必謂在此外者，即與此三百五篇，二十八篇，大相懸殊，亦屬決無之理。故刪定時雖已刊落，講論之際，仍未嘗不誦說及之。門人弟子，乃各著所聞於傳，此今古籍中佚詩佚書之所以多也。（經子解題）

呂氏所言，頗爲通達，詩書原有三千餘篇，經孔子刪定後，詩三百篇，書二十八篇，（刪書百篇之說非一，此言二十八篇，亦無根據。）爲孔子定本，教授門弟子，亦爲事實。以即今所傳佚詩、佚書證之，則今文家謂六經爲孔子託古改制之作，毋庸申辯矣。詩書原有三千餘篇，固不能無疑，但爲數之多，亦可想見。呂氏言：「詩書經孔子刪定，未必無所取義；然必謂在此外者，即與此三百五篇，二十八篇，大相懸殊，亦屬決無之理。故刪定時雖已刊落，講論之際，仍未嘗不誦說及之」。雖爲推測之辭，亦近情實。即以姚氏「古文辭類纂」而言，其所甄錄之文，都有其準繩而亦有所取義。無準繩，無所取義，則不成其爲有品價之選本，何況孔子刪定詩書，其取義，更非選集可比。但選集以外之文，於講論之際，未嘗不誦說及之，其理一也。惟經孔子刊落之文，無所統率，即有其義，不能與其刪定者，同類而共語也。經之與史不同便在此。以上言詩書，至於春秋，亦經孔子修後，是經而非史矣。呂氏經子解題曰：

> 春秋之記事，固以左氏爲詳，然論大義，則必須取諸公羊，此非偏主今文學家之言也。孟子曰：「其事則齊桓晉文，其文則史，其義則丘竊取之矣」。若如後儒之言，春秋僅以記事，則孟子所謂義者安在哉？太史公曰：「春秋文成數萬，其指數千」。今春秋全經，僅萬七千字，安得云數萬？且若皆作記事之書讀，則其文相同者，其義亦相同。讀毛奇齡之春秋屬辭比事表，已盡春秋之能事矣，安得數千之指乎？春秋蓋史記舊名，孔子修之，則實借以示義。魯春秋之文，明見禮記坊記，孔子修之，有改其舊文者，如莊七年「星隕如雨」一條是也。有仍而不改者，如昭十二年「納北燕伯於陽」一條是也。故子女子曰：「以春秋爲春秋」（閔元年）。傳曰：「定哀多微辭，主人習其讀而問其傳，則未知已之有罪焉爾」。（定元年）封建之時，文網尚密，私家講學，尤爲不經見之

事；況於非議朝政，譏評人物乎？聖人「義不訕上，知不危身」，託魯史之舊文，傳微言於後學，蓋實有所不得已也，曷足怪哉？

呂氏所言孔子因魯史而修春秋，別有取義，與舊史不同，後儒僅以春秋記事視之爲未當，倘僅以記事，孔子何用修之乎？皮錫瑞經學歷史曰：

> 史記以春秋別出於後云：「孔子曰：『弗乎！弗乎！君子疾歿世而名不稱焉，吾道不行矣！吾何以自見於後世哉』？乃因史記作春秋，上至隱公，下訖哀公十四年。據魯，親周，故殷，運之三代，約其文辭而指博。故吳楚之君自稱王，而春秋貶之曰子。踐土之會，實召周天子，而春秋諱之曰天王狩於河陽。據此類以繩當世貶損之義，後有王者，舉而開之，春秋之義行，則天下亂臣賊子懼焉。孔子在位聽訟，文辭有可與人共者，弗獨有也。至於爲春秋，筆則筆，削則削，子夏之徒，不能贊一辭。弟子受春秋，孔子曰：「後世知丘者以春秋，罪丘者亦以春秋」。案史記以春秋別出於後，而解說獨詳，蓋推重孔子作春秋之功，比刪訂諸經爲尤大，與孟子稱孔子作春秋，比禹抑洪水，周公兼夷狄相似，其說春秋大義，亦與孟子，公羊相合。知有據魯，親周，故殷之義，則知公羊家三科九旨之說，未可非也。知有繩當世貶損之文，則知左氏家經承舊史承赴告之說不足信矣。知有後世知丘罪丘之言，則知後世以史視春秋謂褒善貶惡而已者，尤大謬矣！（程子曰：後世以史視春秋，謂褒善貶惡而已。至於經世之大法，則不知也。切中漢以後說春秋之失。）

皮氏言不得以史視孔子所修之春秋，有經世之大法，而重在義，與呂氏所言孔子因魯史修春秋，別有取義，與舊史不同，後儒僅以春秋記事視之爲未當相同。要之，不外說明孔子所修春秋是經，而不得僅以記事之史視之。至於易經爲誰作，頗多異說，玆擧要言之。呂氏經子解題以爲：

> 伏羲「畫卦」，見於繫辭，故無異說，至「重卦」則說者紛紛。王弼以爲伏羲自重，鄭玄以爲神農，孫盛以爲夏禹，史遷以爲文王。卦辭、爻辭，鄭學之徒，以爲文王作；馬融、陸績之徒，以卦辭爲文王，爻辭爲周公作。至十翼，則並以爲孔子作，無異論。今案繫辭爲傳，說卦等三篇後得，已見前。既云後得，則必不出孔子。史記孔子世家云：「孔子晚而喜易，序彖、繫、象、說卦、文言」。序之云者，次序之謂，猶上文所謂「序書傳」，初不以爲自作。漢志乃云：「孔氏之彖、象、繫辭、文言、序卦之屬十篇，與以卦辭爻辭爲文王，周公作者」，同一無確據而已。要之，易本卜筮之書，其辭必沿之自古，縱經孔子刪定，亦不必出於自爲，疑事無質，不必鑿言撰造之人可也。

呂氏所言，雖云易經縱經孔子刪定，亦不必出於自爲，以古無確據，不能斷言也。又言十翼，亦不以爲孔子自作，而未言作者爲誰？今撮擧蔣伯潛十三經概論中周易概論之說，以資參稽。其言繫辭曰：「古者庖犧氏之王天下也，仰則觀象於天，俯則觀法於地，觀鳥獸之文與地之宜。近取諸身，遠取諸物，於是而作八卦，以通神明之德，以類萬物之情」。……故孔安國、馬融、王肅、姚信等，並信此伏羲作八卦之傳說，是作八卦者爲伏羲也」。「重卦之人，則有四說：謂伏羲畫八卦，因而重之者，王弼等也；謂神農重卦者，鄭玄等也；謂夏禹者，孫盛等也；謂文王重卦者司馬遷也。孔穎達周易正義卷端，有論重卦之人一篇，主從王弼之說，其辭曰：『其言夏禹，文王重卦者，案繫辭，神農之時，已有『蓋取益與噬嗑』，以此論之不攻自破。其言神農重卦，亦未爲得。今以諸文驗之，案說卦云：『昔者聖人之作易也，幽贊於神明而生蓍』。凡言作者，創造之謂也。……伏羲畫卦之傳說，亦但謂彼時有所謂八卦而已。若謂必有伏羲其人，先畫八卦，後重爲六十四則鑿矣。文王重卦史記蓋兩見。揚雄法言問神篇，問明篇，漢書藝文志，王充論衡對作篇，正說篇，皆主文王重卦，是兩漢學者，並謂文王重卦也。不僅兩漢學者有是說也，繫辭下曰：『易之興也，其於中古乎？作易其有憂患乎？』又曰：『易之興也，其當殷之末世，周之盛德耶？當文王與紂之時耶』？正與司馬遷所云：『文王拘而演周易』相合。故重卦之人，當從司馬遷說，定爲文王。至於卦辭爻辭作者，亦有異說。一說卦辭爻辭，並是文王作。一說卦辭文王作，爻辭周公作。……驗之諸文，知爻辭出於文王。……左傳昭公二年，載晋韓起適魯，觀書魯太史，見易象與魯春秋，曰：『吾乃知周公之德』。正以爻辭爲周公作。故周公被流言之謗，亦得云憂患也。所以只言『易歷三聖』，不及周公者，父統子業故耳。左傳正義曰：「故先代大儒鄭衆、賈逵，或以爲卦下之象，文王所作，爻下之象，周公所作』。馬融等皆主此說。周易正義卷端論卦辭爻辭誰作一文，亦主從後說。一說謂卦辭爻辭，並是孔子所作，此說見於皮錫瑞之經學通論。……按皮氏所說，若逕謂文王但重卦，不作卦辭，則雖有六十四卦，亦不足以供卜筮之用。皮氏亦知無以自圓其說，故又謂必有文字，文字即辭，但不必爲卦辭。皮氏何以知其非卦辭耶？易本卜筮之書，故不以教士子。後世欽定之書，豈盡以教士子耶？左氏浮誇，所載卜筮預言，其應如響，誠爲事後追飾之言；但亦不得以此爲卦辭爻辭，皆出孔子之證。……周公遭流言，雖亦在憂患之中，而繫辭明言：『當殷之末世』，『當文王與紂之事』。又將何以解之？……故卦辭爻辭，當亦出於文王」。

蔣氏據上述，謂周易文字六十四卦之卦辭爻辭外，尚有彖、象、繫辭（各分上下篇）文言、序卦、說卦、雜卦，凡十篇，謂之「十翼」者，易之「傳」；卦辭爻辭者，易之「經」也。故史記引繫辭語，稱易大傳。……重卦之人爲文王，作卦辭爻辭者亦文王，則文王時，易之「經」已具矣。但尚祇爲卜筮之書耳。卦辭爻辭爲文王作，則十翼爲何人作？蔣氏以爲十翼中彖象四篇，當定爲孔子作，繫辭二篇及文言，當定爲孔子弟子所記。至說卦、序卦、雜卦三篇，則由後人依記附益。彖象今本周易散入各卦中，文言分隸乾坤二卦，其餘四種另附於後。卦辭爻辭合此十翼，乃成今之周易焉。

蔣氏所言視呂氏爲肯定，而易之經傳部分，亦區分明白，視今文與古文各執己見失之偏倚，要爲折衷之論。

關於三禮中，大多以儀禮爲經，禮記爲傳，而周禮無與，但儀禮之作者爲誰？及完缺，則有兩種不同之說，周大同羣經概論曰：

關於儀禮的作者問題，有兩種絕對不同的意見：在古文學家，以爲儀禮與周禮並爲周公作，唐、賈公彥儀禮疏說可爲代表。他說：「周禮言周不言儀，儀禮言儀不言周，既周公攝政六年所制，題號不同者；周禮取別夏、殷，故言周；儀禮不言周者，欲見兼有異代之法」。在今文學家派，以爲儀理爲孔子所定，清，皮錫瑞三禮通論說可以代表。他說：「檀弓云：恤由之喪，哀公使孺悲學士喪禮於孔子，士喪禮於是乎書。據此，則士喪出於孔子，其餘篇亦出於孔子可知」。皮氏所撰的經學歷史亦堅執是說。「儀禮十七篇，雖周公之遺，然當時或不止此數，而孔子刪定；或並不及此數，而孔子補增，皆未可知？觀：「孺悲學士喪禮於孔子，士喪禮於是乎書」。則十七篇亦自孔子始定」。至關於儀禮的完缺問題，今古文學亦具有絕對不同的兩種意見。今文學家主張十七篇已包學一切的禮儀，故以儀禮爲完整的經典：清、邵懿辰禮經通論說，可爲代表。古文學家主張逸禮三十九篇爲可信，故以現存儀禮十七篇爲秦火的殘燼。

周氏祇舉今文家與古文家，對於儀禮誰作及完缺問題，予以敍述，而未明言決定之。蔣伯潛曰：

儀禮一書，古文經學家以爲出於周公，今文經學家以爲出於孔子。禮記檀弓曰：「哀公使孺悲學士喪禮於孔子，士喪禮於是乎書」。此士喪禮出於孔子之證。聘禮所記如：「執圭如重，入門鞠躬，私歡愉如」等，皆與論語鄉黨合。蓋鄉黨所記，有孔子所嘗行者，亦有孔子所未嘗行而嘗言者。此孔子以聘禮教人之證。禮記禮運，孔子語子游一則曰：「達於喪祭射鄉，（今本作御）冠昏朝聘」。再則曰：「其行之以貨力辭讓飲食，冠昏喪祭射鄉朝聘」。貨力所以舉其事，辭讓所以達其情，飲食所以隆其養，此六者禮之緯。冠以明成人，昏以合男女，喪以仁父子，祭以嚴鬼神，鄉飲以合鄉里，鄉射以成賓主，聘食以睦邦交，朝覲以辨上下，此八者禮之經也。而儀禮十七篇，適足以攝此八者。……夫「經禮三百，曲禮三千」，足見周公所制之禮，網目畢張，鉅細皆備。即至孔子時禮文廢闕，必不止此十七篇之所載，即古文本所云五十六篇，亦不足以盡之。是此十七篇者，當爲孔子所定，以教弟子，正因冠昏喪祭鄉射朝聘八者，已足攬禮之大綱。蓋孔子定本，爲高堂生后倉所傳者，本是如此，非經秦火而殘缺也。邵懿辰禮經通論，言之頗詳，可供參閱。（十三經概論儀禮解題）

蔣氏之言，視周氏爲決定，而較詳審，認禮經孔子所定以教弟子者，祇此十七篇，非經秦火而殘缺，言之雖成理，則是懸斷，而欠事實確據。呂思勉曰：

周禮、儀禮、禮記，今日合稱三禮。案高堂生所傳之禮，本止十七篇；即今儀禮，是爲禮經。周禮本稱周官，與孔門之禮無涉。禮記亦得比於傳耳。

案漢書藝文志，謂：「禮自孔子時而不具。漢興，魯高堂生傳士禮十七篇，訖孝宣世，后倉最明。戴德、戴聖、慶普，皆其弟子。三家立於學官。禮古經者，出於淹中。及孔氏學七十篇（當作十七篇）文相似，多三十九篇。及明堂陰陽，王史氏之記，所見多天子諸侯卿大夫之制。雖不能備，猶愈倉等「推士禮而致於天子之說」。劉歆譏讓太常博士，「國家將有大事，若立辟雍、封禪、巡狩之儀，而幽冥而莫知其原」。此爲古學家求禮於十七篇以外之原因；蓋譏今學家所傳爲不備也。主今學者曰：「今十七篇中，惟冠、昏、喪、相見爲士禮，餘皆天子諸侯卿大夫之制」。謂高堂生所傳獨有士禮，乃古學家訾僞之辭，不足爲今學病也。其說良是。然謂十七篇即已備一切之禮，則固有所不能。逸禮三十九篇，羣書時見徵引。（注疏中即甚多）信今學者悉指爲劉歆僞造，似乎未足服人。然謂高堂生所傳十七篇，眞乃殘缺不完之物，則又似不然也。此其說又何如耶？

予謂孔門所傳之禮經，爲一物，當時社會固有之禮書，又爲一物。孔門傳經，原不能盡天下之禮，亦不必盡天下之禮。以所傳之經，不能盡天下之禮，而詆博士，其說固非；然必謂博士所傳以外，悉爲僞物，則亦未是也。邵懿辰云：「周官大宗伯，擧吉、凶、賓、軍、嘉五禮，其目三十有六。後人以此爲周禮之全。實係據王朝施於邦國者言之，諸侯卿大夫所守，不及悉具，亦揭其大綱而言。古無吉、凶、賓、軍、嘉爲五禮者，乃作周官者特創此目，以括王朝之禮；而非所語於天下之達禮也。天下之達禮，時曰喪，祭、射、鄉、冠、昏、朝、聘。與大戴禮經，篇次悉合。禮運亦兩言之，特鄉皆誤爲御耳。後世所謂禮書者，皆王朝邦國之禮，而民間所用無多。即有之，亦不盡用。官司所掌，民有老死不知不見者，非可擧以教人也。孔子所以獨取此十七篇者，以此八者爲天下之達禮也」。（邵說見禮經通論此係約擧其意）案此說最通。禮原於俗，不求變俗，隨時而異，隨地而殊，欲擧天下所行之禮，概行制定，非惟勢有不能，抑亦事可不必。故治禮所貴，全在能明其義。能明其義，則「禮之所無，可以義起」，原不必盡備其篇章。漢博士於經所無有者，悉本諸義以爲推，事並不誤。古學家之訾之，乃曲說也。推斯義也，必謂十七篇之外，悉皆僞物，其誤亦不辯自明矣。然此固不足爲今學家病，何也？今學家於十七篇以外之禮，固亦未嘗不參考也。（經子解題）

觀以上呂氏據情實推理分析，視蔣氏所言爲明暢而當於事理，雖亦爲推測之辭，要無有較此有更適切論說也。自浙東學派有六經皆史之說，（不獨章學誠一人之言）則所謂五經者，皆以史視之矣。本節不厭其繁，擇要擧其有關各家之說，旨在說明經與史之不同，史略義而重事，經則略事而重義。所傳邃古載籍，經孔子刪定後，則皆有其義，可爲百世常經常法，與未經孔子刪定之載籍，則不必皆有義，截然分爲兩事矣。若五經中詩及易，所具之史實，究有多少？而春秋一字以褒貶，其事亦不具，豈得以史視之。此於下節有經而後有傳以說明之，可以知其概要矣。

三、有經而後有傳記

「傳」之說甚早，只是相傳，而不知其書名。有經後，附經之傳記，紛紛而起，故本節題曰：「有經而後有傳記」。

輓近之言傳記文者，多偏重於傳人而罕言傳事，而於傳經之傳記，則幾乎無人言及。而所言傳人之傳記，又往往以屬於歷史之傳記，與屬於文學之傳記，混爲一談，要皆未能考鏡傳記之原委，未明傳記之類別，聽者不察，以訛益訛，而以所謂「傳記」者，均納之於文學之範圍，而恣言傳記文學者，同然一辭，而不知其大謬不然也。傳記之說雖早，而正名定分，則起於經，有經而後傳記作，始層出而寖多，而後有傳經之傳記，傳事之傳記。傳人之傳記，則爲後起，而傳事傳人之傳記，又可分屬於歷史，屬於文學二類，豈得概以傳記納之於文學之範圍？明乎此，則爲傳記者，可各從其所好，不致黑白不分，涇渭相混矣。原其始，則傳者，由經而起，傳經之義，傳經之事，初不關乎今人所言「文學」也。而其間非無文學可言，而未嘗專以文學爲事，而具有文學之價値也。但不能視之爲屬於文學之傳記，以其所重者，在傳義、傳事、傳人也。玆言經與傳記之關係。章氏學誠曰：

傳記之書，其流已久，蓋與六藝先後雜出，古人文無定體，經史亦無分科。春秋三家之傳，各記所聞，依經起義，雖謂之記可也。經禮二戴之記，各傳其說，附經而行，雖謂之傳可也。其後支分派別，至於近代，始以錄人物者，區爲之傳；敍事跡者，區爲之記，蓋亦以集部繁興，人自生其分別，不知其然而然，遂若天經地義之不可移易，此類甚多，學者生於後世，初無傷義理，從衆可也。然如虞預妬記，襄陽耆舊記之類，敍人何嘗不稱記？龜策，西域諸傳，述事何嘗不稱傳？大抵爲典爲經，皆是有德有位，綱紀人倫之制作，今之六藝是也。夫子有德無位，則述而不作，故論語、孝經，皆爲傳而非經；而易繫亦止稱爲大傳，其後悉列爲經，諸儒尊夫子之文，而使之有以別於後儒之傳記爾！周末儒者，及於漢初，皆知著述之事，不可自命經綸，蹈於妄作，又自以立說，當稟聖經以爲宗主，遂以所見所聞，各筆於書而爲傳記，若二禮諸記，詩、書、易、春秋諸傳是也。蓋皆依經起義，其實各自爲書，與後世箋注，自不同也。後世專門學衰，其體日盛，敍人述事，各有散篇，亦取傳記爲名，附於古人傳記專家之義爾！(文史通義傳記)

章氏所言傳記，依經起義，即謂傳記爲發明經義而作之也。古人傳記不分，傳可謂之記，記亦可謂之傳，錄人物可謂之記，敍事跡可謂之傳，後世則以錄人物爲傳，述事迹爲記，區而爲二矣。經乃綱紀人倫之制作，孔子有德無位，故述而不作，雖述而不作，經乃由孔子刪定，則皆有取義，與刪定以外典制，則有別矣。傳記，又有各自爲書，與附經而行之分，要皆不外發明經義爾，書之稱經，自六經外，不勝其紛紛，不得與六經並比，章氏亦爲區分，而不能混淆。其曰：

異學稱經以抗六經，愚也；儒者僭經以擬六藝，妄也。六經初不爲尊稱，義取經綸爲世法耳。六藝皆周公之政典，故立爲經。夫子之聖非遜周公，而論語諸篇不稱經者，以其非政典也。後儒因所尊而尊之，分部隸經，以爲傳固翼經者耳。佛老之書，本爲一家之言，非有綱紀政事，其徒欲尊其教，自以一家之言尊之，過於六經，無不可也；强加經名以相擬，何異優伶效楚相哉？亦其愚也。揚雄、劉歆，儒之通經者也。揚雄法言，蓋云時人有問，用法應之，抑亦可矣；乃云象論語者，抑何謬耶？雖然，此猶一家之言，其病小也。其大可異者，作太玄以準易，人僅知謂僭經爾，不知易乃先王政典，而非空言，雄蓋蹈於僭竊王章，弗思甚也！（詳易教篇）衛氏之元包，司馬之潛虛，方且擬玄而有作，不知玄之擬易已非也。劉歆爲王莽作大誥，其行事之得罪名教，固無可說矣；卽擬尙書，亦何至此哉？河汾六籍，或謂好事者之緣飾，王通未必遽如斯妄也。誠使果有其事，則「六經奴婢」之誚，猶未得其情矣。奴婢未嘗不服勞於主人，王氏六經服勞於孔氏者又何在乎？束晳之補笙詩，皮日休之補九夏，白居易之補湯征，以爲文人戲謔而不爲虐，稱爲擬作，抑亦可矣；標題曰「補」，則亦何取辭章家言以綴詩書之闕耶？至孝經雖名爲經，其實傳也。儒者重夫子之遺言，則附之經部矣。馬融誠有志於勸忠，自以馬氏之說，援經徵傳，縱橫反覆，極其言之所至可也，必標忠經，亦已異矣。乃至分章十八，引風綴雅，一一效之，何殊張載之擬四愁，七林之倣七發哉？誠哉非馬氏之書，俗儒所依託也。宋氏之女孝經，鄭氏之女論語，以謂女子有才，嘉尙其志可也。但彼如欲明女教，自以其意立說可矣；假設班氏惠姬與諸女相問答，則是將以書爲訓典，而先自託於子虛亡是之流，使人何所適從？彼意取其似經傳耳；夫經豈可似哉？經求其似，則譁騙有卦，（見輟耕錄）鞾始收聲有月令矣。（皆誹謔事）若夫屈原抒憤，有辭二十五篇，劉、班著錄，概稱之屈原賦矣。乃王逸作注，離騷之篇已有經名。王氏釋經爲徑，亦不解題爲經者始誰氏也。至宋人注屈，乃云：「一本九歌以下有傳字」。雖不知稱名所始，要亦依經而立傳名，不當自宋始也。夫屈子之賦，固以離騷爲重，史遷以下，至取騷以名其全書，今猶是也。然諸篇之旨本無分別；惟因首篇取重而强分經傳，欲同正雅爲經，變雅爲傳之例，是孟子七篇，當分梁惠王經，與公孫、滕文諸傳矣。夫子之作春秋，莊子以謂：「議而不斷」，蓋其義寓於其事其文，不自爲賞罰也。漢、魏而下，倣春秋者蓋亦多矣，其間或得或失，更僕不能悉數。後之論者，至以遷、固而下擬之尙書，諸家編年擬之春秋。不知遷、固本紀爲春秋家學，書志表傳殆猶左、國內外之與爲終始發明耳。諸家陽秋，先後雜出，或用其名而變其體，（十六國春秋之類）或避其名而擬其實，（通鑑綱目之類）要皆不知遷、固之書本紹春秋之學，並非取法尙書者也。故明乎春秋之義者，但當較正遷，固以下，其文其事之中，其義固何如耳。若欲萃聚其事，以年分編，則荀悅、袁宏之例具在，未嘗不可法也。必欲於紀傳編年之外別爲春秋，則亦王氏元經之續耳。夫異端抗經，不足道也；儒者服習六經，而不知經之不可以擬，則淺之乎爲儒者矣。（文史通義經解下）

章氏言六經乃先王之政典而非空言，後世擬經之作，不惟僭經，且蹈僭竊王章之罪。孔子之聖非遜周公，而曰「述而不作」。又曰：「非天子不制度，不考文」，制度考文，乃天子之事；孔子有德無位，祗能將先王之典章，加以刪述，以存萬世之法訓。其於春秋，祗就舊有典章而修之以當一王之法；然其猶曰：「知我者春秋，罪我者春秋」。蓋出於不得已而爲之。亦以明非敢於先王典章外，制度考文也。後世儒者，不知此義，紛紛有擬經傳之作。若揚雄法言擬論語，太玄擬易；而衛氏元包，司馬潛虛，又踵太玄擬易。王通六籍，擬孔子六經。劉歆爲王莽作大誥而擬尙書，束皙補笙詩，皮日休補九夏，白居易補湯征。詩書缺亡，豈能綴補？綴補，是代先王作政典也。不惟僭經，而蹈僭竊王章之罪矣。而馬融忠經，宋氏女孝經，鄭氏女論語，皆是將以其書爲訓典，豈非愚妄？屈原有辭二十五篇，劉、班著錄，概稱之曰「屈原賦」，而後有題首篇離騷爲經，以下爲傳，以一人同類之作，而分經傳，更爲無取。故自六經外，其餘紛紛擬作，要皆爲僭竊而非經矣。故後人有志著述，自以其意立說，發明經義，列於傳記可矣。要之，後之擬經之作者，於經傳區分，未能明悉，猶之今人，將屬於經學之傳記，屬於歷史之傳記，與屬於文學之傳記，混爲一談，同一情形。揆其實，後人紛紛擬經之作，間有可稱之傳記。是則欲談傳記文，於此當先有瞭解。除此外，又有以諸子及雜著，亦多以經稱之。章氏於其經解中又曰：

孟子時以楊，墨爲異端矣，楊氏無書，墨翟之書初不明名經，（雖有經篇經說，未名全書爲經。）而莊子乃云：「苦獲，鄧陵之屬皆誦墨經」，則其徒自相崇奉而稱經矣。東漢秦景之使天竺，四十二章皆不名經，（佛經皆中國翻譯，竺書無經字。）其後華言譯受，附會稱經，則亦文飾之辭矣。老子二篇，劉、班著錄初不稱經，隋志乃依阮錄稱老子經，意者阮錄出於梁世，梁武帝崇尙異教，則佛老皆列經科，其所倣也；而加以道德眞經，與莊子之加以南華眞經，列子之加以沖虛眞經，則開元之玄敎設科，附飾文致，又其後而益甚者也。韓退之曰：「道其所道，非吾所謂道」，則名敎既殊，又何妨於經其所經，非吾所謂經乎？若夫國家制度，本爲經制，李悝法經，後世律令之所權輿，唐人以律設科，明祖頒示大誥，師儒講習以爲功令，是即易取經綸之意，國家訓典，臣民尊奉爲經，義不背於古也。孟子曰：「行仁政必自經界始」，地界言經，取經紀之意也。是以地理之書，多以經名，漢志有山海經，隋志乃有水經，後代州郡地理多稱圖經，義皆本於經界，書亦自存掌故，不與著述同科，其於六經之文固無嫌也。至於術數諸家，均出聖門制作，周公經理垂典，皆守人官物曲而不失其傳。及其官司失守而道散品亡，則有習其說者相與講貫而授受，亦猶孔門傳習之出於不得已也。然而口耳之學，不能歷久而不差，則著於竹帛以授之其人，亦其理也。是以至戰國而羲農黃帝之書，一時雜出焉。其書皆稱古聖，如天文之甘石星經，方技之靈素難經，其類實繁，則猶匠祭魯般，兵祭蚩尤，不必著書者之果爲聖人，而習是術者奉爲依歸，則亦不得不尊以爲經言者也。又如漢志以後，雜出春秋戰國時書，若師曠禽經，伯樂相馬之經，其類亦繁，不過好事之徒因其人而附合，或略知其法者託古人以鳴高，亦猶儒者之傳梅氏尚書與子夏之詩大序也。他若陸氏茶經張氏棋經，酒則有甘露經，貨則有相貝經，是乃以文爲諧戲，本無當於著錄之指，譬猶毛穎可以爲傳，蟹之可以爲志，琴之可以爲史，荔枝牡丹之可以爲譜耳。此皆若有若無，不足議也。蓋數者論之，異教之經，如六國之各王其國，不知周天子也。而春秋名分，人具知之，彼亦不能竊而據也。制度之經，時王之法，一道同風，不必皆以經名；而禮時爲大，既爲當代臣民，固當奉而不越，卽服膺六藝，亦出遵王制之一端也。術藝之經，則各有徒相與守之，固無虞其越畔也。至諸戲而亦以經名，此趙佗之所謂「妄竊帝號，聊以自娛」，不妨諧戲置之。六經之道，如日中天，豈以是為病哉！

此與上述稱經僭經又不同。此以諸子雜技，偽撰假託，皆以經名，要不外彼教之徒崇奉而稱經，好事之徒，因其人而附合，及略知其法者，託古人以鳴高。其餘如茶經，棋經，甘露經，之類，乃為文之諸戲，無足置議。而其總結之曰：「蓋即數者論之，異教之經，如六國之各王其國，不知周天子」，但「春秋名分，人具知之，彼亦不能竊而據之」是言異教之書，自名為經，六經之尊嚴不患其侵奪也。至諸戲之文亦以經名，譬之趙佗僭稱為帝，聊以自娛，不妨諧戲置之。六經之道，如日中天，不以其僭越為病也。於此，知除六經稱經外，其餘之作，皆不可稱經名經，即稱經名經，春秋名分，人具知之，彼亦不能竊而據之。據章氏所舉稱經名經之書，若老莊列墨，為六經之支流，皆屬於傳，李悝法經，衍自經綸之意，山海經、水經，衍自尚書之禹貢。以上可分屬於經義歷史之傳記，若茶經、棋經諸戲之作，類同毛穎傳，屬於文學之傳，容於後文，分別說明之，暫置不論。經與非經區分既明，當言經與傳之關係，即經重義，而傳則傳經之義與事，而傳經之義，亦間傳事，傳事亦間傳義，不過輕重多寡，並非絕對也。

章氏學誠以六經外，別無所謂經，所有擬經之作，非經而名之為經，皆非經也。經常道也，經為先王之政典，非經之書，而稱之為經，如六國之各自王其國，如趙佗之「妄竊帝號，聊以自娛」視之，豈以爲病哉！其言誠然。然其言曰：「六經皆史也。古人不著書，古人未嘗離事而言理，六經皆先王之政典也。或曰：『詩、書、禮、樂、春秋，則既聞命矣，易以道陰陽，願聞所以爲政典，而與史同科之義焉』？曰：聞諸夫子之言矣，『夫易開物成務，冒天下之道，知來藏往，吉凶與民同患』，其道蓋包政務典章之所不及矣！象天法地，『是興神物，以前民用』，其敎蓋出政敎典章之先矣」云云，（文史通義易教上）因是以易亦以史視之矣。然世之論者，多不盡以爲然，呂思勉曰：「視凡古書悉爲史材則通，謂六經皆史則非」，（經子解題）又曰：「此篇攻尙書，下篇駁春秋也。劉氏邃於史，而疏於經。其所言，作史觀則是，作說經觀則大非矣。即如定禮與修春秋，截然兩事。周書雖有若干篇類尙書，不過文體相似，其書要爲兵家言。魯無篡弒，見禮記明堂位，非孔子之語。以美刺說詩，乃詩序之義，漢儒本無此說。此篇強斷周書爲尙書之餘，遂謂夏桀讓湯，武王斬紂，爲孔子所刪；又並定禮與修春秋爲一談，遂並魯無篡弒之言，架諸孔子，泥小序美刺之說，乃謂魯無國風，係孔子爲國諱惡；皆坐不知經學之過。至孔子對陳司敗之語，則本與著書無涉，而亦曲加附會，則尤爲牽強矣。又左氏非春秋之傳，說已見前。家語亦僞物，漢儒不信此二書，自別有故，非關輕事重言也」。（史通評，疑古第三）此言經史應分觀，經與史不能混爲一談。大抵史學家多長於史而疏於經，以史學觀念論經，以史學視經，皆不免失之偏，劉知幾與章學誠同有欠缺。今將經不可以史讀，經與史之關係，分別述之，以明其然否。本師錢子泉（基博）先生曰：

「易、書、詩、禮、樂、春秋六經，皆史也」。會稽章學誠倡焉；仁和龔自珍，餘杭章炳麟，錢唐張爾田推衍焉。然要非所論於易，何者？史以藏往，易以知來；史者所以記羣治之事爲，而易者所以牖羣治演化之大例者也。尚書記言，春秋記事，分隸左右史；（漢書藝文志曰：左史記言右史記事，事爲春秋，言爲尙書。）而周禮掌建邦之六典，太史所掌士禮十七，亦垂國典，殆後世通典、通考之權輿，謂之史可也。太史陳詩以觀民風，明王政之變。孟子曰：「詩亡然後春秋作」。雖不名史而麗於史焉可也。獨易之爲書也，明天之道，察民之故，「聖人有以見天下之賾，而擬諸其形容，象其物宜，是故謂之象；聖人有以見天下之動，而觀其會通，以行其典禮，繫辭焉以斷其吉凶，是故謂之爻，至天下之至賾而不可惡也；言天下之至動而不可亂也」。（繫辭上）帝皇之言行，不屑記也；事爲之制度，不備載也；要以設卦觀象，開物成務，而冒天下之道，通天下之志焉；寧得以史概之乎？孔子知其然，曰：「神以知來，知以藏往」，（繫辭上傳）曰：「數往者順，知來者逆，是故易逆數也」。（說卦）「夫易，彰往而察來」，（繫辭下傳）史之記在藏往，知之事也；易之用以知來，神之事也。循其故迹之謂順，推其未然之謂逆，此易與史之辨也。太史公知其然，曰：「易著天地陰陽四時五行，故長於變；書記先王之事，故長於政；詩記山川谿谷禽獸草木牝牡雌雄，故長於風」。（史記自序）於書詩曰記；於易曰著；記者據事而直書，史家載筆之大法；著者本隱而之顯，易道前民之妙用，此易與史之辨也。（周易解題及其讀法緒論）

錢師所述易繫「神以知來，知以藏往」，又稱說卦「數往者順，知來者逆」。以史爲藏往，易以知來；史所以記羣治之事爲，而易者所以籀羣治演化之大例。帝皇之言行，不屑記也；事爲之制度，不備載也。要以說卦觀象，開物成務，而冒天下之道，通天下之志，寧得以史概之？其言誠然，易非史也。章氏以易作史視之，覈於事實要爲欠當。近人葉長青「文史通義易敎上，六經皆史也」注云：

文中子王道。「聖人述史三焉。書、詩、春秋三者同出於史」。唐文粹，陸魯望復友人論文書：「記言記事，錯參前後曰經曰史，未可定其體也」袁枚隨園隨筆，古有史無經條：引劉道原曰：「歷代史原出於春秋，劉歆七略，王儉七志，皆以史漢附春秋，而阮孝緒七錄，才將經史分類，不知古有史而無經。尙書，春秋皆史也。詩、易者，先王所傳之言，禮者先王所立之法，皆史也。故漢人引論語、孝經，皆稱傳，不稱經也。六經之名，始於莊子，經解之名，始於戴聖。歷考六經，並無以經字作書之解」。青案：「據此，則謂六經皆史之說，創於王守仁，或稱章氏者皆非也。特謂易爲史，不免牽强附會。如謂盈天地間，一切著作皆史，則九流四部之分，則爲多事，其然？豈其然乎？

此亦言以易爲史之未當，而未說明不當以易爲史之事例。但其在文史通義注自敍中言：「章氏之書，辨章學術，考鏡流別，以蘄進於古明道立言之旨，其志甚高，其趣甚正，此暖姝囿於一先生之藥也。然多涉史藩，而疏於經傳，學不足以逮厥志。又過辯求勝，喜用我法。徒見劉、班著錄，附太史公書於春秋之末，遂廢六經皆史之論。夫六經之旨，一主性情，無與易，春秋、書、禮、詩、樂也。書在外史，春秋國史，固爲史矣。而易掌太卜，禮自宗伯，詩領太師，樂有司樂，何得謂史」。此說明易不得稱之爲史，與錢師所見略同。但書及春秋，可稱爲史，易、禮、詩、樂，不能稱之爲史，與錢師所言易不能稱之爲史，其餘五經可稱之史則略異。上述史經孔子刪定之後則爲經而非史，則尚書、春秋，豈得以史視。葉氏言：「六經之旨，一主性情」，既主性情，則非客觀，而爲主觀。史主客觀，又安得稱之爲史？容於後論之，玆暫置不論。上既說明易是經而非史，自當歸之本題，「有經而後有傳」矣。熊十力讀經示要下論易經云：「孔子作易，其辭皆象；必多採用夏、殷、西周以來術數家之卜辭，及筮法等記載，而有所修正，乃另賦以新義。……以此推知，易辭皆象，必採自夏、殷、西周以來之卜辭，及筮法等記載，決不容疑。但易之辭，雖原本術數，而其取義，則與術數家意思，截然不同。如春秋之文，雖出於史，則經孔子筆削，便與史家記述之業，根本異趣。故易，春秋二經，雖同有所因，實皆聖人之創作也」。此即以孔子因舊籍，加以刪修，而別有義，不得以史視之，其言良然。舊籍因孔子刪修而爲經，別有義，則其義，仍須有傳述乃明，此傳記因之而肇起。易之十翼，便爲易經之傳記也。傳記之作用，姚姬傳古文辭類纂序目曰：

昔前聖作易，孔子作繫辭，說卦，文言，序卦，雜卦之傳，以推論本原，廣大其義。詩、書皆有序，而儀禮後有記，皆儒者所爲。其餘諸子，或自序其意，或弟子作之。莊子天下篇，荀子末篇，皆是也。

觀此，則知傳記之作用，為推論經之本原，廣大其義，由傳記而讀經，則經義明。後世則有非為經而作傳記，亦要皆為發明其書之作意，由經之傳記衍變而來也。為經而作傳記，當以十翼為最早。十翼不盡為孔子所作，前已言之，要皆推諸易之本原，廣大其義則一也。古人一家之學，所有撰著，原不分彼界此域，期在明其家學，傳之於人，大多不知作者為誰，倘與義不背，皆有足取，不必深考，卽深考，亦多為猜測，甚少有實據可憑藉也。自來論者，多以春秋為史，實則孔子春秋，亦不能作史讀，左氏春秋乃史也。春秋蓋史記舊名，孔子修之，實則借以示義。呂思勉史通評惑經第四曰：

春秋之作，所以明義，故曰：「其事則齊桓、晉文則史，其義則丘竊取之矣」。公羊曰：「君子曷為為春秋？撥亂世，反之正，莫近春秋」。又曰：「制春秋之義，以俟後聖」。太史公曰：「余聞董生曰：周道衰廢，孔子為司寇，諸侯害之，大夫壅之。孔子知言之不用，道之不行也，是非二百四十二年之中，以為天下儀表。貶天子，退諸侯，討大夫，以達王事而已矣」。凡漢人之言，無不如此者，知春秋之作，本非史書，不為記事。若論史事，則不修春秋俱在，自可觀覽而得也。後世不修春秋既亡，春秋為經不為史之義復晦，學者多以春秋作史讀，遂覺其齟齬疏漏而不可通，乃有斷爛朝報之譏矣。須知孔子非編輯朝報，固無所謂斷爛。（孔子因魯史修春秋，魯史所記之事，必不止如今之春秋，孔子祇取若干條者，取足明吾之義耳。且如春秋所記，隱、桓之世，會盟征伐之國甚少。五霸桓公為盛，葵丘之會，則周、魯、宋、衛、鄭、許、曹七國耳。公羊曰：「葵丘之會，桓公震而矜之，叛者九國」，經所記國，不逮九也。召陵之役，晉可謂衰矣，而與於會者，有周、魯、宋、蔡、衛、陳、鄭、許、曹、莒、邾婁、頓、胡、滕、薛、杞、小邾婁、齊十八國，豈是時之晉，強於齊桓哉？所以見據亂，升平太平之世，所治遠近之不同也。此等處，魯史原文，必不如是。故以春秋作史讀，非徒闕略其事，抑且每事皆改易失真，正不徒斷爛朝報而已。） 若其編輯朝報，而斷爛至是，而猶為衆所歸美，如劉氏所學者，則古之人無一非喪心病狂者哉，有是理耶。

太史公曰：「春秋文成數萬，其旨數千」。董生曰：「詩無達詁，易無達占，春秋無達例」。必無達例，數萬之文，乃得有數千之旨。後人好以例言春秋，凡書法相同者，其義亦必相同，則春秋之旨，乃僅數十百耳，安得有數千？知此，則此篇之誤，不待辯而可明矣。

本書所攻各條，春秋皆自有其義，檢閱公羊可知，今不暇具辯也。汲冢書亦僞物，據之以疑春秋，則更誤矣。

「仲尼沒而微言絕，七十子喪而大義乖」，語出漢書藝文志。微言，李奇曰：「隱微不顯之言也」。對大義言，非謂微婉其辭，隱晦其說，此篇譏虛美之五，乃誤解也。

呂氏以孔子春秋是經而在明義，而不重記事，以駁正劉知幾以史讀春秋，故對春秋有種種誤解。但史學家，多以歷史視春秋，經史不分，同有此誤。言春秋明義，而不重詳記事實，言之者甚多，不備舉。欲明春秋重義，而非史，當舉事例以明之。譬如春秋經隱公元年載：

夏，五月，鄭伯克段于鄢。

經，只記此一句，吾人讀之，既不知事實經過詳情，亦不明其取義何在？但讀左氏春秋傳載此事實頗詳，玆錄之如下：

初，鄭武公娶于申，曰武姜，生莊公及共叔段。莊公寤生，驚姜氏，故名曰寤生，遂惡之，愛共叔段欲立之，亟請於武公，公弗許。及莊公卽位，爲之請制，公曰：「制，巖邑也，虢叔死焉，佗邑唯命」。請京，使居之，謂之京城大叔。祭仲曰：「都城過百雉，國之害也！先王之制，大都不過參國之一，中五之一，小九之一。今京不度，非制也。君將不堪」！公曰：「姜氏欲之，焉辟害」！對曰：「姜氏何厭之有，不如早爲之所，無使滋蔓，蔓，難圖也。蔓草猶不可除，況君之寵弟乎」！公曰：「多行不義，必自斃，子姑待之」。既而大叔命西鄙北鄙貳於己。公子呂曰：「國不堪貳，君將若之何？欲與大叔，臣請事之；若弗與，則請除之，無生民心」。公曰：「無庸！將自及」。大叔又收貳以爲己邑，至于廩延。子封曰「可矣！厚將得衆」。公曰：「不義不暱，厚將崩」。大叔完聚，繕甲兵，具卒乘，將襲鄭，夫人將啓之。公聞其期，曰：「可矣」！命子封帥車二百乘以伐京，京叛太叔段，段入于鄢，公伐諸鄢。五月，辛丑，大叔出奔共。書曰：「鄭伯克段于鄢，段不弟，故不言弟，如二君，故曰「克」！稱鄭伯，譏失敎也，謂之鄭志。不言出奔，難之也」。遂寘姜氏于城潁。

讀左氏傳所記載，而於此事之經過詳情，了然明白；並解說經義，而不及公羊傳詳審。公羊傳曰：

> 夏，五月，鄭伯克段于鄢，克之者何？殺之也；殺之則曷爲謂之克，大鄭伯之惡也；曷爲大鄭伯之惡？母欲之，已殺之，如勿與而已矣。段者何？鄭伯之弟也；何以不稱弟，當國也；其地何？當國也。齊人殺無知，何以不地？在內也；在內雖當國不地也；不當國，雖在外，亦不地也。

公羊傳重在解釋經義，故略事實。穀梁傳，亦以解釋經爲主，與公羊所言同中有異。穀梁傳曰：

> 夏，五月，鄭伯克段于鄢。克者何？能也；何能也？能殺也；何以不言殺？見段之有徒衆也。段，鄭伯弟也，何以知其爲弟也？殺世子母弟目君，以其目君，知其爲弟也。段弟也，而弗謂弟，公子也。而弗謂公子，貶之也。段失子弟之道矣！賤段而甚鄭伯也。何甚乎鄭伯？甚鄭伯之處心積慮成於殺也。于鄢，遠也，猶曰：取之其母之懷中，而殺之云爾！甚之也。然則爲鄭伯者宜奈何？緩追逸賊，親親之道也。

吾人觀於上述左氏、公、穀之言，左氏側重於傳經之事，公、穀側重於傳經之義，分別言之，左氏傳屬於歷史之傳記，公、穀屬於傳經之傳記。此不過擧一例，以明經與傳不能混爲一談，故經不可當史讀，史學家以春秋爲史，要爲未當，而以左氏春秋爲史則是矣。然柳詒徵先生言：「春秋開篇正隱治桓，明春秋之貴義，不貴惠信道不信邪以下，此種不正之事，均以其文之變者示其正義，此所謂春秋以道義也」。又言：「近人講史學，不知推本春秋，漫曰：春秋是經非史，而中國史學之根本不明」云云。(國史要義，史義第七) 其言春秋貴義則是，而言「近人講史學，不知推本春秋，漫曰春秋是經非史，而中國史學之根本不明」，則有待商榷。論史則有待推本春秋，而春秋則非史，並未爲無當。其言春秋貴義，引穀梁傳以說明之。言「左氏傳兩舉春秋之稱，亦以言其變義」。(同上) 引左氏傳以說明之。試問但讀孔子春秋記載如「鄭伯克段於鄢」一句，而無左氏傳及公、穀詳明其事其義，則根本無由知「鄭伯克段於鄢」實事實義，若以史視春秋，而史實了無所知，春秋是經乎？抑是史乎？經爲之綱，常道也；史傳爲之目，詳其事義也；經與傳記，灼然分明。故論史有待推本春秋則可，若以春秋作史讀則不然矣。又如春秋經載「趙盾弑其君夷皐」一句，弑君者趙穿，而非趙盾，倘不讀三傳，何由能明經之以弑君者爲趙盾？倘以史讀經，非惟事實經過不知，而其義無得見，此例甚明。何得以春秋爲史？近人講史學，以春秋是經非史，豈得謂其於「中國史學之根本不明」？兹繼言詩。史學家亦多以詩作史讀，亦未爲允當。詩主性情，史詳事實，一爲主觀，一爲客觀。詩中雖借事賦詠，可略以推知當時社會風俗，政治得失，國家興衰之迹，而實微茫；且頗多只能想像，無法予以證實，蔣伯潛謂：

「六經皆史」之說，爲古文家言，緒論中已述及之。詩中雖有商、周始祖契，棄生時之神話性的傳說，但不能信爲史實；雖有以周室及各國史實時事爲材料者，但亦語焉不詳；詩固文學而非史書也。然於其中，可以見農民之生活焉，（如七月）可以覘婚姻之風俗焉，可以察征役經濟之情形焉。諸如此類，皆研究古社會史者所當采集之材料也。讀者如能注意及此，較所謂「多識鳥獸草木之名」者，不猶愈乎？（十三經概論、詩之價值）

此與呂思勉所言，六經只當作史之材料，而不能作史讀同一看法，呂思勉曰：

治詩之法，凡有數種：㈠以詩作史讀者。此當橫考列國之風俗，縱考當時之政治。漢書地理志末卷，及鄭詩譜，最爲可貴。案漢志此節本劉歆。歆及父向，皆治魯詩，班氏世治齊詩。鄭玄初治韓詩。今漢志與鄭譜，述列國風俗，大同小異，蓋三家同有之義，至可信據也。何詩當何王時，三家與毛、鄭，頗有異說，亦宜博考。以詩證古史，自以治史之一法。然詩本歌謠，託諸比興，與質言其事者有異。後儒立說，面面皆可附會，故用之須極謹愼。近人好據詩言古史者甚多，其弊也。於詩之本文，片言隻字，皆深信不疑；幾卽視爲紀事之史，不復以爲文辭；而於某詩作於何時，系因何事，則又往往偏據毛、鄭，甚者憑臆爲說，其法實未盡善也。㈠以爲博物之學而治之者。論語所謂多識於鳥獸草木之名也。此當精研疏注，博考子部有關動植物諸書。㈠用以證小學者。又分訓詁及音韻兩端，毛傳與爾雅，訓詁多合，實爲吾國最古之訓詁書。最初言古韻者，本自詩入，今日言古韻，可據之書，固猶莫如詩也。㈠以爲文學而研究之者。當先讀疏注，明其字句。次考詩義，觀詩人發憤之由。（司馬遷云：詩三百篇，大抵賢聖發憤之所由作。）及其作詩之法。詩本文學，經學家專以義理說之，誠或不免迂腐。然詩之作者，距今幾三千年，作詩之意，斷非吾儕臆測可得。通其可通，而闕其所不可通，是爲善讀書。若如今人所云：「月出皎兮，明明是一首情詩」之類，羌無證據，而言斷然，甚非疑事無質之義也。（經子解題、詩。）

此言詩是屬於文學，以詩爲史之材料，據以考證研究當時列國之風俗，當時之政治則可，若以據言古史，視爲紀事之史，不復以爲文辭則非矣，因詩爲我國古代詩歌文學不祧之始祖。原夫詩歌之興，不但早於散文，抑且遠在文字未作之前。又皆出於依託，所依託之事，或實或虛，焉能視之爲史，而以史視詩？由於詩之作，皆出於依託，故甚不易讀。呂思勉曰：

詩，此書近今言文學者必首及之，幾視爲第一要書，鄙意少異。韻文視無韻文，已覺專門；談韻文而及於詩經，則其專門尤甚。何者？四言詩自漢、魏後，其道已窮，非專治此一種文學者，不易領略其音節之美。一也。詩之妙處，在能動人情感。而此書距今太遠，今人讀之，實不能知其意之所在。二也。（詩義之所以聚訟莫決者，其根原在此。若現在通行之歌謠，其有寓意者，固人人能知之矣。）故此書除專治古代韻文者外，但略事汎覽，知其體例；或擇所好熟誦之卽可。（經子解題論讀經之法。）

呂氏言詩經不易讀，以其寓言，距今時代太遠，所以難知其眞意之所在，非專門研究者，祇能略事汎覽，知其體例而已。熊十力於其讀經示例下册卷三中亦言：「詩經難讀，非有大智慧，雖讀之，與不讀等。吾舉論語言詩者四章，以示後生，願思之終身，無妄謂易解。夫惟知聖言不易解也，而後可求眞解，而後可言詩」。其學論語言詩者四章，前已引述可以參閱，茲不重錄。

呂氏以詩序言風與頌之義，皆極允愜；惟其言大小雅，尚欠明白，而以史記司馬相如傳所言，較詩序爲優。其言良然。此其言詩之大序，大序外有小序，冠於每一詩之前，申明詩之作義。而小序爲誰作，及其有無當於詩本義，爭議尤多，聚訟千載，迄莫能衷於一是。蓋詩託物興感吟詠性情，往往公然表白之言，初非其人之眞意，（卽文章中亦往往有之。）而其眞意，轉託諸謠詠之間，古代之重詩也以此。夫如是，詩安得有質言其事者；而亦安可據字句測度，卽自謂能得作詩之義？吳闓生曰：

> 詩序，自宋以來，學者多疑之，而朱子抨擊尤不遺餘力。然其所譏，誠不無少過；且猶有未盡者。夫序之穿鑿，以周南爲最。關雎三家皆以爲刺詩；芣苡，魯、韓皆以爲傷惡疾；而兔罝公侯腹心，自郤至已謂譏亂世之作，其不繫於周初明矣。序乃委宛申說，悉以傳之后妃，此陋儒強經就已，以自逞其私臆者耳，曷足信哉？果如所言，求賢審官，及若武夫干城，皆歸美於后妃之所致，則牝雞之晨，不得以爲紂罪矣。此不可通之尤甚者也。然自二南外，則序之可信者爲多，蓋必古說相承，而殘闕不具，後之儒者，乃以私意掇而補之，是故一章之中，首尾衡決，不相聯貫，其迹顯然，無待深辨，篤守而信從之者非也；一切掃而去之，抑亦未爲得也。惟序之竄亂，前人固已知之，而毛公之傳，學者尤所宗仰。自歐公外，未有顯斥之者。歐公雖指摘，亦未嘗疑其僞也。不知傳之錯亂，其弊正與序等。夫毛公漢初大師，其持義宏通，往往單言片詞，能發詩人微旨，迥非後

賢所能及，非若鄭氏之廣涉異聞，反多牽率迂晦者比？歐公一例而鄙夷之過矣！……且傳之與序，同出一原，必不容其有異，而今序傳之不合者，往往有焉，此不獨序之失正，即傳亦未可盡憑，固較然已。如山有扶蘇之詩，序曰：「刺忽也」。所美非美；然是狂且狡童爲昭公之所美也。而傳則以狡童爲昭公。宛丘之序曰：「刺幽也」。游蕩無度焉，是所謂蕩者幽公也。而傳則以子爲大夫。衡門序曰：「誘僖公也」。愿而無立志，故作是詩以誘掖其君也。而傳曰：「棲遲游息，可以樂道而忘飢。則以爲隱士之自得。澤陂序曰：「靈公淫於其國，男女相說，憂思感傷焉」。是所謂傷者，男女相說之詞。而傳則曰：「傷無禮也」。狼跋序曰：「美周公也」。是公孫碩膚爲美公之詞矣。而傳則曰：「公孫成王也」。四牡序據春秋叔孫豹之言，以爲勞使臣。而傳則以爲周公歌文王事紂之事。湛露序，據甯武子之言，以爲燕諸侯。而傳則以爲宗室夜飲酌之。詩曰：「遵養時晦」傳據隨會以養爲取。而序則曰：能酌先王之道以養天下也。此皆傳之與序顯然不合者也。論者或曰：序傳之不合，其咎在序，非必傳之失也。而一傳之中，自爲異說者亦復不尠焉。桃夭：宜其家人，傳曰：「一家之人，盡以爲宜是矣」而其首章，宜其室家，則曰：「宜以有室家無踰時者」此曲傳序婚姻以時，國無鰥民之迂說，而不顧文義之不安，與家人之解，豈得爲一人之言乎？騶虞序曰：「仁如騶，則王道成」，是以騶虞爲仁獸，與傳所謂不食生物，有至信之德則應之者合矣。而其上則曰：「虞人翼五豕以待公發，是魯、韓詩以騶爲囿，虞爲虞人之說，顯與序異，又豈一人之言乎？

柏舟：「母也天只，不諒人只」。傳釋之曰：「母也天也，尙不諒我」，文義至晰，無可閒然矣。而其下復曰：「天謂父也」。迂曲難通，莫識其意之所在，又豈同時所應有乎？然此猶章句小疵，未關宏旨也。若乃匏有苦葉之篇，爲士君子遭亂，不肯阿世苟容之作，陳義至高。荷蕢所引以譏孔子者是也。而說者乃以爲刺宣公夫人淫亂之詩，與本義了不相涉，作者之旨以晦。今考傳文，匏葉苦，不可食，本孔子繫匏不食之言。又云遭時制宜，深厲淺揭，此皆詮發本指，詞事相稱；而復亂以男女之際，及宣公淫昏云云，則曲傅序說，與前所言絕遠，其爲後之淺儒攙奪眩亂，望而可知，學者漫不加察，悉奉爲師說，而曲從之可乎？此皆乖剌之尤著者，其他迂謬淺滯，非毛公之意，可以一言而決者，殆不勝枚擧也。嗚呼！聖賢之言，非難測也，大義所昭，必有參天地，揭日月，考之人心而不謬，質諸百世而無疑者。孟子曰：「不以文害辭，不以辭害志，以意逆志，是爲得之。」要在學者沉潛其心，以博稽夫終始而求其義理之所安而已矣。（詩義會通自序）

詩大序，是言詩之風、雅、頌之義，可謂詩之總序。吳氏所述，乃撮擧其間詩傳詩序中，意義不同每一詩之小序。在其詩義會通中，對每一詩之傳序，及後人之言，然與不然，當與不當，皆有辯說申明，雖不能認爲悉當無遺，但於此視以往說詩之偏蔽迂緩，可得一明晰之了解。詩有誦義，有作者義，我以何義誦之，卽爲何義，今日以此義誦之，明日又以彼義誦之，無所不可，則任擧何義可通。其間有少數有事迹可據；此外安得皆可質言其事？詩之不易讀在此，並非難讀亦在此。余之不厭其煩，證引諸家之說，意在說明詩屬於文學，爲抒情之作，而非歷史。充其量，取以研究古代政治社會風俗之材料，而視爲歷史，作史讀則無當矣。故言六經皆史，詩經非史，灼然可知。詩固爲文學之始祖，但詩之傳與序，箋與注，則非文學，是爲詩之傳記，此類傳記，在推論詩之本原，廣大其義。而其所發明詩義，固然有當有未必盡然，要其歸，則皆爲明義而作也。若曰：此乃爲傳記文學，以文學視詩之傳記，則失之矣。

漢書藝文志言：「左史記言，右史記事，事爲春秋，言爲尚書」。此就大體言之耳，實則記事中亦有言，記言中亦有事。如尚書堯典，記堯事，記舜事，禹貢，則純爲記事之文。他如金縢中，顧命中，皆有記事，其他諸篇，則爲記言。春秋，若以歷史言，應爲左氏傳，孔子春秋，不能作歷史讀，上已言之。左氏傳，記事記言兼而有之，不得專屬記事也。尚書有今古文之別，今已考證二十八篇今文爲眞，其餘爲僞，已無容分辯。世多言孔子刪書百篇，現存二十八篇爲不全之作；又有謂孔子刪書，祗二十八篇，並無百篇，要皆爲臆說，並無確證，以常情言之，古史猥多，孔子刪取，不能認定祗二十八篇而已也。此姑不論。古史經孔子刪定後，便皆有取義，已不同於古史，前已言之。呂思勉經子解題言尚書曰：

既經孔子刪修，又自成其爲經，而有孔門所傳之經義。經義史事，二者互有關係，而又各不相干。必能將其分析清楚，乃能明經義之旨，而亦可見史事之眞。否則，糾纏不清，二者皆病矣。今試舉堯、舜禪讓之事爲例。堯、舜禪讓之事，見孟子、大傳、史記者，皆以爲廓然公天下之心。然百家之說，與此相反者，不可勝舉，究何所折衷哉？予謂九流之學，其意皆在成一家言，本非修訂古史；而春秋、戰國時所傳古事，亦實多茫昧之詞。如今村夫野老之說曹操、諸葛亮、李世民、趙匡胤，但彷彿知有此人耳，其事迹則強半附會也。事實既非眞相，功罪豈有定評？百家著書，乃各就己見，取爲證佐。此猶後人謂：「六經皆我注脚」，原不謂經意本如此也。堯、舜禪讓之事，百家異說，姑措勿論。既就儒書考辨，如鯀之不得其死，（見癸巳類稿彙證）及共工、驩兜、鯀，皆在四岳之列，（見宋翔鳳尚書略說）其事亦實有可疑。然則孟子、大傳、史記所傳，蓋非其事之眞相，特孔門之經說耳。「託之空言，不如見之行事」，借史事以發揮己意，後人亦時有之。如蘇軾以李斯狂悖，歸罪荀卿，謂：「其父殺人報讎，其子必且行刼」。豈好爲是深文哉？心疾夫高言異論之徒，聊借此以見意也。姚鼐駁之，謂：「人臣善探其君之隱，一以委曲變化從世好者，其爲人尤可畏」，其意亦然。然則孟子、大傳、史記之言，當逕作經義讀，不必信爲史實。此所謂各不相干者也。然古代史籍，既已不傳，欲知其事，固不得不就百家之說，披沙揀金，除去其主觀之成分以求之，此則又所謂互有關係矣。欲去除主觀之成文，固非通知其書之義例不可。此則讀書之所以貴方法也。

觀呂氏所言，是爲通達，卽經之與史，要分別觀之，經重義，史主事實。重義，則有時略事而取義。故於尚書，當以經讀，不當以史讀。尚書經孔子修訂，在修訂之時對於事實之眞僞，亦必極其認眞簡別，並非濫取雜採。即以後世修史而言，必廣採各種書籍所載之事實，加以詳審之考證，而後定取舍，故經孔子所修訂之六經，視一般百家著書，要爲可證信。惟孔子修訂之書，以取義爲重，取可信之史實，借以明其義也。尚書之義，尚書大傳曰：

子夏讀書畢，見夫子，夫子問焉，曰：「子何爲於書」？子夏對曰：「書之論事也，昭昭如日月之代明，離離若星辰之錯行。上有堯、舜之道，下有三王之義，商所受於夫子，弗敢忘也」。子曰：「堯典可以觀美，禹貢可以觀事，咎繇可以觀度，六誓可以觀義，五誥可以觀仁，甫刑可以觀戒。通斯七觀，書之大義舉矣」！

此孔子敎子夏讀尙書，要明尙書之義。此七觀皆經理天下之事不可或缺，亦在使知讀書明義而見之行事也。書義無窮，見仁見智，各自不同。皮錫瑞曰：

史記云：「伏生得二十九篇，亡數十篇，未言百篇全數。漢書藝文志曰：「書之所起遠矣，至孔子纂焉，凡百篇」。論衡正說篇曰：「蓋尙書本百篇，孔子所授也」。始明言百篇。尙書璇璣鈴曰：「孔子求書，定可以爲世法者百二十篇」。以百二十篇爲尙書，以百二篇爲尙書，則以爲有百二篇，乃張霸百篇所自出；或以古文尙書爲百篇，今文尙書爲百二篇。伏傳書緯及張霸所據爲今文。伏傳有揜誥，史記有太戊，即其多出二篇。古無明文，不必深究。漢博士以尙書爲備，以二十八篇應二十八宿，則以爲書止有此數，不信百篇百二篇之說。案二十九篇，篇篇有義，如堯典，見爲君之義。君之義莫大於求賢審官，其餘巡狩朝覲對山濬川賞功罰罪皆大事，非大事不書，觀此，可以知作史本紀之法矣。皐陶謨，見爲臣之義。臣之義莫大於盡忠誨，上下交儆以致雍熙。故兩篇皆冠以曰：「若稽古」。觀此，可以知記言問對之體矣。禹貢，見禹治水之功，並錫土姓，分別五服。觀此，可以冠地理水道之書矣。甘誓，見天子親征，申明約束之義。觀此，知仁義之師，亦必兼節制矣。湯誓，見禪讓亦爲征誅，弔民伐罪之義，與牧誓合觀，可知暴非桀紂，聖不及湯武，不得以放伐藉口矣。盤庚，見國遷詢萬民，命衆正法度之義。觀此，知拓拔宏之譎衆脅遷者非矣。高宗肜日，見遇災而懼，因事進規之義。觀此，知漢以災異求直言，得敬天之意矣。西伯戡黎，見拒諫速亡，取以垂戒之義。觀此，知天命不足恃，而人事不可不勉矣。微子，見殷之亡，由法度先亡，取以垂戒之義。觀此，知爲國當正紀綱，不可使民玩其上矣。牧誓，見弔民伐罪，兼明約束之義。觀此，知步伐整齊，乃古兵法而非迂論矣。洪範，以見天人不甚相遠，禍福足以儆君之義。觀此，知人君一言一動，皆關天象而不可不愼矣。大誥，見開國時基業未固，防小腆靖大艱之義。觀此，知大臣當國，當挺身犯難，而不宜退避矣。金縢，言人臣忠孝，足以感天，人君報功，當逾常格之義。觀此，知周公所以爲聖，而成王命魯郊非僭矣。康誥，見用親賢以治亂國，宜愼用刑之義。觀此，知父子兄弟罪不相及，用法似重而實輕矣。酒誥，見禁酒以絕亂源，宜從重典之義。觀此，知作新民必先除舊習矣。梓材，見有罪加惠以永保民之義。觀此，知王者治天下，一夫一婦必無不得所矣。召誥，見宅中圖大，祈天永命之義。觀此，知王者宜監前朝而疾敬德矣。洛誥，見營洛復政，留公命後之義。觀此，知君臣當各盡其道，而不忘交儆矣。多士，見開誠布公，以靖反側之義。觀此。知遺民不忘故君，非新主所能遽奪矣。無逸，見人君當知艱難，毋以太平漸耽樂逸之義。觀此，知憂盛危明，當念魏徵所云十漸不克終矣。君奭，見大臣當和衷共濟，閔天越民之義。（君奭據史記爲周公居攝時作，當上列於大誥、金縢之間）觀此，知富弼以撤簾與韓琦生意見者，其量褊矣。多方，見綏靖四方，重言申明之義。觀此，知開國之初，人多覬覦，當以德服其心，不當用威服矣。立政，見爲官擇人，尤當愼選左右之義。觀此，知命官當得其人，不當干預其事矣。顧命，見王者所以正終，當命大臣立嗣子之義。觀此，知宦官宮妾擅廢立之禍，由未發大命矣。康王之誥，見王者所以正始，當命大臣保王室。觀此，知成康繼治，幾致刑措，有由來矣。甫刑，見哀敬折獄，輕重得中之義。觀此，知罰卽贖刑，不可輕用其慈祥悱惻。漢人緩刑書，不足道矣。文侯之命，見命方伯，安遠邇之義。觀此，知襄王時，王靈猶赫，惜不能振作矣。費誓，見諸侯專征，嚴明紀律之義。觀此，知用兵不可擾民矣。秦誓，見穆公悔過，卒伯西戎之義。觀此，知人君不可飾非，當改變以救敗矣。知二十九篇之大義，則知論衡所引今文家說，獨爲二十九篇立法者，未可據百篇之序而非之也。其餘左傳、國語，及諸子書，（墨子引書，不在百篇之內者，蓋非孔子刪定之本。）大傳、史記所引逸文，雖非後世僞作，而全篇不可得見，則大義無由而明。至於逸十六篇，以及後世太誓，眞僞既莫能辨，尤不當以

魚目混珠。(經學通論)

皮氏所言書義，視大傳所言，雖間有不同，而大體無甚殊異，一則簡括，一較爲詳審，皆足爲治書經者之參證。但尙書之義，並非因此全盡而無遺，因六經含義無窮，亦視各人所得淺深而不一，如詩有作者之義，有讀者之義。讀者之義，見仁見智，更爲廣泛矣。不惟讀詩經如此，卽讀其他各經，亦何嘗非如此？姚姬傳禮箋序曰：

有入江海之深廣，欲窮探其藏，使後之人，將無所復得者，非至愚之人，不爲是心也。六經之書，其深廣猶江海也，自漢以來，經賢士鉅儒論其義者，爲年千餘，爲人數十百，其卓然獨著爲百世所宗師者，則有之矣；然而後之人，猶有能補其闕而糾其失焉。非其好與前賢立異，經之說有不得悉窮。古人不能無待於今，今人亦不能無待於後世，此萬世公理也，吾何私於一人哉？大丈夫甯犯天下之所不韙，而不爲吾心之所不安。其治經也，亦若是而已矣！歙、金蘂中修撰，自少篤學不倦，老始成書，其於禮經，博稽而精思，愼求而能斷。修撰所敬奉者康成；然於鄭義所未衷，糾擧之至數四。夫其所服膺者，眞見其善而後信也。其所疑者，必核之以盡其眞也，豈非通人之用心，烈士之明志也？鼐取其書讀之，有竊幸於愚陋夙所持論差相合者；有生平所未聞，得此而俛首悅懌，以爲不可易者；亦有尙不敢附者。要之修撰爲今儒之魁俊，治經之善軌，前可以繼古人，俯可待後世，則於是書，足以信之矣。(惜抱軒全集)

吾人觀姚氏此序，可知古來對六經之傳記，雖皆爲發明經義而作，皆難全備無闕，仍有待博稽參證研究，不能執一賢士鉅儒姝姝自悅，不知其他，則不免失之陋矣。

毛詩有大小序，書經亦有大小序，究爲誰作，論說頗多，皮錫瑞以爲「史記引今文序爲斷，則得之矣」。其餘所論，未可盡信。此指尙書每篇小序而言，至大序，即總序，括全書而言。尙書序，有言爲孔安國作（文選題孔安國）有言爲東漢衞宏，其說不一。大序小序，不論爲何人所作，要之皆爲發明書義。小序相牴迕錯亂者頗多，但亦有可取，苟有可取，此外不必深較。尙書序曰：

古者伏犧氏之王天下也，始畫八卦，造書契以代結繩之政，由是文籍生焉。伏犧、神農、黃帝之書，謂之三墳，言大道也。少昊顓頊、高辛、唐、虞之書，謂之五典，言常道也。至于夏、商、周之書，雖設敎不倫，雅誥奧義，其歸一揆。是故歷代寶之，以爲大訓。八卦之說，謂之八索，求其義也；九州之志，謂之九丘；丘，聚也，言九州所有，土地所生，風氣所宜，皆聚此書也。春秋左氏傳曰：「楚左史倚相，能讀三墳五典八索九丘，即謂上世帝王遺書也。先君孔子，生於周末，覩史籍之煩文，懼覽之者不一，遂乃定禮樂，明舊章，刪詩爲三百篇，約史記而修春秋，讚易道以黜八索，述職方以除九丘，討論墳典，斷自唐虞以下訖於周。芟夷煩亂，剪截浮辭，舉其宏綱，撮其機要，足以垂世立敎，典謨訓誥誓命之文，凡百篇，所以恢弘至道，示人主以軌範也。帝王之制，坦然明白，可擧而行。三千之徒，並受其義。及秦始皇滅先代典籍，焚書坑儒，天下學士，逃

> 難解散。我先人用藏其家書于屋壁。漢室龍興，開設學校，旁求儒雅，以闡大猷。濟南伏生，年過九十，失其本經，口以傳授，裁二十餘篇，以其上古之書，謂之尙書。百篇之義，世莫得聞。至魯共王好治宮室，壞孔子舊宅，以廣其居，於壁中得先人所藏古文虞夏商周之書，及左傳論語孝經，皆科斗文字。王又升孔子堂，聞金石絲竹之音，乃不壞宅，悉以書還孔氏。科斗書廢已久，時人無能知者，以所聞伏生之書，考論文義，定其可知者，爲隸古定。更以竹簡寫之，增多伏生二十五篇。伏生又以舜典合於堯典，益稷合於皐陶謨，盤庚三篇合爲一，康王之誥合於顧命；復出此篇，並序。凡五十九篇，爲四十六卷，其餘錯亂摩滅，不可復知。悉上送官，藏之書府，以待能者。承詔爲五十九篇作傳，於是遂研精覃思，博考經籍，採摭羣言，以立訓傳，約文申義，敷暢厥旨，庶幾有補於將來。書序，序所以爲作者之意，昭然義見，宜相附近，引之各冠其篇首，定五十八篇。即畢，會國有巫蠱事，經籍道息，用不復以聞，傳之子孫，以貽後世。若好古博雅君子，與我同志，亦所不隱也。

此敍述得古文尙書經過情形，及爲隸古寫定，並以立訓傳，及書序，（即每篇小序）序所以爲作者之意，昭然義見。本欲呈進，藏之秘府，會有巫蠱之事，遂不復以聞，藏之於家，傳之子孫。此事漢史亦載之，當爲事實可信，後因遺佚，而有僞孔傳之作，其事出於晋代。吾人於此，知僞孔傳經考證爲僞物外，其餘二十八篇，要爲眞實可信。是則今之所傳書序，固不必盡當於義，要爲發明書義而作。傳序爲明經義而作，在說明傳序由經而起，是屬於經學之傳記，與文學傳記無關也。

以上所述，皆爲有經而後有傳，傳爲發明經義。至於禮，則亦有經而後有傳，其情形與上述亦相同。據各家所言，皆以儀禮爲經，其餘若禮記等則傳也。然禮記與儀禮，爲經爲傳，有無關係，當加說明。呂思勉言禮之經與傳曰：

孔子刪定之籍，稱之曰經；後學釋經之書，稱之爲傳；此乃儒家通稱。猶佛家以佛所說爲經，菩薩所說爲論也。若自著書而不關於經者，則可入諸儒家諸子，從未聞稱爲記者。故廖平、康有爲，皆謂今之禮記，實集諸經之傳，及儒家諸子而成，其說是矣。然今禮記之前，確已有所謂記，喪服之記，子夏爲之作傳，則必在子夏以前。今禮記中屢稱「記曰」，疏皆以爲舊記。公羊僖二年傳亦引「記曰：脣亡則齒寒」。則記蓋社會故有之書，既非孔子所修之經，亦非弟子釋經之傳也。此項古籍，在孔門傳經，固非必備，而亦足爲參考之資。何者？孔子作經，貴在明義。至於事例，則固有所不能該。此項未盡之事，或本諸義理，以爲推致，或酌采舊禮，以資補苴，均無不可。由前之說，則即后倉等推士禮而至於天子之法，亦即所謂「禮之所無，可以義起」。由後之說，則儀禮正義所謂：「凡記皆補經所不備」是也。諸經皆所重在義，義得則事可忘。禮經固亦如此。然禮須見諸施行，苟有舊禮以供采取參說，事亦甚便。此禮家先師，所以視記獨重也。然則所謂禮記者，其初蓋禮家裒集經傳以外之書之稱，其後則凡諸經之傳，及儒家諸子，爲禮家所采者，亦遂概以附之，而學蒙記之名矣。然則經傳以外之書，博士固未嘗不搜采，劉歆譏其「因陋就寡」，實乃厚誣君子之辭矣。今禮記中之奔喪，投壺，鄭皆謂與逸禮同，則逸禮一類之書，二戴固非不見也。（經子解題論儀禮禮記）

禮之節文，不可行於後世，而其原理則今古皆同。後世言禮之說，所以迂闊難行，必欲行之，即不免徒滋紛擾者，即以拘泥節文故。故今日治禮，當以言義理者爲正宗；而其言節文者，則轉視爲注脚，欲明其義，乃考其事耳。然以經作史讀，則又不然。禮原於俗，故讀古禮，最可考見當時社會情形。禮經十七篇，皆天下之達禮，尤爲可貴。如冠、昏、喪、祭之禮，可考親族關係，宗教信仰；射、鄉、朝、聘之禮，可考政治制度外交情形是也。而宮室舟車，衣服、飲食等，尤爲切於民生日用之事。後世史家，記載亦罕，在古代則以與禮經相關故，鈎考者衆，事轉易明。（說本陳澧，見東塾讀書記）尤治史學者所宜究心也。（同上）

觀呂氏所言，由前之說，以爲儀禮爲經，禮記爲傳。禮記不必爲禮經闡發義理，而爲搜集有關舊禮，附於禮經，以資補苴，補經所不備。似以禮記雖爲經之傳，而非爲經而作也。由後之說，禮經重在明義，而節文非所重，以禮俗代有更變，拘古節文以行於今日，則不可通。「禮之所無，可以義起」，禮經之原則古今皆同，而節文不能盡備篇章，此言治禮當以明義爲重也，而其政治制度，禮俗民生，可依爲後世史家之鈎考，但以禮經作史讀則不可，作爲史料之研究則可。是則以六經皆史之說之未當，於此亦可明之，惟禮記卽爲傳，究竟有無闡發禮經之義？呂氏又言禮記中之「冠義、昏義、鄉飲酒義、射義、燕義、聘義篇、爲儀禮之傳，文字亦極茂美」。則禮記未嘗不明禮經之義也。蔣伯潛十三經概論述禮記之文曰：

> 禮記所輯諸篇，大部爲釋儀禮之文，故有冠義，以釋士冠禮；昏義，以釋昏禮；問喪，以釋士喪禮；祭義、祭統，以釋郊特牲；少牢饋禮，有司徹，鄉飲酒義，以釋鄉飲酒禮；射義，以釋鄉射大射；燕義，以釋燕禮；聘義，以釋聘禮；朝事，以釋覲禮；四制，以釋喪服。無一篇之義，出於十七篇之外者。夫「經禮三百，典禮三千」，足見周公所制之禮，綱目畢張，鉅細皆備。卽至孔子時禮文廢闕，必不止此十七篇之所載。卽古文本所云五十六篇，亦不足以盡之。是此十七篇者，當爲孔子所定，以教弟子，正因冠、昏、喪、祭、鄉、射、朝、聘八者，已足攬禮之大綱。蓋孔子定本，爲高堂生，后倉所傳者，本是如此，非經秦火而殘缺也。

蔣氏所言，視呂氏爲詳備，禮經十七篇，皆爲禮記所釋而無遺，是則禮記爲傳禮經可知矣。但蔣氏言「周公所制之禮，綱目畢張，鉅細皆備，卽至孔子時禮文廢缺，必不止此十七篇之所載，卽古文本所云五十七篇，亦不足以盡之。是此十七篇者，當孔子所定之以教弟子」。以爲此乃孔子定本，本是如此，非經秦火而殘缺。此乃猜測之辭，不能作爲定論。竊以禮經只存十七篇，故在禮記中皆可學其篇章，以明爲釋禮經之文；又安知孔子所定非止此十七篇，故除此之外，祇以爲非釋禮經之文？恐亦未必盡然。蔣氏於禮記述要中又言：

禮記四十九篇，劉向別錄分之爲八類：㈠通論，㈡制度，㈢明堂陰陽㈣喪服，㈤子法，㈥祭禮，㈦吉事，㈧樂記。梁啓超又分之爲五類：㈠通論禮意及學者，㈡專釋儀禮者，㈢雜記孔子及弟子時人雜事問答者，㈣記古代制度禮節，略帶考證性質者，㈤記格言者。此在本編第二章中已評述之矣。禮記者，禮之記也；故其始，當以釋儀禮諸篇爲主：如冠義、昏義、鄉飲酒義，燕義、射義、聘義、喪服四制、祭義八篇，固與儀禮諸篇有直接之關係；喪服小記，喪大記，喪服大記，奔喪、問喪、間傳、服問、三年問、雜記上下，曾子問，郊特牲，祭法、祭統十四篇。（禮記篇目中無喪服大記，故此十四篇，目僅十三篇）亦與儀禮有間接之關係；此皆讀儀禮時，最好之參考資料。餘如王制、禮器、玉藻、大傳、月令、明堂位、少儀、文王世子，內則、投壺、深衣、及曲禮之一部分，記古代制度禮儀之十二篇，雖與儀禮無甚關係；但與上述之二十二篇，同爲記制度禮俗者，此廣義之「禮」也。以上三十五篇，爲古代文化史學術史之史料；因制度禮俗爲文化最重之部分，即諸篇所記爲作者之理想而非事實，在古代學術思想史上亦自有其重大之價值也。故梁氏所分第二第四類，實可括爲一類。梁氏列爲第三類者，有仲尼燕居，孔子閒居、哀公問，檀弓上下，及曾子問（此篇內容爲喪禮，故兩見）六篇。至其第五類所云格言之記錄，則散見於各篇中者，此皆記禮之附錄而已。此外十篇，如禮運，經解、樂記、大學、中庸、學記、儒行、坊記、喪記、緇衣、則通論禮意或學術。

梁氏列爲第一類者。在當初輯禮記之人，或亦只認爲附錄，而儒家學術思想之精意存焉。故除第一類三十四篇爲「文化學術史料」外，第二類五類，可目之爲「孔子雜事」，第三類十篇，可目之爲：「儒家通論」。禮記全部各篇，可統括於此三大類中。當時輯禮記者，或以第一類爲其主；今日讀禮記者，則當以第三類爲主也。

蔣氏將禮記四十九篇，分爲直接與儀禮有關係，與間接與儀禮有關係，此外爲「文化學術史料」，及「儒家通論」，認爲與儀禮無甚關係。就現今所存儀禮十七篇，與禮記有關述儀禮之文觀之，要爲事實。但六經中樂經已佚，有謂本無樂經，樂經與詩爲一物，此亦無事實根據之臆說。然禮中有樂記一篇，論樂之義極精，荀子、呂覽諸書論樂者，多與之複，蓋相傳舊籍也。古時禮樂並稱，樂之重要性，孔子亟稱之，孔子定禮樂，關於禮之記載較多，而於儀禮十七篇中，猶缺「樂」之記載，似不應於樂而忽視之，舉此一例，若謂孔子定禮，只此十七篇，以教門弟子，此外非其所及，不無可疑？竊意禮記中既有樂記，發明樂義，孔子定禮經，當有記載有關「樂」之文，此雖猜度，於事實不能或缺。又禮記中有學記。其文云：能爲師，然後能爲長；能爲長，然後爲君。故師也者，所以學爲君也」。此爲人君說法，其論教育之理則極精。竊意在儀禮，關於爲學之道，亦有儀則爲人遵循，亦不應有缺。謂禮經只此十七篇，外此則無有，恐未必盡然也。

本章所述傳記文原起，首在說明先有古史而後有經，經據古史而成。次則明經與史又不同。有經而後有傳記，傳記爲明經義而作。經重在義，而不詳記事迹，故經不能作史讀，以說六經皆史之說未爲允當。說經之傳記，又可分爲屬於經學之傳記，屬於歷史之傳記兩部分，而屬於人物之傳記爲後起，本章尚未言及。而世所謂傳記文，多指屬於人物傳記，而忽略由經而起之傳記，此只是沿其流，而未能溯其源，而又於人物人傳記，於屬文學傳記及歷史傳記，混爲一談，一若以所謂傳記者，皆屬於文學之範圍。義界不明，而使從事傳記文作者，經渭不分。學問文章，相互有關，故不論治學爲文，要皆能窮源而竟委也。

傳記類別第三

在我國載籍中，有關傳記之文不知凡幾？但歸納言之，不外經學、歷史、文學三大類，而三類各類之中，亦難以悉數，祇能舉要說明性質不同及其區分定義而已。

上述傳記文原起，有原起，則有嬗變流衍；有嬗變流衍，則名目日多，範圍寖廣，至不可勝紀。如江河發源並不深廣，及至下游，則寖廣寖深，支流萬派，滙合而歸之於海。世人所認爲傳記，似若甚單純，而不知不名爲傳記，實爲傳記之書與文，難以悉數。傳記初起，並無分異，傳可稱記，記亦可稱傳。逮後，因範圍日廣，爲用亦多而不同，便不能無區別；但分異中，仍有互稱而不分者。其合其分，亦應加以分析區畫，否則，混淆不清，體裁不明，而作爲傳記，易致錯誤，此欲明傳記文究竟者，所當知之也。傳記之範圍至廣，不能統括併論，茲從經學傳記，歷史傳記，文學傳記三大類，分別言之。本章所言，祇能撮舉綱要，至嬗變流衍，當於下章作較詳之探討。

一、經學傳記舉要

上章述姚姬傳言：「昔前聖作易，孔子爲作繫辭，說卦，文言、序卦、雜卦之傳，以推論本原，廣大其義。詩書皆有序，而儀禮篇後有記，皆儒者所爲」。此約舉屬於經學易、詩、書、禮之傳記。

而外此有春秋之傳記，上章亦補充說明。姚氏又言：「其餘諸子，或自序其意，或弟子作之，莊子天下篇，荀子末篇皆是也」。此言諸子之傳記。諸子雖不屬於經，要皆為六經之支裔，亦可屬於經學之傳記，（容後論之） 姚氏於古文辭類纂序目中贈序類，有名序名引名說，亦為傳記之屬，其間亦有涉及經史或文學者。又碑誌類。碑誌原為韻語，體本於詩，刻之金石，於傳記無關；但後世以韻語觀之不詳，故又為序，記載事迹，往往與傳記相混，立石墓上，曰碑，曰表，曰誌，與傳記文無甚區別，曾子固上歐陽舍人書，謂有與史相同者。亦當與傳記並論之。又其雜記類，雖亦碑文之屬，所記大小事殊，取義各異。其所關涉有政治、學說、建築、圖像、山水遊記等。其內容可括經、史、文三類。至曾文正經史百家雜鈔序跋類曰：

　他人之著作，序述其意者，經則如易之繫辭，禮記之冠義、昏義皆是。後世曰序、曰跋、曰引、曰題、曰讀、曰傳、曰注、曰箋、曰疏、曰說、曰解皆是。

此與姚氏所言略同而加詳。其名稱雖不同，而可統攝於傳記類。其間有關經傳，與經傳有關無關者。其於傳誌又曰：

　所以紀人者，經如堯典、舜典。史則本紀、世家、列傳，皆紀載之公者也。後世記人之私者，曰墓表、曰墓誌銘、曰行狀、曰家傳、曰神道碑、曰事略、曰年譜皆是。

曾氏合傳狀碑誌為一類，故合傳誌併言之。其間如堯典、舜典，屬於經，而非傳記不論外，其餘皆可屬於傳記之範圍。而多屬於歷史之傳人傳記。其於敍記類又曰：

所以記事者：經如書之武成、金縢、顧命。左傳記大戰，記會盟。皆記事之書。通鑑法左傳，亦記事之書也。後世古文，如平淮西碑等是，然不多見。

此關於書經之武成、金縢、顧命，屬於經不論外，其餘若左傳、通鑑、平淮西碑等，則屬於歷史之傳事傳記，與上所言傳人之傳記有別。其於典志類又曰：

所以記政典者，經如周禮、儀禮全書。禮記之王制、月令、明堂位。孟子之北宮錡章皆是。史記之八書，漢書之十志及三通，皆典章之書也。後世古文，如趙公救災記是，然不多見。

此除周禮不列六經外，儀禮是經。禮記原爲儀禮之傳。餘如孟子北宮錡章，史記八書，漢書十志及三通，皆爲典章之書。典章之書，似若與傳記文無關，實則儀禮亦爲政典，後世有典章之書，或解經義，或與經相附益，要皆爲傳記之屬也。其於雜記類又曰：

所以記載雜事者：經如禮記投壺、內則、少儀。周禮之考工記皆是。後世古文家，修造宮室有記，遊覽山水有記，以及記器物，記瑣事皆是。

禮記、周禮，皆屬傳記，曾氏稱之爲經者，以其列於十三經之內也。此類傳記，則兼包經學、歷史文學矣。就上述以觀，傳記文所括之範圍至廣，可以想見。實則除姚、曾二氏所學外，則仍多。即姚、曾二氏古文辭類纂，經史百家雜鈔，所分之類中，若論辨、論著、詔令、奏議、書說、書牘，有闡發明經義，論述史事，敷陳治道，揚榷文章之作，雖不以傳記名，而其內容性質，要皆可以傳記視之。容後分別論之。茲先將關於經學之傳記言之。

前述易之十翼，詩、書之大小序，儀禮之禮記，後記，及春秋三傳，皆為經學傳記。而四書、孝經、爾雅，亦為經學之傳記。陳澧東塾讀書記曰：

論語、說易、書者少，春秋則更未論及。然有恒，無大過，思不出其位，易之精義也。孝友施於有政，書之精義也。巍巍乎舜禹之有天下也數章；及堯曰咨一章，論堯、舜、禹、湯、文、武，尚書百篇，此提其要矣。晉文公譎而不正，齊桓公正而不譎；及天下有道，則禮樂征伐，自天子出，祿之去公室五世矣二章，春秋二百四十二年之事，尤提其要矣。陳恒弒君，孔子請討，即在西狩獲麟之年，此春秋之所以作也，（孟子云：臣弒其君，孔子懼，作春秋。）經學之要，皆在論語中，故曰：論語者，五經之錧鎋也。（此趙邠卿孟子題辭語。）

此但言論語為五經錧鎋，惟言易、書、春秋之義，而未及詩、禮，其於詩、禮陳氏同時亦言之。其曰：

顧亭林說：「予一以貫之云：三百之詩至汎也，而曰一言以蔽之曰：『思無邪』，此說最明白。詩三百者，多學也，博也，一言以蔽之者，一貫也，約也；思無邪者，忠恕也，禮也。（同上）聖門重詩教。子夏言詩，固為文學之科；然思無邪，則德行之事也。達於政而能言，則政事言

語之材也，是詩教兼明四科也。然此非易事；但能無失小子之業，而免於面牆之誚斯可矣。欲興經學，宜以詩爲先也。（同上）

詩者，樂章也，樂則其鏗鏘鼓舞也。然興於詩，成於樂，分言之者，毛詩傳云：古者教以詩樂，誦之，歌之，弦之，舞之。（子衿傳）誦之者，學詩也；歌之弦之舞之者，學樂也。後世則無成於樂之學矣。（同上）

論語言禮者凡四十餘章，自視聽言動，與凡事親，教子，事君，使民，爲國，莫不以禮。其所以爲禮者，曰敬、曰讓、曰約、曰節之、曰文之，其本在儉，其用在和。而先之以仁之守，義之質，學之博。先進後進不同，則後先禮。禮雖廢而猶愛之。夏殷禮不足徵，而猶能言之。射不主皮之語，則逑儀禮之文也；鄉黨一篇，則皆禮記之類也。論語之言禮，至博至精，探索之而靡盡也。（同上）

論語所言皆禮也。以其小者觀之，如趨過者，子見父之禮，沐浴者臣朝君之禮，行束脩者弟子見師之禮，非公事不至者，士人見官長之禮。三愆者，侍坐之失禮，居於位與先生並行者，童子之失禮。小者如此，大者可知也。（同上）

以上所擧陳氏之言，皆爲論語發明五經之義，故論語爲五經之傳。推之孟子亦然。陳氏又曰：史記孟子列傳云：「序詩書，逑仲尼之意，作孟子七篇」。趙邠卿孟子題辭云：「孟子通五經，尤長於詩書」。澧案孟子引詩者三十，引書者十八。論書者一，（武成）又有引書而不言書曰者，（如放勳曰：勞之來之，有攸不爲臣之類。）所謂尤長於詩書者，於此可以窺見矣。其引蒸民之詩，以證性善，性理之學也；引雨我公田，以證周用助法，考據之學也。小弁之怨，親親也；親親仁也。此由讀經而推求性理，尤理學之圭臬也。蓋性理之學，政治之學，皆出於詩書，是乃孟子之學也。（同上）

此言孟子通五經，尤長於詩書，故特予提出，加以申說。並言孟子中具有性理及考據之學，可謂後世言性理考據者之肇始。陳氏又曰：

孟子說春秋者雖不多，其云臣弑其君，子弑其父，孔子懼，作春秋。春秋天子之事也。此明春秋之所以作也。春秋無義戰，亦春秋之大義，故孟子亦惡戰也。（其事其文二者，不獨深明春秋，凡後世史學，亦包括無遺矣）（同上）

孟子說禮有明言禮者，有不明言禮者。有與人論禮者。其曰：「諸侯之禮，吾未之學，」蓋禮文繁博，間或有未學者，故趙氏不以爲尤長耳。（同上）

陳氏言孟子「諸侯之禮，吾未之學，蓋禮文繁博，間或未之學者，故趙氏不以其尤長耳。」但陳氏言孟子說禮有明言禮者下，舉出十餘事。有不明言禮者，亦有九事，有與人論禮者，有五六事。並舉列女傳，孟母謂孟子曰：「夫禮，將入門，問孰存，將上堂，聲必揚；將入戶，視必下」。又曰：「婦人之禮，精五飰，篕酒漿，養舅姑，縫衣裳」，易曰：「在中饋，无攸遂」。詩曰：「無非無儀，惟酒食是儀」。「年少則從乎父母，出則從乎夫，夫死則從乎子，禮也」。此則孟通五經，蓋由於母教。余謂禮文繁博，未學無妨。禮之用，和爲貴，如何能和，得中也。孟子七篇所述，無非中道，皆禮之精義也。誰謂孟子，不長於禮乎？觀以上引述孟子書中於詩書外，說春秋，說禮，而未言及易。而陳氏又引李榕村語錄云：「孟子竟是不曾見易，平生深於詩書春秋，禮經便不熟」。陳氏以其語太輕率。但未說明孟子通易，以駁正之。其實孟子熟於禮外，於易之奧義，亦知之甚深也。馬宗霍中國經學史曰：

　　趙岐孟子題辭，稱孟子通五經，尤長于詩書。蘇轍謂孟子深于詩而長于春秋，程子謂孟子云：「可以仕則仕，可以止則止，可以久則久，可以速則速。孔子聖之時者也。故知易者莫如孟子」。又云：「王者之迹熄而詩亡，詩亡然後春秋作，春秋無義戰，春秋天子之事。故知春秋者，莫如孟子」。王應麟謂：「孟子羽翼孔氏，七篇垂制，法嚴義精，知性知天，易之奧也；以意逆志，詩之綱也；言稱堯舜，書之要也；井田爵祿之制，可以知禮；王霸義利之辨，可以知春秋。故儒者稱之曰通五經」。郝敬謂孟子言四端，即易之四德也；仁義，即易立人之道也；性善，即易繼善成性也；知性知天，即易窮理盡性于命也。兵貴人和得諸師，養大體得諸頤，聖人于天道得諸乾，收放心，養夜氣得諸復，寡欲得諸無妄。與王驩稷下諸人處包荒不失其正，得諸否。學孔子聖之時，得諸先後天。他可類推，是則知易誠未有如孟子者矣。其於書也，曰盡信書不如無書，於武成取二三策，其辨精矣。其言道德必稱堯舜，言征伐必稱湯武，則知書誠未有如孟子者矣。詩三百，古序其來已舊，後儒以辭害志，如咸邱蒙，高叟之輩，孟子教之不以文害辭，不以辭害志，以意逆志，此千古學詩心法。孔子與賜、商言詩意正同。然則知詩未有如孟子者矣。世儒說春秋，謂仲尼獎五霸，率諸侯事盟主，而獨孟子謂五霸三王之罪人，春秋與檮杌同；然則知春秋孰有如孟子者乎？至於先王之禮，巡狩述職班爵祿井田學校，皆治天下大經大法，其說明徵典要，可信可傳，其言曰：非禮之禮大人弗爲。其論禮惟恭敬辭讓入孝出弟，禮之實節文斯二者，樂之實樂斯二者，則達禮樂之情，又孰有如孟子者乎？是故有六經不可以無孟子也。觀諸所云，於孟子之經學可謂盡之。

馬氏於孟子言其長于春秋，長於書，深於詩，達於禮樂外，而於易，言之特多，以爲知易，莫如孟子。可以補陳氏所言之不備。言孟子通五經，言之者非如上述而已，玆再說明孟子深於易，不亞於其他各經也。熊十力曰：

> 孟、孫二子，皆深於易理。趙歧稱「孟子之書，包羅天地，揆敍萬類，仁義、道德、性命、禍福，粲然靡所不載。又言：「孟子通五經，尤長於詩書」。焦循曰：「孟子深知孔子作春秋之指，至於道性善，稱堯舜，則於通德類情，變通神化，已洞然於伏羲、神農、黃帝、堯、舜、文王、周公、孔子之道，獨詩書云乎哉」？（讀經示要）

熊氏引焦循之說，言孟子深於易，皆是以說明孟子於易義闡發甚至。吾人讀古人書，應參其所言之理義，與經相發，不能以其書中未明言，即謂其不知。陳氏所謂有明言，有未明言者，孟子於易，雖未明言，而所言多合於易義也。余上言：易所言者中道，孟子所言中道，觸處皆是，非有得於易之旨，而能言之乎？故孟子亦爲五經之傳記也。論語與孟子，要爲能明五經之義最多，言之者甚衆，以上不過略舉大凡以說明之耳。其餘若大學、中庸，亦皆明經義，特不如論、孟之多耳。柳詒徵先生國史要義史義篇曰：

　　孔門論學，博引詩書，推闡義理者尤多。大學之教，皆詩書之義，其言明德新民止善者，皆自詩書得之也。（其注云：大學、詩云：瞻彼淇澳，菉竹猗猗，有斐君子，如切如磋，如琢如磨。瑟兮僩兮，赫兮喧兮，有斐君子，終不可諠兮。如切如磋者，道學也。（者下諸語，皆詩之講義，其體例如周語叔向聲昊天有成命。魯語：叔孫穆子釋皇皇者華，皆逐字逐句說明其義）如琢如磋者，自修也；瑟兮僩兮者，恂慄也；赫兮喧兮者，威儀也；有斐君子，終不可諠兮者，道盛德至善民之不能忘也。詩云：於戲；前王不忘，君子賢其賢而親其親；小人樂其樂而利其利，此以沒世不忘也。康誥曰：克明德。太甲曰：顧諟天之明命。帝典曰：克明峻德。皆自明也。（由衛武公之詩，講，爲學自修之義。上溯之康誥，上溯太甲，再上溯之至堯典，所以明德新民，謂自堯以來，相傳之心法。捨此無所謂學也。故古本大學之次序，自有意義。以下，又由湯盤、康誥而及周詩。蓋其由後而前，及由前至後二法。）湯之盤銘曰：苟日新，日日新，又日新。康誥曰：作新民。詩曰：周雖舊邦，其命維新，是故君子無所不用其極。詩云：緡蠻黃鳥，止於丘隅。子曰：於止，知其所止，可以人而不如鳥乎？詩云：

穆穆文王，於緝熙敬止。爲人君止於仁，爲人臣止於敬，爲人子止於孝，爲人父止於慈，與國人交止於信。（此可見新民止善皆從詩義得來。）

以上言大學引詩書，皆釋其義，以明大學之明於詩書之奧義也。柳氏又曰：

至於引康誥楚書秦誓，或申述其語，或第述其辭，不必引申而義自見。古之大學，春秋敎以禮樂，冬夏敎以詩書者，惟此義也。（其注云：大學、康誥曰：惟命不于常，道善則得之，不善則失之矣。此即五德代興，不私一姓之說所由來。其言最深切沉摯。下引楚書舅犯之言，及秦誓，不加引申，而總結以唯仁人能愛人能惡人。又曰：好人之所惡，惡人之所好，是謂拂人之性，菑必及其身。又曰：必忠信以得之，驕泰以失之。得失鑑戒，使人懍然。）

此言大學引書，或申述其語，或第述其辭，不必引申而義自見，與上不同。而總括言之，雖不加引申，而書義畢陳，大學不惟通詩書，而亦通易。本師錢子泉先生曰：

大學者，大人之學，不私其我於一己之學；大覺之道，非以獨爲自慊之道；題蘊昭宣，宗旨自明。格物致知者，始事也；誠意止至善者，極功也。所謂誠其意者，毋自欺也。以之修身，謂之明德；以之淑人，謂之親民。以言乎天地之間，則備矣！大學之至善知止，猶易卦之未濟終篇。精益求精，人心旣無自慊之日；善又有善，吾道寧有息肩之涯？引之彌長，恢之彌廣。善之鵠的，旣以人羣之進化而彌高；學之勵修，又以鵠的之繼高而精進。此易六十四卦之所爲終於未濟，而止於至善所以爲大學之極詣也。（四書解題及其讀法）

大學於明詩書之外，觀此，與易六十四卦之終於未濟義蘊相發。至於禮，大學本由禮記中取出，與中庸、論、孟合而爲四書，其通於禮，自不待言，其所言正誠修齊治平之道，無非禮也。其中如所云：「一家仁，一國興仁；一家讓，一國興讓；一人貪戾，一國作亂」。又云：「上老老而民興孝，上長長而民興弟，上恤孤而民不倍」等等，何一而非言禮，其他不待繁舉。但於春秋未言及。惟春秋道名分，君君、臣臣、父父、子子。其引詩曰：『殷之未喪師，克配上帝，儀監于殷，峻命不易』「道得衆則得國，失衆則失國。是故君子先愼乎德。有德此有人，有人此有土，有土此有財，有財此有用。德者本也，財者末也，外本內末，爭民施奪。故財聚則民散，財散則民聚」云云，是言君能行君道則國治，不能行君道則國亂而不克自保矣。舉此一端，乃知合於春秋之義也。中庸與大學在禮記中，大學爲明禮義之書，中庸亦然。陳澧東塾讀書記曰：

> 學記、中庸、大學，別錄皆屬通論。中庸、大學，後世所謂理學，古人則入禮記者，仲尼燕居云：「子曰：禮也者，理也」。樂記云：「禮者理之不可易者也」。故理學卽禮學也。（直齋書錄解題云：獨大學、中庸，爲孔氏之正傳；然初非專爲禮作也」。此習聞道學家之說，而未識古禮也。）經解別錄，亦屬通論。孔疏云：「六經其爲敎雖異，總以禮爲本，故記者錄入於禮」。澧案記文引孔子曰：「安上治民，莫善於禮」。此篇當入於禮，其義已明矣。

觀此，中庸之明禮義不待申說可知，但中庸中言禮之處，非止一二，玆約舉其要以明之。其曰：

子曰：「鬼神之為德其盛矣乎？視之而弗見，聽之而弗聞，體物而不可遺。使天下之人，齊明盛服，以承祭祀，洋洋乎如在其上，如在其左右」。詩曰：「神之格思，不可度思，矧可射思」？夫微之顯，誠之不可揜如此夫！

子曰：「無憂者，其唯文王乎？以王季為父，以武王為子，父作之，子述之。武王纘大王、王季、文王之緒，壹戎衣而有天下。身不失天下之顯名，尊為天子，富有四海之內，宗廟饗之，子孫保之。武王末受命，周公成文武之德，追王大王、王季，上祀先公以天子之禮。斯禮也，達乎諸侯大夫，及士庶人。父為大夫，子為士，葬以大夫，祭以士。父為士，子為大夫，葬以士祭以大夫。期之喪，達乎大夫；三年之喪，達乎天子；父母之喪，無貴賤一也。

前言祭祀須誠，與論語中所言：「祭如在，祭神如神在，」之意相發。後則為纘先人之緒業光大之為孝。而於祭禮略有不同；而三年之喪，達乎天下；父母之喪，自天子至於庶人則一。此亦發明禮義之一端也。中庸亦通於易，本師錢子泉先生曰：

中庸一篇首言：「致中和」，「中和」即「中庸」也。惟「中」斯依乎「庸」；惟「庸」乃「和」乎衆。孔子特發其義於乾之九二，而推極其致於九五。其贊乾九二曰：「龍德而正中者也；庸言之信，庸行之謹，閑邪存其誠，善世而不伐，德博而化。易曰：『見龍在田，利見大人』，君德也。」君者羣也，君德之言羣德也。夫以龍德正中之德博而化，而基之於「庸言之信」，「庸行之謹」，此依乎「庸」以執「中」者也。其贊九五曰：「同聲相應，同氣相求。水流濕，火就燥。雲從龍，風從虎，聖人作而萬物覩。本乎天者親上，本乎地者親下，則各從其類也」。蓋聖人先得我心之同然者，故爲「同聲」「同氣」之義。聖人之於人亦類也。故爲「各從其類」之義。象曰：「乾道變化，各正性命，保合太和」；即指九五而言。此依乎「庸」以和衆者也。「索隱行怪，後世有述焉」；斯不「庸」矣！「愚而自用」，求逞於人焉，斯失「和」矣！乾元用九而戒之以「天德不可爲首」；懼其矯強，以不「庸」者而失「中」也。六十四卦，不外乎「時中」，孔子知其意而特發「中庸」之義於乾文言。惟「時中」，斯因時制宜，無時不「中」；惟「中庸」斯和光同塵，無衆不和。………庸也者，用也；用也者，通也；通也者，得也；適得而幾已；因是已！是以聖人和之以是非，而休乎天鈞。雖爲言不同，而言「中」言「庸」則一。然則中庸之書，蓋道出於易。（四書解題及其讀法）

此言易之爲用爲「中」與「庸」，而中庸一書所言，正是出於易，發明易之義，故中庸可謂爲禮與易之傳也。中庸通易之說者非一，即此可見其概，不具論。推之於他經，亦均有關係。熊十力曰：

禮記中庸曰：「仲尼祖述堯舜，憲章文武，上律天時，下襲水土」。鄭玄注曰：「此以春秋之義，說孔子之德。孔子祖述堯舜之道，而制春秋，而斷以文王武王之法度」。春秋傳曰：「君子曷爲爲春秋？撥亂世反諸正，莫近於春秋。其諸君子樂道堯舜之道歟」？又曰：「是子也，繼文王之體，守文王之法度」，又曰：「王者孰謂？謂文王也」。此孔子兼包堯舜文武之盛德，而著之春秋，以俟後聖者也。律、述也。述天時，謂編年，四時具也。襲、因也，因水土，謂記諸夏之事，山川之異。據此，則孔子作春秋，中庸已有明徵。（讀經示要）

熊氏引述中庸之言，以中庸徵春秋之義，是中庸亦通春秋。其於尙書，言舊與人書，談執中義，其大略謂：「中和、中庸，本一義而異其名耳。中庸稱舜，執其兩端，用其中於民，此舜之所以爲舜也。天下皆兩端，而吾雙執之，則吾不墮兩端之中，而遊於兩端之外矣。遊於兩端之外，則至公之心體，恒超然遍照，是之謂中和，無偏端之碍，故曰「和」，無所偏倚，故云「中」。中卽和也，和亦中也，有二事乎？中庸之中，卽中和之中，其以庸言之者，庸常也，不隨物遷，故言「常」。此義深遠。中庸、中和，俱是形容一中，元無別體。中也者，本心也。本心無待也。無待，故無所不覆載。天下皆兩端，私意起，則執一端而有對碍，未能無待而無覆載也。克治私意，執兩而超於其外，故無待之體顯，而能用其中以覆載天下之民也。用之云者，取諸己所固有而用之也。中庸曰：「執其兩端，用其中於民，蓋顯執兩，則能自用其中；不執兩，則私意爲碍，而中體已放失，不得而用也。私意守其一端，本心喪，內在之中亡，則萬事萬物皆失其理。此義，非訓詁可釋，非空洞理論可持，反身實體之，而後可得也」。此其以中庸爲發書之義。中庸似未括全書而言，但書之要義，亦無非執中，用其中於民也。言中庸者，與詩之關係，甚少涉及。惟觀中庸中引詩證事亦不少。其引詩釋義，如詩曰：「鳶飛戾天，魚躍於淵」，言其上下察也。又詩云：「伐柯伐柯，其則不遠」，執柯以伐柯，睨而視之，猶以爲遠。故君子以人治人，改而止。忠恕違道不遠，施諸己而不願，亦勿施於人。又詩曰：「惟天之命，於穆不已」。蓋曰：天之所以爲天也，於乎丕顯文王之德之純。蓋曰：文王之所爲文也，純亦不已。又詩云：「潛雖伏矣，亦孔之昭」。故君子內省不疚，無惡於志，君子所不可及者，其唯人之所不見乎？詩云：「相在爾室，尚不愧于屋漏」，故君子不動而敬，不言而信。詩曰：「奏假無言，時靡有爭」，是故君子不賞而民勸，不怒而民威於鈇鉞。詩曰：「丕顯惟德，百辟其刑之」，是故君子篤恭而天下平。詩曰：「予懷明德，不大聲以色」，子曰：「聲色之於以化民，末矣」。詩曰：「德輶如毛，毛猶有倫」，上天之載，無聲無臭至矣。凡引詩以下之言，是引詩以明事，亦以事而明詩之義，故中庸亦通於詩也。中庸通五經，與論、孟、大學皆然，不過間有詳略之分耳。次之言孝經，孝經雖以經名，亦爲五經之傳記。呂思勉曰：

> 詩、書、禮、易、春秋，乃漢人所謂五經。論語、孝經、漢人皆以爲傳。（孝經雖蒙經名，亦在傳列）孟子在儒家諸子中，爾雅則漢人所輯之訓詁書也。（經子解題）

此言孝經，雖蒙經名，亦在傳列，以其與經義相發明也。人有以孝經一書，綱紀論語，旁通春秋。爲人以孝爲本，昔古聖賢，以孝治天下。由孝而推廣之，人人能行之，何患乎天下不治，非止旁通春秋而已，可以會通六經也。四庫全書提要，言明、黃道周所撰孝經集傳曰：

孝經有五大義：本性立教，因心爲治，令人知非孝無教，非性無道，爲聖賢學問根本，一也。約教於禮，約禮於敬。敬以致中，孝以道和，爲帝王致治淵源，二也。則天因地，常以地道自處，履順行讓，使天下銷其戾心，覺五刑五兵，無得力處，爲古今治亂淵源，三也。反文尚質，以夏商之道救周，四也。闢楊誅墨，使佛老之道，不得亂常，五也。

觀此五義，則六經之義，可以會通矣。漢書藝文志曰：「六藝之文，樂以和神，仁之表也。詩以正言，義之用也。禮以明體，明者著見，故無訓也。書以廣聽，知之術也。春秋以斷事，信之符也。五者蓋五常之道，相須而備，而易爲之原」。白虎通五經論曰：「樂仁，書義，禮體，易智，詩信也」。此未言春秋，與漢志所言意未有異。究其要歸，不外五常之道，六藝之教而已。覈之黃道周孝經集傳之言，孝經於六藝之旨，無不會通也。本師錢子泉先生曰：

六經所明，不外人道。仁之爲言人也。易爲六經之冠；而易道乾元，君子以自強不息，體仁以長人也。孔、孟爲儒家之魁傑。而論語首學而時習章，繼之以有子說：孝弟爲仁之本」。又次之以子曰：「巧言令色，鮮以仁」。明乎仁則爲善學，不仁則不得爲善學，學者，學此者也；時習者，習此者也。顏回三月不違仁，時習乎仁也。荀子「仁義不一，不足爲善學」。（勸學篇語）勸學乎仁也。論語二十篇，歸根在一仁字。荀子三十二篇，着意在一禮字。然而荀子論禮，亦以克己復禮爲仁，非與論語有異趣。其言：「人生有欲，欲而不得，則不能無求；求而無度量分界，則不能不爭；爭則亂，亂則窮。先王惡其亂也，故制禮義以分之，以養人之欲，給人之求；使欲必不窮乎物，物必不屈於欲。兩者相持而長，是禮之所起」。（禮論篇語）然則禮者，人之所由以耦俱無猜，而不爲爭民施奪者也。論語揭仁以立人道之極；荀子論禮以明行仁之方；明其枝流雖分，本萌於仁者也。孟子七篇，亦以「仁義而已」開宗明義，先立乎人道之極也；而孝弟則爲仁之本。孝經言：「愛親者不敢惡於人，敬親者不敢慢於人」。孟子言：「親親而仁民，仁民而愛物」，由本以及末也。孝經言：「不愛其親而愛他人者，謂之悖德」。孟子言：「未有仁而遺其親」，由外而驗內也。故知孝經爲道之根源，六藝之總會。（後東塾讀書記。）按：臺灣某書局翻印本書易名爲「古籍舉要」欠當。在本書自序中明言：「署曰後東塾讀書記」，以明繼陳蘭甫東塾讀書記而作也。

孝經之作者，論者不一其人，雖非孔子自作，要爲孔子爲弟子所陳說，爲其弟子或傳孔氏之學者所記載。故雖非孔子自作，猶之自作也。王應麟困學紀聞孝經篇曰：「致堂謂：『孝經，非曾子所自爲也。曾子問孝於仲尼，退而與門弟子言之，門弟子類而成書』（致堂胡寅號）此言頗可信。孔子雖言：「志在春秋，行在孝經」。以欲遂春秋之志，而在孝道之行也。但孝經與春秋雖密切關要，而孝經實賅貫六經也。故鄭玄六藝論曰：「孔子以六藝題目不同，指意殊別，恐道離散，後世莫知根源，故作孝經以總會之」。孝乃人立身之根源，亦爲修齊治平之根源也。

爾雅與孝經，同列於十三經，故世人多以二書，皆爲六經之傳。實則爾雅固與經有關，而非專解經也。本師錢子泉先生曰：

訓詁之書，莫古爾雅。大戴禮孔子三朝記，稱孔子教魯哀公學爾雅，則爾雅之來遠矣。然不云爾雅爲誰作？據魏清河張揖稚讓進廣雅表，稱周公著爾雅一篇，今俗傳三卷。或言仲尼所增？或言子夏所益？或言叔孫通所補？或言沛郡梁文所考？皆解家所說，疑莫能明也。謂之爾雅者，爾近，雅正也。正者，虞、夏、商、周建都之地之正言也。近正者，各國近於王都之正言也。語言因地域而殊，文字又隨語言而異，學者舉今語以釋古語，引方言以證雅言，猶之殊語之互相翻譯。班固謂：「古文讀應爾雅，故解古今語而可知」。「子所雅言，詩書執禮」。雅言者，誦詩讀書，從周之正言，不爲魯之方言；而執禮者，詔相禮儀，亦依雅言稱說，而不爲俚俗也。小雅大雅者，皆周詩之正言也。大戴禮小辨篇：「爾雅以觀於古，足以辨言」。故曰：「爾雅者，所以總絕代之離詞，辨同實而殊號」者也。凡釋詁、釋言、釋訓、釋親、釋宮、釋器、釋樂、釋天、釋地、釋丘、釋山、釋水、釋草、釋木、釋蟲、釋魚、釋鳥、釋獸、釋畜十九篇。漢初，經始萌芽，爾雅嘗立博士，故蜀郡揚雄子雲方言，以爲孔子門徒解釋六藝；會稽王充仲任論衡，亦以爲五經之訓故；然釋五經者不及十之三四。今觀其文，有取山海經者；有取穆天子傳者；有取管子者，有取尸子者；有取莊子列子者；有取國語者；有取楚辭者。大抵採周秦諸子傳記之名義訓詁，以辨異同而廣見聞，寧祇爲解經作哉！以隸經部，實爲不倫也；是蓋古代訓詁學之權輿。（經學通志）

爾雅，由今觀之，雖不爲專解經之書，而未嘗不解經也。蓋其始之作，要爲解經。迨後載籍日增，應用益廣，則非專爲解經矣。訓詁名物之書，其始簡，及後人事日繁，原有者不敷應用，不能不有所增益。即在今日，新產物日多，而名詞因隨之而新出，以今觀古，其理一也。爾雅爲古代訓詁學之權輿。注解經傳，廣大其義，由此而分爲兩途，一爲明經之義，一爲訓解經之字句，而名物訓詁之學，愈後而愈寖廣，著作亦日多，成爲專門之學，與傳經之義之作，並駕齊驅，並行而不背，此一派，由爾雅爲先導也。源遠流長，非片言所能盡，容於後文述之。

以上所舉直接有關經學之傳記，略見大凡；若諸子百家，似若與經學無關，實則，亦由經而出，於經義亦有關係，亦可謂經學之傳記。章學誠曰：

戰國之文，其源皆出於六藝何謂也？曰：道體無所不該，六藝足以盡之。諸子之書，其持之有故，而言之成理者，必有所得於道體之一端，而後乃能恣肆其說，以成一家之言也。所謂一端者，無非六藝之所該，故推之而皆得其所本；非謂諸子果能服六藝之教，而出辭必衷於是也。老子說本陰陽，莊、列寓言假象，易教也。鄒衍侈言天地，關尹推衍五行，書教也。管、商法制，義存政典，禮教也。申、韓刑名，旨歸賞罰，春秋教也。其他楊、墨、尹文之言，蘇、張、孫、吳之術，辨其源委，挹其旨趣，九流之所分部，七錄之所敘論，皆於物曲人官，得其一致，而不自知爲六典之遺也。（文史通義詩教上）

此言諸子百家之文，其源皆出於六藝，因道體無所不該，諸子各得道體之一端，故能持之有故，言之成理，推之而皆得其所本，並列舉各家有得於易、書、禮、春秋。而縱橫有得於詩教。其雖不能如三傳四書發明經義，於經義豈能無關？特不能不趨於一偏，即後世傳經之書，亦不能無所偏倚，該其全而至當無缺也。熊十力曰：

六經廣大悉備，天道、人事、物理，賅而存焉。(天道、謂萬化之源，萬物之本，與人之眞性，非謂神帝也)諸子之學，皆原本六經，名家者流，自易、春秋出。名家，發明思維術，示人以如何去觀察與判斷事物，而能得其理，無有迷謬。易、春秋二經，皆深於名理，爲後來名家導其源，此無可疑者。墨家者流，自春秋尚書出。墨子尚賢，尚同，兼愛，兼利等思想，皆本春秋太平世義，而推演之。其天志等篇，則本尙書。古代帝王雖不必有宗教思想，而教化民衆，則不能不嚴敬天之禮，以引發其崇高無上之信仰。墨子有見於此，故崇天志。法家者流，自禮與春秋出。春秋之升平世，卽寓法治思想於禮化之中。本不純恃法也。至太平世，則全人類大同，人各自治，而必互相助也；人各自尊，而必互相輔也。則治道之極，升平世不足言之，乃春秋最高之理想耳。周官一書，大抵明升平之治，以德禮之精神，運法治之組織，管子書亦頗有此意。法家之學，蓋通春秋升平，與周官之旨，將使人類離據亂之陋，而相習於法治。凡據亂世之民，不知有法守，法家故特重法，其道雖異乎儒者之言德與禮，而其思想實本之禮，春秋二經。道家者流，自大易出。老子言一生二，二生三，卽本易之每卦三畫，而疏釋之也。老與莊，皆言陰陽，變化，其同出於易甚明。老言常德，莊云若有眞宰，而特不得其朕耳。此皆於變易而見不易，乃易之根本大義也。農家者流，自詩出，三百篇諷刺社會與亂政之詩甚多，此農家革命思想所由出歟？向來言晚周學術者，鮮注意農家，其實農家極重要。漢以後，如多得許行之徒，則帝制早革矣。凡此數人學派，皆出於六經。諸家思想脈絡，的然可見。（友人馬一浮講學國立浙江大學時，其講詞，以六經統諸子，世或議其無有根據，其實一浮所見甚是。）大哉儒學，諸子之王，百家之母也。（讀經示要）

熊氏所言，較章氏爲詳，而略有異同。諸子百家，皆原本六經，與六經之義亦相發，而流於偏蔽，故不能無失，章氏未言農家，熊氏未言縱橫家。縱橫家出於詩，在其詩教上言之甚詳，可參考，不備舉。關於諸子與經之關係，論者不一其人，玆撮擧數家之說，以資比觀。柳詒徵先生曰：

> 讀春秋內外傳，及先秦諸子，觀其稱引詩書，皆以明義，非矜博聞强識也。祭公謀父在穆王時，述周頌，卽其明義。（國史要義史義第七）其附注說明曰：
>
> 周語，穆王將征犬戎，祭公謀父諫曰：「不可！先王耀德不觀兵。夫兵戢而時動，動則威；觀則玩，玩則無震。是故周文公之頌曰：『載戢干戈，載櫜弓矢，我求懿德，肆於時夏，允王保之』。先王之於民也，懋正其德而厚其性，（韋注：懋勉也。性、情性也，案此語與召誥節：惟日其邁；及卷阿俾爾彌爾性，皆西周人講性學之語，世謂孟子始盛言性者，亦未知其朔也。）阜其財求而利其器用，明利害之鄉以文修之，使務

利而遯害，懷德而畏威，故能保世以滋大。

楚莊王在春秋時，擧周頌而闡其義，尤詳。由此類推，始知趙衰所謂義府及爲大將必守學彌惇者之故。

至孔門論學，博引詩書，推闡義理者，尤多。大學之敎，皆詩書之義，其言明德新民止善者，皆自詩書得之也。（同上）

至如引康誥、楚書、秦誓，或申述其語，或第述其辭，不必引申而義自見。古之大學，春秋敎以禮樂，冬夏敎以詩書者，惟此義也。（同上）

此言春秋內外傳，內傳，卽左氏傳，外傳卽國語。左氏傳春秋事及明義，前已言之。國語亦言爲左氏作，則國語亦春秋傳記也。其言先秦諸子，只擧大學一書以示例，其他諸子書未提及，以此推之可知也。老子由易出，人多言之。而周易正義，爲魏王弼，晉韓康伯注。二人以老子之旨解易，以老學明易義也。莊子與老子略有不同。朱一新曰：

莊出於老，而立言又不盡同。莊子天下篇卽其書自序，觀其所言，未嘗不深知儒術，而汪洋恣肆，故爲偏宕之詞，幾於以儒爲戲。蓋依隱玩世發憤著書，欲兼攬儒與老氏之旨。理旣駁雜不純，而加以縱橫博辨之辭，矯爲外形骸，一死生之說，故文士失職者，或身當濁世，有託而逃者，尤喜誦述之。其書本是寓言，晉人乃推諸實事，宜其流毒之甚也。（無邪堂答問卷二）

上述熊氏言，莊出於老，此可補其不備。韓退之言「子夏之後，流而爲莊周」，蓋有所見而云然。其他各家，亦多與儒、老有關，呂思勉曰：

予按淮南要略，謂：「墨子學儒者之業，受孔子之術，以爲其禮煩擾而不悅，厚葬靡財而貧民，服傷而害事，故背周道而用夏政」。其說實爲可據。今墨子書引詩書之辭最多。百家中惟儒家最重古法，故孔子之作六經，雖義取創制，而仍以古書爲據。墨子多引詩書，既爲他家所無，而其所引，又皆與儒家之說不背，即可知其之本出於儒。或謂墨之非儒，謂其學「累世莫殫，窮年莫究」，安得躬道之而躬自蹈之？殊不知墨之非儒，僅其與其宗旨相背者爲限，此外，則未嘗不同；且理固有必不異者；公孟篇：「子墨子與程子辯，稱於孔子。程子曰：非儒，何故稱於孔子也？子墨子曰：是亦當而不可易者也。今鳥聞熱旱之憂則高，魚聞熱旱之憂則下，當此，雖禹、湯爲之謀，必不能易矣。翟曾無稱於孔子乎」？又貴義篇！「子墨子南遊使衛，載書甚多。弦唐子見而怪，曰：夫子教公尙過曰：揣世直而已；今夫子載書甚多，何也？子墨子曰：翟聞之，同歸於物，信有誤者，是以書多也。今若過之心者，數逆於精微，同歸之物，既已知其要矣，是以不教以書也」。然則墨子之非讀書，亦非夫讀之而不知其要；又謂已知其要者，不必更讀耳，非謂凡人皆不當讀書也。其「三表」之說。卽謂上本之古聖王之事，而安得不讀書。其稱引詩書，又何怪焉？然則墨子之學，初出於儒，後雖立異，而有其異仍有其同者存。此三篇亦未必非經墨子書矣。（經子解題）

此言墨子原出於儒，後雖別異，而稱引詩書，與儒學仍多同者。世言墨子出於儒，而別異於儒，而與儒家絕然不同者，觀呂氏疏通證明，可知儒墨之關係，而其稱引詩書，所以申其學說之主張，亦以明詩書之義也。至於雜家如呂氏春秋，及淮南子，皆與儒家老子有關，呂氏又曰：

呂氏春秋雖稱雜家，然其中儒家言實多。四庫提要謂其「大抵皆儒家言」，實爲卓識。案書大傳：「古者諸侯始受封，則有采地；其後子孫雖有罪黜，其采地不黜，使其子孫賢者守之，世世以祠其始受封之人。此之謂「興滅國，繼絕世」」。史記秦本紀：莊襄王元年，「東周君與諸侯謀秦，秦使相國呂不韋誅之，盡入其國於秦，不絕其祀，以陽人地賜周君，奉其祭祀」。卽興滅國繼絕世之義也。史又稱是年「大赦罪人；修先王功臣；施德，厚骨肉，而布惠於民」。亦必不韋所爲。不韋其能行儒家之義矣。不韋進身，誠不由正；然自非孔、孟，孰能皆合禮義？伊尹負鼎，百里自鬻，王霸之佐，皆有之矣。高似孫曰：「始皇不好士，不韋則徠英茂，聚畯豪，簪履充庭，至以千計。始皇甚惡書也，不韋乃極簡冊，攻筆墨，采精錄異，成一家言。春秋之言曰：十里之間，耳不能聞；帷牆之外，目不能見；三畝之間，心不能知；而欲東至開悟，南撫多鶪，西服壽靡，北懷儋耳，何以得哉？此所以譏始皇也」。方孝孺亦稱其書：「詆訾時君爲俗主，至數秦先王之過無所憚」。夫不韋著書，意在「備天地萬物古今之事」。(史記本傳語)原不爲譏切一時。然其書立論甚純，而不韋又能行之；使秦終相不韋，或能行德布化，以永一其年，不至二世而亡；使天下蒼生，亦不蒙其荼毒，未可知也。今此書除儒家言外，亦存道、墨、名、法、兵、農諸家之言。諸家之書，或多不傳；傳者或非其眞；欲考其義，或轉類此書之存焉；亦可謂藝林瑰寶矣。要之不韋之爲人，固善惡不相掩，而其書則卓然可傳；譏其失而忘其善已不免一曲之見；因其人而廢其書，則更耳食之流矣。（經子解題）

觀呂氏所言，則知呂氏春秋雖爲雜家，而其中以儒家言最多。其證引各家之言，則知其能明儒家之義，能行春秋繼絕興廢之義，其書名曰「春秋」，非無意矣。至於淮南子，呂氏又言：

案漢志，易家有淮南王道訓二篇。注曰：「淮南王安，聘明易者九人，號九師法」。今淮南子要略，爲全書自序。其言曰：「言道而不言事，則無以與世浮沉；言事而不言道，則無以與化游息」。又曰：「今專言道，則無不在焉。然而能得本知末者，其惟聖人也。今學者無聖人之才，而不爲詳說，則終身顚頓乎混溟之中，而不知覺寤乎昭明之術矣」。可見淮南此書，實以道與事相對擧。……漢志言安聘明易者九人。高紱所擧大山、小山，或亦如書之大小夏侯，詩之大小毛公，一家之學，可作一人論；則合諸蘇飛、李尚等，適得九人矣。得毋今書首篇之原道訓，卽漢志所謂道訓者，漢志雖采此篇入易家，而於雜家仍未省。又或漢志本作二十篇，而爲後人所改耶？書闕有間，更無堅證，誠未敢自信。然竊有冀焉者：九流之學，同本於古代之哲學；而古代之哲學，又本於古代之宗教。故其流雖異，其原則同。……儒家哲學，蓋備於易，易亦以古代哲學爲本。……

：淮南王書引易之處最多，皆包舉大義，無雜術數之談者。得毋今文易義轉有存於此書中者耶？淮南雖號雜家；然道家言實最多；其意亦主於道；故有謂此書實可稱道家言者。予則謂儒、道二家哲學之說，本無大異同。自易之大義亡，而儒家之哲學，不可得見。魏、晉以後，神仙家又竊儒、道二家公有之說，而自附於道。於是儒家哲學之說，與道家相類者，儒家遂不敢自有，悉舉而歸諸道家，稍一援引，即指為援儒入道矣。其實九流之學，流異同原，凡今所指為道家言者，十九固儒家所有之義也。魏、晉間人談玄者，率以易老並稱，即其一證。（同上）

淮南子雖稱雜家，而以道家為主；與呂氏春秋雖亦稱雜家，而以儒家為主，所主雖異，其情則同。道家本出於易。漢志，易家有淮南王道訓二篇；並言劉安聘明易者九人，此九人即為安作淮南鴻烈者也。淮南子書中引易之處最多，皆包舉大義。呂氏以為得毋今文易義轉有存於此書之中？是則淮南子亦明易義者，為易之傳記也。上述孟子通經，稍後於孟子之荀子，亦兼通諸經。馬宗霍曰：

荀卿之學，實出於子弓之門人，故尊其師之所自出，與聖人同列。惟仲弓在德行之科，而劉向敍稱孫卿善為詩、禮、易、春秋，則其經學之傳，當別有屬。考別錄言荀卿受左氏之學于虞卿，以授張蒼。（正名篇之旨，本于左傳名不可假人，王霸篇言公侯失道則幽，本于左傳諸侯相執稱令義。而致士篇言賞僭則濫，則全引左氏之文，皆荀卿通左傳之證）楊士勛穀梁疏言荀卿受穀梁之學於穀梁赤，以授魯人申公。（大略篇言：誓誥不及五帝，言諸侯相見使仁居守，均本于穀梁，而分四民說王者不壞太祖廟，亦用穀梁之義，皆荀卿通穀梁之證。）而荀子本書大略篇言春秋賢穆公善胥命。王制篇言桓公刼於魯莊。又言周公述職事，悉與公羊傳合。是荀卿於春秋兼通三傳也。經典敍錄述荀卿受詩於根牟子，上接曾申之傳，以授大毛公，是爲毛詩之學（大略篇言霜降逆女，與詩陳風東門之楊毛傳同義。孔疏引荀子語，並云：毛公親事荀卿，故亦以秋冬爲昏之正時。又毛詩傳以平平爲辨治。以五十矢爲束，皆與荀子同。）。漢書楚元王交傳魯申公受詩於浮邱伯，伯者，孫卿門人。儒林傳言申公以詩經爲訓故以教，是爲魯詩之學。（非相篇引角弓詩宴然聿消，王先謙曰：此詩毛作見晛，顆作曣晛，魯作宴然，是魯出于荀之證。）而韓詩外傳引荀卿子以說詩者四十有四。是荀卿於詩兼開三家也。公羊、穀梁之春秋，曾申之詩，並出子夏。左氏亦曾申所傳。則是子夏者，固荀卿經學之所自出矣。禮則大戴記曾子立事篇，載荀子修身，大略二篇文，小戴記三年問，鄉飲酒義，樂記載荀子禮論、樂論二篇文。而非相、大略二篇，又易義存焉。（非相篇引易括囊無咎無譽，以喻腐儒。大略篇說易之咸見夫婦。又引易復自道何其咎以美能變。）由是言之，荀卿兼善諸經，信而有證。故汪中荀卿子通論曰：自七十子之徒既歿，漢諸儒未興，中更戰國暴秦之亂，六藝之傳，賴以不絕者，荀卿也。周公作之，孔子述之，荀卿傳之，其揆一也。蓋深於經學，孟、荀所同。然孟子雖醇乎醇，而後歿之後，大道遂絀，徒黨旋盡（見孟子題辭。）傳經之功，宜莫能與荀卿比隆矣。（中國經學史）

馬氏言荀卿兼善諸經，孟子雖通五經，而傳經之功，莫能與荀卿比隆。以荀卿承前啓後，漢代經生多衍其脈，孟子歿後大道遂絀，其言誠然。但自唐至宋明理學家，又紹述孟子之學，罕及荀卿矣；

蓋以孟子能得孔門之眞傳，非荀卿所能逮也。惟荀卿深於經學，而尤崇禮，闡發禮義甚多；六經所主，雖主不同，要一歸於禮，故曰：「六經皆禮也」。荀卿雖屬子書，發明經義，是乃經之傳記也。不但荀卿如此，其他諸子，或多或少，無不與經學有關，已如上述，皆可視爲經之傳記。熊十力曰：

> 有問：「班志言諸子出於王官，今謂諸子原本六經，則班氏固有失考者乎」？答曰：「孔子六經，實承二帝三王之道，而集其大成。王官之守，其大義皆在六經中矣。故言諸子出王官，與言出六經者，義自相通，不可謂班氏失考也。（讀經示要卷三）

熊氏之言良然。近有人發爲「諸子不出王官之說」，人多非之，謂自古未有無本之學也。諸子原本六經，觀於上述諸人所說，皆信而有證，非其學之所出乎？能謂之無所本乎？莊子天下篇，條別各家之學，皆有所承受，雖未如班氏言某家之學，出於某官，在官師未分之時，學守於官。官師既分，諸子勃興，各得一曲以自鳴於時，欲以其說易天下，故不能無偏蔽，時勢使然也。

以上所述有關經學之傳記，不過撮擧大凡而言之，至其流衍所及，不勝歷擧，玆暫置不論。繼述歷史傳記。

二、歷史傳記擧要

我國史籍浩瀚，類別甚多，今之各家紀傳，倍於經典。劉知幾史通，綜羣史而分爲六家。曰：尙書家，春秋家，左傳家，國語家，史記家，漢書家。六家之中，要其歸趣，尙書、春秋、國語、史記四家，其體已廢，後世祖述，惟左氏及漢書二家耳，謂之二體。其於二體篇曰：

丘明傳春秋，子長著史記，載筆之體，於斯備矣，後來繼作，相與因循，假有更張，變其名目，區域有限，孰能踰此，若荀悅、張璠、丘明之黨；班固、華嶠，子長之流也。惟此二家，各相矜尙。

劉氏於六家中，謂史記已廢，而於二體篇，論史記特詳，不及漢書者，蓋其所廢者，以史記爲通史體裁，而紀傳體則未廢也。自漢書後之正史，皆爲斷代史，卽如南北史，五代史，雖事括數代，而以斷代行通法。仍屬於斷代史，衍漢書之體。左傳後，別有荀悅漢紀，司馬資治通鑑，畢沅繼資治通鑑，而以爲編年體。歷世以爲此乃我國史歷兩大主流。實則除二體外，其餘四家，後世亦有繼作，如尙書家，其仿作者，有晉之孔衍作漢尙書，魏尙書，隋之王劭作隋尙書。而章學誠以袁樞通鑑紀事本末：「因事命篇，不爲常格，非深知古今大體，天下經綸，不能網羅隱括，無遺無濫。文省於紀傳，事豁於編年，決斷去取，體圓用神，斯眞尙書之遺也」。（文史通義書教下）此亦可謂衍尙書而作者。春秋家仿作者，有正史本紀，朱子通鑑綱目，其他如實錄，起居注，亦倣而爲之者。國語家，則有戰國策，吳越春秋之類。正史之體，多承史記，以其通史，故以漢書與左傳列爲二家。史之類別，依四庫書目，分正史，編年，紀事本末，別史、雜史、載記、詔令、奏議、職官、政書、傳記、時令、地理、目錄、史鈔、史評等十六類。實則，其分雖有十六，大多可包括於正史與編年史中。但以正史列傳而言，其中可分若干類，廿五史述要曰：

按列傳之體有四：㈠專傳。史家之法，凡皇公巨卿大臣勛業顯著，及有關國政之大奸大惡，皆立專傳，或稱大傳。㈡合傳。合傳之體，施於通史者多，如史記：老莊申韓列傳，屈原賈生列傳等是。其有二人行事，首尾相隨，則以一傳兼書，包括令盡，各史恒有此例。㈢附傳。史家對於同一事跡，或共事之人，恒取其主要之一人為主，而下附載此事相關之人，一一類敍，或帶敍。蓋人各一傳，則不勝傳，不為立傳，則其人又有事可傳，故用附傳之例。亦有祖孫父子無大事可傳，而又不能沒者，則以子孫附祖父，或祖父附子孫，各視其地位輕重大小以決定之。㈣類傳。類傳如史記之儒林列傳，滑稽列傳，貨殖列傳等是。傳目各就一朝所有人物傳之。有其人不妨增，無其人不妨缺，固不必盡拘舊名。類傳較多，於另表詳其異同附後。

此於史傳分為四體誠然。其非史傳，如王肅家傳，王裒世傳，一家之書也，東方朔傳，陸先生傳，一人之行也。若史記漢書自敍，雖述作史宗旨，兼敍世系，亦可謂一家之傳。又若司馬相自傳，白居易醉吟先生傳，陶潛五柳先生傳，可謂一人之自傳，此外又有所謂假傳。外傳，逸事，行狀，家譜，族譜之類，不勝紛紛，總上所言，又可分為一人之史，一家之史，一姓之史，一縣（縣志）一省（省志）一國之史。（卽國史歷代正史等）世界史。此外尚多，不勝列舉，史書之多，於此可見。記傳史中，有書、志、表，書、志、表，與傳有無關係？是否可以傳記同類觀之？此亦須言之。廿五史述要曰：

馬班著史，於紀傳之外，別裁書、志，用以紀國家之大政大法與其散見於紀傳之中，孰若自爲一篇，使人得見其首尾之爲愈。故凡郡縣之僑置，更異，官職官制之興廢，刑罰之輕重，戶口之登耗，經濟之盛衰，禮樂風俗之丕變，兵衛之興革，河渠之通塞；以及車服，儀衛，日食，星變等事，類敍而羅列，首尾畢具，本末兼明。史若無志，不得謂之完史；有史而不淹博貫穿，亦難稱良史。故鄭樵曰：昔江淹有言：「修史之難，無出於志」，誠以志者憲章之所繫，非老於典故者，不能爲也。不比紀傳，紀則以年包事，傳則以事繫人，儒學之士，皆能爲之，惟有「志難」。書志之體，原本世本作篇，史遷曰書，班固改稱志，繼之者蔡邕曰意，華嶠曰典，張劭曰錄，何法盛曰說，其書皆不傳，傳者率稱志，惟歐陽修稱考。

於此，可見紀傳與書志之關係，書志與紀傳，似若無關，不知以相互參稽，使事實益明，二者合而不可。亦不可缺，則書志，與傳記爲一類也。世人讀史，讀紀傳者多，留意書志者少。一則以紀傳易讀，書志難明；紀傳易發生興趣，而書志則專門較枯燥也。至於表，與紀傳關係尤大。廿五史述要曰：

史之有表，始自史記，其爲體也，或年經而國緯，或國經而年緯，或主地，或主時，或主事。代遠則用世表，代近則用年表，月表。表之於史，爲用甚大，約有數端：㈠提要。紀傳主於詳，表則提綱挈領，一覽了然。㈡滙總。紀傳主於分，表主於合。合則滙總，便於尋檢。㈢省繁。凡人與事非要而又不可缺者，見之於表，不必列於紀傳，則文省而事具。故萬斯同曰：「表所以通紀傳之窮，其有人已入紀傳而表之者，有未入而牽連表之者，表立然後紀傳之文可省，讀史不讀表，非深於史者也」。朱鶴齡曰：「表與紀傳相爲出入。凡大臣，無積勞，亦無顯過，不可勝書，而姓名爵里存沒盛衰之跡，又不可遽泯，則於表乎載之。又其功罪事實，傳中有未悉備者，亦於表乎載之。使作史無表，則立傳不得不多，傳愈多，而文愈繁，而事跡或反遺漏不舉」。劉知幾初曾讀子長之創表，有：「得之不爲益，失之不爲損」。徒爲繁費之論。繼又譽之曰：「雖燕越萬里，而徑寸之內，犬牙可接，雖昭穆九代，而方寸之中，雁行有序，使讀者閱文便睹，舉目可詳。」（史通外篇雜說）是則前所云云，亦未定之論。

觀此，可見表與紀傳關係甚大，功用亦多，史書中不可或缺可知。是則表與紀傳相因依，表亦可以傳記視之也。在二十五史中，其全備者只有十史，即史記十表，漢書八表，新唐書三表，新五代表，有十國史家年譜，譜即表也。宋史二表，遼史八表，金史二表，元史六表，新元史七表，明史五表。其餘十五史，則全無。至於書志，史紀八書，漢書十志，沈約宋書，其志自黃初以經之。南齊略因宋舊。北魏則間立異名。晉、梁、陳、齊、周、隋之史，皆成於唐，惟晉、隋有志，而隋志實兼梁、陳、齊、周之事，新唐書、五代三志，立目多同。而歐書最略。宋、遼、金史，同爲元修，惟遼志極簡，元稍變金，明全同宋。其餘無志，或爲後人所補，足資考覽也。書志於紀傳，亦甚有關係，則亦傳記之屬也。史籍繁猥，體類亦多，而以編年正史爲主流，今只能舉此二類舉要言之，餘則從略。

上言有經而後有傳記，傳記由經而起。關於屬經學之傳記，前節已舉要言之。屬於史學之傳記，編年傳記左氏傳春秋之事，亦兼明義，繼左氏傳之編年史，元推司馬光之資治通鑑爲鉅著。至於正史之傳記，世多稱爲司馬遷之獨創，實則其義其體，亦有承襲。史之重要，不惟詳具事實，而亦在明義，世之論歷史之有無價值者，亦多以此爲前提。若左氏傳與通鑑，庶幾得之。玆先說明作史貴義，而論各家之史傳，則知作史貴義之重要矣。廿五史述要曰：

> 夫人類之活動曰事，人事活動不必皆有保存或記載，必其事對當時有價值，後世有影響之歷史事實，得保存或記載者，曰「史事」。被記載之文字，被保留之遺迹，曰：「史料」。對事實之斷定，史料之收集，鑒定，僞誤之考證，義理之推求，曰：「史法」。應用史法而成之著作曰：「史籍」。史籍是經過整理抉擇完善之史料辨別史事，網羅史料史籍，作有系統之研究，求其因果，闡明人類活動變化之迹，而抽出史事發展之原理，昭示未來之趨向，曰：「史學」，故孟子有言曰：『魯之春秋，其事則齊桓晉文，其文則史，孔子曰其義則丘竊取之矣』。夫事者史事；文者，史料，史籍。義者，史學。而史所貴者義，所具者事，所憑者文。非識無以斷其義，非學無以練其事，非

才無以善其文。識才學三者具備，若無德即心術不正，則善惡褒貶，愛憎抑揚之間，難免是非失實，黑白混淆，有失史家之鑒空衡平，縱有著作，亦難爲良史。曾鞏於南齊書序云：「古之所謂良史者，其明足以周萬事之理，其道必足以通天下之用，其知必足以通難知之意，其文必足以發難顯之情，然後其任可得而稱也」。故中國史籍雖如煙海，然得稱爲良史者，亦不多見。司馬遷之史記成一家之學矣，司馬光之資治通鑑，袁樞之記事本末成一代之著矣。通典、通志、通考，政書之精英，明儒，宋元學案，學之濫觴；史通，文史通義，史法，史學之權輿，讀史方輿記要，溝通史地之創作，數千年來，亦寥寥矣。後之作者，體例模仿前代，所作亦不能超越前人，蓋創始者殫精極思，繼之者徒知因襲，莫由增勝也。

此論作史，雖有種種必經之過程，而要其在有「義」，有「義」，則方能稱之爲良史。以此求之古今之歷史中，能合此條件者，蓋無幾矣。作史籍固須具有其義，爲一人作傳記，又何能外是。如無義，則失其作傳記文之重心矣。逑要所言，蓋本之章學誠之說，推衍而言之者。章學誠曰：

史之大原本乎春秋，春秋之義昭乎筆削；筆削之義，不僅事具始末，文成規矩已也。以夫子義則竊取之旨觀之，固將綱紀天人，推明大道，所以通古今之變，而成一家之言，必有詳人之所略，異人之所同，重人之所輕而忽人之所謹。繩墨之所不可得而拘，類例之所不可得而泥，而後微茫杪忽之際，有獨斷於一心，及其書之成也，自然可以參天地而質鬼神，契前修而俟後聖，此家學之所以可貴也。陳、范以來，律以春秋之旨，則不敢謂無失矣。然其心裁別識，家學具存，縱使反脣相稽，至謂遷書退處士而進奸雄，固書抑忠節而飾主闕；要其離合變化，義無旁出，自足名家學而符經旨。初不盡如後代纂類之業，相與效子莫之執中，求鄉愿之無刺，侈然自謂超遷軼固也。若夫君臣事迹，官司典章，王者易姓受命，綜核前代，纂輯比類，以存一代之舊物，是則所謂整齊故事之業也。開局設監，集衆修書，正當用其義例，守其繩墨，以待後人之論定則可矣，豈所語於專門著作之倫乎？易曰：「苟非其人，道不虛行」。史才不世出，而時變易不可常；及時纂輯所聞見，而不用標別家學，決斷去取爲急務，豈特晉隋二史爲然哉？班氏以前，則有劉向、劉歆、揚雄、賈逵之史記。范氏以前，則有劉珍、李尤、蔡邕、盧植、楊彪之漢記。其書何嘗不遵表志之成規，不用紀傳之定體；然而守先待後之故事，與筆削獨斷之專家，其功用足以相資，而流別不能相混，則斷如也。溯而上之，百國寶書之於春秋，世本，國策之於史記，其義猶是耳。唐後史學絕，而著作無專家，後人不知春秋之家學，而猥以集衆官修之故事，乃與馬、班、陳、范諸書，並列正史焉，於是史文等於科舉之程式，胥吏之文移，而不可稍有變通矣。間有好學深思之士，能自得師於古人，標一法外之義例，著一獨具之心裁，而世之羣怪聚罵，指目牽引爲言詞，譬若獺狙見冠服，不與齕決毀裂，至於盡絕不止也。鄭氏通志之被謗，凡以此也。嗚呼！道之不明久矣！六經皆史也，形而上者謂之道，形而下者謂之器，孔子之作春秋也，蓋曰：「我欲託之空言，不如見諸行事之深切著明」。然則典章事實，作者所不敢忽，蓋將卽器而明道耳。其書足以明道矣，籩豆之事，則有司存，君子不以是爲瑣瑣也。道不明而爭於器，實不足而競於文，其弊與空言制勝，華辯傷理者，相去不能以寸焉，而世溺者不察也。太史公曰：「好學深思，心知其意」，當今之世，安得知意之人，而與論作述之旨哉！（文史通議答客問上）

章氏之言，作史要根據史料，史料卽所謂之器，有史料而要有獨斷別識心裁以明道，明道卽義也。馬、班、陳、范以外之同一著作之史猥多，而皆不能與此四史同日而語者，以其無獨斷，無別識心裁，不能明道也。不能明道，只是整齊故事；不能明道，則其著述，便無價値可言，不能爲世所重，故作史貴能有義，卽讀史之人，亦當明史之義也。廿五史述要所言，與此相同，章氏於作史須明道，不僅如上所言，其於永淸縣志前志列傳序例又曰：

紀述之重史官，猶儒林之重經師，文苑之重作者也。儒林列傳，當明大道散著，師授淵源；文苑列傳，當明風會變遷，文人流別，此則所謂史家之書，非徒紀事，亦以明道也。如使儒林文苑，不能發明道要，但敍學人才士一二行事，已失古人命篇之義矣！況史學之重，遠紹春秋，而後史不立專篇，乃令專門著述之業，湮而莫考，豈非史家弗思之甚耶？

此但言史家作儒林文苑傳，不徒紀事，在乎明道，因史學之重，遠紹春秋，春秋旨在明義，故作此類之傳，亦應如此。推之若文人爲人立傳，亦不能徒紀事，而不明道也。作史須明義之說者非一，不備列舉，玆先就編年紀傳二史言之，但二體中，能明義者固有之，而徒紀事不能明義者，比比皆是，章學誠所言，自四史以下之作，知此蓋寡，只是紀事而已。編年史當以左氏爲肇始，繼之而作者實繁有徒，惟有價值存而傳者蓋寡，劉知幾史通六家篇言左傳家曰：

左傳家者；其先出於左丘明。孔子既著春秋，而丘明受經作傳。蓋傳者轉也，轉受經旨以授後人。或曰：傳者，傳也，所以傳示來世。案孔安國注尚書，亦謂之傳，斯則傳者，亦訓釋之義乎？觀左傳之釋經也，言見經文而事詳傳內；或傳無而經有；或經缺而傳存。其言簡而要，其事詳而博，信聖人之羽翼，而述者之冠冕也。逮孔子云沒，經傳不作，於時文籍，惟有戰國策，及太史公書而已。至晉著作郎魯國樂資，乃追采二史，撰爲春秋後傳，其書始以周貞王續前傳，魯哀公後，至王赧入秦。又以秦文王之繼周，終於二世之滅，合成三十卷。當漢代之書，以遷固爲主，而紀傳互出，表志相重，於文爲煩，頗難周覽。至孝獻帝始命荀悅，撮其書爲編年體，依左傳著漢紀三十篇。自是每代國史，皆有斯作，起自後漢，至於高齊。如張璠、孫盛、干寶、徐賈、（當是廣字）裴子野、吳均、何之元、王邵等，其所著書，或謂之春秋，或謂之紀，或謂之略，或謂之典，或謂之志。雖其名各異，大抵皆依左傳以爲的準焉。（史通六家）

左傳爲編年體之祖，繼之而作者不一其人。其所舉作者或遺佚不傳，或隱不顯，而其間以荀悅漢紀爲優，著四庫書目。至宋司馬光撰資治通鑑，庶足上繼左氏，後則淸之畢沅續通鑑，起自宋至明而止，續司馬氏之後，而非其儔也。而編年史一體，雖不如正史之盛，而亦庶可與正史並駕齊驅矣。左氏傳雖爲傳經之事，而亦明經之義，前已言之，至司馬氏通鑑，固非傳經，但繼左傳而作，亦當有其義。通鑑雖爲無經之傳，卽其紀之與傳亦不分。通鑑起自周威烈王二十三年。雖上距春秋獲麟七十八年，距左傳趙襄子惎智伯事七十一年。始於三家分晉。而仍追敘趙襄子惎智伯之事，則其續左傳而作可知。其書法筆削，仍仿左氏也。於其書開宗明義可略見之。其周紀一曰：

威烈王二十三年，初命晉大夫魏斯，趙籍、韓虔爲諸侯。臣光曰：「臣聞天子之職，莫大於禮，禮莫大於分，分莫大於名。何謂禮紀綱是也；何謂分君臣是也；何謂名，公侯卿大夫是也。夫以四海之廣，兆民之衆制於一人，雖有絕倫之力，高世之智，莫不奔走而服役者，非以禮爲之紀綱哉？是故天子統三公，三公率諸侯，諸侯制卿大夫，卿大人治士庶人。貴以臨賤，賤以承貴，上之使下，猶心腹之運手足，根本之制支葉。下之事上，猶手足之衛心腹，支葉之庇本根。然後能上下相保，而國家治安。故曰：「天子之職，莫大於禮也」。文王序易以乾坤爲首，孔子繫之曰：「天尊地卑，乾坤定矣；卑高以陳，貴賤位矣」。言君臣之位，猶天地之不可易也。春秋抑諸侯，尊王室，人雖微，序於諸侯之上，以是見聖人於君臣之際，未嘗不惓惓也。非有桀紂之暴，湯武之仁，人歸之，天命之，君臣之分，當守節伏死而已矣！是故以微子而代紂，則成湯配天矣；以季札而君吳，則太伯血食矣。然二子寧亡國而不爲者，誠以禮之大節不可亂也。故曰：「禮莫大於分也」。

夫禮，辨貴賤，序親疏，裁羣物，制庶事。非名不著，非器不形。名以命之，器以別之，然後上下粲然有倫，此禮之大經也。名器既亡，則禮安得獨在哉？昔仲叔于奚有功於衛，辭邑而請繁纓，孔子以爲不如多與之邑。惟名與器，不可以假人，君之所司也。政亡，則國家從之。衛君待孔子而爲政，孔子欲先正名，以爲名不正，則民無所措手足。夫繁纓，小物也，而孔子惜之；正名，細務也，而孔子先之。誠以名器既亂，則上下無以相保故也。夫事未有不生於微而成於著，聖人之慮遠，故能謹其微而治之；衆人之識近，故必待其著而後救之。治其微，則用力寡而功多。救其著，則竭力而不能及也。易曰：「履霜堅冰至」，書曰：「一日二日萬幾」，謂此類也。故曰：「分莫大於名也」。嗚呼！幽、厲失德，周道日衰，綱紀散壞，下陵上替，諸侯專征，大夫擅政，禮之大體，什喪七八矣。然文武之祀，猶緜緜相屬者，蓋以周之子孫，尚能守其名分故也。何以言之？昔晉文公有大功於王室，請隧於襄王，襄王不許，曰：「王章也，未有代德，而有二王，亦叔父之所惡也。不然；叔父有地而隧，又何請焉」！文公於是懼，而不敢違。是故以周之地，則不大於曹，滕；以周之民，則不衆於邾、莒；然歷數百年，宗主天下，雖以晉、楚、齊、秦之強，不敢加者何哉？徒以名分尚存故也。至於季氏之於魯，田常之於齊，白公之於楚，智伯之於晉，其勢皆足以逐君而自爲；然而卒不敢者，豈力不足而心不忍哉？乃畏奸名犯分而天下共誅之也。今晉大夫暴蔑其君，剖分晉國，天子既不能討，又寵秩之，使列于諸侯，是區區之名分，復不能守而並棄之也，先王之禮於斯盡矣！或者以當是之時，周室微弱，三晉強盛，雖欲勿許，其可得乎？是大不然！夫三晉雖強，苟不顧天下之誅，而犯義侵禮，則不請於天子，而自立矣；不請於天子而自立，則爲悖逆之臣，天下苟有桓文之君，必奉禮義而征之。今請於天子，而天子許之，是受天子之命而爲諸侯也，誰得而討之？故三晉之列於諸侯，非三晉之壞禮，乃天子自壞之也。嗚呼！君臣之禮既壞矣，則天下以智力相雄長，遂使聖賢之後爲諸侯者，社稷無不泯也，生民之類，糜滅幾盡，豈不哀哉！

司馬光此一大篇議論，在其通鑑開端揭出，卽爲其作是書之宗旨，可爲其作是書之序。孔子春秋大義，在「正名定分」，左氏傳重禮，曾文正所謂「左氏傳經，多述二周典禮」，述二周典禮，所以「正名定分」也。而司馬光特兢兢於此，甚言禮之於天下國家之重要，是眞足以爲左氏之嗣響矣。故通鑑者，以一「禮」字貫通之可也。或謂司馬通鑑，既揭禮以爲全書綱領，以明春秋大義，而何以於曹魏篡漢？帝魏而不帝蜀何也？四庫提要史部，著錄三國志，而爲之言曰：

晉、陳壽撰，宋裴松之注。壽事迹，具晉書本傳，松之事迹，具宋書本傳。凡魏志三十卷，蜀志十五卷，吳志二十卷。其書以魏爲正統，至習鑿齒作漢晉春秋，始立異議。自朱子以來，無不是鑿齒而非壽。然以理而論，壽之謬萬萬無辭；以勢而論，則鑿齒帝漢順而易，壽欲帝漢逆而難。蓋鑿齒時，晉已南渡，其事有類乎蜀，爲偏安者爭正統，此孚於當代之論者也。壽則身爲晉武之臣，而晉武承魏之統，僞魏是僞晉矣，其能行於當代哉？此猶宋太祖篡立近於魏，而北漢南唐，跡近於蜀，故北宋諸儒，皆有所避，而不僞魏。高宗以後，偏安江左，近於蜀，而中原魏地全入於金，故南宋諸儒，乃紛紛起而帝蜀，此皆當論其世。未可以一格繩也。惟其誤沿史記周秦本紀之例，不託始於魏文，而託始於曹操，實不及魏書敍紀之得體，是則誠可已不已耳。

凡此所言，在章學誠文通義亦言之，與此所見相同，意謂魏篡漢，宋則承周，若不帝魏，將置君於何地？朱子綱目則帝蜀，以南宋偏安近於蜀，故僞魏而帝蜀，時勢有異故也。然司馬光雖帝魏而僞蜀。而其論周威烈王命三晉爲諸侯，竭言名器之不可以假人，與其帝魏僞蜀參互觀之，雖則爲君諱，而其以宋得天下之非正，可於言外見其意之所在，此所謂「微而顯，隱而彰」者也。故讀史欲通貫全書，不能但據一端以定其是非，又所謂「申彼曲此」也。故通鑑雖不能謂全合於春秋之旨，亦並不全背春秋大義也。通鑑以外，要以荀悅漢記爲善。廿五史述要曰：

除左氏外，當推荀悅之漢記，故何景明序其書曰：「嘗觀荀氏漢記，其書則準諸左氏之例，而取於史記之一體者也。至其君臣附載，事物咸彰，天人並包，災祥異舉，治忽參稽，成敗並陳，得失相明，美惡互見，即一時一人之迹，雖前後散著，而本末必備。屬類比方，名義罔紊。闡幽攝顯，論贊悉精，可謂托倫鑒之要，深墳索之情者矣」。此序雖爲漢紀而發，實亦編年體之長，然其失在一事之肇於斯，惜其事之不竟於斯。事以年隔，年以事析，遭其初莫繹於終；覽其終莫志於初，雖云編年繁複，其體使然，亦其失也。

不論何史，難免有小失，觀何景明所言，亦不失爲良史。而其言「君臣所附，事物咸彰」，及「治忽參稽，成敗並陳」云云，亦具作史之義，成一家言者也。四庫提要則曰：

詞約事詳，論辨多美。張璠漢紀，亦稱其因事以明臧否，致有典要，大行於世。唐劉知幾史通六家篇，以悅書爲左傳家之首。其二體篇，又稱其歷代寶之，有逾本傳。班、荀二體，角力爭先。其推之甚至。故唐人試士，以悅紀與史漢爲一科。文獻通考載宋、李燾跋曰：悅爲此紀，固不出班書，亦時有所刪潤。而諫大夫王仁侍中王宏諫疏，班書皆無之。又稱司馬光編資治通鑑，書太上皇事及五鳳郊秦時之月，要皆舍班而從荀，蓋以悅修紀時，固書猶未舛謁。又稱其君蘭君簡端端輿譽寬竟諸事，與漢書互異者，先儒皆兩存之。至鍾作兩漢紀後序，亦稱荀，袁二紀，於朝紀綱禮樂刑政治亂成敗忠邪是非之際，指陳論著，每致意焉。反復辨達，明白條暢。啓告當代，而垂訓無窮，是宋人亦重其書也。其中若壺關三老茂，漢書無姓，悅書云：姓令狐。朱雲請上方劍，漢書作斬馬，悅書乃作斷馬。證以唐張渭詩：「願得上方斷馬劍，斬取朱門公子頭」句，知漢書字誤，資考證者亦不一。近時顧炎武日知錄，乃惟取其宣帝賜陳遂璽書一條，及元康三年封海昏侯詔一條，能改正漢書三四字。其餘則病其敍事索然無意味；間或首尾不備，其小有不同，皆以班書爲長，未免抑揚過當。又曰：紀王莽事自始建國元年，以後則云：其二年，其三年，以至其十五年，以別於正統，而盡沒其天鳳地皇之號云云，其語不置可否。然不曰盡削，而曰盡沒，似反病其疏略者。不知班書莽自爲傳，自可載其僞號，荀書以漢系編年，豈可以非紀元哉？是亦非確論，不足爲悅病也。

此與廿五史述要所言略同而加詳。此稱美多，而廿五史述要間有言其小疵。要之荀紀能得作史之義。雖仿左氏傳之體，而亦能傳春秋之義也。自漢至宋多重其書，自非偶然。卽至明代亦重視之。惟輓近讀史者，多不措意，於編年史中，重視司馬光通鑑，而鮮提及荀紀，若爲其所掩，殆以其但載一代之事，無以觀其會通而然歟？此外袁宏撰有後漢紀，其體例仿荀悅書。而悅書因班固舊文剪裁聯絡，此書則抉擇去取，自出鑒裁，抑又難矣。劉知幾史通正史篇，稱世言漢中興，作史者惟袁、范二家，以配蔚宗，要非溢美也。要之，編年史中，除荀紀外，袁宏後漢紀，亦有足稱者。若朱子綱目，爲紹春秋而作，於三國帝蜀僞魏，以申明春秋大義，其書出自朱子門人之手，不能稱善，故不爲人重視。編年之撰述者猥多，其中亦有可取者，求其能與上述諸書相比則不概見，玆不備論。玆述正史之紀傳。紀傳以廿五史爲主流，外此之作，不可勝記，祇能將廿五史中，擇其重要者言之，其餘不煩列舉，以此類推，亦可見其優劣得失矣。紀傳體，創自司馬遷，但亦有所本，本紀：古有禹本紀，尚書世紀等書，遷用其體，以敍帝王。世家：史記衛世家贊，余讀世家云云，是古來本有世家一體，遷用之以記王侯諸國。馬遷紹法春秋，而刪潤典謨以入紀傳。故曾文正經史百家雜鈔於傳誌類，推本於堯典與舜典，則所以記人事者。表則仿於周之譜牒，與紀傳相出入。有人言書志，乃史遷所創。實則政典，出於周禮，儀禮，班書地理志，出於尚書禹貢，嗣有五行志等，出於尚書洪範。章學誠言：「紀傳雖創於史遷，然亦有所受，觀於太古年紀，夏、殷春秋，竹書紀年，則本紀編年之例，自文字以來，即有之矣」（文史通義書教下）而劉知幾言史記本紀：「昔汲冢竹書，是曰紀年，呂氏春秋，肇立紀號」。以爲史記所本。（史通本紀）又言：「蓋譜之建名，起於周代；表之所作，因譜象形。故桓君山有云：太史公三代世表，旁行邪（同斜）上，並効周譜」（史通表歷）又言：「夫刑法禮樂，風土山川，求諸文籍，出於三禮。及班馬著史，別裁書志，考其所記，多効禮經」。（史通書志）又言：「春秋左氏，每有發論，假君子以稱之。二傳云：公羊子，穀梁子。史記云：太史公，既而班固曰贊，荀悅曰論，東觀曰序，謝承曰詮，陳壽曰評，王隱曰議，何法盛曰述，揚雄曰譔，劉昞曰奏，袁宏、裴子野，自顯姓名，皇甫謐、葛洪，列其所號，（玄晏先生，抱朴子）史官所撰，通稱史臣。其名萬殊，其義一揆，必取便於時者，則總歸論贊焉」。（史通論贊）此所謂論贊，實皆爲序跋體，而爲傳記之屬，孔子作十翼，有稱爲贊，有稱爲大傳，其義一也。劉氏未言及世家、列傳所本，上已言之，知史記所具各體，莫不有所受，至史遷酌古衡今，組合成書，而爲紀傳史，雖謂其所創可也。本紀，記帝王之事爲綱，世家、列傳，則記人之事迹爲目，略有區別，而史記所包括之本紀、世家、列傳及書表，皆互爲相關，相互聯繫發明，故章氏學誠皆以屬於傳記。此言史記各類有所本，即其體裁，亦因承蛻變而能得經旨以成之者。章學誠曰：

> 尙書一變而爲左氏之春秋，尙書無成法，而左氏有定例以緯經也。左氏一變而爲史遷之紀傳，

左氏依年月，而遷書有類例以搜逸也。遷書一變而爲班氏之斷代，遷書通變化，而班氏守繩墨，以示包括也。就形貌而言，遷書遠異左氏，而班史近同遷書。蓋左氏體直，自爲編年之祖；而馬、班曲備，皆爲紀傳之祖也。推精微而言，則遷書之去左氏也近，而班史之去遷書也遠。蓋遷書體圓用神，多得尚書之遺，班氏體方用智，多得官禮之意也。

遷書、紀表書傳，本左氏而略示區分，不甚拘拘於題目也。伯夷列傳，乃七十篇之序例，非專爲伯夷傳也。屈賈列傳，所以惡絳灌之讒，其敍屈之文，非爲屈氏表忠，乃弔賈之賦也。倉公錄其醫案，貨殖兼書物產，龜策但言卜筮，亦有因事命篇之意，初不沾沾爲一人具其始末也。張耳、陳餘，因此可以見彼耳。孟子荀卿，總括遊士著書耳。名姓標題，往往不拘義例，僅取名篇，譬如關雎鹿鳴，所指乃在嘉賓淑女，而或且譏其位置不倫。（如孟子與三鄒子）或又摘其重複失檢。（如子貢已在弟子傳，又見貨殖）不知古人著書之旨，而轉以後世拘守之成法，反訾古人之變通，亦知遷書體圓而用神，猶有尚書之遺者乎？

遷書不可爲定法，固書因遷之體，而爲一成之義例，遂爲後世不祧之宗焉！三代以下，史才不世出，而謹守繩墨，待其人而後行，勢之不得不然也。然而固書本撰述，而非記注；則於近方近智之中，仍有圓且神者，以爲裁制，是以能成家，而可以傳世行遠也。後史失班史之意，而以紀表志傳，同於科舉之程式，官府之簿書，則於記注撰述，兩無所似，而古人著書之宗旨，不可復言矣！

史不成家，而事文皆晦，而猶拘守成法，以謂其書固祖馬而宗班也，而史學之失傳也久矣！

憲法久則必差，推步後而愈密，前人所以論司天也；而史學亦復類此。尚書變而為春秋，則因事命篇不為常例者，得從比事屬辭為稍密矣。左國變而為紀傳，則年經事緯，不能旁通者，得從類別區分為益密矣。紀傳行之千有餘年，學者相承，殆如夏葛冬裘，渴飲饑食，無更易矣。然無別識心裁，可以傳世行遠之具，而斤斤如守科舉之程式，不敢稍變；如治胥吏之簿書，繁而不刪，以云方智，則冗複疏舛，難為典據；以云圓神，則蕪濫浩瀚，不可誦識。蓋族史但知求全於紀表志傳之成規，而書為體例所拘，但欲方圓求備，不知紀傳原本春秋；春秋原合尚書之初意也。易曰：「窮則變，變則通，通則久」。紀傳實為三代以後之良法，而演習既久，先王之大經大法，轉為末世拘守之紀傳所蒙，曷可不思所以變通之道歟？（文史通義書教下）

觀章氏所言，知史漢之作，承受尚書及左氏傳轉變而成，其所推論，極深刻精微，此即所謂貌異而心同也，非深於史學源流變化者不能道此。而其最重要處，尤在言作史者，不能斤斤於紀表書傳之程式，須具有別識心裁，方可傳世行遠。後世之史，所以不及史漢者即在此。有別識心裁，才能略人之所詳，重人之所忽，義有獨斷，是以能成為一家之學，即言有物而有義存乎其中。否則，不免類於科舉程式，官府簿書矣。此固為作傳記之史書而言，即降而私人為人作傳記文，何嘗異是？故不論作編年史，或傳記文，以能明義為第一要務。以上先說明紀傳體雖由史遷所創，而其體裁，亦有所承受，及其爲人所重視而不可及之處之大凡，玆言其作史之義，在其他之紀傳，是否能與並比。柳詒徵先生曰：

司馬遷於六藝，屢言不一言，而所舉有別義，有通義。自序稱易著天地陰陽四時五行，故長於變；禮經紀人倫，故長於行；書記先王之事，故長於政；詩記山川谿谷禽獸草木牡牝雌雄，故長於風；樂樂所以立，故長於和，春秋辨是非，故長於治人。是故禮以節人，樂以發和，書以道事，詩以達意，易以道化，春秋以道義。撥亂世反之正，莫近於春秋。歷舉六藝，分兩層說明，而歸重於春秋，此別義也。滑稽列傳序，孔子曰：「六藝於治，一也。禮以節人，樂以發和，書以道事，詩以達意，易以神化，春秋以道義」。太史公曰：「天道恢恢，豈不大哉！談言微中，亦可以解紛」。其文若與自序重複，實則舉孔子之言，以明其通義也。六藝之形色不同，然其義理之關於政治則一。故曰：六藝於治一也。不知此義，不能知中國史學之根本，亦即不知中國一切學術之根本。故史公一再言之，而其通義不發於他傳，獨於滑稽列傳發之，最爲可以注意。滑稽者，最無關於政治者矣，史公以爲世變遷流，有國者已不知正義，故不可以莊語，而僅可以談笑諷之，其於政化何如哉？既爲此傳，恐學者不喻其義，特舉孔子之言，莊嚴鄭重而出之，所以示學者治史宜觀其通也。然猶不獨此也。司馬相如傳贊曰：「春秋推見至隱，易本隱以之顯，大雅言王公大人，而德逮黎庶；小雅譏小己之得失。其流及，上所以言雖外殊，其合德一也」。則更明白表示詩易與春秋之義相通，不可泥於形式。觀王公大人之言，可以推之黎庶；觀小已之得失，可以知政教之遷流。其言何等顯豁呈露，使治史者明於此義，自不至病吾國史籍只述朝政，不及民衆社會，目爲帝王家譜；更不至以帝王制度已更，謂資治通鑑爲帝王教科書。而今之學者，不研究矣。司馬相如一文人耳，然子虛上林諸賦，可與大小雅比較其時代之變遷，讀史者卽可推見漢武之至隱。故就相如一文人說明易詩春秋相通之大義。不擧書禮者，書禮之形式，世人多知爲史，不必贅述也。合司馬相如傳贊，與滑稽列傳序觀之，始可以悟史公鄭重說明六藝通義，在卽小以見大，擧此以例彼，治經史者，由此悟入，則知類通達，不爲形式所囿矣。班書無滑稽傳，而相如傳猶鈔史公之語，至與詩之風諫何異？而續以揚雄之言，則專就相如論相如非，史公卽相如推闡六藝相通之義。夫就相如論相如，專以大小雅引起可矣，何必及易春秋乎？又班書刪去言雖外殊之外字，作所言雖殊，是固明瞭，而外字實極可注意。外者，今之所謂表面也。表面雖殊內容相通，故曰：「言雖外殊，其合德一也」。范書以降，恒有文苑傳，而如班、張、崔、蔡、韓、柳、歐、蘇之類，皆爲特傳，不列於文苑，固亦可觀社會之風尚；然本馬班之體而擴充之，實未喻馬之用意也。（國史要義史義第七）

柳氏以史公自序，及滑稽傳，司馬相如傳贊，說明史記稱引六藝，明六藝之旨，有別義，有通義。而於司馬相如傳贊，及滑稽傳，言易詩春秋，合而觀之，可悟史公鄭重說明六藝之通義，以爲治經史者，由此悟入，知類通達，可不爲形式所囿。自范書以降，恒有文苑傳，如班、張、崔、蔡、韓、柳、歐、蘇之類，皆爲特傳，不列於文苑，固亦可觀社會之風尙，然本馬班之體，而擴充之，實未喩馬之用意。是言其未明六藝之義也。故章學誠言自四史以下諸史，多無別識心裁，亦是此意。但不能一筆抹殺，其間亦未始無取者。史遷雖明六藝之義，而獨重視春秋，於春秋言之最多，如史記太史公自序云：「夫春秋，上明三王之道，下辨人事之紀，別嫌疑，明是非，定猶豫，善善，惡惡，賢賢，賤不肖。存亡國，繼絕世，補敝起廢，王道之大者也。是故禮以節人，樂以發和，書以道事，詩以達意，易以道化，春秋以道義。撥亂世，反之正，莫近於春秋。文成數萬，其指數千，萬物之聚散，皆在春秋。春秋之中，弒君三十六，亡國五十二，諸侯奔走，不得保其社稷者，不可勝數。察其所以，皆失其本已；故易曰：『失之毫釐，差以千里』。故曰：『臣弒君，子弒父，非一旦一夕之故也，其漸久矣』。其於述禮，樂，書，詩，易各明其義後，於春秋特詳說之。又曰「故春秋者，禮義之大宗也。夫禮，禁未然之前，法施已然之後。法之所爲用者易見，而禮之所爲禁者難知」。又曰：「上大夫壺遂曰：『孔子何爲而作春秋哉』？大史公曰：「余聞董生言：周道衰廢，孔子爲魯司寇，諸侯害之，大夫壅之，孔子知言之不用，道之不行也，是非二百四十二年之中，以爲天下儀表。貶天子，退諸侯，討大夫，以達王事而已矣」。子曰：『吾欲託之空言，不如載之行事之深切著明也』。於孔子世家又云：「子曰：弗乎！弗乎！君子病歿世而名不稱焉！吾道不行矣！吾何以自見於後世哉」？乃因史記，作春秋，上至隱公，下訖哀公十四年，十二公，據魯，親周，故殷，運之三代，約其辭文而指博。故吳、楚之君自稱王，而春秋貶之曰子。踐土之會，實召周天子，而春秋諱之曰：天王狩於河陽。推此類以繩當世，貶損之義，後有王者舉而開之，春秋之義行，則天下亂臣賊子懼焉」。觀此，史遷於六經中，特重視春秋，並說明孔子作春秋，關係歷世之治亂重要有如此。中庸曰：「仲尼祖述堯舜，憲章文武，上律天時，下襲水土」。鄭玄注曰：「此以春秋之義，說孔子之德。孔子祖述堯舜之道，而制春秋，而斷以文王武王之法度」。史記自序又曰：太史公曰：「先人有言：自周公卒五百歲而有孔子，孔子卒後，至於今五百歲，有能紹明世，正易傳，繼春秋，本詩書禮樂之際，意在斯乎？意在斯乎？小子何敢讓焉」！是乃欲繼孔子春秋而作史記自任。言自周公卒五百歲而有孔子，孔子卒後，至於今五百歲。彷彿孟子末篇所云「由堯舜至於湯，五百有餘歲……由湯至文王，五百有餘歲，……由文王至於孔子，五百有餘歲」云云，語氣相同，孟子意欲以歷聖道統相傳自承。史遷之意，蓋本於此。惟史遷欲以述作紹孔子春秋，似若與孟子有別；惟孔子之道，亦寄於春秋，紹春秋而作，亦無異繼孔子之道也。自序又云：「故有國者不可以不知春秋，前有讒而弗見，後有賊而不知。爲人臣者不可以不知春秋，守經事而不知其宜，遭變事而不知其權。爲人君父而不通於春秋之義者，必蒙首惡之名；爲人臣子而不通於春秋之義者，必陷篡弒之誅，死罪之名。其實皆以爲善爲之不知其義，被之空言而不敢辭。夫不通禮義之旨，至君不君，臣不臣，父不父，子不子。君不君則犯，臣不臣則誅，父不父則無道，子不子則不孝。此四行者，天下之大過也，以天下之大過予之，則受而不敢辭，故春秋者，禮義之大宗也」。春秋道名分，君君臣臣父父子子。史遷此一段論說，將春秋重要處完全揭出，而亦闡明春秋之大義，至爲重要。其繼而敍己與壺遂問答之言，以明己作史之意。其云：「壺遂曰：『孔子之時，上無明君，下不得任用，故作春秋，垂空文以斷禮義，當一王之法，今夫子上遇明天子，下得守職，萬事既具，咸各序其宜，夫子所論，欲以何明』？太史公曰：「唯唯！否否！不然。余聞之先人曰：伏羲至純厚，作易八卦；堯舜之盛，尚書載之，禮樂作焉。湯武之隆，詩人歌之。春秋褒善貶惡，推三代之德，褒周室，非獨刺譏而已也。漢興以來，至明天子，獲符瑞，建封禪，改正朔，易服色，受命於穆清，澤流於罔極，海外殊俗，重譯款塞，請來獻見者，不可勝道。臣下百官，力誦聖德，猶不能宣盡其意。且士賢能而不用，有國者之恥；主上明聖，而德不布聞，有司之過也。且余嘗掌其官，廢明聖盛德不載，滅功臣世家賢大夫之業不述，墮先人所言，罪莫大焉！余所謂述故事，整齊其世傳，非所謂作也；而君比之於春秋謬矣」。前言明明欲紹孔子春秋而作史，以自比春秋，而此則言己之所作，非如孔子褒善貶惡，只是以漢興以來君之明聖盛德不可廢，功臣世家賢大夫之業不可不述，不過述故事，整齊其世傳，不敢當述作之事，不能比春秋，與前所言比觀，似若矛盾，一望而知其此言之回護，爲免於人之猜疑也。史遷對漢室及武帝所爲，至爲不滿，讀其書可以得之，而貶多於褒，何嘗有褒無貶？故王允稱之爲謗書。謗書，爲無惡而言惡，史記所錄之事，要皆爲事實可信，何謗之有？惟其受不白之寃不無怨言，要爲事實，但爲抒一己之不平耳。其又繼言曰：「於是論次其文。七年，而太史公遭李陵之禍，幽於縲紲，乃喟然歎曰：是余之罪也夫！身毁不用矣！退而深惟曰：夫詩書隱約者，欲遂其志之思也。昔西伯拘羑里，演周易；孔子厄陳蔡，作春秋；屈原放逐，著離騷；左丘失明，厥有國語；孫之臏脚，而論兵法；不韋遷蜀，世傳呂覽；韓非囚秦，說難孤憤；詩三百篇，大抵賢聖發憤之所爲作也。此人皆意有所鬱結，不得通其道也，故述往事思來者。於是卒述陶唐以來，至於麟止，自黃帝始」。此以前人制作，多出發憤，以比己之作，亦是如此。其曰：「夫詩書隱約者，欲遂其志之思也」。隱約之言，多爲貶譏，不能明言，史記一書，頗多隱約，其論孔子春秋，「定哀之際多微辭」，即其自道其當武帝之世，亦是如此，故其書中，多申彼曲此之言，故欲藏之名山，傳之其人，恐爲當時所毁，不能流傳。其重歎「是余之罪也夫」。以語體文譯之，便是說：「這是我的罪嗎？」其鬱結發憤，於此可見。史記中，有極口稱頌，其實是譏貶；有極口貶抑，其實是婉惜褒揚，故讀史記，不於其言外求之，不能明其眞意所在，其文章之妙處亦在此。二十五史中，以四史爲稱首，史記後則爲班書。班書著書宗旨，與史記略異，而包括甚廣，亦能明經義。其自敍傳云：「雖堯舜之盛，必有典謨之篇，然後揚名於後世，冠德於百王。」此爲其述作之旨。其敍傳贊云：「凡漢書敍帝王，列官司，建諸侯，準天地，統陰陽，闡元極，步三光，分州域，物土疆，窮人理，該萬方，緯六經，綴道綱，總百氏，贊百章，函雅故，通古今，正文字，惟學林。」顏師古注曰：「凡此總說帝紀表志列傳。傳有天地鬼神人事政治道德術藝文章，汎而言之，盡在漢書耳。」包括廣，取材宏，於此可見。自來論漢書者，毀譽不一。鄭樵以爲變通古爲斷代，失會通之旨。又譏其爲浮華之士，專事剽竊。通史與斷代，編年與紀傳，各有利病得失，不能專以此責之。言其專事剽竊，蓋以漢書同於史記者四十餘篇，藝文志本劉歆七略，地理志採禹貢之類，作史須有依據，不能向壁虛造，惟須觀其鎔裁斷制，融合一體。史記何嘗非採摭羣書而成。劉知幾史通論班書，謂包舉一代，撰成一書，言皆精練，事甚該密。但亦言其失。但不能以小疵掩其大醇也。范蔚宗後漢書班固傳，言其「博貫載籍，九流百家之言，無不窮究。」而論「固之敘事，不激詭，不抑投，贍而不穢，詳而有體，使讀之者，亹亹而不厭，信乎其能成名也」。要爲確論。漢書評林虞舜治曰：「孟堅所掇拾以成一代之書者，不過歷朝之詔令，諸臣之奏疏爾，非子長網羅數千年之事，縱橫數十家之籍比。然其游揚成一家言，舉其章之尤著，若東方朔之詼諧，疏廣之高潔，丙魏之持國，霍光之托孤，陳遵之游俠，趙充國之屯田，蘇武之奉使，甘陳之攘夷，言人人殊，各底其極，眞如咸英韶護之奏，聽之者心融，青黃黼黻之彩，觀之者目駭」。此言其文章之善，而眞實不妄，亦春秋善善惡惡之義也。至傅玄論班書，謂其「論國體則飾主闕而折忠臣。敍世卿則貴取容而賤直節，述時務則謹辭章而略事實」，不甚悉當。如漢書評所言，何嘗折忠臣？又如漢書中朱雲、王章傳之忠諫，所以表直臣也。劉知幾史通雜說諸漢史曰：

漢書孝成紀贊曰：「成帝善修容儀，升車正立，不內顧，不疾言，不親指。臨朝淵默，尊嚴若神，可謂穆穆天子之容貌矣。」又五行志曰：「成帝好微行，選期門郎及私奴客十餘人，皆白衣袒幘，自稱富平侯家。或乘小車，御者在茵上；或皆騎出入，遠至旁縣。故谷永諫曰：「陛下晝夜在路，獨與小人相隨，亂服共坐，溷淆無別。公卿百僚，不知陛下所在，積數年矣」。由斯而言，則成帝魚服漫游，烏集無度；雖外飾威重，而內肆輕薄，人君之望，不其缺如？觀孟堅所言，前後自相矛盾者矣。

劉氏所述孝成紀贊，卽傅玄所言飾主闕也。而劉氏以贊與五行志所言，爲班書前後自相矛盾，要皆未深探孟堅之用意所在？成帝贊：可謂穆穆天子之容貌矣。「容貌」二字，是言成帝臨朝，從外表觀之，若有天子氣度，而其內則不然也，僞也。凡稱人之善，皆兼表裏，卽世俗通常之論人，多知重內輕外，而班氏不知乎？又史書記人之行事，往往於其本傳只言其善，於他傳言其短，在史記中往往有之，卽在其他史中，亦常見之。相互參稽，其眞形畢現。班氏於五行志中，特載谷永之諫，所以著成帝無人君之度，以明成帝臨朝善修容儀，只是作假，而非出眞實。卽以「善修容儀」四字玩味之，亦非褒而是貶，直是以成帝一公子哥兒。故讀史不能但據一事以定是非，並應於其措語抑揚中尋繹之，庶幾可以得作者之用心。柳詒徵先生國史要義史識篇言：「如一人事迹，或載本傳，或見他傳，亦各有體制，必合各篇方見其意，此吾國良史之組織體系，卽所謂體大而思精。修宋史者不解此法，故其蕪冗爲學者所深譏也」。於此可知事存互見，不但可見其意，且可使文簡潔而不蕪冗。柳氏又言：「章氏（學誠）謂文士之識非史識；然文士之識出於經史者，正足以明史識。以吾國經史與文藝本一貫也。方苞之讀霍光傳，測其意，卽本春秋常事不書一語，而通於史也」。其引述方苞書霍光傳後以證明之曰：

春秋之義，常事不書，而後之良史取法焉。昌黎韓氏目春秋謹嚴，故撰順宗實錄，削去常事，獨著其有關於治亂者。班史義法，視子長少貶矣，然尙能識其體要。其傳霍光也，事武帝二十餘年，蔽以出入禁闥，小心謹愼。相昭帝十三年，蔽以百姓充實，四夷賓服，而其事無傳焉，蓋不可勝書，故一裁以常事不書之義，而非略也。其詳焉者，則光之本末，霍氏禍敗之所由也。古之良史，於千百事不書，而所書一二事，則必具其首尾，並所爲旁見側出者而悉著之，故千百世後，其事之表裏可按而如見其人。後人以反是，是以蒙雜暗昧，使治亂賢奸之迹，並昏微而不著也。

此言作史之法，亦卽爲文義法，春秋義法，褒貶是非，寓於其中，卽所謂義也。故班書亦能明春秋之義。柳氏又曰：「儒道二家之學，皆精於用兵。孔子曰：『我戰則克』。蓋得其道矣！老子曰：『以正治國，以奇用兵』。皆可見其深有以自信，而禁攻寢兵之說，亦爲儒道二家所屛。（觀呂氏春秋蕩兵等篇之言可見）然又極戒兵禍，此非徒執一端者所能喩也。孟子曰：『吾今而後知殺人親之重也！殺人之父，人亦殺其父，殺人之兄，人亦殺其兄。然則非自殺之也，一間耳』。其論用兵之因果深切著明，迄今不可見也。史家持論，亦多與此合者，觀書武五子傳可見。（國史要義史術）其述班書此傳以明之曰：

漢書武五子傳贊曰：「巫蠱之禍，豈不哀哉！此不惟一江充之辜，亦有天時，非人力所致焉？建元六年，蚩尤之旗見，其長竟天，後遂命出征，略取河南，建置朔方，其春戾太子生。自是以後，師行三十年，兵所誅屠夷滅死者，不可勝數。及巫蠱事起，京師流血，僵尸數萬，太子子父皆敗。故太子生於兵，與之終始，何獨一嬖臣哉？秦始皇卽位三十九年，內平六國，外攘四夷，死人如亂麻，暴骨長城之下，頭顱相屬於道，不一日而無兵，由是山東之難興，四方潰而逆秦，秦將吏外畔，賊臣內發，亂作蕭牆，禍成二世。故曰：「兵猶火也，弗戢必自焚」，信矣！是以倉頡作書，止戈爲武，聖人以武禁暴整亂，止息兵戈，非以爲殘而興縱之也！

此言武帝好戰好殺，殃及己子，與秦始皇用兵不戢，荼毒生靈，卒至敗亡，相提並論，以爲好用兵者戒。孟子曰「春秋無義戰」，所謂義戰，卽聖人以武禁暴整亂，爲民除害，否則，用兵不戢，未有不災及其身者。此非迷信，因殺人者，人亦殺之，有此因，必有是果也，雖曰天時，豈非人事？班氏此贊，與孔、孟之言翕合，此亦春秋之義也。班氏言武帝好兵多殺，自及其禍，傅玄言其飾主闕，可不辯自明矣。班書雖不逮史記多得春秋之義，其歸趣則未嘗不宗經傳也。范蔚宗後漢書，自視甚高，其自序云：

既造後漢，轉得統緒，詳觀古今著述及評論，殆少可意者。班氏最有高名，既任情無例，不可甲乙，辨後贊於理近無所得，唯志可推耳。博贍不可及之，整理未必愧也。吾雜傳論，皆有精意深旨。既有裁味，故約其詞句。至於循吏以下，及六夷諸序論，筆勢放縱，實天下之奇作，其中合者，往往不減過秦論。嘗共比方班氏所作，非但不愧之而已。欲編作諸志，前漢所有者悉令備，事雖不必多，且使見文得盡。又欲因事就卷內發論，以正一代得失，意復未果。贊是吾文之傑思，殆無一字虛設，奇變不窮，同合異體，乃自不知所以稱之。此書行故應有賞音者。紀傳例爲舉其大略耳。諸細意甚多。自古體大而思精，未有此也。

范氏自言其作，不但不愧班氏，以今視之，殆有不及。至於循吏以下，及六夷諸序論，筆勢放縱，實天下奇作，其中合者，往往不減過秦論。今讀其諸序論，要爲偉制，而文選所錄諸篇，允爲傑作，視過秦似有未及。而其諸列傳寓駢於散，風華逸韻，是其特具風格，要不及班氏典重。此但就文章而言。至其爲史之宗旨，王鳴盛十七史商榷，言其「貴德義抑勢利，進處士黜姦雄，論儒學則深美康成，褒黨錮則推崇李杜。宰相無多述，而特著逸民；公卿不足采，而特尊獨行」云云，此爲其書之宗旨，頗合於褒貶善善惡惡之義，信可差肩班氏也。至其全書列傳編次，亦有足稱者。趙翼二十二史劄記云：

卓茂本在靈臺圖像內，乃與魯恭、魏霸、劉寬同卷，以其皆以治行著也。郭伋、杜詩、孔奮、張堪、廉范，皆國初人；王堂、蘇章，皆安帝時人；羊續、賈琮、陸康、皆桓、靈時人，而同爲一卷，亦以其治行卓著也。張純國初人，鄭康成漢末人，而亦同卷，以其深於經學也。張宗、法雄國初人，度尚、楊璇，漢末人，而亦同卷，以其皆爲郡守，能詩賦也。王充國初人，王符、仲長統，漢末人，而亦同卷，以其皆著書，恬於榮利也。鄧彪、張禹、徐防、胡廣等同卷，以其皆和光取容，人品相似也。袁安、張輔、韓陵、周榮、郭躬、陳寵等同卷，以其皆明於法律，決獄平允也。班超、梁護同卷，以其立功絕域也。楊終、李法、翟酺，應奉同卷，以其文學也。杜根、劉陶、李雲等同卷，以其皆仗節能直諫也。樊宏、樊謙、樊準、陰識、陰興、陰就同卷，以其皆外戚，而有功績可紀，故不入外戚，而仍列一卷也。蘇竟、楊厚、郎顗、襄楷同卷，以其明於天文，能以規切時政也。周燮、黃憲、徐遲、姜肱、申屠蟠同卷，以其皆高士也。

此言范書列傳，不以其所生時代前後，而各以其行業事蹟以類相從者，同卷共敍，編次有法，條理秩然，使人讀後，能得其要領，而褒損之義，亦可因之而見。所謂作文義法亦寓於其中，但亦有可取法，而亦有其失。趙氏又曰：

其書：㈠編次卷帙，各以類相從，列傳法史記，不以時代先後分別編次，而各就其人之生平以類相從。㈡法班氏之多附載有關政論材料，及詞采壯麗之文章，如崔實傳，載其政論，桓譚傳，載其陳時政一疏，王符傳，載其潛夫論中五篇，仲長統傳，載其樂志論及昌言中二篇，張衡傳，載其客問一篇，上疏陳事一篇，請禁圖讖一篇，蔡邕傳，載其釋悔一篇，條陳所宜者七事，此皆有關於時政也。至如崔駰傳，載崔篆慰志賦一篇，駰達旨一篇，班固傳，載其兩都賦，明堂辟雍詩，及典引篇，杜篤傳，載其論都賦，傅毅傳，載其廸志詩，崔琦傳，載其外戚箴，趙壹傳，載其窮烏賦，劉梁傳，載其和同論，邊讓傳，載其章華賦，皆以文學優贍詞采壯麗也。㈢附載遺事人名，取捨之間，頗見允當，如郎顗傳，載占驗七事，郭大傳，載遺事九條，此又略仿史記扁鵲等傳體。儒林傳，五經各先載班書所記源流，而後以東漢習經者著爲傳，尤見各有師法。卓茂傳敍當與茂同不仕莽者孔休等五人。來歷傳，敍同諫廢太子鄭安世等十七人，凡同事者用類敍法，以一人立傳，而表著其餘，洵稱簡該。㈣敍事詳簡得宜，而無複見疊出之弊。吳漢傳，敍其破公孫述之功，述傳不復詳載。耿弇傳，敍其破降張步之功，則步傳亦不復詳載。劉虞以十萬攻公孫瓚事，見虞傳，則瓚傳不復載。袁紹盡誅宦官二千餘人，無少長皆死，事見何進傳，則紹傳不復載，此可見悉心核計，以避繁複。㈤立論持平，褒貶允當。如論和熹后終身稱制非，而后崩後，則朝政日亂，以見后之能理國。論隗囂謂其晚節失計，不肯臣漢，而能得人死力，則亦必有過人者。論李通雖爲光武佐命，而其初信讖記之言起兵，致其父及家族皆爲王莽所誅，亦不可爲智。

上言范書敍述人事，以類相從有法，此雖亦言其類敍有法，而所錄各人文章，有關政理，及表著其學術師法。而敍各人，詳略互見，而不繁複，功過是非，立論持平，雖間有取法馬、班，而營度得宜，亦見其才識卓越也。且亦言其鄭康成、賈逵不入儒林傳，不爲北鄉侯立傳爲未當。此外如載王喬、左慈之事，詭誕不經，有同稗野。以竇武，何進之誅宦官，爲違天理。責張騫、班超之通西域，而遺佛書，抑謝夷吾、李郃於方術，枉董宣於酷吏，未爲公允。至有以其將蔡文姬入列女傳爲非。（此誤以列爲烈，所謂列女者，一般有才有德者可共稱非專指貞烈而言，章氏學誠已言之，毋容深辯。）要之范書，於馬、班而後，鮮有能及之者。至於陳壽三國志，論議頗多，而尤以帝魏絀蜀，多所論說，前言：以壽仕晉，晉亦篡魏，僞魏卽僞晉，其帝魏，實處於時勢不得不然，不能無回護，有謂回護起於壽；但其用心，亦並非眞絀蜀而帝魏者。至司馬光則以處北宋，宋承周，僞魏則僞宋，亦不得無回護，但言之不免顯著耳，通鑑魏紀中之論曰：

竊以爲苟不能使九州合爲一統，皆有天子之名而無其實者也。雖華夷仁暴，大小強弱，或時不同，要皆與古之列國無異，豈得獨尊奬一國謂之正統，而其餘皆爲僭僞哉？若以自上相授受者爲正耶？則陳氏何所受？拓拔氏何所受？若以居中夏爲正耶？則劉石、慕容、苻堅、苻姚、赫連所得之土，皆五帝三皇之舊都也。若以有道德者爲正耶？則蕞之國，必有令主，三代三季，豈無僻王？是以正閏之論，自古及今，未有能通其義，確然使人不可移奪者也。臣今所述，正欲敍國家之興衰，著生民之休戚，使觀者自擇其善惡得失，以爲勸戒，非若春秋立褒貶之法，撥亂世反諸正也。正閏之際，非所敢知？但據其功業之實而言之。周、秦、漢、晉、隋、唐，皆常混一九州，傳祚於後，子孫雖微弱播遷，猶承祖宗之業，有紹復之望，四方與之爭衡者，皆其故臣也。故全用天子之制以臨之。其餘地醜德齊，莫能相壹，名號不異，本非君臣者，皆以列國之制處之。彼此均敵，無所抑揚，庶幾不誣事實，近於至公。然天下離析之際，不可無歲時月日以識事之先後。據漢傳於魏，而晉受之；晉傳於宋，以至於陳，而隋取之。唐傳於梁，以至於周，而大宋承之。故不得不取魏、宋、齊、梁、陳、後梁、後唐、後晉、後漢、後周年號以紀諸國之事。非尊此而卑彼，有正閏之辨也。昭烈之於漢，雖云中山靖王之後，而族屬疏遠，不能記其世數名位，亦猶宋高祖稱楚元王後，南唐烈祖稱吳王恪後，是非難辨，故不敢以光武及晉元帝為比，使得紹漢之遺統也。

以司馬氏此論，觀上述其論三國分晉，周赦王命為諸侯，有違孔子春秋正名定分之義，顯然不合春秋大義，而為宋太祖回護，開一出路。前言三國分晉，即為正名，為春秋大義，以立褒貶之法。此言「非若春秋立褒貶之法，撥亂反諸正」，豈非自相矛盾？班氏言王莽餘分閏位。王莽僭位十八年，亦有歲時月日可識，而班氏不與，行春秋之義也。自操、莽以後得國者，莫不僭竊，此特別強調，不言正閏，但據功業之實而言之，帝魏而絀蜀，非正論也。作史貴明義，不明義，則亂臣賊子接迹於天下矣。司馬氏於此，並非不知，但身為宋臣，勢之所使，不得不作此言耳。通鑑卷二百二十，至德二載，李懷玉殺平盧節度使王宣志之子，推侯希逸為平盧軍使，朝廷因以希逸為節度使，節度使由軍士廢立自此始。司馬氏又極論「聖人制禮，自天子諸侯卿大夫士庶人；尊卑有分，大小有倫，若綱條之相維，臂指之相使。以為唐室此舉，是賞以勸惡，惡何所不至。與周命魏斯、趙籍、韓虔為諸侯，其失相同。此君之於臣下也。又二百九十一。顯德元年夏四月庚申，太師中書令瀛文懿馮道卒。（書曰、書官、書諡，皆譏之也。） 亦極言「女不從二夫，忠臣不事二君」，馮道歷數朝，事數君，大節已虧，雖有小善，有何足稱。忠臣憂公如家，見危致命。君有過則強諫力爭，國敗亡則竭節致命。此言道未能盡爲臣之道也。凡此所言，何一而非善善惡惡，非春秋立褒貶之法，孰謂司馬氏不明春秋之義。於此，知其不言正閏，而帝魏爲宋回護耳。馮道固爲失節之臣，趙匡胤於後周則臣也。徒以大權在握，陳橋兵變，黃袍加身，與篡竊何異？以視馮道，無乃過之乎？自朱子綱目帝蜀僞魏，嗣後多是習鑿齒而非陳壽。壽之回護，上已述之，但與司馬氏略有別。惲子居書三國志後曰：

秀水朱錫鬯氏，稱陳承祚削魏氏受禪碑，而詳書漢中王武擔山卽皇帝位，幷羣臣勸進表，爲以統與蜀，此承祚意也。後人讀史不尋始末，較其書法所在，據一端之偏，卽深文斥之，如謂史記尊黃老，三國志帝篡竊，古人豈任此耶？敬反復觀之，復得數端，可以發錫鬯氏之說。史記漢書之法，曰傳、曰志、曰表、曰論、曰贊，承祚作史，有傳無志表，何也？彼三國者，不足當一代之制也。蜀得國最後，失國最先。吳據江表，魏以篡終始，故皆奪之。然蜀用漢儀法，無志表亦傳，吳、魏之制，皆不傳矣，此奪之至也。其以評易論而無贊，何也？吳、魏之君若臣，皆亂世之雄耳，贊之，是長亂也。蜀以討賊號天下，故於楊戲傳，載蜀君臣贊以別之，是正於吳、魏也。其書目曰武帝操，明帝叡何也？與先主備，吳主權同書也。明魏之非帝而已。魏非帝而蜀之宜爲帝，人無有知之者，故於蜀書曰：先主備，而於吳書曰吳主權，不稱先主權，吳者非蜀儕也！吳非蜀儕，魏又何得以蜀爲寇敵耶？此與之至也。春秋之義，微而顯，志而晦，史記蓋得其意幾十之六七，漢書得四五，三國志得一二。自晉以下，戞戞乎幾無有焉。五代史知此法而不能用，故書法必自爲論以道達之，此史之所以不古若歟？（大雲山房集）

惲氏此論，可謂讀史得間，而於承祚作三國深微處，發揮透闢，而在外表視之是帝魏，而錯綜觀之，則以蜀爲正統。於魏，可謂名與而實不與；於蜀，可謂名不與實與，申彼屈此，此史之書法，亦作史之義也。與司馬氏明顯言帝魏絀蜀爲高明。司馬氏回護宋，不及承祚回護晉，而實非回護晉不同。作史處於時世所使，有時難免回護，能如承祚微顯志晦，則爲良史矣。於此外，仍有補充之說明，如廿五史述要曰：

論者謂陳壽雖以魏爲正統；但三國志書法，則似取法國語。三國並列，並無尊卑之別。曰魏志、蜀志、吳志，若眞有帝魏之意，而以僭僞視吳，蜀，則當以魏志名全書，而以蜀、吳二國仿晉書之例，各撰載記，不當以三國志名書矣。且書中稱謂顯示分別，魏帝稱帝，后稱皇后。蜀則稱先主後主，稱后而不書名，吳志惟孫權稱帝，復猶書其名，餘均稱名，妻稱夫人。蜀、吳二國，顯示區別，是著者之用意處。蓋蜀紹漢後，不臣於曹，亦未嘗屈於曹氏，較之江東，奉表稱臣，不可同年而語。又蜀志傳數，雖僅魏之半，而記蜀事特詳。如羣臣稱述讖緯及登壇告天地之文，魏、吳不書，特表於蜀。立后立太子諸王之策，魏、吳皆不書，而特著於蜀。太傅許靖，丞相諸葛亮，車騎將軍張飛，驃騎將軍馬超之策文，皆一一書於本傳，亦隱然寓帝蜀之旨焉，壽之用心深矣。

此與上擧惲氏所言事例雖不同，而非帝魏僞蜀，隱寓帝蜀之旨無異。此外，稱其行文雅潔，清微淡遠，妙造自然，及剪裁斟酌，下筆不苟尚多，不備論。但亦有未當之處，杭世駿諸史然疑曰：

陳壽仕晉，則當爲司馬氏諱。宣王、景王、文王，不敢稱名是也。武帝親踐大祚，於孫叔然，則稱字以諱之。在高貴鄉公記，乃書使使持節行中護軍中壘將軍司馬炎，北迎常道鄉公璜嗣明帝後。在陳留王紀，咸熙元年八月庚寅，乃書命中撫軍司馬炎副貳相同事，以同魯公拜後之後；九月戊午，乃書以中撫軍司馬炎爲撫軍大將軍；十月丙午，乃書命撫軍大將軍新昌鄉炎爲晉世子。二年八月壬辰，乃書晉太子炎紹封襲位。按壽以元康七年病，武帝廟號已定，壽悉不諱，何也？或曰：壽進三國志，在武帝時，則書當稱今上，今壽書書法違戾若此，是其疏也。

此指出其書中之失，要自難免，畢竟譽多於毀。又晉書壽傳載「丁儀、丁廙有名於魏，壽向其子索千斛米，不與，竟不爲立傳，壽父爲馬謖參軍，謖爲諸葛亮誅，壽父亦坐髡。壽常爲亮傳，謂將略非所長，無應敵之才，議者以此少之」。後人已力辯其誣，不足徵信。惲氏言三國志，自晉以下諸史，於作史之義，幾乎無有。余謂言其更少則可，謂爲絕無，亦非也。姑擧一二言之。譬如晉書，毀多譽少，然並非一無可取。趙翼廿二史箚記曰：

論晉書者，謂當時修史諸人，皆文詠之士，好採詭謬碎事以廣異文。又史論競爲艷體，此其所短也。然當時史官，如令狐德棻等，皆老於文學，其紀傳敍事，皆爽潔老勁，迥非魏、宋二書可比。而諸僭僞載記，尤簡而不漏，詳而不蕪，視十六國春秋，不可同日語也。其列傳編訂，亦有斟酌，如陶潛已在宋書隱逸之首，而潛本晉完節之臣，應入晉書。故仍列其傳於晉隱逸之內。愍懷太子妃王衍之女，抱冤以死，而太子妃不便附入后妃傳內，則入之列女傳，此位置得當者。各傳所載表疏賦頌之類，亦皆有關係。如劉寔傳，載崇讓論，見當時營競之風也。裴頠傳，載崇有論，見當時談虛之習也。劉毅傳，論九品之制，有八損；李重傳，亦載論九品之害，見當時選舉之弊也。陸機傳，載辨亡論，見孫皓之所以失國也。豪士傳，見齊王冏之專恣也。五等論，見當時封建之未善也。傅元傳，載興學校務農功等疏，固切于時政也。段灼傳，載申理鄧艾一疏，閻纘傳，載申理愍懷太子一疏，以二人皆冤死也。江統傳，載徙戎論，固預知劉石之亂，尤有先見也。皇甫謐傳，載釋勸論，見其安於恬退也。篤終論，見厚葬之禍也。摯虞傳，載思游賦，見其安命也。今尺長於古尺論，見古今尺度之不同也。束晳傳，載元居釋，見其淡於榮進也。潘尼傳，載安身論，見其靜退也。釋奠頌，有關儲宮之毓德；乘輿箴，有關帝王之保治也。潘岳傳，載閒居賦，見其跡恬靜而心躁競也。郭璞傳，不載江賦，南郊賦，而獨載刑獄一疏，見當時刑罰之濫也。左貴嬪傳，載愁思文，楊皇后誄，納繼室楊后頌，以左芬本以才著也。張載傳，載七命一篇，亦以文人而著其才也。

衛恒傳，書勢一篇，以恒本工書，且備書法之源流也。惟劉頌傳，載其所上一封事至七八千字，殊覺太冗。張華傳，載鷦鷯賦，殊覺無謂。華有相業，不必以此見長也。元帝紀後，敍其父恭王之妃夏侯氏，通小吏牛金生帝，而夏侯太妃傳內不載，諱其醜於傳而轉著其惡於紀，亦屬兩失。苻堅載記後附王猛，苻融二人，以其爲堅功臣也。苻朗不過一達士，亦附一傳，苻登載記後又附一索泮，據泮傳，又未嘗仕於堅與登也。此二傳殊贅。姚興載記，忽敍西胡梁國兒作壽冢，每將妻妾入冢讌飲，升靈牀而歌，此於興有何關係？而拉雜及之。毛德祖爲宋功臣，宋書已有立傳，唐修晉書，自不必以宋臣附晉臣之內，乃毛寶之傳後，又敍德祖事甚詳。蓋本毛氏家傳鈔入之，而未及刪節也。隱逸中夏統一傳，非正史記事體，蓋當時人另作夏統別傳，如五柳先生傳之類，晉書遂全錄之，不復增損，閱史者靜觀，自別之也。

觀趙氏言晉書各傳中，所載各人之文，均有關當時政治得失，風尚善否，以及各人之處身性習，文章才華等，一一皆可以見之，不必言褒貶，而褒貶之義自在其中，此合於史義者也。至言自元帝紀後至末，謂其編次失敍，所敍之文，而無裁節，是其所短也。言其褒貶失當處亦甚多，載本書上述文之後，可以參稽，文長不錄。要之晉書瑕多於瑜，訾議者不一其人。較之史漢三國後漢四史，固自不及，並非一無可取亦明矣。自晉史以下，南朝四書，宋、齊、梁、陳，以梁書稱首。北朝四書，魏、齊、周、隋。獨魏書最被謗議，四庫提要爲之辯正。而譚復堂日記亦爲洗刷，並非皆是曲筆。新舊唐書，互有長短，新書勝於舊。歐陽修新五代史本紀書法，師法春秋，最爲嚴謹，褒貶之意，躍然紙上。其義例多自爲論說，以釋世疑，見五代史記梁本紀論，十國世家年譜論。惟所褒貶而不能微顯志晦，直致少含蓄。章學誠言其非史家，所爲乃文家之文，非史家之作，不謂無見。宋、元、遼、金、明等史，其間以金史，明史爲善，其餘可取者甚少。以上概舉有關編年，紀傳二體舉其中重要者以言之，以見大凡。編年，紀傳，同屬於歷史傳記文。至各家文集中之傳記文猥多，容待下章詳述之。

三、文學傳記舉要

上兩節所言者，爲經學傳記與歷史傳記，此言文學傳記。何者之作，爲文學傳記，在未言文學傳記前，應先將文學傳記，與經學歷史傳記義界畫分清楚，否則，三者之間，涇渭不分，易滋混淆。言之者不着邊際，觀之者印像糢糊，此乃治學爲文者，所當明辨予以確定者也。觀時下學者，對傳記文學，頗爲重視；著文抒發意見者，不一其人。但對於我國傳記文學之義界，雖有辨解，似欠明確，又往往將經學歷史之傳記文，與文學之傳記文，混爲一談，似應進一步，加以申說。

文學有廣狹二義，我國古時載籍中，所言文學文章，將六經、禮樂法度，皆統括於文學文章之內，而以文學文章稱之。論語，孔門四科，其四曰文學。解釋謂：「文者古之遺文，古之遺文者，詩、書、易、禮、樂、春秋，六經是也」。論語，孔子稱「堯，煥乎其有文章。」朱注：「成功事業也，煥、光明貌，文章，禮樂法度也」。類此解說者，比比皆是，於本書緒言中已言之。此所言文學，皆屬廣義。以文學另成為一派系，當始於范蔚宗後漢書，於儒林列傳外，別立文苑列傳。至蕭梁則以文學別出於經、史，子外，與經學、史學，界畫分明，不似前之混合並舉。如梁昭明文選序，於經則曰：「若夫姬公之籍，孔父之書，與日月俱懸，鬼神爭奧，孝敬之準式，人倫之師表，豈可重以芟夷，加之剪截。」於諸子則曰：「以立意為宗，不以能文為本」。（漢書藝文志，條別九流十家，皆六經之支與流裔。故上文述經學傳記，以諸子附之。）於史籍則曰：「方之籍翰，亦已不同」。於謀夫辯士之作，則曰：「雖傳之簡牘，而事異篇章」。梁元帝金樓子則曰：「文者，惟須綺縠紛披，宮徵靡曼」，劉彥和文心雕龍亦言：「今之常言，有文有筆，有韻者文也，無韻者筆也」。凡此所言，屬於狹義之文學。正與今人所言文學之意相同，不再與經學，歷史牽合並論。六經中，惟詩經屬於文學。古人對於詩義解釋，詩大序：「在心為志，發言為詩，情動於中，而形於言」。摯虞曰：「古之作詩者，發乎情，情之發，因辭以形之」。鍾仲偉詩品序曰：「氣之動物，物之感人，故搖蕩性情，形諸舞詠」。蕭子顯言：「情動而言形」。朱子亦言：「詩者，人心之感物，而形於言語也」。此皆言詩，出於人之心志性情。而未及傳記文學。傳記文學體製自與詩異，而出於心志性情則同。本師錢子泉先生曰：

說文史部「史，記事者也，從又持中，正也」。然則史之云者，又（說文、又手也）持中以記事也；中者，不偏之謂。章炳麟曰：「記事之書，惟為客觀之學。」夫史以傳信，所貴於史者，貴能為忠實之客觀的記載，而非貴其有豐富之主觀的情緒也，夫然後不偏不黨而能持中正。推而論之，文學史非文學，何也？蓋文學者，文事也；文學史者，科學也。文學之職志，在抒情達意，而文學史之職志，則在紀實傳信。文學史之異於文學者，文學史乃紀述之事，論證之事，而非描寫創作之事，以文學爲記載之對像，如動植物學家之記載動物，植物學家之記載植物，理化學家之記載理化自然現象，訴諸智力而爲客觀之學，科學之範疇也。不如文學抒寫情志之動於主觀也。更推是論之，太史公史記不爲史，何也？蓋發憤之所爲作，工於抒慨而疏於記事，其文則史，其情則騷也。胡適五十年來之中國文學不爲文學史，何也？蓋褒彈古今，好爲議論，大致主於揚白話而貶文言；成見太深而記載欠翔實也。夫記實者，史之所爲貴；而成見者，史之所大忌也。於戲！是則偏之爲害，而史之所以不傳信也。史之云者，又持中以記事也。周書周祝荀子性惡注：「事，業也」。又荀子非十二子注：「事業謂作業也」。然則記事云者，記作事也。史之云者，持中正之道記人之作業也。文學史云者，記吾人之文學作業者也。然則所謂中國文學史者，記中國人之文學作業云爾！

（現代中國文學史）

此說明文學與史之不同。文學爲抒寫情志，史則記載事實，一爲主觀，一爲客觀，一訴諸智力，一發之性情，二者不得相混。其言史記不爲史，以其發憤之所爲而作，工於抒慨而疏於記事；其文則史，其情則騷故也。胡適五十年來之中國文學，不爲文學史，以其褒彈古今，好爲議論，大致主於揚白話而貶文言；成見太深而記載欠翔實故也。觀此，文學之於史，界畫分明，而後可論文學論史學，庶不致張冠李戴。錢師言史記不爲史，以其發憤之所爲而作，工於抒慨而疏於記事，其文則史，其情則騷，自是的論，而未舉事例以說明之。衡之實情，史記並非皆爲抒慨之作，而於記事有實證，不過如詩人借物借事興感相同；而詩則略記事，史記則仍詳記事，亦不盡同耳。關於史記「其文則史，其情則騷」，容於下章證事說明之。實則其他史中，亦間有非史而爲文學之作，此在讀史者所當分辨者也。馬宗霍曰：

劉劭人物志材理篇，嘗分人爲四家：曰道理之家；曰義理之家；曰事理之家；曰情理之家。劉融齋謂：「文人本領，祗此四者盡之」。今略加分析，則六經之文，以道體爲主者，道理之家也。諸子之文，以思想爲主者，義理之家也。史志之文，以事實爲主者，事理之家也。經子史外之文，以發抒情志爲主者，皆情理之家也。（文學概論）

此亦別文於經子史之外，與梁昭明所言相同。發抒情志，稱之情理之家，亦卽所謂文學家，文學以發抒情志爲主，不同於經學之以道體爲主，子家之以思想爲主，史家之以事實爲主，昭然分明。章太炎曰：

文學如何能求進步，我以爲要「發情止義」。何爲發情止義？如下述：「發情止義」一語，出於詩序。彼所謂「情」，是喜怒哀樂的「情」，所謂「義」是禮義的「義」。我引這話是把他的意

義再推廣之。「情」是「心所欲發，不得不言」的意思，「義」就是「作文的法度」。（國學概論）

此雖言詩，實包括一切文學而言。文之主要固然在發情，而要能止乎義，能止乎義，則所發之情斯不濫，而能合乎規矩，方能有俾於世，有益於人。因人之情感，易於衝動，如不能裁之以義，則放縱而逞一時之快，則有害於義，亦有害於世於人矣。章氏此言，從事文學寫作者，應銘座右也。文學之義界既明，可以此對今人所持傳記文學之議論，是否有當，以此律之，曉然可知。在「傳記文學叢書」之一，「什麼是傳記文學」其中所載討論傳記文學之作，共二十一篇，末後一篇附錄，爲胡適之先生所作之「傳記文學」，民國四十二年一月十二日在臺灣省立師範學院演講之稿，玆摭舉其中所言，以資商榷。其言：

除了短篇傳記之外，還有許多名字不叫傳記，實際是傳記文學的言行錄。這些言行錄，往往比傳記還有趣味。我們中國最早，最出名，全世界都讀的言行錄，就是論語。這是孔子一班弟子或者弟子的弟子，對孔子有特別大敬愛心，因而把孔子生平的一言一行記錄下來，彙集而成的。

論語這部書，在中國文學史上占最重的地位。這部書的絕大部分，是記孔子同他的弟子或其他的人問答的話的。聰明學生問他，有聰明答覆，笨的學生問他，同樣的一個問題，他的答覆便不同。孔子說話，是因人而異的，對平輩，以及對國君——政治領袖——那種不卑不亢的精神，在論語裏面，是很完整的表現出來了。現在有許多人提倡讀經，我希望大家不以詩經，論語，孟子當成經觀。我們要把這些書，當成文學看，才可以得到新的觀點，讀起來也才格外發生興趣。比方魯定公問孔子一個問題，問得很笨。他問道：「一言而可以興邦，有諸」？這正如現在我要回到美國，美國的新聞記者要我以一分鐘內的時間報告這次同臺灣的觀感一樣。孔子對曰：「言不可以若是其幾也！人之言曰：『爲君難，爲臣不易』。如知爲君之難也，不幾乎一言而興邦乎？」（孔子的話，譯成現在的話，就是：「一句話便可以把國家興盛起來，不會有這樣簡單的事；但說個『差不多』罷！會有人說過，『做君上難，做臣下也不容易』。如果一個國君知道做君上的難，那麽不是一句話就差不多可以把國家興盛起來麽」？）定公又問：「一言而喪邦，有諸」？孔子答復道：「言不可以若是其幾也！人之言曰：『予無樂乎爲君，唯其言而莫予違也』！如其善而莫之違也，不亦善乎？如不善而莫之違也，不幾乎一言而喪邦乎」？（孔子的話，譯成現代的話，就是：「一句話把一個國亡掉，不會有這樣簡單的事；但說個『差不多』罷！會有人說過：『我不喜歡做一個國君，做一個國君，只有一件事是可以喜歡的，那就是，我的話沒有人敢違抗』。如果他所說的是好話而沒有人敢違抗，那豈不是很好的事！如果他所說的是不是好話而沒有人敢違抗，那麽，豈不是一句話便差不多會把一個國家亡掉了麽」？我們從孔子和魯定公這段對話來看，知道論語裏面，用了相當完備的虛字。用了完備的虛字，就能够把孔子循循善誘的神氣和不亢不卑的態度，都表現出來了。像這樣一部眞正純粹的白話言行錄，實在是值得宣傳，值得做效的。很可惜的，二千五百年來，沒有能繼續這個言行錄的傳統。不過單就論語來說，我們也可知道，好的傳記文字，就是用白話，把一言一行老老實實寫下來的。諸位如果讀經，應該把論語當作一部開山的傳記讀。

我人讀完胡先生所引論語中記載孔子之言行，美妙絕倫，雖則引述一事，可概其餘，勸人「如欲讀經，應該把論語當作一部開山的傳記讀」。所言不可謂無見。惟須有待商榷者有數端。第一，論語是否可作爲傳記文學讀？第二，論語是否屬於經傳或是歷史？論語爲「五經之錧鎋，六藝之喉衿」，與大學、中庸、孟子、孝經、爾雅，皆稱之爲傳記，誠如胡先生所說「有許多名字不叫傳記」，實際是傳記文學的「言行錄」。論語不名爲傳記，而實是傳記，但非傳記文學。論語所記孔子言行，大都略事而記言，記言，所以明義，而於事實記載，則不重視。玆舉周厚壎論語略記法以說明之。其擧「衛靈公問陳於孔子，孔子對曰：『俎豆之事，則嘗聞之矣；軍旅之事，未之學也』」。周氏解之曰：

衛靈公是無道之君，有志於戰伐之事。孔子至衛，衛靈公問陳。推想衛靈公對於當時各國的形勢，以及列國間因軍事上的勝負所形成弱肉強食的情形，可能要加說明，然後關於軍旅之事，提出若干問題。記者只記「衛靈公問陳於孔子」，不記問語，因此，衛靈公對孔子說了些什麼話，提出那些問預？後人就無從獲悉。

此雖推測之辭，就實際情形而言，衛靈公所以要問陳於孔子，必先有一番事實說明，不會開口便問陳。譬吾人有一件事要問人，請其解答，亦必須先說明事由，必不會驟然提出某事，請其解答。解答不知根由，何以措辭？孔子何嘗不知戰事，其曰：「我戰則克」，惟不義之戰，所不爲耳。孔子所欲明其義，而於其事前因，可置不論。一如其作春秋，則示褒貶之義，其事迹則具左氏傳，申明春秋大義，則具公、穀二傳也。

周氏之書，名爲「論語略記法」，是以論語所記孔子及門弟子言行，多略事實之記載，而重在明義。玆不多錄。史歷以記載事實爲主，論語所載孔子及其門弟子之言，多不詳記事實，似不能以傳記文學視之，故世之言四書，爲六藝之傳記，屬於經學之傳記，而非文學之傳記也，有人言：四書五經，爲千古之至文，具有甚高之文學價值，何得不能以文學傳記視之？前已言及，經傳之文，以道體爲主，爲道理之家，史志之文，以事實爲主，爲事理之家。經傳，史志，並非不應重視文學典雅。孔子曰：「辭達」曾子曰：「出辭氣，斯遠鄙倍」。又有云：「言之不文，行而不遠」。自古聖賢，未嘗忽視文字，而求其典雅也。但文字是其用，而其主要目的之所在，曾滌生致劉孟容書曰：

周濂溪氏稱文以載道，而以虛車譏俗儒。夫虛車誠不可，無車又可以行遠乎？孔、孟歿而道至今存者，賴有此行遠之車也。吾輩今日苟有所見，而欲爲行遠之計，又可不早具堅車乎哉！故凡僕之鄙願，苟於道有所見；不特見之，必實體行之；不特身行之，必求以文字傳之後世。雖曰不逮，志則如斯。（曾文正文集）

曾氏此言學在明道，道明須以文載之，方能行遠。其言不可不早具堅車，「堅車」卽以喩善文，文善，所以發揮義理也。宋儒多以「工文害道」爲言，爲後人所不取。章學誠亦曰：

文辭，猶舟車也。志識，其乘者也。輪欲其固，帆欲其捷，凡用舟車，莫不然也。東西南北，存乎其乘者也。知此義者，可以以我用文，而不致以文役我者矣。（文史通義說林）

此與曾氏所云，言異而意實同。文章以志識爲主，是乘車也。舟車欲堅固，是文辭也。但要能以我用文，而不爲文所役。故爲經傳史志之文，須具善文以表達之，但文爲其用，而非經傳史志之主者。經傳志史，文章佳美，吾人學爲文章，皆可以文讀之，古之名能爲文者，莫不讀經傳史志，但不能以經傳史志，卽視之爲傳記文學，傳記文學，另有一格，不得牽合並論。更進而言之，史記孔子世家，孔子弟子列傳，均採摭論語之言，孔子世家甚少，孔子弟子列傳較多。論語中不備載孔子生卒年月，及周遊列國年時及經過情形，而俱見於世家中。孔子弟子列傳，有生卒年月可記者載之，不可考者缺之，甚有一無事迹，但記姓名氏者，此皆與論語不同之處。史記由論語經學傳記，而變爲歷史之傳記。而但採論語之言行，不旁採其他各書之記載，亦不能成其爲傳記體。故在論語而言，爲經學之傳記；在史記而言，爲歷史之傳記，與文學傳記無與，義界分明，豈能混爲一談，史記「其文則史，其情則騷」，但非篇篇皆有騷意。孔子世家，孔子弟子列傳，有無騷意，一望可知，是歷史傳記，而非抒慨之文學傳記。

兹再引述劉麟生所著中國文學論，附錄二：「文學的本質」一文中之言，更可明白歷史傳記與文學傳記之不同。

歷史與文學的區別，一般人很容易將歷史著述認作文學，如史記，就有人認爲是最好的文學作品。今以三國志與三國演義二書作例，來說明它們的區別。

三國演義是由三國志而來；然一個是文學，一個是歷史。歷史家的目的在求眞，他將事實搜集完畢後，祇能冷靜的，理智的，系統的將事實陳述出來。如果有編者個人的意見，祇能在文章的末尾「論」「讚」裏表示，對事實的本身不能任意增減。至於文學家則不然，他的目的在表現他的意識，他可根據他的意識任意改變事實，誇大事實或增減事實。如果我們將三國演義與三國志作一對照，就發現作者將所有的人物幾乎都改變了面目。他寫劉備怎樣仁慈，曹操怎樣奸兇；劉備怎樣禮賢，曹操怎樣妒賢；劉備怎樣義氣，曹操就怎樣權詐；劉備怎樣盡忠義，曹操就怎樣謀篡奪；劉備怎樣愛民，曹操就怎樣害民。然而事實並不完全如此。再如諸葛亮，是三國演義裏演成最大的人物。他本來是政治家，而三國演義把他寫成軍事家。他六出祁山，實際是毫無所獲，他的將才，實際不如司馬懿；然司馬懿不是稱他：「孔明眞神人也」。（三國演義九十九回）就是「孔明眞有神出鬼沒之計，吾不能及也」。（同上）再不然就是說：「孔明效虞詡之法，瞞過我也，其謀略吾不如之」。（一百一回）最後諸葛亮死了，還在稱讚說：「吾能料其生，不能料其死」，「此天生奇才也」，（一百五回）這幾次讚揚，事實上是失敗的諸葛亮，而在我們的想像裏，他成了戰無不勝，謀無不成的軍師。還有周瑜，實際確是一位英雄，如果沒有他，吳蜀不能聯合，赤壁不能勝戰，在宋朝人的心目中，他還是一位英雄，像蘇東坡的赤壁懷古就說：「遙想公瑾當年，小喬初嫁了，雄姿英發。羽扇綸巾談笑間，檣櫓灰飛烟滅」。「羽扇綸巾談笑間，檣櫓灰飛烟滅」，以三國演義看來，正是諸葛亮，周瑜那當得起？然而事實總是事實，三國演義的作者無法掩蓋這種事實，祇有壓低周瑜的才能，誣蔑周瑜的人品，使他成了肚量狹小，詭譎多端，被諸葛亮一氣之後，終於氣死。氣死後，諸葛亮還來一個最漂亮的祭弔。再如借箭一事，三國志裏根本沒有這回事，三國志平話裏有借箭；然周瑜的功業，可是到了三國演義，就變成諸葛亮的勞績了。還有魯肅，實在也是一位政治家與外交家，吳蜀聯盟，他的關係很大；然到三國演義，他成了庸才。從三國演義與三國志對照的結果，我們得到一個結論，就是凡寫蜀的人物，三國演義的作者就特別細膩，特別用氣力，也特別賦予同情；凡寫魏寫吳的人物，就特別潦草，特別歪曲事實，而使讀者對這些人物起一種反感。

（以下略）

以上，從意識，意像與文字的交互關係，將文學與哲學，文學與歷史，文學與一般著述作一區分，那末，一方面，加强了我們對文學的認識，一方面，也給文學畫清了範圍。

有人說：「傳記原是介乎文學與歷史之間的東西，我們往往很難分別什麼是歷史的傳記，什麼是文學的傳記。對二者也無法下一個清楚的定義」。吾人觀於上述三國志與三國演義對照說明，歷史傳記與文學傳記之區分，至爲明顯，有何不可分別？認爲二者之間無法下一清楚定義，此便是本文所引述「一般人很容易將歷史著述認作文學」，亦即是對文學歷史，未能加以體認分析，便認爲歷史與文學並無分別。三國演義中事物，太半與三國志相同，何以不能作史讀，以其就作者意識，可增減事實，或爲神奇之說，是主在表達性情，而不能如歷史之徵信。即三國演義中事物，有同於三國志者，亦有附溢而偏倚，故歷史是科學，而文學則非。記得美國登陸月球，在電視中，記者先生問劉延濤及已故林語堂兩先生言：「我國向稱月球上有嫦娥，現今美國登陸月球，並無此事，兩位先生對此有何高見」？劉、林兩先生所答復之言頗多，因語音低，未能聽清楚。余謂一是科學，一是文學，科學必須證實，文學是抒情。科學不能無中生有，文學可以無中生有。譬如鏡花緣載「長臂國」，「穿心國」，現在世界可有此事？若以科學觀點視之，豈非荒謬無稽；但從文學觀點視之，便別有意義。又如屈子離騷，是我國辭賦之祖，文辭華美，其中所言怪異之事物，不一而足，倘以科學觀點視之，豈非胡說八道；但以文學觀點視之，其價值甚高，其以宏富之辭，表達忠君愛國之情，借物抒懷，纏綿悱惻，讀之令人興感，不能自己。聊齋誌異，多述狐鬼之事，人多讀之，果眞有其事乎？但蒲留仙作此書，並非專爲怪異之事而作，亦別有寄託，曾有人言之。此便是文學傳記，而非歷史之傳記。文學傳記，以歷史讀之，固不可：歷史傳記，其文字佳美者，學爲學文，以文學讀之則可，但不能即認爲傳記文學，須分別清楚。上述「如史記，就有人認爲是最好的文學作品」。此亦須分別言之，史記是歷史，但史記中不少寓言之文，作史不能寓言，史中有寓言，此類文章，便失歷史眞實性，屬於抒情，故史記中頗多文章，是屬於傳記文學，可認爲最好之文學作品；但須加以深切觀察，方能明其何者爲歷史傳記，何者爲文學傳記。史記之文，往往言在此，而意在彼，不能得其言外之音，亦不能辨別孰爲屬於歷史，孰爲屬於文學？不特史記之文，有大部份可作文學傳記讀，卽在其他歷史中，亦頗多文章，屬於文學，而非歷史。容待後文舉例說明之，玆暫置不論。

經學傳記流裔第四

上述經學傳記，不過撮擧大凡而言之，多爲直接與經有關者。至其流變支裔，眞是千流萬派，更難悉數，亦祇能擧要言之，惟卽此類推，亦可得其指歸。由直接經之傳記，及所流變之支裔，言各有主，不盡相同，趨於一致；但其目的，無非在闡發經義，使人對於經傳，易於誦讀，明其旨義。故本節所述，重在說明其凡關是類之作，雖名稱有曰注、曰故、曰箋、曰疏、曰解、曰說、曰記、曰通、曰釋、曰徵種種不同，其取義雖間有殊異，要皆爲闡明經義，而同爲經學之傳記也。至其孰爲得失，得失或多或少，則附帶及之。因本文旨在說明是類之作，乃屬於經學傳記之支裔，欲一一加以明辨其是非得失，非別著專書不可，故只能附帶述之。

一、傳記中之傳記

何謂傳記中之傳記？譬如已有前人直接推論經之本原，以廣大其義之作，而後之治經者，又從而爲之注，爲之疏是也。如周易孔子文言曰：「元者，善之長也；亨者，嘉之會也；利者，義之和也；

貞者，事之幹也。君子體仁足以長人，嘉會足以合禮，利物足以和義，貞固足以幹事。君子行此四德者，故曰：乾、元亨利貞」，此乃孔子文言推論易之乾卦，元亨利貞之義。周易「疏」，又加以詳說孔子本節文言之意，其曰：

文言曰：至乾元亨利貞。正義曰：「文言者，是夫子第七翼也。以乾坤爲易之門戶耶？其餘諸卦及爻，皆從乾坤而出，義理深奧，故特作文言以開釋之。莊氏云：文謂文飾，以乾坤德大，特文飾以爲文言。今謂夫子但贊明易道，申說義理，非是文飾華彩，當謂釋二卦之經文，故稱文言。從此至元亨利貞，明乾之四德爲第一節；從初九曰潛龍勿用，至動而有悔，明六爻之義爲第二節；自潛龍勿用，下至天下治也，論六爻之人事爲第三節；自潛龍勿用，陽氣潛藏，至乃見天則，論六爻自然之氣，爲第四節；自乾元者至天下平也，此一節復說乾元之四德之義爲第五節。自君子以成德爲行至其唯聖人乎？此一節更廣明六爻之義爲第六節。今各依文解之。此第一節論乾之四德也。元者善之長也，此已下論乾之四德；但乾之爲體，是天之用。凡天地運化自然而爾，因无而生有也。无爲而自爲，天本无心，豈造元亨利貞之德也？天本无名，豈造元亨利貞之名也？但聖人以人事託之，謂此自然之功，爲天之四德，垂敎於下，使後代聖人法天之所爲，故爲立天四德，以設敎也。莊氏云：第一節元者善之長者，謂天之體性生養萬物，善之大者，莫善施生，元爲施生之宗，故言元者善之長也。亨者嘉之會者，嘉、美也，言天能通暢萬物，使物嘉美之會聚，故云嘉之會也。利者善之和者，言天能利益庶物，使物各得其宜而和同也。貞者事之幹者，言天能以中正之氣，成就萬物，使物皆得幹濟。莊氏之意，以此四句明天之德也，而配四時。元是物始，於時配春，春爲發生，故下云體仁，仁則春也。亨是通暢萬物，於時配夏，故下云合禮，禮則夏也。利爲和義，於時配秋，秋既物成，各合其宜；貞爲事幹，於時配冬；冬既收藏，事皆幹了也。於五行之氣，唯少土也。土則分王四季，四氣之行，非土不載，故不言也。……（十三經注疏周易正義）

此疏又將孔子文言解說易經乾、元亨利貞之義，加詳於以推闡，更使乾、元亨利貞之義益明，是謂傳記中之傳記也。此不過據文言中之一節以爲證，其他多類此。故吾人讀易，欲明易義，須先讀孔子十翼，再細讀注疏，對易經蘊義，可易明瞭。如詩之大序，不論究爲何人之作，旨在說明全詩之義，此詩之傳記也。玆引述之。如大序第一句：「關雎，后妃之德也」。疏云：

關雎，后妃之德也。正義曰：「諸序（指小序）皆一篇之義；但詩理深廣，此爲篇端，故以詩之大綱併舉於此。今分爲十五節，當節自解，次第如此，不復煩文。作關雎詩者，言后妃之德也。曲禮曰：「天子之妃曰后」。注云「后之言後也，執理內事，在夫之後也。」釋詁云：「妃、媲也」，言媲匹於夫也，天子之妻唯稱后耳。妃則上下通名，故以妃配后而言之。德者，得也，自得於身人行之，總名此篇。言后妃性行和諧貞專化下，寤寐求賢，供奉職事，是后妃之德也。二南之風，實文王之化，而美后妃之德者，以夫婦之性，人倫之重，故夫婦正，則父子親，父子親，則君臣敬，是以詩者，歌其性情，陰陽爲重，所以詩之爲體，多序男女之事，不言美后妃者，此詩之作，直是感其德澤，歌其性行，欲以發揚聖化，示語未知，非是褒賞后妃能爲此行也。正經例不言美，皆此意也。其變詩則政教已失，爲惡者多。苟能爲善，則賞其善事，征伐玁狁，始見憂國之心，瞻仰昊天，方知求雨之切，意與正經有異，故序每篇言美也。(十三經毛詩正義)

此只擧詩序一句，而疏則解說此一句意義，此疏卽爲傳記之傳記也。除詩序外，毛亨作詩訓詁傳，而鄭康成爲之箋，說文曰：箋、表識書也。鄭氏六藝論云：注詩宗毛爲主。毛義若隱略，則更表明，如有不同，卽下己意，使可識別。然則康成特因毛傳而表識其旁，如今人之簽記，積而成帙，故謂之箋。觀此，鄭氏雖云注詩宗毛爲主，而箋與傳亦時有異同。疏則依傳而闡釋其義，箋雖依傳，有時補其不備，亦略有異，要之，發明經義則同。是鄭箋與毛傳，亦爲傳記中之傳記也。又如尙書序，傳爲孔安國作，序尙書之義也。其開首曰：「古者伏犧氏之王天下也，始畫八卦，造書契，以代結繩之政，由是文籍生焉」。其疏曰：

古者至生焉。正義曰：「代結繩者，言前世之政用結繩，今有書契以代之，則伏犧始有文字以書事，故曰：由是文籍生焉」。……(十三經尙書注疏)

此係書之大序首節，其疏甚長，姑節錄此數語，說明序之作意以示例。書除大序外，每篇有小序，序一篇之作意，與詩有大小序相同，小序與尙書本文，皆有注疏。是則書大小序直接序書大義及每篇之作意，而疏則又爲疏通證明其義也。春秋左傳，十三經注疏本，用杜預注，孔穎達疏，春秋序，爲杜預所撰。序孔子作春秋之義，世人對於杜預有毀有譽，茲姑不論，要爲發明經義。杜預將春秋經及左氏傳，均爲之注。左傳爲傳經之事，傳其義者則少，公羊，穀梁二傳則反是。茲亦只引述杜預春秋序第一句：「春秋者，魯史記之名也」，疏曰：

春秋至名也。人臣奉主，品目不同，掌事曰司掌，書曰史，史官記事爲書，立名以春秋二字爲記事之書名也。正義曰：「從此以下，至所記之名也，明史官記事之者名曰春秋之意。春秋之名，經無所見，唯傳記有之。昭二年，韓起聘魯，見魯春秋。外傳晉語，司馬侯對晉悼公云：「羊舌肸習於春秋。楚語，申叔時論傅太子之法云：「教之以春秋」。禮、坊記云：「魯春秋記晉喪曰：『殺其君之子奚齊』」。又經解曰：「屬辭比事，春秋教也」。凡此諸文所說，皆在孔子之前，則知未修之時，舊有春秋之目，其名起遠，亦難得而詳。禮記、內則稱五帝有史官，既有史官，必應事。但未必名爲春秋耳。據周世法，則每國有史記，當同名春秋，獨言魯史記者，仲尼修魯史，所記以春秋，止解仲尼所修春秋，故指言魯史，言修魯史春秋，以爲褒貶之法也。（十三經注疏春秋左傳注疏）

左邱明傳孔子春秋，爲春秋之傳記，杜預春秋序，及注春秋左傳，是皆春秋經傳記中之傳記也。此單擧正義疏春秋序首句之文，其餘不錄。而杜預春秋左傳注，及正義之疏，其情形類是，不煩引述。孔子春秋，除左氏傳事外，有公、穀傳義，公羊傳爲釋春秋大義。何休公羊經傳解詁，又稱何休學。

詁者、古言也；古今異言，以今解古言，使人易知也。正義注言：「學者、言爲此經之學，卽注述之意。」其意並不止此。春秋公羊，何休亦有序，其曰：「昔者，孔子有云：」疏云：

昔者，孔子有云。解云：昔者古也，前也。故孝經云：昔者明王。鄭注云：昔、古也。檀弓上篇云：予疇昔夜。注云：昔，猶前也。然則孔子有云，云、言也。

何休春秋公羊解詁序曰：「吾志在春秋，行在孝經」。疏曰：

吾志在至孝經。解云：案孝經鈎命訣云：孔子在庶，德無所施，功無所就，志在春秋，行在孝經是也。何以春秋言志在？孝經言行在？春秋者賞善罰惡之書，見善能賞，見惡能罰，乃是王侯之事，非孔子所能行，故但言志在而已。孝經者，尊祖愛親，勸子事父，勸臣事君，理關貴賤，臣子所宜行，故曰：行在孝經也。

以上爲何氏春秋公羊解詁序開首二句，而疏解說此二句之意。序乃說明公羊傳之義，而疏則又申說序之意，此亦傳記中之傳記也。春秋經：「元年春王正月」。公羊傳曰：「元年者何？君之始年也。春者何？歲之始也。王者孰謂？謂文王也。曷爲先言王而後言正月？王正月也。何言乎王正月？大一統也」。此公羊解經之文。在每句下，何氏有解。公羊傳本解經，何氏又解公羊傳也。穀梁傳，有范寧集解，楊士勛疏，陸德明釋文：范寧有春秋穀梁傳序。穀梁解孔子「元年春王正月」經文，視公羊傳爲多，每句下，有范寧集解，有楊士勛疏。其情形與公羊相彷，而解說有不同，要之同爲說明經義而已。其文不錄。儀禮爲禮經，共十七篇，十三篇後有記，記即傳也。今擧其中喪服第十一，子夏傳，鄭氏注。玆取其較短者以言之。如經「姑姊妹女子子適人無主者，姑姊妹報」。傳曰：「無主者，謂其無祭主者也。何以期也，爲其無祭主故也」。注曰：

無主後者，人之所哀憐不忍降之。疏曰：「傳曰至主者也」。釋曰：「云無主者，謂其無祭主者，無主有二，謂喪主祭主。傳不言喪主者，喪有無後無主者，若當家無喪主，或取五服之內親；又無五服親，則取東西家；若無，則里尹主之。今無主者，謂無祭主也，故可哀憐而不降也。注、無主至降之。釋曰：「云人之所哀憐者，謂行路之人見此，無夫復無子而不嫁，猶生哀憐，況姪與兄弟及父母，故不忍降之也。若然，除此之外，餘人爲之服者，仍依出降之服而不服，加以其餘人，恩疏故也。不言嫁而云適人者，若言適人，即謂士也。若言嫁之，嫁之，乃嫁於大夫，於本親又以尊降，不得言報，故云適人不言嫁。（十三經儀禮注疏）

此祇取儀禮經喪服中二句，而爲之傳，爲之注疏，以申明其義，此亦傳記中之傳記也。儀禮，及觀傳注疏後，則易明白矣。禮記爲儀禮之傳，即以十三經注疏而言，有鄭氏注，孔穎達疏，玆取「曾子問」其中文較短者，以見大凡。

曾子曰：「父母之喪，弗除可乎」？註：「以其有終身之憂」。疏：「曾子至可乎」？正義曰：「曾子又疑云：聖人制變，受之期，情禮之殺，使送死有已，後生有節，是不許人子有不除之喪。若適子除君服後，乃有殷祭之事，如喪久不葬者，此則可解；若庶子除君服後，無復殷祭之事，便是其爲父母之服，一生不有除說之事，此於禮許得可乎」？孔子曰：「先王制禮，過時弗舉禮也，非弗能勿除也，患其過於制也。故君子過時不祭禮也」。注：言制禮以爲民中，過其時則不成禮。疏：「孔子至禮也」。據制以答此所以不除之意也。「非弗至制也」。勿猶不也。言今日不追除服者，非是不能除改也，爲此不除，正是患其過於聖人之禮制也。「故君子過時不祭、禮也」。又引君子過時不舉之事以證之。過時不祭，謂春雨霧既濡，君子履之，怵惕思親，思親故設祭。若春時或有事故不得行祭，至夏，乃行夏祭，不復追補春祭，是過時不祭以爲禮也。若過時不祭，如適子仕者，除君服後，猶得行殷祭，其四時之祭，過時所不追者，假令春夏祭，本爲感春秋而祭，至秋非時，故不追也。且今年春夏雖過時，至明年會應復有春夏，故當時則祭，過時不補，前祭祥非爲感時，正是孝子爲存親，存親則前後無異，故除君服已申孝心也。

此取曾子問中一節，而曾子所問，孔子所答之言，皆有注疏。注，則說明大意，而疏則更推廣而詳說之。經傳中之注中有疏解，並不重複，傳簡，而注之則意明，注仍嫌不詳，而疏解之，則意義益顯白矣。故經文固須有傳及注疏，而經之傳，亦須有注疏，不能或缺，職是故也。故昔人敎人讀經傳，須先讀注疏，其原因何在，於此可以知之矣。論語爲五經之錧鎋，爲闡發五經之經義傳記，人無不讀之。而十三經論語注疏，有何晏集解，邢昺疏，玆亦取其中一節以言之。

季康子問使民敬忠以勸如之何？集解：「孔曰、魯卿、季孫肥，康諡」子曰：臨之以莊則敬，集解「包曰：莊嚴也，君臨民以嚴，則民敬其上」。孝慈則忠。集解：「包曰：君能上孝於親，下慈於民，則民忠矣」。擧善而教，不能則勸。集解：「包曰：擧用善人，而教不能者，則民勸勉」。疏、季康至則勸。正義曰：「此章明使民敬忠勸善之法。季康子問使民敬忠以勸如之何者？季康子魯執政之上卿也。時以僭濫，故民不敬忠勸勉，故問於孔子曰：欲使民人敬上盡忠勸勉爲善，其法如何？子曰：臨之以莊則敬者，此答之也。自上涖下曰臨，莊、嚴也。言君臨民以嚴，則民敬其上。孝慈則忠者，言君能上孝於親，下慈於民，則民作忠。擧善而教不能則勸者，言君能擧用善人，置之祿位，教誨不能之人，使之材能，如此則民相勸勉爲善也。於時魯君蠶食深宮，季氏專執國政，則如君矣，故此答，皆以人君之事言之也。注、魯卿季孫肥康諡。正義曰：知者據左傳及世家文也。諡法云：安樂撫民曰康。

吾人但讀季康子之問，孔子之答言，意思雖可知悉，而其事其義，則不能盡知。及讀集解及疏後，於季康子爲人，及魯國當時之政治情形，皆可以知之，故經傳貴有注疏者以此也。孝經爲五經之總會，孔子志在春秋，行在孝經。其於孝之重視可知。孝經雖稱經，其實傳也。十三經孝經注疏本是邢昺注疏，今擧廣揚名章以言之：

子曰：「君子之事親孝，故忠可移於君。注：以孝事君則忠。「事兄悌，故順可移於長」。注：

以敬事長則順。「居家理、故治，可移於官。」注：君子所居則化，故可移於官也。「是以行成於內，而名立於後世矣」。注：修上三德於內，名自傳於後代。疏：子曰至世矣。正義曰：此夫子廣述揚名之義。言君子之事親能孝者，故資孝爲忠，可移孝行以事君也。事兄能悌者，故資悌爲順，可移悌行以事長也。居家能理者，故資治爲政，可移於績以施於官也。是以君子居能以此善行成之於內，則令名立於身沒之後也。先儒以爲居家理下闕一故字，御注加之。注、以孝事君則忠。正義曰：「此一章之文義，已見於上」。注、以敬事長則順。正義曰：「此依鄭注也。亦士章之敬悌義同，已具上釋。然人之行敬，則有輕有重，敬父敬君則重也，敬兄敬長則輕也。注、君子至官也。正義曰：此依鄭注也。論語云：君子不器，言無所不施。注、修上至後代。正義曰：此依鄭注也。三德，則上章云：移孝以事於君，移悌以事於長，移理以施於官也。言此三德不失，則其令名常自傳於後世。經云、立，而注爲傳者，立謂常有之名，傳謂不絕之稱；但能不絕，即是常有之行，故以傳釋立也。

孝經本爲五經之總會，傳也，而注則爲孝經作注也，疏則又爲注加以申說之也。注簡而疏詳，則疏者又爲注之申說也，故注與疏亦有別。孟子亦爲經之傳，十三經注疏本，趙氏注，孫奭疏。孟子多長篇，今取其較短者以言之：

孟子曰：「可以取，可以無取，取傷廉。可以與，可以無與，與傷惠。可以死，可以無死，死傷勇。」注、三者，皆謂事可出入，不至違義，但傷此名，亦不墮於惡也。疏。正義曰：「此章言廉勇惠三者，人之高行也，至死傷勇者；蓋言凡於所取之道，可以取之則取之，故無傷害於爲廉。可以可以無取而乃取之，是爲傷害於廉也。又言凡所以與之道，可以與之則與之，而不爲傷其惠。可以無與而乃與之，是爲傷害於惠也。又言凡於所死之道，可以死之則死，不爲傷害其勇，可以無死而乃死之，是爲傷害其勇也。如孟子受薛七十鎰，是可以取則取之也。求也爲聚斂而附益之，是可以無取而乃取之者也。孔子與原思之粟，是可以與則與之者也。冉子與子華之粟五秉，是可以無與而乃與之者也。比干諫而死，是可以死則死也。荀息不能格君心之非，而終遽以死許，是可以無死而乃死之也。

觀上注甚簡，而疏則甚詳,並各舉事例以說明之。則是注固不可無,而疏則益重矣。舉此一端，其餘可知。爾雅亦爲釋經之傳。據四庫全書提要言：「晉，郭璞注，宋、邢昺疏。……案大戴禮，孔子三朝記，稱孔子教魯公學爾雅，則爾雅之來遠矣；然不云爾雅爲誰作。據張揖進廣雅表，稱周公著爾雅一篇。（案經典釋文，以揖所稱一篇釋詁，）今俗所傳三篇（案漢志爾雅三卷，此三篇謂三卷也，）或言仲尼所增，或言子夏所益，或言叔孫通所補，或言沛郡梁文所考，皆解家所說，疑莫能明也」。要之是類辭書，不必一人之作，因人事日繁，爲用浸廣，隨時有增益可能。舊稱爾雅專爲解經之作，但解經者不及十之三四，殆因後來載籍日多，亦用以釋其他之書，其始則專爲解經也。爾雅可謂傳，而亦有注疏，玆舉釋詁首句言之：

初哉首基肇祖元胎俶落權輿，始也。注，尚書曰：三月哉生魄。詩曰：令終有俶，文曰：俶載南畝。又曰訪予落止。又曰：胡不承權輿，胚胎未成，亦物之始也。其餘皆義之常行者耳。此所以釋古今之異言，通方俗之殊語。疏：初哉至始也。釋曰：皆初始之異名也。初者，說文云：從衣從刀，裁衣之始也。哉者，古文作才。說文云：才、草木之初也。以聲近借爲哉始之哉。首者，頭也。身之始也。基者，說文云：牆始作也。肇者，說文云始開也。祖者，宗廟之始也。元者，善之長也。長即始義。胎者，人成形之始也，俶者，動作之始也。落者，木葉墜之始也。權輿者，天地之始也。天圓而地方，因名云。此皆造字之本意也。及乎詩書雅記所載之言，則不必盡取此理。但事之初始，俱得言焉，他皆做此。注，尚書至殊語。釋曰：云尚書曰，三月哉生魄者，康誥文云。詩曰：令終有俶者，大雅既醉文。又曰：俶載南畝者，周頌載芟文。又曰：訪予落止者，周頌訪落文。又曰：胡不承權輿者，秦風權輿文。云胚胎未成亦物之始也者，說文云：胚、婦孕一月也。胎、婦孕三月也。然則尙未成形而爲形之始，故曰胚胎未成，亦物之始，物則形也。云其餘皆義之常者耳者，謂初首基肇祖元也。通見詩書，故曰：義之常行。云此所以釋古今之異言，通方俗之殊語者，揚雄說方言云，皆古今語也。初別國不相往來之言也。今或同而舊書雅記，故俗語不失其方，而後人不知，故爲之作釋也。郭彼注云：謂作釋詁釋言是也觀注及疏解釋爾雅初載首基肇祖元胚胎俶落權輿，始也之語，引述詩書說文以證明之，知此十餘字，皆訓爲始之原因，可以曉然明白矣。郭璞爾雅注，不能稱爲完善，至清邵晉涵爾雅正義，郝懿行爾雅義疏出，則無遺憾矣。大抵辭書之作，後來者居上，如今日辭典之類，愈後出則多勝於前，但創始之功，亦不可沒也。以上只據十三經注疏，以說明除直接解經之傳外，而又有注疏等以解傳，注疏之類之作，要皆爲傳記之支流。就五經而言，後世學者，爲之作注疏箋解詁訓釋說等，其傳於世者，每一經，無慮有數百家之多，無法一一加以引論，以上所舉，不過一鱗一爪，然即此類推，亦可知傳記支裔之繁衍矣。周禮本非傳經之作；及大學、中庸，皆爲經之傳記，而在禮記中，故此三書，未予引論。此外頗多對經學傳記之散論，而非專門之作，於各家文集中往往有之，此亦爲經學傳記之支裔，章學誠所謂：「經學不專家，而文集中有經義也。」文家大多擅於文而短於經學，所論未必盡當於經義，但其意則欲明經義也。茲暫不論其言盡當於經義，與不盡當於經義，姑引述數文，以說明此類文字，亦爲經傳之支裔。如蘇洵有易論，樂論，詩論，書論等文，雖爲論辨之文，實意在發明經義也。茲錄書論一篇如下：

風俗之變，聖人爲之也，聖人因風俗之變而用其權。聖人之權用於當世，而風俗之變益甚，以至於不可復反。幸而又有聖人焉，承其後而維之，則天下可以復治。不幸其後無聖人，其變窮而無所復入則已矣。昔者吾嘗欲觀古之變而不可得也，於詩見商與周焉而不詳；及今觀書，然後見堯舜之時，與三代之相變，如此之亟也。自堯而至於商，其變也，皆得聖人而承之，故無憂。至於周而天下之變又窮矣，忠之變而入於質，質之變而入於文，其勢便也。及夫文之變而又欲反之於忠也，是猶欲移江河而行之山也。人之喜文而惡質與忠也，猶水之不肯避下而就高也。彼其始未嘗文焉，故忠質而不辭。今吾日食以太牢，而欲之復茹其菽哉！嗚呼！其後無聖人，其變窮而無所復入則已矣！周之後而無王焉，固也。其始之制其風俗也，固不容爲其後者計也，而又適不值乎聖人，固也，後世無王者也。當堯之時，擧天下而授之舜，舜得堯之天下而又授之禹。方堯之未授天下於舜也，天下未嘗聞有如此之事，度其當時之民，莫不以爲大怪也。然而舜與禹也，受而居之，安然若天下固其所有，而其祖宗既已爲之累數十世者，未嘗與其民道其所以當得天下之故也。又未嘗悅之以利，而開之以丹朱商均之不肖也。其意以爲天下之民，以我爲當在此位也。則亦不俟乎援天以神之，譬己以固之也。湯之伐桀也，囂囂然數其罪而以告人，如曰：彼有罪，我伐之宜也。既又懼天下之民不己悅也，則又囂囂然以言柔之曰：萬方有罪，在予一人，予一人有罪，無以爾萬方。如曰：我如是而爲爾之君，爾可以許我焉爾。吁！亦既薄矣。至於武王，而又自言其先祖父皆有顯功，既已受命而死，其大業不克終，今我奉承其志，擧兵而東征，而東國之士女，束帛以迎我，紂之兵，倒戈以納我。吁！又甚矣！如曰：吾家之當爲天子久矣，如此乎民之欲我速入商也。伊尹之在商也。如周公之在周也。伊尹攝位三年，而無一言以自解。周公爲之，紛紛乎急於自疏其非篡也。夫固由風俗之變，而後用其權。權用而風俗成，吾安坐而鎮之，夫孰知風俗之變而不復反也。

此蘇氏論尙書，可謂括全書之意。方望溪言其「論世變，可謂獨有千古」尙書之義，固不僅此，此乃據其一端以概其餘也。其餘論易詩樂不錄。蘇氏有仲兄文甫說，但論易至渙之六四，形容風水相遭而成文，但釋易渙卦，而非易之全文，此在其他文集中，亦有之，如歸熙甫守耕說，即發孔子拒樊遲請學稼之意，但論經傳中一端，此亦爲經學傳記之支裔也。玆節錄本師唐蔚芝先生禮記大義自序（茹經堂文集四編）曰：

國體何以立，禮而已矣。禮者體也。相鼠有體，人而無禮，不死何俟？國而無禮，是戕國也。國性何以善，禮而已矣。天命爲性，禮義威儀之則，所以定命。能者養以之福；不能者敗以取禍。國而無禮，是滅性也。天敘天秩，人綱人紀何以定？禮而已矣。惇典庸禮，明德討罪之制隳，何有于秩敘？名不正，則言不順；言不順，則事不成，何有于紀綱？故曰：「安上治民，莫善於禮」，無禮義，則上下亂也。春秋時，晉文公與楚子玉戰而勝，惟恃乎少長有禮。魯國弱小而後亡，在秉周禮，有禮則安，無禮則危，此中外之常經，古今之國鑑也。昔者周公知非禮無以定國也，爰成文武之德，作爲禮典，蓋非一代之禮，所以明人倫而昭萬世也。孔子承周公之統緒，曰：「周監於二代，郁郁乎文哉！吾從周」。又曰：「夏，殷文獻不足徵，吾學周禮」。其教門弟子則曰：「好禮」，曰：「約禮」，曰：「執禮」，曰：「服禮」。周官士禮之刪訂備哉燦爛！其在斯時乎？

游，夏紹述，訖於子思贊之曰：「優優大哉！禮義三百，威儀三千，待其人而後行」，敦厚崇禮，德性尊矣。戰國時，諸侯惡其害己，皆去其籍，雖有孟、荀狂瀾莫挽。秦政焚書，禮壞樂崩，彝倫攸斁，痛哉！夫然而國體不容裂，國性不能泯也。漢興，魯高堂生傳士禮十七篇，訖孝宣世，后倉最明，戴德、戴勝，慶普，皆其弟子，三家列於學官，而慶氏學漸微。東漢盧植、馬融於大小戴記，皆有著述。高密鄭君，大昌禮教，注小戴記四十九篇，考覈三代典章制度，研求古今文聲音訓詁學者，得知所歸，可謂山涵海納，日月不刋之作。唐孔穎達作正義，貫穿羣經，詳審精密。宋朱子作儀禮經傳通解，以儀禮爲經，禮記作傳，黃榦成之，有功禮學甚鉅。厥後衛湜，吳澄，代有纂述，宗旨各異，衛說特優。迨禮記義疏作，遂集漢宋諸家之大成，致廣大盡精微，立天下之大本，禮教盛則民氣靖而國強，豈不信夫？而說者曰：自殷周迄今數千年，宮室異度，器械異制，衣服異宜，車涂異軌，田疇異畝，文字異形，古道不宜於今，其禮當廢。嗚呼！誤矣！蓋禮有禮之經，禮之制。禮之制者，文質遞嬗，風俗變遷，典章號令，因時制宜，此可得與民變革者也。禮之經者，尊卑長幼，入孝出弟，與奢寧儉，與易寧戚。威儀容貌，恭敬溫文，此不可得與民變革者也。因禮制之不同，併欲舉禮經而廢之誤哉！誤哉！今有童子幼穉罔知，一登禮堂，舞蹈揖讓恐後，今有武夫赳赳粗厲，一聞禮教，山立時行，暨暨洛洛，盛氣爲之歛抑，何也？禮根於天性，先王因人性之固有而導之，是良知也，是良能也。故雖武夫童子，亦莫能踰其範圍也，乃欲拂人之性而掃除之，誤哉！誤哉！

此將禮之意義，禮之對人之重要，均扼要闡明。是言禮之節文，隨時變革，禮之經，則亙萬世而不可變革也。其所以爲此言，因有若干人欲廢除禮教，言禮教吃人，故因而爲此言。吾人觀於今日世界之所以如此紊亂，豈非由於不重禮教致之乎？故曰：「有禮則治，無禮則亂」，以能行禮教與不能行禮教，以卜世之治亂興衰，可以立見之矣，可不重視之乎？唐師著有十三經大義，此僅舉禮記大義序言之耳。至考證經之事實，及駁正前人之誤解，亦爲傳記之文，單舉一篇，而非論全書，玆舉姚姬傳論書經之事以言之（筆記、書、卷一）。其曰：

洛誥。朕復子明辟。漢人解爲周公復政成王，自是實事。但以云復王位則不可耳。周公攝政至是年，既建洛邑，乃歸政成王，以成王年長，又甚明哲，足以爲君，故曰：「復子明辟」。若第以復命言，則明辟二字無義矣。

此篇周公在洛，以伻告王，王答之，往返皆非面相語也。故篇名「洛誥」，其末及紀成王在洛烝祭事。若其誥皆王未至洛之言也。周公攝政，凡國要政，公皆爲之矣。而頒賞功臣，修飭祀典，尚未備，固是未暇，而公意亦留以與王爲之，使其新卽政，施德於天下，以見其休美也。而又恐其少涉私暱，故又以其朋爲戒也。成王尚不敢盡任，故言予在洛，但歆祀卽退，命公留於後居洛。今未定於宗禮，是周公攝政時，治國之功未竟，未克敉撫公功而成之也。然必公在此廸將其後卒成之，則紀功飭紀，咸得其宜。若公去而予任之，則是困我也。舊解以命公後爲命伯禽者，誠爲非是，而蔡傳又以敉公功，卽下文命寧之事，則尤非是。命一使問，何至無暇而云未克哉？以功作元祀，其人功大，賜族爵，命爲一族之祖，是爲元祀。雖其人尚存，而爲祖已定，亦可云元祀也。周公所未暇爲，而今當爲者，莫大於此。此成王所以稱爲畢協賞罰也。成王留周公廸將其後，定此宗工，監其優劣，使其人誕保文武，受民而治，爲周師保疑丞之輔，則敉公功之事略竟矣。經云：「公定」，卽承上文未定於宗禮之定也。蔡傳知命公後，非以伯禽爲後之謂，而以四輔仍指周公言，則不可通矣。四輔者，指諸功臣，所謂汝受命篤弼者也。（敉公功，猶敉寧武圖功之敉，謂繼其事而成之。）伻來毖殷，蓋周公欲以在周工往治新邑，成王乃先使舊臣來洛治事，故云毖殷。而因卽使寧問於公也。

此姚氏以舊解未洽，特申明己意，以正舊解之誤。吾人讀此，於洛誥全文之義，則可瞭然。除於書取其闡論「洛誥」一文外，其餘於易、詩、禮、春秋、左傳、論語、孟子、爾雅、小學等，都有特別之見解，以補正前人之未當不備，此皆爲傳記中之支裔也。在其他文集中，或論全書，或但舉一文以申明其義，隨在都有，此不過舉其一例，以見其概，故有經學除專書外，散篇之傳記，不知凡幾，皆可以傳記中之支派流裔視之。餘不備論。

二、今古文之對峙

經學史上有今古文之分，漢學宋學之別，要皆爲經學之支派流別。其所主雖有不同，而其目的則皆爲發明經義。既有派系之分，則其主張，便不能盡同，由此，各有其至之處，亦不無偏蔽之失。吾人生於今日，固須明其支派流裔，亦須知其得失，不必是丹非素，取其長遺其所短可矣。六經自秦火後，及漢興至孝惠之世，除挾書之令，六經漸次復出，但皆殘缺不全。馬宗霍曰：

史記儒林傳曰：「秦時燔書，伏生壁藏之，其後兵大起，流亡。漢定，伏生求其書，亡數十篇，獨得二十九篇，即以教于齊魯之間。」。是書因秦火而缺之證也。又曰：「禮固自孔子時而其經不具。及至秦焚書，書散亡益多，於今獨有士禮，高堂生能言之」。是禮因秦火而缺之證也。又六國表曰：「秦既得意，燒天下詩書，諸侯史記尤甚，爲其有所刺譏也」。夫春秋亦諸侯史記之一，是春秋因秦火而缺之證也。惟易與詩，則據漢書藝文志，秦燔書，而易爲筮卜之事，傳者不絕。詩遭秦火而全者，以其諷誦不獨在竹帛故也。然笙詩六篇（南陔、白華、華黍、由庚、崇邱、由儀）毛傳謂有其義而亡其辭。鄭康成箋云：孔子論詩，雅頌各得其所，時俱耳，遭戰國及秦之世而亡之，其義則與衆篇之義合編故存」。是詩亦有缺矣。隋書經籍志，謂易以卜筮得存，惟失說卦三篇，是易亦有缺矣。六藝皆缺，斯其明徵，乃馬端臨謂秦燔經籍，易與春秋二經本末具存。詩亡其六篇，或以爲笙詩既無其詩，是詩亦未嘗亡。禮本無成書，戴記雜出漢儒所編。儀禮十七篇及六典最晚出。六典僅亡多官；然其書純駁相半，其存亡未足爲經之疵。獨虞夏商周之書，亡其四十八篇爾。然則嬴秦所燔，除書之外，俱未嘗亡也。（見文獻通考經籍考序。）此則從漢興大收篇籍以後而言，固非當日之情事也。而晚世學者，竟有持諸經皆全之說，疑秦火燒殘爲劉歆輩所妄託者，以不妄爲妄，斯妄也已！

此言六藝自秦火後，多有殘缺，世言六藝無殘缺者妄也。因有殘缺，至漢興，諸儒所急於作者修補而已。故韓退之言：「漢氏以來，羣儒區區修補，百孔千瘡，隨亂隨失，其危如一髮引千鈞，緜緜延延，寖以微滅」也。（昌黎先生集與孟尚書書）但漢初經師傳學，繁於傳記，略於訓說。六藝經傳以千萬數，而尚書初出屋壁，時師傳讀而已。申公獨以詩經爲訓以敎，無傳疑。丁將軍作易說三萬言，訓詁大義而已。左氏傳多古字古言，學者傳訓詁而已。禮以明體，明者著見，故無訓也。其訓說之略，大抵如是。自罷傳說博士，而章句蔚起，委曲枝派，煩言碎辭，其弊遂至以遵師爲非義，意說爲得理。博士之立，在秦時已有，至漢之文、景，亦各立博一經博士，至武帝時，五經博士始備。此經學因之昌明。易立施、孟、梁邱、京四博士。書立歐陽、大小夏侯三博士，詩立魯、齊、韓三博士，禮立大小戴二博士，春秋立嚴、顏二博士，共十四。皆今文家。在漢之初，古文不立官學，所立博士，皆今文家。至西漢末，劉歆欲建立左氏春秋、及毛詩、逸禮、古文尚書，皆列於學官，哀帝令歆與五經博士講論其義，諸博士或不肯置對，歆因移書太常博士責讓之，今古之爭，由此以起，在經學史上一重大關鍵。直至清末，仍有爭議。其書頗長，不可不一讀，玆移錄如下：

昔唐虞既衰，而三代迭興，聖帝明王，累起相襲，其道甚著。周室既微，而禮樂不正，道之難全也如此。是故孔子憂道之不行，歷國應聘，自衞反魯，然後樂正，雅頌乃得其所。修易序書，制作春秋，以紀帝王之道。及夫子歿而微言絕，七十子終而大義乖。重遭戰國，棄籩豆之禮，理軍旅之陳，孔氏之道抑，而孫、吳之術興。陵夷至於暴秦，燔經書，殺儒士，設挾書之法，行是古之罪，道術由是遂滅。漢興，去聖帝明王遐遠，仲尼之道又絕，法度無所因襲，時獨一叔孫通，略定禮儀，天下惟有易卜，未有他書。至孝惠之世，乃除挾書之律，然公卿大臣絳灌之屬，咸介冑武夫，莫以為意。至孝文皇帝，始使掌故鼂錯，從伏生受尙書，尙書初出於屋壁，朽折散絕，今其書見在，時師傳讀而已。詩始萌芽，天下衆書，往往頗出，皆諸子傳說，猶廣立於學官，為置博士，在漢朝之儒，惟賈生而已。至孝武皇帝，然後鄒魯梁趙，頗詩禮春秋先師，皆起於建元之間。當此之時，一人不能獨盡其經，或為雅，或為頌，相合而成。泰誓後得，博士集而讀之，故詔書稱曰：禮壞樂崩，書缺簡脫，朕甚閔焉！時漢興已七八十年，離於全經，固已遠矣。及魯恭王壞孔子宅，欲以為宮，而得古文於壞壁之中，逸禮有三十九，書十六篇。天漢以後，孔安國獻之，遭巫蠱倉卒之難，未及施行。及春秋左氏邱明所修，皆古文舊書，多者二十餘通，藏於秘府，伏而未發。孝成皇帝閔學殘文缺，稍離其眞，乃陳發秘藏，校理舊文，得此三事，以考學官所傳。經或脫簡，傳或間編，傳問民間，則有魯國桓公，趙國貫公，膠東庸生之遺，學與此同，抑而未施，此乃有識者之所惜閔，士君子之所嗟痛也。往者，綴學之士，不思廢絕之闕，苟因陋就寡，分文析字，煩言碎辭，學者罷老，且不能究其一藝，信口說而背傳記，是末師而非往古。至於國家將有大事，若立辟雍封禪巡狩之儀，則幽冥而莫知其源。猶欲保殘守缺，挾恐見破之私意，而無從善服義之公心。或懷妒嫉，不考情實，雷同相從，隨聲是非，抑此三學。以尚書爲備，謂左氏爲不傳春秋，豈不哀哉！今聖上德通神明，繼統揚業，亦閔文學錯亂，學士若兹，雖昭其情，猶依違謙讓，樂與士君子同之。故下明詔，試左氏可立否？遣近臣奉指銜命，將以輔弱扶微，與二三君子，比意同力，冀得廢遺。今則不然，深閉固距而不肯試，猥以不誦絕之，欲以杜塞餘道，絕滅微學，夫可與樂成，難與慮始，此乃衆庶之所爲耳，非所望士君子也。且此數家之事，皆先帝所親論，今上所考視，其古文舊書，皆有徵驗，外內相應，豈苟而已哉！夫禮失求之於野，古文不猶愈於野乎？往者博士書有歐陽，春秋公羊，易則施、孟。然孝宣皇帝，猶復廣立穀梁春秋，梁邱易，大小夏侯尚書。義雖相反，猶並置之，何則？與其過而廢之也，寧過而立之。傳曰：「文武之道，未墜於地，在人，賢者，志其大者；不賢者，志其小者。今此數家之言，所以兼包大小之義，豈可偏絕哉？若必專己守殘，黨同門妒道眞，違明詔，失聖意，以陷於文吏之議，甚爲二三君子不取也。

觀劉氏此書，其言甚切，故諸儒皆怨恨，名儒光祿大夫龔勝以歆移書，上疏深自罪責，乞骸骨罷，及儒者師丹爲司空，亦大怒，奏歆改亂舊章非毀先帝所立，歆懼誅，求出補吏。事卒不遂。但歆詆其「因陋就寡，分文析字，煩言碎辭，學者罷老，且不能究其一藝，信口說而背傳記，是末師而非往古」，亦切中其弊。又言其「保殘守缺，挾恐見破之私意，而無從善服義之公心。或懷妒嫉，不考情實，雷同相從，隨聲是非」，及「專己守殘，黨同門，妒道眞」，亦爲事實。至諸今文家不肯試古文經傳，其亦別有原因。因今文家，皆重師法家法，而劉歆所欲立三事，皆爲私家之傳，無師法家法，認爲此類之書學不可信。馬宗霍中國經學史曾言之，其曰：

師法家法，爲漢儒所最重，其見于兩漢書者：張禹傳，諸儒薦禹，詔蕭望之問禹，對易及論語大義，望之善焉，奏禹經學精習有師法，可試事。吳良傳，東平王蒼上疏薦良曰：「齊國吳良治尚書，學通師法，經任博士，行中表儀。」此薦舉重師法也。翼奉傳，元帝問奉善日邪時孰與邪日善時？奉對引師法。五行志，朱博爲丞相受策，有大聲如鐘鳴，上問李尋，尋對引師法。此對問重師法也。左雄傳，雄上言郡國所舉孝廉，請皆先詣公府，諸生試家法，此察孝廉重家法也。質帝紀，本初元年夏四月，令郡國舉明經，年五十以上七十以下詣大學，自大將軍至六百石，皆遣子受業，四姓小侯先能通經者，各令隨家法。此舉明經重家法也。又宦者蔡倫傳，元初四年，帝以經傳之文，多不正定，乃選通儒謁者劉珍及博士良史詣東觀，各讎校家法，令倫監典其事。是則正定經文亦重家法矣。至若互相傳習，則尤非有師法不足以名其學，故胡母生傳云：「董生弟子，唯嬴公守學不失師法」。李尋傳云：「尋治尚書，與張孺，鄭寬中同師，寬中等守師法教授」。卓茂傳云：「茂元帝時學於長安，事博士江生習詩禮，究極師法，稱爲通儒」。劉寬傳注引謝承書云：「寬少學歐陽尚書京氏易，尤明韓詩外傳，皆究極師法」。是其證也。其不守師法者，則同門相與攻之，朝廷亦不之用。如儒林傳稱孟喜得易家侯陰陽災變書，詐言師田生，且死時枕喜膝，獨傳喜，諸儒以此耀之。而同門梁丘賀疏通證明之曰：「田生絕于施讎手中，時喜歸東海，安得此事。」後博士缺，衆人薦喜，上聞喜改師法，遂不用喜。又蜀人趙賓好小數書，後爲易，飾易文，以爲箕子明夷，陰陽氣亡箕子。箕子者，萬物方荄兹也。賓持論巧慧，易家不能難，皆曰：非古法也。云受孟喜，喜爲名之。後賓死，莫能持其說，喜因不肯仞，以此不見信。又京房受易焦延壽，延壽云：嘗從孟喜問易，會喜死，房以爲延壽易卽孟氏學，翟牧白生不肯，皆曰非也。卽此可見師法之嚴矣。而徐防永元十四年上疏云：「伏見太學博士弟子，皆以意說，不修家法，以遵師爲非義，意說爲得理，誠非詔書實選本意。」則更以家法責之博士。蓋以家法之明，本明於博士也。惟劉歆移博士書有曰：「綴學之士，不思廢絕之闕，苟因陋就寡，分文析字，煩言碎辭，學者罷老且不能究一藝，信口說而背傳記，是末師而非往古」。觀此，其意雖在立古文，實欲學者治經宜返求諸本經，而不可專信師說。（論衡曰：「儒者說五經，多失其實，前儒不見本末，而生虛說；後儒信前師之言，隨舊述故，滑習辭語，苟明一師之學、趨爲師教授，及時早仕，汲汲競進，不暇留精用心，考實根核。故虛說傳而不絕，實事沒而不見。五經並失其實」。案此亦謂師說之不可從也。）宜其書出爲衆儒所訕，罪以改亂舊章矣。然如范史所云：「經有數說，分受王庭，樹朋私里，至有私行金貨定蘭臺漆書經字以合其私文者，則家法末流之弊，蓋亦不勝其慨，子駿之言，詎可奪哉？

漢儒傳經，重師法家法，亦有其長處，則學專一而不雜，精而能深；其弊則保殘守缺黨同代異，祇見其一而昧其二，偏執無以觀其會通，子駿所言，實中其流弊。自子駿之書出，今古文之爭以開其端，旋以諸儒反對作罷。迨平帝時，王莽持政，莽好古文，又素重歆，於是歆之議始得申。莽敗東漢嗣興，尋復見廢。然其學既明，諸儒治經者多，而爭論亦遂烈。建武中，尚書令韓歆上疏，欲爲費氏易，左氏春秋立博士，詔下其議。博士范升對曰：「左氏不祖孔子而出于邱明，師法相傳，又無其人，且非先帝所存，無得立。」遂與韓歆及太中大夫許淑等互相辯難。退而奏曰：「近者有司請置京氏易博士，羣下執事，莫能據正。京氏既立，費氏怨望，左氏春秋，復以比類，亦希置立。京費已行，次復高氏，春秋之家，又有騶、夾。如令左氏、費氏得置博士，高氏騶、夾，五經奇異，並復求立，各有所執，乖戾分爭，將恐陛下必有厭倦之聽。今費左二學，無有本師，而多反異，雖設學官，無有弟子。奏立左費，非政急務，謹奏左氏之失凡十四事」。時難者以太史公多引左氏。升又上太史公違戾五經謬孔子言及左氏春秋不可錄三十一事（見范升傳）陳玄聞之，乃詣闕上疏曰：「陛下知邱明至賢，親受孔子，而公羊、穀梁傳聞於後世，故詔立左氏。今論者沉溺所習，玩守舊聞，固執虛言傳受之辭，以非親見實事之道。左氏孤學少與，遂爲異家所覆冒。臣玄竊見博士范升等所議左氏春秋不可立及太史公違戾凡四十五事。案升等所言，前後相違，所謂小辨破言，小言破道者也。留思聖藝，眷顧儒雅，分明黑白，建立左氏，使後進無復狐疑，則天下幸甚！書奏，下其議。范升復與玄相辨難，凡十餘上，帝卒立左氏學，以李封爲博士。於是諸儒以左氏之立，論議讙譁。自公卿以下，數廷爭之。會封病卒，左氏復廢。(見鄭玄傳) 第一次今古之爭，可謂無結果，此乃第二次之爭，似有結果，而亦可謂無結果。但事雖無成，訖建中初，肅宗好古文尚書逸禮，左氏春秋，時賈逵治古學，詔賈入講，逵出左氏傳大義長于二傳(公穀)者，具條奏之，擿出左氏三十事尤著明者，以爲斯皆君臣之正義，父子之綱紀，又言左氏與圖讖合，奏之，帝嘉之。逵又數爲帝撰古文尚書同異，集爲三卷，帝善之。復令撰齊、魯、韓詩，與毛異同，並作周官解故。同時今文家李育，少習公羊春秋，嘗讀左氏傳，雖樂文采，然謂不得聖人深意，而多引圖讖，不據理體。(見李育傳) 於是作難左氏四十一事。建初四年，詔與諸儒論五經於白虎觀。育又以公羊義難賈逵，往返皆有理證。(見李育傳) 至東漢桓、靈之間，今文家何休，治公羊，作春秋公羊解詁，又與其師博士羊弼，追述李育意，以難二傳，作公羊墨守，左氏膏肓，穀梁廢疾。(見何休傳) 而服虔又以左傳駁何休之所駁漢事六十條。(見服虔傳) 當時鄭玄乃作發墨守，鍼膏肓，起廢疾。何休見而歎曰：「康成入吾室，操吾弟，以伐我乎！」(見鄭玄傳) 許愼撰五經異義，多從古文說，康成復作駁五經異義以難之。在後漢時，著名今學家，寥寥無幾，而古文家則有鄭衆、杜林、桓譚、賈逵、馬融等，皆有盛名於時。於此，可知在東漢時今文衰而古文盛。終兩漢之世，劉歆移讓太常博士書，爲今古之爭之開始，後漢范升與韓歆許淑等爭，嗣李育又與賈逵爭，何休與鄭玄爭。鄭玄治經，兼采今古，不拘家法。觀其所著，有注周易、尚書、毛詩、儀禮、禮記、論語、孝經，尚書大傳，中候乾象歷，以及著政論，魯禮禘祫義，六藝論，毛詩譜，駁五經異義，答臨孝存問禮等，凡百餘萬言。考其內容，則兼采今古文。如箋詩，以毛本爲主，而又時違毛義，兼采三家，於是鄭詩箋行而今文齊魯韓三家詩廢。注尚書用古文，而又與馬融不同，或馬從古而鄭從今，或馬從今而鄭從古。於是鄭書注行，而今文歐陽大小夏侯尚書廢。其注儀禮，亦兼用今古文，從今文則注內疊出古文，從古文則注內疊出今文。於是鄭禮注行而今文大小戴禮廢。蓋鄭氏以爲今古文相攻排如仇讎，是非所宜，恃其博學，參稽各說，以成一家之言。其雖以古文學爲宗，亦兼採今文學者，職是故歟？當時學者苦於今古文家法繁瑣，震於鄭氏經術之治博，所以翕然宗之。但由於鄭學之行，今古文混而爲一，而兩漢之治經師法家法，亦從此泯然矣。有其利亦不能無弊也。

治經，本爲闡明經傳微言大義，一涉門戶之見，則不能無偏俗。馴至不惜曲解枝辭，以求爭勝。如波瀾起伏，亙千載而未有已。自鄭氏兼采古今，泯其畛域，今古文之爭，可謂告一結束。不意在鄭學盛行數十年內，而又起反鄭之風，而首爲王肅。王肅之父朗師事楊賜，楊氏世傳今文歐陽尚書。洪亮吉傳經表，以肅爲今文伏生十七傳弟子。肅又好賈逵、馬融古文學，與鄭玄兼采今古文並無有異。其所以反鄭，於其言出於好惡，毋寧爲求爭名。其或以今文駁鄭古文說，或以古文說駁鄭今文說。且僞造孔子家語，孔叢二書，以爲其反鄭專著之聖證論之根據。卽此，其爲人心術已不可問矣。其藉晉武帝司馬炎爲其外孫之勢，將其尚書、詩、論語、三禮、左氏解，及其父朗之易傳，立於學官，而鄭氏之學衰。但鄭王二派之爭乃未有已，其時孔晁、孫毓等，申王駁鄭，而孫炎、馬昭等，又主鄭攻王，斷斷於鄭王兩家之是非，而於兩漢專門之學，無復過問，此固非今古文之爭，可謂今古文之爭之餘波。嗣後重以世亂相乘，而兩漢之傳記多亡，漢十四博士所傳之今文師法亦遂絕。而今古文之爭自此以熄。及至清代，今古文之說又復起，略有爭議，而止於公羊左氏。大體言之，今文學者排斥古文，而信今文，治古文學者，對其亦有譏貶。清儒言公羊學者，自曲阜孔廣森開其端。而武進莊存與以授同縣外孫劉逢祿、劉逢祿、傳湘潭、王闓運、王傳井研、廖平、廖傳南海康有爲及其弟子梁啓超。康本初從同縣朱次琦學，朱治經，兼采漢宋古今，不講家法，而康以後專講公羊，深詆古文學者漢之劉歆。著新學僞經考，言古文經傳爲劉歆僞造。所以稱爲「僞經」，古文是新莽時之學，不爲漢學，所以稱之爲「新學」。蔣伯潛曰：

孔子作春秋，寄大義於書法之中。嘗寓微言於書法之外，孔子之歿，微言絕矣。惟董仲舒、何休、劉逢祿、廖平、康有爲諸公羊家言，尚可見其一二。而廖、康二氏，已不免强孔經以就己意，則春秋之微言，誠難明也。（十三經概論春秋之例。）

此蓋康氏以孔子作春秋，爲孔子改制創作之書。又不惟春秋而已，凡六經皆孔子所作，昔人言删述誤也。康氏所謂「改制」者，即「政治革命」、「社會進化」之意，凡此之說，皆不外爲其「變法」之事解說，此蔣氏所謂「强孔經以就己意」。據康氏之意，以六經爲孔子創作，是六經以前無遺書爲孔子憑藉矣。故論者皆不以爲然。治經當就經文以明其義，一有牽附，則本旨全失矣。故章太炎先生訶爲摘發同異，比之盜憎主人，蓋駁難其說，累三萬言，以弁於春秋左傳之編首。本師錢子泉先生後東塾讀書記有曰：

章炳麟以左氏張革命，康有爲以公羊說改制，應運而生，皆迫於時勢之不得不然；此頌詩讀書之所以有待於知人論世也。獨朱一新無邪堂答問，則深斥改制之說，原其所以謂：「公羊家之說，以爲：周道卽微，明王不作。夫子知漢室將興，因損益百王之法，爲漢赤制；第載之空言，不如見之行事。魯史具存，卽借其事以寓褒貶，故曰：『加吾王心焉』。夏尙忠、殷尙質，三王之道若循環。周末文勝，夫子欲反之以殷質，而具褒貶誅絕之法，不敢自專，寄之於魯」。此以春秋當新王之義，非謂眞以魯爲新王也。麟爲王者之瑞，夫子論次十二公之事，爲萬世法；王道浹，人事備：西狩獲麟，於周爲異，春秋則託以爲瑞。故曰：『所聞世，著治升平；所見世，文致太平』。此張三世之義，曰：『文致』者，明其非眞太平也。公羊多非常可怪之論；西漢大師，自有所受，要非心知其意，爲學者流弊滋多。近儒惟句容陳立卓人爲公羊義疏七十六卷，深明家法，不過爲穿鑿。卓人出江都凌曙曉樓，曉樓已頗穿鑿而尙未甚。至武進劉逢祿申受．長洲宋翔鳳于庭，德清戴望子高諸家，牽合公羊，論語而爲一。于庭復作大學古義說以牽合之；但逞私臆，不顧上下文義。仁和龔自珍定庵專以張三世穿鑿羣經，蔓衍支離，不可究詰。二千年經學之厄，蓋未有甚於此者也。良由漢學家瑣碎而鮮心得；高明者亦悟其非，而又炫於時尙，宋儒義理之學，爲所諱言，於是求之漢儒，惟董子繁露之言，最爲滂沛，求之六經，惟春秋改制之說，最易附會。且西漢今文之學久絕；近儒雖多綴輯，而零篇墜簡，無以自張其軍；獨公羊全書幸存，繁露、白虎通諸書，又多與何注相出入；其學派甚古，其陳義甚高，足以壓倒東漢以下儒者，遂幡然變計而爲此。夫春秋重義而重例；義則百世所同，制則一王所獨，惟王者受命於天，改正朔，易器械，別服色，殊徽號，以新天下耳目；而累朝舊制，沿用已久，仍復並行，此古今之通義。周時本兼有四代之制，六經無不錯舉其說；非獨春秋爲然。孔子殷人，雜擧殷禮，見載者甚多，安得以爲改制之證。公羊文十三年傳之『周公用白牡，魯公用騂剛』；何注：『白牡，殷牲也』；此乃成王所賜，豈亦孔子所改。明堂位兼用四代禮樂，若非經有賜魯明文，則亦將援爲孔子改制之證。且託王於魯，猶可言也，帝制自爲，不可言也，聖人有其位，則義見於制；無其位，則義見於事。是故孟子之論春秋曰：『其事』『其義』，不曰其制。曰：『天子之事』，不曰天子之制。衰褒鉞貶者，正夫子之所有事。孔子自言竊取其義；竊取云者，取諸文王也。公羊傳曰：『王者孰謂？謂文王也』。開宗明義，卽示人以尊王之旨。聖人作春秋，以文王之法正諸侯，而不以空言說經，故其義悉寓於諸侯之事；若夫典章文物，一仍其舊，曾何改爲？近儒因記王制兼有殷制，遂傅合於公羊。夫王制乃漢文集博士所作，盧侍中植明言之。侍中，漢代大儒，出入禁闥，豈有本朝大學故，懵然不知之理。近人深斥其說，乃託王制以穿鑿公、穀，顛倒五經。不知孝文時，今學萌芽，老師猶在，博采四代典禮以成是篇；乃王制摭及公羊，非公羊本於王制。王制果爲公羊而作，則師說具存，繁露何以不引其文？漢儒何以不述其例？直待千餘年後，始煩諸傳爲之鑿空乎？乃近人因王制未足徵信，復援孟子以爲助，孟子明云周室班爵祿，周制也，非殷制也。孟子言天子一位至子男同一位，凡五等，王制言公侯伯子男凡五等。公羊言伯子男同位，凡三等，三書說各不同，烏可強爲搆合？孟子：『公侯百里，伯七十里，子男五十里』，與武成分土惟三義同。近人黜爲僞古文尚書，棄置弗道；然漢書地理志已言周爵五等而土三等，豈班志亦僞乎？殷制旣以公侯伯爲三等，則公侯不能同爲百里。書闕有間，但當闕疑，烏可鑿空？近儒致疑於孟子者，徒以爵祿之說，與周官不合。夫周官不合羣經者多矣；何獨執此而定百里爲素王之制？孟子『十一月徒杠成，十二月輿梁成』，卽國語引夏令十月成梁之制。（周十二月，夏之十月。）孟子所用周正也，非夏正也。近人謂孟，荀皆用孔子改制之說。按荀子有王制篇，所言序官之法，大致與周禮同。又云：『田野什一，關市譏而不征，梁澤以時禁，發而不稅』，說亦同於孟子。孟子明云文王治岐之制，豈得以爲殷制？荀子言：『王者之制，道不過三代，法不貳後王。過三代謂之蕩法，貳後王謂之不雅』。荀子意在法後王；乃後反誣以改制之說；此正荀子所斥爲不雅者也。夫子修春秋以垂教萬世，託始於文，託王於魯，上以諱尊隆恩，下以避害容身，愼之至也。聖人憲章文武，方以生今反古戒人，豈有躬自蹈之之理？公羊家言變周文，從殷質，文王，殷人，其所用者殷制，夫子用此，與從先進義同，豈敢緣隙奮筆，儼以王者自居？春秋即爲聖人制作之書，度亦不過一二微文以見意；豈有昌言於衆以自取大戾者？且亦惟公羊爲然，於二傳如何？於詩、書、禮、易論語又如何？今日以六經之言，一切歸之改制，其鉅綱細目，散見於六經者，轉以爲粗迹而略置之。夫日以制作爲事，而不顧天理民彝之大，以塗飾天下人耳目，惟王莽之愚則然耳。至以春秋爲漢赤制，此尤緯說之無理者。蓋自處士橫議，秦人焚書，漢高溺儒冠，文、景喜黃老，儒術久遏而不行。自武帝罷黜百家，諸儒乃亟欲興其學，竄附緯說以冀歆動時君；猶左傳之增『其處者爲劉氏』也。（後漢賈逵傳，五經家皆以證圖讖劉氏爲堯後者，而左氏獨有明文，章懷太子注春秋，晉大夫蔡墨曰：陶唐氏既衰，其後有劉累學擾龍事，孔甲范氏其後也。范會自秦還晉、其處者爲劉氏，明漢承堯後也。） 此在立學之初，諸儒具有苦心，後人若復沿襲其說，則愚甚矣。」其辭辨以覈。

此錢師引述朱一新無邪堂答問之言，以駁康有爲以公羊說改制之非。其間各書事例，以明康說之牽引附會。强託古改制之說，以附合其變法之事，全非公羊學之本旨。所貴有學術，就經學而言，在發明經傳大義，可以行之世而無流弊，若曲解附會，以徇己意，以求爭勝，此馬宗霍所言：「不妄而妄，斯妄也已」也。以周禮爲劉歆僞造，方望溪曾言之。清末公羊學家，又擴而充之，卒至有康有爲「新學僞經考」，「六經爲孔子託古改制」而創作，並非刪修。古書傳於今者，多不免有後人附益，謂劉歆竄益尚可，謂其僞作，劉歆學雖博洽，亦無此本領，已有人言之。即以公羊而言，由公羊高口投五傳至其孫公羊壽，始著之竹帛，其間又豈能保其一無附益？由六經爲孔子託古改制之說興，而繼而起者，謂前古所傳其事其人，皆不足信，古籍可盡行燒毀，或言束之高閣，投諸毛厠，其禍甚於秦之焚書，共黨只言批孔，彼欲打倒孔家店，毀棄古籍，其作爲，豈不甚於共黨？涓涓之水，可成江河，故士君子愼勿逞一時之快，放言高論，聳人聽聞，繼之者，變本加厲，遺禍無窮矣！本章爲述經學傳記之流裔，本節言今古文之對峙，由經傳而起之今古文之爭，乃其流裔也。今古文之於經傳，雖各有所主，其解經說傳，各有其長短，亦皆有可取，至其末，則曲解附會，失其爲經學傳記之本旨矣。故吾人讀其所爲之書，不能不有選擇而明辨之也。關於今古文興衰起伏，長短得失，言之者頗多，不能一一列舉，惟觀於上述，其流衍得失，亦可知其大凡矣。除今古文對峙外，而又有所謂漢學宋學之爭，此亦爲經學傳記之流裔，至爲重要，須繼此而述之。

三、漢宋學之爭議

本節雖言漢學宋學，而漢學宋學中，亦各有其派別支裔，並不全然相同，此亦祇能各舉其要言之，其不關重要者則略之。世多言漢學重訓詁，宋學重義理，並不盡然。其始不過漢宋學於治經觀點略有區別。迨及清乾嘉之間，而壁壘分明，爭議以起，莊子所謂「辯生於末學」也。皮錫瑞經學歷史曰：

治經必宗漢學，而漢學亦有辨。前漢今文說，專明大義微言。後漢雜古文，多詳章句訓詁；章句訓詁，不能盡饜學者之心，於是宋儒起而言義理，此漢宋之經學所以分也。

皮氏言前漢今文說，專明大義。後漢雜古文，多詳章句訓詁，此兩漢經學之不同。由於章句訓詁，不能盡饜學者之心，於是宋儒義理之學以起。此可明宋儒義理之學興起，爲不滿後漢多詳章句訓詁也。本師錢子泉先生亦曰：

譚漢學者；多誦訓詁而昧理學。不知宋儒有理學，漢儒亦有理學。而治漢儒理學，尤不可不讀春秋繁露、白虎通兩書。春秋繁露有江都凌曙曉樓注，白虎通有句容陳立卓人疏證。皆以明家。爾雅、說文，只知逐字解詁，而全體大用欠分曉，但言訓詁名物，未明義理。而讀春秋繁露及白虎通；則以繁露爲春秋之名宗，闡春秋愼辭謹於名倫等物之意。白虎通爲禮家之名宗，發禮官，正百物，敍尊卑，控名而責實之指。義理徵於訓詁，而人倫道妙之全體大用，即見名物訓詁之中。然後由訓詁名物以通義理，塗徑頓闢。然後進而讀小戴禮記四十九篇，以見威儀節文，不過以徵理之不可易；而知控名責實，義理之即名倫等物而見。此漢儒之理學也。漢儒以禮爲理，承荀卿崇禮宗緒。宋學認性卽理，發孟子性善之指。漢儒蹈禮履仁，附會陰陽家言；宋學明心見性，多雜禪宗說。漢儒只於威儀事爲，著實體認；而宋學則性天道奥，愈勘愈深。此其較也。（後東塾讀書記）

皮氏言前漢經學專明大義，後漢雜古文，多詳章句訓詁，與錢師言漢亦有理學，似相同而略有別。

皮氏只言前漢，而錢師不分前後漢。其所舉春秋繁露，爲董仲舒作，白虎通義，爲班固作，董爲前漢人，班爲後漢人，是兩漢經學亦皆有理學，後漢非專詳章句訓詁。即以後漢末鄭康成所作諸書而言，亦不專詳章句訓詁也。只有說兩漢經師治經亦有理學，前漢較多，後漢較少。兩漢經師雖有理學，畢竟章句訓詁多，而義理爲少。宋儒雖講義理，亦講說章句訓詁，則較少，而義理多也。依錢師之言，漢宋儒雖皆有理學，而其間所宗所爲亦不盡相同，而有區別，研究漢宋之學者，所當知之也。皮氏又言：

> 惟前漢今文學能兼義理訓詁之長。武宣之間，經學大昌，家數未分，純正不雜，故其學極精而有用。以禹貢治河，以洪範察變，以春秋決獄，以三百五篇當諫書，治一經有一經之益也。當時之書，惜多散失，傳於今者，惟伏生尚書大傳，多存古禮，與王制相出入，解書義爲最古。董子春秋繁露，發明公羊三科九旨，且深於天人性命之學。韓詩僅存外傳，推演詩人之旨，足以證古義。學者先讀三書，深思其旨，乃知漢學所以有用者，在精而不在博。將欲通經致用，先求大義微言，以視章句訓詁之學，如劉歆所譏分文析義，煩言碎辭，學者罷老，且不能究其一藝者，其難易得失何如也。(經學歷史)

此言前漢經學，明大義微言，其學極精而有用，且舉事實以證明之，視後漢章句訓詁之學，分文析義，煩言碎辭，學者罷老且不能究其一藝者不同。此明兩漢經學之有殊也。與錢師所言漢儒「知控名責實，義理之即名倫等物而見」之意相同，而較簡括。而清儒之言漢學，重在章句訓詁名物聲韻，多承自後漢。清代考據之學，度越前古，有功於學者亦非細，但其流弊亦甚大。熊十力曰：

漢學畢竟是學術界萬不可少之工作。凡讀古書者，於其訓詁名物度數等，若茫然不知，則與不曾讀書何異？如此，則古人之精神遺產，吾實未能承受之，是自處於孤窮也，不智孰甚？孔子曰：「小子何莫學夫詩，多識於草木鳥獸之名」。又言夏殷之禮，而傷杞宋之文獻不足徵，如孔子生乎後之世，其必不忽視漢學可知也。大凡注重哲學思想者，其讀書，於考據方面，決不輕忽，而亦決不能如考據家一般精博，因其爲學路向不同，其致力處自別。彼之從事考據，大抵視其思想之路向，與構成其思想體系之所需要者。如論語一書，考據家讀之，於訓詁名物等等方面，均須詳考爲佳。而哲學家讀之，於名物訓詁等等，若無甚關於彼思想中之所急須參考，則不妨闕疑。吾嘗言各人讀書之注意不同，正如多人入山，其注意各別。樵者入山，只求薪木；工匠入山，只求建築材料；畫家入山，只領略自然神趣。善讀書者，須識此意。（讀經示要上冊）

熊氏言漢學考據爲治學不可少之工作，甚是，其言因各人所習不同，而考據之路向亦不同，以樵人、工匠、畫家入山作譬，各取所需，亦甚允當；但不能無考據。考據家，於名物訓詁，固須詳考，哲學思想家，亦不能忽視考據，其言誠然；但文章之士，又豈能不知之？韓退之言爲文，宜略識字，識字，即指名物訓詁而言也。因能識字，於作文時，用字不致錯誤而能適當，考據爲用之廣可知矣。

陳澧曰：

詁者，古也，古今異言通之，使人知也。蓋時有古今，猶地有東西，有南北，相隔遠，則言語不通矣。地遠則有翻譯，時遠則有訓詁。有翻譯，則能使別國如鄉鄰；有訓詁，則能使古今如旦暮，所謂通之也。訓詁之功大矣哉！

漢書藝文志云：「古文讀應爾雅，故解今古語可知也。」觀於史記，采尚書以訓詁代正字，而曉然矣。如庶績咸熙，史記作衆功皆興。庶、衆也，績、功也，咸、皆也，熙、興也。皆見釋詁。其一二字，以訓詁代者，如寅賓作敬道，方鳩，作旁聚。寅、敬也，鳩、聚也。亦見釋詁。此所謂讀應爾雅也。（東塾讀書記、小學。）

此言古今語不通，以訓詁通之，則曉然易知，故讀古書，不可不明訓詁；訓詁，即所謂小學也。

然詁與訓，亦有分別，如注與箋，亦不相同也。本師錢子泉先生曰：

詁與訓有殊，詁者所以通古今之言，訓者所以籀章句之指。詁者，古言也；古今異言，以今言解古言，使人易知也。訓者，順也；聖人發言爲經，語有緩急，順以爲解，勿乖其指也。二者交濟，莫可一闕。詁而不訓，其失則拘而流於瑣；漢儒是也。訓而不詁，其弊也臆，而失之疏，宋儒是也。自昔解詁，必本聲音。先擇同音之字，如中庸：「仁者人也」。不獲，乃求之一音之轉，如「義者宜也」。不獲，乃求之雙聲，如易傳：「象者材也」，「漸者進也」，「頤者養也」。孟子：「序者射也」。又不得乃求之疊韻，如易傳：「乾、健也」，「坤、順也」，「坎、陷也」，「離、麗也」。孟子「庠者，養也，」「校者，效也」。聲韻咸不可得，乃求諸習慣易知之字。爾雅釋詁，漢儒箋經，大率如此，可考而按也。（後東塾讀書記、小學。）

陳氏將詁訓合併而言，此則將詁訓分別而言，詁與訓，義各有屬，是當分別，則詁之與訓，要皆申明經傳之義，其歸一也。其證引古昔聖賢著書或解經，多自爲解詁，或擇同音之字，或求之一音之轉，或求之雙聲，或求之疊韻，聲韻咸不可得，乃求諸習慣易知之字，如爾雅釋詁，漢儒箋經之類。明乎此，則就讀古籍種種不同之解詁以推之，有助於吾人讀書不少。考據之用，講求名物訓詁，因爲治經之津逮，然清之漢學家，以此傲宋儒義理之學，從而詆排之，則非也。考據雖爲通讀經之途徑；而清之考據家，以爲精通小學，則經義自明，揆之事實，亦不盡可能？而在宋代之理學，亦並非全舍考據，空談義理。而在清初學者，雖徵於明末學者空虛而不窺注疏，以證實之學以救其弊，多漢宋兼采，而無漢宋門戶之見。待嘉道漢學極盛之餘，漢宋爭議以起，但排斥宋學，在清初已開其端。茲節錄顏習齋四存編，存學編一節以見其概，其曰：

秦漢以降，則著述講論之功多，而實學實教之力少。宋儒惟胡子立經義治事齋，雖分析已差，而其事頗實矣。至於周子得二程而教之，二程得楊、謝、游、尹諸人而教之，朱子得蔡、黃、陳、徐諸人而教之。以主敬致知爲宗旨，以靜坐讀書爲工夫，以講論性命天人爲授受，以釋經注傳纂集書史爲事業。嗣之者，若眞德秀、許衡、薛瑄、高攀龍諸人，性地各有靜功，皆能著書立言，爲一世宗，而問其學其教，如命九官十二牧之所爲者乎？如周禮教民之禮明樂備者乎？如身教三千，今日習禮，明日習射，教人必以規矩，引而不發，不爲拙工改廢繩墨者乎？此所以自謂得孔子眞傳，天下後世亦或以眞傳歸之，而不能服陸、王之心者，誠不能無歉也。陸子分析義利，聽者垂泣，先立其大，通體宇宙，見者無不竦動。王子以致良知爲宗旨，以爲善去惡爲格物，無事則閉目靜坐，遇事則知行合一。嗣之者，若王艮、羅洪先、鹿善繼諸君，皆自謂接孟子之傳，而問其學其事，如命九官十二牧之所以爲者乎？如周禮教民之禮明樂備者乎？如身教三千，今日習禮，明日習射，教人必以規矩，引而不發，不爲拙工改繩墨者乎？此所以自謂得孟子之傳，與程、朱之學，並行中國，而卒不能服眞、許、高之心者，誠不能無歉也！他不具論。卽如朱、陸兩先生，有一守孔子下學之成法，身習夫禮樂射御書數，以及兵農錢穀水火工虞之屬而精之，凡弟子從游者，則令某也學禮，某也學樂，某也兵農，某也水火，某也兼數藝，某也尤精幾藝，則及門皆通儒，進退周旋，無非性命也；聲音度數，無非涵養也；政事文學全歸也，人己事物一致也，所謂下學而上達也，合內外之道也。如此，則君相必實得其用，天下必實被其澤，異端可靖，太平可期，正書所謂府修事和，爲吾儒致中和之實地位育之功，出處皆得致者也。是謂明親一致，大學之道也。惟其不出於此，以致紙上談性命，而學陸者，進支離之譏，誠支離也，心中矜覺悟。而宗朱者，供近禪之誚，誠近禪也。或曰：諸儒勿論，陽明破賊建功，可謂體用兼全，又何弊乎？余曰：不但陽明，朱門不有蔡氏言樂乎？朱子常平倉制，與在朝風度，不皆有可觀乎？但是天資高，隨事就功，非全副力量，如周公、孔子，專以是學，專以是教，專以是治也。或曰：新建當日韜略，何以知其不以爲學教者？余曰：孔子嘗言：二三子有志於禮者，其於赤乎樂之；如某可治賦，某可爲宰，某達，某藝，弟子身通六藝者七十二人，王門無此。且其擒宸濠，破桶岡，所共事者，皆當時官吏偏將參謀，弟子皆不與焉！其全書所載，皆其門人旁觀贊服之筆，則可知其非素以是立學教也。是以感孫徵君知統錄，有陸、王效諍論於元晦之語，而敢出狂愚，少抑後二千年周、程、朱、陸、薛、王諸先生之學，而伸前二千年堯、舜、禹、湯、文、武、周、孔、孟諸先聖之道；亦竊附效諍論之義，而願持道統者，勿執平生之見解，以誤天下後世可也。（顏氏學記）

顏氏於宋之二程朱陸及明之王陽明皆有譏貶，於宋言其以立敬致知爲宗旨，靜坐讀書爲工夫，以講論性命天人爲授受，以釋經傳纂集書史爲事業。於明之王氏以致良知爲宗旨，以爲善去惡爲格物，無事則閉目靜坐，遇事則知行合一。不能如孔子教其門弟子禮樂射御書數，故孔子門人，身通六藝者七十二人，而學禮、學樂、於兵農、水火、數藝、皆有專精、有兼通，此皆無非性命，無非涵養，政事文學之全歸，各種人才皆備，而宋明理學家，無此也，文與武不能兼備，所學與國家實質無關，並以王陽明平宸濠，所共事者，皆當時官吏偏將參謀，其弟子皆不與也。無非說其所學所教，皆虛而不實，不切實用。所言固不免失之偏激，但其末後流弊亦如此。顏氏弟子李塨谷持論亦與顏氏相同，其曰：

格物之物，卽周禮之三物，而人多疑之，門下不必作周禮三物觀，但以仁義禮智爲德，子臣弟友爲行，禮樂兵農爲藝，試問天下之物，有出此三者外乎？吾人格物，尙有當在此三者外乎？道原於天，事習於學，二帝三王擇民之秀者爲士，使之入學習六藝之事，而卽以此供子臣弟友之職，全仁義禮智之性，名異而事則一。後世行與學離，學與政離。宋後二氏學興，儒者浸淫其說，靜坐內視，論性談天，與夫子之言，一一乖反。而至於扶危定傾，大經大法，則拱手張目，授其柄於武人俗士。當明季世，朝廟無一可倚之臣，坐大司馬堂，批點左傳，敵兵臨城，賦詩進講，覺建功立名，俱屬瑣屑。日夜喘息著書，曰：此傳世業也。卒至天下魚爛河決，生民塗炭。嗚呼！是誰生厲階哉？（與方靈皐書）

此論亦指斥理學家平時所習，只是論性談天，不習六藝之事，至國危亡之秋，一無所可用，亦言其所業非實學也。蓋自宋藝祖釋兵權，重文輕武後，學者只論文而忽武，以致教學者，不能養成文武兼備之才，此亦爲其缺失，顏、李所言，不爲無見，殆亦時勢造成之也。顏、李二氏類是言甚多，蓋鑒明末學者論性談天，無裨於國，故爲此言，此與顧亭林與友人論爲學書相同，以矯明末儒者之流弊，而倡爲學實用。但顧氏雖反對明末學風之敗壞，並不反對朱子，與顏、李二氏有別。顏、李二氏以實學苦行，以救時弊，良有足多，有時不免偏激，矯枉不無過正。同時力詆朱子者，有毛西河。章學誠曰：

朱子論語集注，闡發聖人精微，實爲前人未有。惟因聖門問答，夫子各有裁成，因意推夫子於諸賢必不可到之境，遂於諸賢，視爲無一能知全體之人；殊不知夫子門牆，反不如後世村荒學究，講章識解，則夫子亦闇然無色矣。毛西河氏，性與朱子歧趨，所著四書駁議，誠不免於過苛，其專立一門，摘朱子之貶抑聖門，則語語允心切理，雖間有措辭過激之處，要於是非得失，不得謂其非持平之論也。朱子解四書，其云天卽理也。又云性卽理也。古訓本不如此。然朱子之言，亦非私撰。毛西河云：果如朱子所言，天卽理，則孟子云：莫之爲而爲者，理也，可通否？又云：吾之不遇魯侯，理也，孟子必大不受矣。其言甚辨。然天數天理，皆可稱天。數之自然而莫能強，固曰：天也；理之至當而不可易，亦未嘗不謂之天。言各有當，不可以此爲駁詰也。卽如夫子答王孫賈曰：「獲罪於天」。如以孟子爲例，則解其言爲獲罪於氣數可乎？抑解爲獲罪於天理，自明白矣。又朱子中庸章句，毛氏以謂如朱子解，則中庸首句，當作理命之謂之理，無此文義。是又不然，卽此一理，在太虛自然者，則謂之天；在人所稟賦者，則謂之性，各指其所而名之，不可膠也。比如水潤萬物，著於物者謂之潤；其在江湖，未著於物，止名爲水，而不名爲潤。若就物而言，云潤卽水也，此中庸性卽理也之訓是也。若就江湖而言，則云江湖無水也，此論語天卽理也之訓是也。水又可以溺人，若就人之被溺者而論，則曰某人被溺者，水也。此孟子莫之爲而爲者天也，吾之不遇魯侯天也之義。所謂語各有當，不可以是相難也。古人文字無多，欽明爲敬，允塞爲誠，理字不見古訓；然孟子理義悅心，亦前聖所未見之字，豈得謂孟子造作不根哉？（丙辰劄記）

章氏言毛西河與朱子歧趨，著四書駁議，摘朱子之貶抑聖門，語語允心切理，其間有措辭過激，要於是非得失，不可謂非持平之論。古人著書，終不免有欠周之處，不能以一節而概其全。至朱子解四書，云天卽理也諸語，章氏舉出毛氏所駁爲不當，並舉事例以說明之，此對於讀古人之書，知言各有當，不致以古人是者以爲非之啓示。顏、李與毛西河有往來，故同有不滿朱子之言論，此無足怪者，要之朱子畢竟小疵而不掩其醇，世有公論，亦非漢學家言其只講義理，而不知考據也。熊十力曰：

考據學興，而大體歸於求實用。朱子本留意考據，其後學若黃震、許謙、金履祥、王應麟，皆考覈甚精，足以致用。履祥尤奇特，凡天文、地形，禮樂、田乘、兵謀、陰陽、律曆之書，靡不畢究。時國勢阽危，任事者束手無措，履祥獨進奇策，請以舟師由海道直趨燕薊，俾擣虛牽制，以解襄樊之圍。其敍洋島險易，歷歷有據，時不能用，宋遂亡。宋儒考據之業，重在實用。後來宋濂、劉基諸公，克承其緒，用成光復之功。及陽明學昌，學者多以考據工夫爲支離破碎，而不甚注意，末流空疏，不周世用，於是晚明諸子，復尋朱子之緒，而盛弘之，考據學遂大行。亭林、太沖，尤爲一代宗匠。（讀經示要卷二）

清代漢學家，動輒以宋儒空疏不學，不能用世，觀此，知其所言之無根據。熊氏所學，除朱子留意考據外，朱子後諸人，亦多於書考覈甚精，且有裨於實用，但自陽明之學昌，始薄考據而不爲，流於空疏無用。亭林所譏，卽指此也。熊氏又曰：

清世漢學家，實際上本承宋學考據一脈，如疑僞古文尚書，疑易圖，皆自朱子。及其後學，而王應麟輯三家詩與鄭易注，清人輯佚一派，實承其緒。孔廣森治公羊，亦源出趙仿。江永禮經綱目，本朱子儀禮經傳通解。他具不論。獨惜其完全喪失宋儒精神，而絕不求宋學之大體，故清人考據學，卒不得不自別於宋學，蓋名實不容混者。淸初閻若璩，嘗執贄亭林門下，江藩謂若璩所著書中，不稱亭林爲師，疑爲亭林沒後遂背之。若璩與亭林志業，本絕無似處，宜其然也。惠周惕、子士奇、孫棟，三世治經籍，棟名尤著。論者以爲擬諸漢儒，在何劭公、服之愼之間。士奇自題紅豆山齋楹帖云：「六經尊服鄭，百行法程朱」。是直以經學當宗服鄭，而於行誼不必有關。程朱行誼可法，而其行誼又不本於經學。惠氏三世爲學，蓋全不知經學果爲何學？而直以考據之業當之，宜其視程朱爲曲謹好人，而不見其有何學術也。生而瞽者，不知日月之明；蟻旋大磨，自以爲世界更無有大於此者，非惠氏之謂歟？（江藩宋學淵源記，卽本惠氏見解。）昔南宋之亡也，其時大儒，眞誦法程朱者，皆畢志林壑，不肯仕元，許衡家世陷寇已久，垂死猶念仕胡之恥。惠氏當中夏正朔猶存海外之日，（永明絕於緬，而鄭氏康熙二十二年始亡。）便已晏然仕清，稱天頌聖，無絲毫不安於心者，其異於禽獸

之幾希，尚有何存乎？法程朱者如是乎？清人之業，不無可託於宋學，其終以漢學自標榜，固其宜也。（同上）

此言清世漢學家，實際上本承宋學考據一派，而歷舉清代學者之著作，實承其緒。又言清初漢學家完全喪失宋儒精神。並言：「閻若璩及惠氏祖孫三代，當明正朔猶存海外，便已晏然仕清，此全失宋儒精神之處也。熊氏言：「清初士人無恥者，皆效法閻（若璩）胡（渭）以考據之業，取容當世，自是成為風尙。王（船山）顧（亭林）黃（梨洲）諸大儒之思想，本清儒所不欲知，且不敢求知者，諸大儒之精神志業，更為清儒所絕不能感受。江藩清代漢學師承記，以閻、胡列首，可謂徵實。阮文達清史儒林傳稿，第一次顧亭林先生居首，第二次黃梨洲先生居首。而江藩此記，以兩先生編於卷末，以其本非漢學家所宗故也。皮錫瑞經學歷史，以此議江藩，實大誤。阮元欲首兩先生，但欲假以為清世儒林增重，而不悟其厚誣兩先生。孔氏之門，流為發塚，無是事也。江藩首閻、胡，血脈相承，自然之感，不可議也」。此言清初漢學家之無恥，以其喪失宋儒之精神，實不知程朱之誼行，且不敢求知，宜其排詆宋學不無故也。如此，雖考據甚精，而無所用矣。熊氏又曰：

戴震名反宋學，而實於宋學非無所窺者。震蓋知漢世經師，只是考據，而宋學確於義理有發明，其心中於程朱極尊崇，而特欲自樹一幟，以推倒程朱。震有聰明，而根器太薄，卒以自誤誤人，此可痛也；震與姚姬傳書有曰：「先儒之學，如漢鄭氏，宋程子、張子、朱子，其為書至詳博。然猶得失中判。其得者，取義遠，資理閎，書不克盡言，言不克盡意，學者深思自得，漸近其區。不深思自得，斯草蕨於畦，而茅塞其陸。其失者，即目未覩淵泉所導，手未披枝，肆所歧者也，而爲說轉易曉，學者淺涉而堅信之，用自滿其量之能容受，不復求遠者閎者。故誦法康成程朱，不必無人，而皆失康成程朱於誦中，則不志乎聞道之過也」。與方希原書有曰：「聖人之道在六經，漢儒得其制數，失其義理。宋儒得其義理，失其制數」。毛詩補傳序有云：「先儒爲詩者，莫明於漢之毛鄭，宋之朱子，震每以漢康成程朱並擧，且明言宋儒得六經之義理，而漢儒失之」。其鄭學齋記云：「有言者曰：宋儒興而漢注亡，余甚不謂然。」又曰：「學者大患在自失其心，心全天德，制百行。不見天地之心者，不得己之心；不見聖人之心者，不得天地之心；不求諸前古賢聖之言與事，則無從探其心於千載下」。此則歸本心學，幾欲尋姚江之徑矣。然震終不能入姚江之門者，己之心，卽是天地之心，亦卽是聖人之心，非可判而爲三也。（同上）

觀熊氏引述戴震之言，戴氏於漢推崇鄭，於宋則稱道程朱，於漢宋之學，是兼采而並不偏袒。何以又攻排程朱？誠如熊氏所言，「震蓋知漢世經師，只是考據，而宋學確於義理有發明，其心中於程朱極尊崇，而特欲自樹一幟，以推倒程朱」。此言，可謂洞見戴氏肺腑，要爲好名所導致。自來爲求一己之名，不惜放言高論，聳人聽聞。一己之名利遂，而遺患亦無窮。此亦熊氏所言：「震有聰明，而根器太薄，卒以自誤誤人，此可痛也」。過於好名，自趨僻側，則有害於己；使後起之人，步其後塵，則有害於人，故可痛也。其所爲學，只是爲人，而非爲已。清代考據，渡越前古，不能謂其於學術無裨益，而過趨偏向，所言則不能持正，流弊亦多。馬宗霍曰：

論者謂清世經學之所由盛，在於考證；考證之所由精，在於深通小學，是固然矣。往者臧琳教人先以爾雅說文，嘗言：不解字何以讀書？不通訓詁何以明經？已導考證之先路。至東吳惠氏，遂以漢學植名，戴震出，律令益嚴。謂：「經之至者道也，所以明道者辭也，所以成辭者字也。必由字以通其辭，由辭以通其道乃可得之」。又云：「治經之難，雖一事必綜其全而覈之。誦堯典數行，至乃命羲和，不知恒星七政所以運行，則掩卷不能卒業；誦周南召南，自關雎而往，不知古音，徒強以協韻，則齟齬失讀；誦古禮經，先士冠禮，不知古者宮室衣服等制，則迷於其方，莫辨其用；不知古今地名沿革，則禹貢職方失其處所；不知少廣旁要，則考工之器，不能因文而推其制；不知鳥獸蟲魚草木之狀類名號，則比興之意乖。而字學故訓音聲，未始相離。一字之義，當貫羣經本六書，然後爲定」。於是承學之士，聞戴氏之論，咸以小學爲治經入手而從事于考證。其徒王念孫、段玉裁，至專以小學名家；然小學通而精力已竭，無暇及於經學。王氏所爲廣雅疏證，段氏所爲說文解字注，皆小學一家之言。王引之述其父說爲經傳釋詞，經義述聞，此可謂經學矣；然仍小學之緒餘，但可資以說經，於經之大義無當也。下及俞樾、孫詒讓，斯道弗畔。樾爲古書疑義舉例，雖辨古人稱名牴牾者，各從條例，使人無所疑眩；然離經學益遠。故餘杭章先生言：「世多以段、王、俞、孫爲經儒，卒最精者乃在小學」。又謂「王氏述聞一編，仍多精詣；然其改易舊說，亦有可已而不已者。其經傳釋詞，明三古辭氣，驟聆其說，雖宿儒無以自解；而鹵莽滅裂處亦多。肆意造詞，視爲習慣；且有舊解非誤，而以强詞奪之者；亦有本非臆造，而不能援古訓，比聲音，以自證者」。又謂：「信如戴氏所擧誦堯典之說，是古人三年通一經，今必十年然後通堯典，以是敎人，則是以有涯之生，隨無涯之知也」。先生精小學，且出曲園之門，而其言若此。蓋懼夫學者誤以小學即經學，溺於其中而不知返也。湘潭王先生亦云：「說經以識字爲貴，而非識說文解字爲貴」。此語雖近於諷，要亦有爲而發。夫漢書藝文志，次小學於六藝之末，則以小學爲治經入手，其術本正。又有宋儒以義理說經，不復究心于故訓，擧漢人之師法家法而一蕩決之。元明以降，遵而弗違。元人株守宋人之書，明人守元人之書，小學之不講久矣。則惠，戴諸儒之揭櫫小學以爲士林倡，亦實足以救疏空之弊。以小學所函形聲義訓之賾，又當久放不講之後，而欲通神恉，達奧誼，其事良難，是段王諸儒殫畢生之心力於此而不遑他爲，更不容施以訾警；然而小學之業，至是已造其極。功成者去，諸儒既運而往矣，後來者有轍可循，自當體諸儒津逮之苦心，以蘄至於通經畜德之大道。使猶旁皇歧路，罷老盡氣，上下求索，則是以保氏勝衣所就之業，爲終身託命之學，將見幼童而守一藝，白首而不能言，其不蹈錮聰明于無用之譏者幾何哉！(中國經學史)

馬氏引述臧、惠、戴、段、王諸人之說，以爲治經必先通小學，不通小學，則不能明道。而又引述章太炎、王壬秋之言，認戴、段等誤以小學卽經學，小學不能盡解經義。馬氏謂「小學爲治經之入手，殫畢生之心力於此，而不遑他爲。意謂亦難以通經明道。但小學由戴、段等已造其極，後來學者，有轍可循，不必仍蹈前人之畢生從事於此，不遑他爲之失也。所言頗爲公允，於此，知清代漢學家畢生殫心力所爲者，是小學而非大學；而又以爾雅與說文解字，合爲一說，此亦爲其誤也。本師錢子泉先生曰：

古今學問，大抵二端：一小學，一大學。訓詁名物制度，祇是小學內事。大學直從明新說起；中庸直從性道說起；此程、朱之教所主，爲其已成就向上，非初學之比。如顏子問仁，問爲邦，此時自不待言與之言小學事矣。子夏固謂草木有區別，是也。漢學家昧於小學大學之分，混小學於大學，白首著書，畢生盡力，止以名物訓詁典章制度，小學之事，成名立身；用以當大人之學之究竟；絕不復求明新至善之止；痛斥義理性道之教，不知本末也。夫義理卽在訓詁，是也。然訓詁不得義理之眞，致誤解古經，實多有之。若以義理爲之主，則彼所謂訓詁者，安可恃以無差謬也。古人一字異訓，言各有當。漢學家說經，不顧當處上下文義，第執一以通，乖違悖戾，而曰：「義理本於訓詁」，其可信乎？言不問是非，人惟論時代，以爲去聖未遠，自有所受。不知漢儒所說，違誤害理者甚衆。如荀悅申鑒云：「文有磨滅者，音有楚夏，出有先後，或學者先意有所措定，後世相倣，彌以滋僞」。朱國楨湧幢小品云：「古人古事古字，散見雜出，各不相同。見其一，不見其二，閧然糾駁，未免爲人所笑」。不明乎此，而強執異本異文，以訓詁齊之，其可乎？漢學諸人，釋經解字，謂本之古義者，大率祖述漢儒之誤，傅會左驗，堅執穿鑿，以爲確不可易。如以「箕子」爲「荄滋」，「枯楊」爲「姑陽」，「蕃庶」爲「蕃遮」。數百千條，迂晦難通。何義門云：「但通其訓詁而不辨義理，漢儒之說，皆高子也」。信乎朱子有言：「解經，一在其左證之異同而證之。一在以其義理之是非而衷之。二者相須，不可缺，庶幾得之」！今漢學者全舍義理而求之左驗，以專門訓詁爲盡得聖人之傳，所以蔽也。總而言之：主義理者，斷無有舍經廢訓詁之事；主訓詁者，實不能皆當於義理。何以明之？蓋義理實有時在語言文字之外者。故孟子曰：「以意逆志，不以文害辭，辭害意也」。宋儒義理，原未嘗歧訓詁爲二而廢之，有時廢之者，乃正是求義理之眞而去其謬妄穿鑿，迂曲而不可信者耳。若其不可易者，古今師師相傳，如朱子詩集傳訓多用毛、鄭，何遽能廢之也。漢學之人，主張門戶，專執說文廣雅小學字書，穿鑿堅僻，不顧文義之安，正坐斥義理之學，不窮理故也。考漢學諸公，大抵不識文義，故於義理多失。蓋古人義理，往往即於語氣見之，此文章妙旨，最精之說，漢學不解也。（後東塾讀書記）

錢師言漢學家言訓詁名物制度，祇是小學，大學直從明新說起，中庸直從性道說起，此程，朱之教所主。宋儒重義理，亦明訓詁，是小學大學兼而有之。漢學家但明訓詁，斥宋儒義理性道之教，知末而不知本。故只是小學之事。又言漢學說經，不顧當處上下文義，第執一以通，所以乖違悖戾，言義理本於訓詁，有時迂曲為不可信，並舉其傅會左驗鑿執穿堅者數事，以明專門訓詁，不能得聖人之傳，因古人義理，往往即於語氣見之，文學之妙旨，最精之說，漢學不能解也，皮錫瑞經學通論，言書經，以陳澧取蔡傳，與焦氏取孔傳，同一特見。宋儒解經，善於體會語氣，有勝於前人處。其於詩經，言「詩為人人童而習之之經，而詩比他經尤難明。其所以難明者，詩本諷諭，非同質言。前人既不質言，後人何從推測。就詩而論，有作詩之意，有賦詩之意。鄭君云：賦者或造篇，或述古，故詩有正義，有旁義，有斷章取義。以旁義為正義則誤，以斷章取義為本義尤誤」。如此，讀詩欲其通義，又豈考據名物訓詁所能為力？非以意逆志不可也。非特詩經如此，即如阮籍詠懷，李商隱無題詩之類，亦非訓詁所能明其旨意，即以意逆志，亦祇能得其彷彿，難以質言。不特詩如此，即如莊子，古來注家非一，其能得其眞意所在者，未之見也。又如史記，注家雖於其詞句訓釋詳明，而史記之言外之意，豈訓詁所能明？讀史記、教史記者，不知多少，有幾人能眞知其寄寓深處，此非體會其語氣，不能得其意言之表，名物訓詁，固為讀古書之津逮，若曰：惟精通小學，方能明經義，其能信之乎？漢學家，以爾雅與說文視同解經之書，不知爾雅為經之傳記，說文則非也，錢師又曰：

休寧戴東原為漢學大師，皖派開山。每謂有志聞道，當先從事於字義制度名物，以通六經之語。考諸篆書，由說文以覩古聖人制作本始。更念爾雅為承學津筏，又殫心其書，遂為後來治學者開一法門。其學一傳而為金壇段玉裁懋堂。段玉裁闡揚師說，窮微極博，撰說文解字注，因字形以說字音字義，謂：「說文爾雅相爲表裏，治說文而後爾雅及傳注明；說文爾雅及傳注明，而後謂之通小學，而後可通羣經之大義」，而於是漢學之機括以發。然爾雅本於詁經；而說文祗以解字，桐城方東樹植之爲漢商兌，辨之極詳。其大指以爲：「許君自序，緣秦初作隸書而古文絕。漢初，猶試諷籀書，試八體。其後尉律不課，小學不修，莫達其說。宣平以後，張敞、杜業、揚雄諸儒，通其學者，著訓纂篇書，始稍稍略復存之。及新莽居攝，甄豐頗改定古文，而壁書及張蒼所獻春秋左氏傳，及郡國所得山川古文，時人不識，共相非訾，詭更正文，鄉壁虛造，變亂常行，不合孔氏古文，謬於篆，故博采通人，考之賈逵，作說文。其書以秦篆爲本，合以史籀大篆及古文。古文者，易孟氏，書孔氏，詩毛氏，禮、周官、春秋左氏、論語、孝經，及山川奇字。據此云云，是許君作說文，本以經古文解說文字，非以文字訓詁經義。許沖上表言：「今五經之道，昭炳光明，而文字者，其本所由生」云云，語意分明。蓋謂經義本解已著，此特引證，用以說解文字耳。說文既作，復作五經異義，則許氏未嘗以專用說文足證經矣。說文所引經文，多有一字殊見。如易、既引「以往吝」，又引「以往遴」。書既引「旁逑孱功」，又引「旁救孱功」，「方鳩孱功」。詩，既引「褻袢」，又引「紲袢」。論語，既引「色勃如也」，又引「色艴如也」。此類甚多。當由經師各承一家之學，各以所見爲定本，是以不合；而許君亦不能定。今於許君所不能定，而欲求之說文以定，益以惑矣。說文所引異字，即今經文讀某之字，洪容齋及近人錢大昕氏嘗錄出凡數百字。今經文皆不復見，不適於用，不與馬、鄭相應，是後人尚不能得其所異之字，又何能以之定經義之說乎？許君本以六書之義解說文字，謂聖人不虛作，必有依據；所謂依據者，指六義也，凡以明聖人作此字之義，有一定依據也。若夫經義則不然。有一字作一義用；有一字作數義用；今執說文以一字一義考經，所以致以文害詞，以詞害意，穿鑿而不可通也。蘇子瞻曰：「字同義異，必欲一之，雖刻綵繪以成其說，是以六經不勝異說，而學者疑焉。」又不僅是。顧亭林曰：「六經之文，左、公、穀、毛萇、孔安國、鄭衆、馬融諸儒之說，未必盡合；況叔重生於東京之中世，所本者，不過劉歆、賈逵、杜林、徐巡等十餘人之說，而以爲盡得古人之意，然歟否歟？五經未遇蔡邕等正定之先，傳寫人人各異。今其書率多異字；而以今經校，則說文爲短；又有一書之中，有兩引而其文各異者；後之讀者，將何所從？且其書流傳既久，豈無脫漏」。卽徐鉉亦謂：「篆書日久湮替，錯亂遺脫，不可悉究」。又序韻譜曰：「今承詔定說文，更與諸儒精加研覆，又得李舟所著切韻，殊有補益；其間有說文不載，而見於序例注義者，必爲脫漏；並存編錄」。可知說文本有脫漏。今漢學諸人，堅謂此書所闕者，必古人所無；或見他書所有而疑；或別指一字以當之。改經文以就說文，不亦支離回護之甚耶」？其辭頗覈。而湘潭王闓運壬秋每教學者，亦曰：「說經以識字爲貴，而非識說文解字爲貴」。及爲郭生序六書討原，則曰：「許雖博訪，未求理董；至其釋帝從刺，畏鬼如虎，顯違經訓，殆等俳優，馬頭四羊，猶愈於此」。則於叔重大有微辭，亦言說文以治經者，不可不知

。（同上）

錢師引述方東樹漢學商兌中所言，以駁正段玉裁謂：「說文爾雅相爲表裏，治說文而後爾雅及傳注明。說文爾雅及傳注明，而後謂之通小學，而後可通羣經之大義」之無當。爾雅解經，爲經之傳。說文引述經文及劉歆等人之說以解字，並非解經，亦不能解經。故王壬秋言：「說經以識字爲貴，而非識說文解字之爲貴」。意謂倘解經而專主說文解字，不免有錯誤也。戴、段於文字之功甚深，未可厚非，而以說文解字牽合爾雅同爲解經之書，則非然矣。此誤認說文非經之傳而以爲經傳也。方東樹漢學商兌之作，是因江藩作漢學師承記所引起，而漢宋學之爭議由以熾烈。漢學家皆以宋儒不明考據爲空疏，而爲宋學者，以漢學家支離瑣碎，不明義理，揆之事實，並不盡然。在清乾隆以前，未嘗有標揭漢學以詆宋儒者，大多漢宋兼采，前已略言之，玆再引述，錢師之說，而益詳明，其曰：

太原閻若璩百詩，甘泉江藩鄭堂撰漢學師承記，嘗揭擧之爲漢學開山之祖者也。然若璩以古文尚書疏證有大名，而古文二十九篇之僞，朱子語錄已發其覆，特證佐未具，俟若璩出而蒐集，加以定焉爾。若璩作毛朱詩說，右集傳而左毛序，此其於漢學殆不僅有騎牆之見而已。至濟陽張爾岐稷若，婺源江永愼修二人，則又篤信朱子，彰彰可考者也。張爾岐之儀禮鄭注句讀，江永之禮經綱目，咸用朱子儀禮經傳通解之法；而江氏近思錄集注，尤理學之圭臬。張氏且嘗以有明甲申之變，由於秉國成者，非薄程朱之一念有以致之，語著蒿庵閒話，何嘗以漢學標擧乎？吳縣惠周惕元龍，子士奇天牧，及孫楝定宇，三世傳經。楝所造尤邃，著周易述，古文尚書考，注春秋補注，九經古義等書。論者擬之漢儒，在何邵公服子愼之間。而惠氏紅豆山齋楹帖云：「六經宗孔孟，百行法程朱」。亦何嘗以漢學標擧乎？休甯戴震東原爲皖派開山，其學本出江永，作原善，孟子字義疏證，雖與朱子說經牴牾；然采朱子說以撰毛鄭詩考正，則亦未嘗故立崖岸。金壇段玉裁若膺，受學於震，議以震配享朱子祠。又跋朱子小學稱：「或謂漢人言小學，謂六書，非朱子所云，此言尤悖。夫言各有當，漢人之小學，一藝也。朱子之小學，蒙養之全功也」。段氏以精研說文之人，而推朱子小學以崇之漢人小學之上，何嘗標揭漢學以詆宋儒乎？江藩爲惠定宇再傳弟子。（其師吳下余蕭客古農，執贄於惠氏）辯生末學，始標揭漢學以撰師承記，門戶角張。段氏外孫仁和龔自珍，即不爲然，詒箋諍曰：「大箸讀訖，其曰漢學師承記，名目有十不安焉。改爲國朝經學師承記，敢貢其說：夫讀書者實事求是，千古同之，此雖漢人語，非漢人所能專。一不安也。本朝自有學，非漢學；有漢人稍開門徑而近加邃密者；有漢人未開之門徑；謂之漢學，甚不甘心。不安二也。瑣碎餖飣，不可謂非學，不得爲漢爲學，三也。漢人與漢人不同，衆各一經，經各一師，孰爲漢學乎？四也。若以漢與宋爲對峙，尤非大方之言，漢人何嘗不談性道，五也。宋人何嘗不談名物訓詁，不足概服宋儒之心六也。近者有一類人，以名物訓詁爲盡聖人之道，經師收之，人師擯之，以誣漢人，漢人不受，七也。漢人有一種風氣，與經無與，謬以裨竈、梓愼之言爲經，因以汩陳五行，矯誣上帝，爲說經。大易洪範，身無完膚，雖劉向亦不免，以及東京內學，本朝人何嘗有此惡疾，本朝人又不受矣，八也。本朝本有絕峙之士，涵泳白文，創獲於經，非漢非宋，亦其是而已矣；方且爲門戶之見者所擯，九也。國初之學，與乾隆初年以來之學不同。國初即不專立漢學門戶，大旨欠區別，十也。有此十者，改其名目，則渾渾圜圜，無一切語弊矣」。江藩不從。其鄉人焦循理堂亦有異議。桐城方東樹植之，遂作漢學商兌，以爲反脣之論，是爲漢宋之爭所由始也。（同上）

觀此，知清初迄乾隆之時，是時學者，雖漸趨向考證之學，而漢宋兼采，未標揭漢學也。戴東原已詆宋儒，但其采朱子說以撰毛鄭詩考正，即前述戴氏名反宋學，而於宋學非無所窺見；雖詆程朱，其心中於程朱極尊崇。徒以好名，欲自樹一幟，故欲以推倒程朱。但未嘗標揭漢學以詆宋儒也。龔自珍以江藩所撰漢學師承記，名目有十不安，貢其說，改爲國朝經學師承記，焦理堂亦有異議，江藩不從，於是方東樹遂作漢學商兌，反脣相稽。方東樹爲姚惜抱門弟子，凡桐城派古文家，多崇尚宋學，亦多知考證之學。戴東原詆程朱，姚氏曾極言以爲不可，於漢宋已有爭議。至江藩撰漢學師承記，而方東樹遂作漢學商兌，而漢宋之爭，則趨明朗化。漢學商兌上中下三卷，其間先述漢學家之言，據實以駁斥之，指在申宋學以詘漢學。錢師謂：「漢學商兌，急言極論，殫見洽聞，詞筆既明快，足以達其所見；考據尤詳該，足以證其不誣。漢學家每以考據傲宋學之不逮；而東樹即以考據發漢學之覆；斷而不枝，覈而能當，即以其人之道，還治其人之身，實開後來陳東塾，朱無邪一派，博學明辨，未可以文章之士而少之也」。但漢學商兌，有並非詆程朱，亦非列於漢學師承記中人，如萬斯同，朱彝尊等，亦引其說而駁斥之。顧亭林，黃梨洲，漢學師承記，附於卷末，以二人爲騎牆，非漢非宋，故不以冠之書首。而方氏對顧、黃二氏亦詰難。其餘非漢學家，對宋儒言有未盡當者，亦加以辨晰，故其所言，不無超出漢學之範圍，並非限於漢學師承記所列諸人也。凡一學派之興，標揭名目，門戶角張，則不免有爭，而有流弊，而後有折衷救弊者起，錢師所謂陳東塾，朱無邪是也。錢師論陳澧東塾讀書記曰：

陳氏何爲而作東塾讀書記也？曰以救敝也，曷言以救敝也？淸儒喜言東漢許鄭之學，至嘉道之世，極熾而敝，於是專求古人名物制度訓詁書數，以博爲量，以闚隙攻難爲功；其甚者欲盡舍程朱而宗漢之士，枝之獵而去其根，細之蒐而遺其鉅；物極必反，窮而思通；於是有西漢今文之學興。自武進莊存與方耕始治公羊，作春秋正辭，漸及羣經；其爲學務明微言大義，不專章句訓詁之末。一門並承其緒，其外孫劉逢祿申受、及長洲宋鳳翔于庭，復從而張之；海內風動，號常州學派。一衍而爲湖南之王闓運壬秋，四川之廖平季平，以公羊言禮制。又一衍而爲廣東之康有爲長素，梁啓超任公，以春秋言經世。此一派也。又其一派則兼綜漢宋，不爲墨守，以爲淸學出朱子之道以上窺許鄭；又謂漢儒亦明義理；力祛漢宋門戶之見。於是南海朱次琦子襄及陳澧開宗於粵，義烏朱一新鼎甫，定海黃以周玄同，桴應於浙，前唱後喁，蔚成學風。二者之爲學不同，而要歸於救漢學之碎

則一。（後東塾讀書記序）

無邪堂答問五卷，義烏朱一新鼎甫撰。……嘗謂進德莫先於居敬，修業莫先於窮理，窮理必先兼學問思辨。學問者，格致之事；思辨者，由致知以幾於誠正之博而反約；則居敬尤要。……其論學術謂：「近世漢與宋分，文與學分，道與藝分。豈知聖門設教，但有本末先後之殊，初無文行與學術之別」。又以道咸以來，士大夫好講西漢公羊之學，流弊至於蔑古荒經，因反覆論難以正其失。……陳君宿學，但見戴學末流之嵬瑣，故欲救之以通；而於公羊有發揮，無貶絕。朱生晚出，及見康氏今文之狂詭，更欲諷之於正。而於公羊多駁難，少贊揚，此其較也。（同上）

觀於上述，公羊學家，務明微言大義，不專章句訓詁之末，一反漢學家之所爲，以救其瑣碎之弊。陳澧等兼綜漢宋，不爲墨守，以救漢學家偏重考據而舍義理之弊，與公羊學家，雖同爲救漢學之碎則一，其間亦略有不同。至朱一新，既非漢與宋分，並主文行與學術治術亦不能有別，與陳氏之意相同。而於公羊學，陳則有發揮，無貶絕；朱則多駁難，少贊揚，蓋見康氏今文之狂詭，欲諷之於正，此二者同中有異也。但主漢宋兼綜，與陳氏同。漢宋兼綜，姚姬傳在戴震抵排程朱時，已言及之。姚氏復秦小峴書曰：

鼐嘗謂天下學問之事，有義理文章考證，三者之分，異趨而同爲不可廢；一塗之中，歧分而爲衆家，遂至於百十家；同一家矣，而人之才性偏勝，所取之徑域，又有能有不能焉。凡執其所能爲，而毗其所不爲者皆陋也。必兼收之，乃足爲善。若如鼐之才，雖一家之長，猶未有足稱，亦何以言其兼者。天下之大，要必有豪傑興焉，盡收俱美，能祛末士一偏之蔽，爲羣材大成之宗者，鼐夙以是望世君子，今亦以是上陳之於閣下而已。（惜抱軒文集）

觀此，知姚氏主張學問之事，當以義理文章考證三者，雖異趨而同爲不可廢。以後曾文正祖述其說，謂義理詞章考據，必以義理爲質，而後文有所附，考據有所歸，一篇之內，惟此尤兢兢，而以漢學家深擯有宋諸子義理之說，而考覈一字，累數千言不能休，其爲文蕪雜寡要以指其失。（歐陽生文集序）朱一新所言「近世漢與宋分，文與學分道與藝分」，亦本姚、曾二氏之論而言之者。姚氏於程綿莊文集序又曰：

孔子沒而門弟子各以性之所近，爲師傳之眞，有舛異交爭者矣；況後世不及孔子之門，而求遺言以自奮於聖緒墜絕之後者歟？其互相是非，固亦其理。然而天下之學，必有所宗。論繼孔孟之統，後世君子，必歸於程朱者，非謂朝廷之功令，不敢違也。以程朱生平行己立身，固無愧於聖門，而其論說所闡發，上當於聖人之旨，下合乎天下之公心者，爲大且多。使後賢果能篤信遵而守之，爲無病也。若其他欲與程朱立異者，縱於學者有所得焉，而亦不免賢智者之過，其下則肆焉爲邪說，以自飾其不肖者而已。今觀綿莊之立言，可謂好學深思，博聞强識者矣；而顧惜其好非議程朱。蓋其始厭惡科擧之學，而疑世之尊程朱者，皆束於功令，未必果當於道。及其久，意見益偏，不復能深思熟玩於程朱之言，而其辭遂流於蔽陋之過而不自知。近世如休寧戴東原，其才本超越乎流俗；而及其爲論之僻，則更有甚於流俗者。綿莊所見，大抵有似東原。（同上）

姚氏關於是類之言非一，斷斷以學問，要合義理詞章考證三者爲一。有人以桐城文家，空疏不學，不知考據，試觀姚氏所爲筆記，於考據之學爲何如？上述姚氏門人方東樹漢學商兌，以與漢學家之說相抵，考據詳該。漢學家每以考據傲宋學之不逮，而東樹卽以考據發漢學之覆，斷而不枝，覈而能當，卽以其人之道，還治其人之身。世之不學之徒，動輒以桐城文家，空疏不學之說，亦可以稍休矣！

本章所述，爲經學傳記流裔，第二節論今古文之對峙，第三節，論漢宋學之爭議，此二種爭執，皆可謂由經傳而發生，而分成派系，對於經傳，皆有不少之著述，亦不能謂有得而無失，而辯生於末學，則信然矣。其著作甚多，不備列擧。

歷史傳記流裔第五

歷史傳記，由承經傳之衍變，已略述如前。而承經傳衍變之歷史傳記，有其義、其體、其注之分。又有傳記之稱，前不分而後分者，有後雖分亦間有不分者。非屬於史家所作之傳記，名類繁多。是類之作，有與史有關，與史無甚關係者，名稱不一，範圍至廣，要而言之，皆可屬之於傳記。今撮舉大凡，以明其流派支裔云爾。

一、史傳承嬗衍變

古人傳事傳人，注解箋釋，皆稱之謂傳記，以其皆爲發明經旨，廣大其義也。經重在義，注解箋釋亦在明義；而歷史之傳記，旣由經之衍變，亦在明義也。雖其間所得多寡之不同；而觀於歷世史傳之作者，其祈向要以此爲歸。已略述如前，玆但申說其衍變。本師錢子泉先生曰：

一部二十四史，從何說起，而史記漢書，不可不全部讀；以其四通六闢，運而無不積。一爲史學之開山；一爲經部之枝流；一爲子家之要刪；一爲文章之大宗。何以言之？史家二體，編年紀傳，史記則以紀傳革編年之體，漢書又以紀傳爲斷代之祖。故曰史學之開山。史記，孔子世家，仲尼弟子列傳，儒林列傳，漢書律曆志，及藝文志六藝略，又儒林傳，則經學之敍錄也。史記，五帝、夏、殷、周諸本紀，三代世表，與尚書相表裏。十二諸侯年表，吳太伯、齊太公、魯周公、燕召公、管蔡、陳杞、衛康叔、宋微子、晉、楚、越王勾踐、鄭十二世家，與春秋左傳相表裏。禮書、樂書、與禮記相表裏。至漢書地理志，惟表山川，則尚書禹貢之傳。五行志徵應五事，又尚書洪範之傳。而禮樂志，爲戴禮之支裔。百官志，又周官之繼別。故曰：經部之枝流。史記列傳，管晏、老子、莊子、申不害、韓非、司馬穰苴、孫武、吳起、商君、孟軻、騶衍、淳于髡、愼到、荀卿諸子，既敍次其生平，又推論其著書，於書卽爲敍錄，於人遂爲列傳。而太史公自序要指六家；漢書藝文志亦略諸子；纂言鈎玄，若網在綱，故曰：子部之要刪。史記積健爲雄，疏縱而奇，以爲唐宋八家散行之禰；漢書植骨以偶，密栗而整，以開魏晉六朝駢體之風。文章變化，不出二途，故曰：文章之大宗也。（後東塾讀書記春秋下）

此所謂：經學之敍錄，以及與尚書相表裏，與春秋左傳相表裏，與禮記相表裏。爲尚書禹貢之傳，又尚書洪範之傳，爲戴禮之支裔，又周官之繼別等，不外說明史記、漢書，凡此諸文不惟與經傳之義相發，與子家亦相關也。至於自史漢以下諸史之紀傳表志等，各隨其時事迹之不同，有增有損，其增其損，亦有得有失，大多可與經傳之義相發。而陽湖趙翼二十二史劄記，論之頗詳，可以見諸史之承襲衍變之迹，玆述之如下：

其一曰本紀。古有禹本紀，尙書世紀等書，太史公用其體以敍述帝王。惟楚義帝立自項氏，政非已出，不爲立紀。項羽則宰制天下，封諸侯王，莫敢不聽命；自當入本紀。漢書改爲列傳，則以斷代爲史，當王者貴。惟周本紀，秦本紀，自其先世爲侯伯皆入之，頗失裁斷；然不如是，則先後參差，不得不爲變例。魏收作魏書，遂用其例焉。金史於太祖本紀之前，先立世紀以敍其先世；此則仿尙書世紀之名，而視太史公爲典切矣。三國志但有魏紀，而吳蜀二主，皆不立紀，以魏爲正統故也。後漢書又立皇后紀，蓋仿史漢呂后紀之例；不知太史公以政由后出，故高紀後，卽立后紀。至班固則先立孝惠紀，孝惠崩，始立后紀，其體例已截然；以少帝旣廢，所立者非劉氏子，故不得以僞主紀年，而歸之於后也。若東漢則各有其帝紀；卽女后臨朝，而用人行政，已皆編在帝紀內，何必又立后紀。新唐書武后已改唐爲周，故朝政則編入后紀，而宮闈瑣屑，仍立后傳，似得體要。宋史度宗紀後，附瀛國公及二王，不曰帝，而曰瀛國公，曰二王，固以著其不成爲君，而猶附於紀後；則以其正統緒餘，已登極建號，不得而沒其實也。至馬令、陸游南唐作李氏本紀；吳任臣十國春秋，爲僭大號者皆作紀，殊太濫矣。其時已有梁、唐、晉、漢、周稱紀，諸國皆偏隅，何得亦稱紀耶？其二曰世家。太史公衛世家贊：「余讀世家言」云云，是古來本有世家一體，太史公用之以記王侯諸國。劉知幾史通世家篇曰：「司馬遷之記諸國也，其編次之體，與本紀不殊，蓋欲抑彼諸侯，異乎天子，故假以他稱，名爲世家。按世家之爲義也，豈不以開國承家，世代相續」。然孔子以一布衣，栖皇終老，未嘗開國承家，而亦列之世家者，太史公見義於贊曰：「天下君王至於賢人衆矣，當時則榮沒則已焉。孔子布衣，傳十餘世，學者宗之。」豈不以孔子開來繼往，以六藝世其家，勝於天下君王開國承家，以爵土世其家耶？而宋儒王安石讀孔子世家，乃譏之曰：「進退無所據」，「自亂其例」。太史公所爲致歎於「非好學深思，心知其意，固難爲淺見寡聞者道也」。漢書則有列傳而無世家，雖爵祿弗替之王侯，亦以入列傳。然傳者，傳一人之生平也。王侯開國，子孫世襲，故稱世家。今一體改列傳而其子孫嗣爵者，又不能不如世家之次其世系；其體世家，其名列傳，斯則進退無所據矣。然自漢書定例後，歷代因之。晉書於僭僞諸國數代相傳者，不曰世家，而曰載記；蓋以劉石、符融諸君，有稱大號者，不得以侯國例之也。歐陽修五代史，則於吳、南唐、前蜀、後蜀、南漢、北漢、楚、吳越、閩、南平，皆稱世家。宋史因之，亦作十國世家。遼史於高麗、西夏，則又變其名曰外紀。此則本紀之變體，而非世家之本然矣。

以上言史記本紀、世家，皆有所承，諸史於二類有損有變易名稱，亦有得有失。其言史記以項羽入本紀，以羽宰制天下，封諸侯王，莫敢不聽命。是以史記爲通史應如此爾。而漢書以羽入列傳，當王者貴，以漢書爲斷代史，義各有當。惟史記以周本紀，秦本紀，自其先世爲侯伯皆入之，有失裁斷，但不得不爲變例。而以金史於太祖之前，先立世紀以敍先世，仿尚書世紀之名，則視太史公爲典切矣。後漢書仿史漢呂后紀之例，立皇后紀，不知史漢立后紀，以政由后出。東漢則各有帝紀，女后臨朝，用人行政，已皆編在帝紀內，無用立后紀，新唐書以武后已改唐爲周，故有關朝政者入后紀，宮闈瑣屑，仍立后傳，似得體要。宋史度宗本紀後，附瀛國公及二王，不曰帝，以其不成爲君，其正統緒餘，已登極建號，事實亦不可沒，亦爲允當。至馬令、陸游南唐書，作李氏本紀；吳任臣十國春秋，爲僭大號者皆作紀，擧非所宜不免浮濫。以其時已有梁、唐、晉、漢、周稱紀，諸偏隅之國，不得稱紀也。此論諸史之立本紀，有得有失者。史記以孔子列世家，以孔子開往繼來，以六藝世其家，勝於天下君王開國承家，爵土世其家者。王安石讀孔子世家，譏太史公「進退無所據」，「自亂其例」。以爲無當。余謂太史公何嘗不知孔子一布衣，未嘗開國承家？其入孔子於世家，誠如趙氏所言，勝於天下君王開國承家，有爵土之封也。史有常例，有變例，不能執一成之見而議之也。漢書無世家，雖爵土弗替之侯王，亦入列傳，趙氏以爲傳者，傳一人之生平，王侯開國，子孫世襲，不能如世家之次其世系，則「進退無所據」矣。自漢書定例後，歷代因之，是班氏減損世家之無當也。晉書於僭僞諸國，數代相傳者，不曰世家，而曰載記，蓋以劉石、苻姚諸君，有稱大號者，不得以侯國例之。頗爲允洽。歐陽修五代史，於吳、南唐等十國，皆稱世家，宋史因之，亦作十國世家，按五代以外之十國，其間有向五代之君稱臣者，而亦非五代之君所封授之爵土，稱爲世家，亦爲勉强。遼史於高麗、西夏，變其名曰外紀，趙氏以爲是本紀之變體，非世家之本然，似不認以爲然。趙氏於本紀、世家後，次之爲表：

其三曰表。太史公作十表，昉於周之譜牒，曰三代世表，十二諸侯年表，六國表，秦楚之際月表，漢興以來將相名臣表，與紀傳相爲出入。紀傳之所有者，則綜以絜其綱；紀傳之所無者，則該以拾其遺。作史體要，莫大於是。漢書因之，作七表，以太史公書三代世表，十二諸侯年表，六國表，皆無與於漢也。其餘諸侯王，皆本太史公舊表，而增武帝以後沿革以續之；惟外戚、恩澤侯表，則補太史公之所無。至古今人物表，則殊非宜。蓋以漢爲書，而表綜古今，不知限斷，劉知幾譏之宜也。（見史通表歷第七）後漢書，三國志，宋、齊、梁、陳、魏、齊、周、隋諸書及南北史，皆無表。舊唐書亦無表，新唐書有宰相表，方鎭表，宗室世系表，以增舊書之所無。薛五代史無表，歐五代史亦無表，但有十國世家年譜。按譜之建名，起於周代，表之所作，因譜象形。故桓君山有云：「太史公三代世表，旁行斜上，並效周譜」。譜之與表，其實一也。宋史有宰相，宗室二表。而表之多者，遼史爲最。有世表，皇子表，公主表，皇族表，外戚表，遊幸表，部屬表，屬國表。表多，則傳可省。如皇子、皇族、外戚之類，勳名卓著者，既爲列傳；此外無功過者，則傳之不勝傳，而又不容盡沒其姓氏；惟列之於表，既著明其世系官位，而功罪則附書。內而各部族，外而各屬國，亦列之爲表；凡朝貢叛服征討勝負之事，皆附書以省筆墨。故遼史列傳不多。（遼史列傳四十六卷）而一代之事跡賅焉，此作史良法也。金史有宗室、交聘二表。元史有后妃、宗室、世系、諸王、公主、三公、宰相六表。而明史五表，則仍諸史之舊有者四：曰諸王、曰功臣、曰外戚、曰宰轄。創諸史之新例者一：曰七卿。蓋明太祖廢左右丞相，而分其政於吏、戶、禮、兵、刑、工六部；而都察院糾核百司，爲任亦重，故合而七也。其四曰書志。八書乃太史公所創以紀朝章國典。漢書因之作十志。律曆志，則本於律書曆書也。禮樂志，則本於禮書樂書也。食貨志，則本於平準書也。郊祀志，則本於封禪書也。天文志，則本於天官書也。溝洫志，則本河渠書也。此外增刑法、五行、地理、藝文四志。宋儒鄭樵作通志，開宗明義，以爲：「書契以來，惟司馬遷史記，會詩、書、左傳、國語、世本、戰國策、楚漢春秋之言，通黃帝、堯、舜至於秦漢之世，勒成一書，擅制作之規模；不幸班固非其人，遂失會通之志，由其斷漢爲書，是致周秦不相因，古今成間隔」。蓋歸獄於班書之斷代，無以觀其會通也。然其中亦自有別。固之斷漢爲書者，惟本紀列傳耳。至表則有古今人物，所載自秦而往，不言漢事。而志之禮樂、刑法、食貨、郊祀、五行、地理、溝洫諸篇，尤皆上溯邃古，下迄當代；何嘗斷漢爲書，而不觀其會通耶？蓋人物可以間世而一出，不碍斷代列傳。而典章必有所因而制作，何能置前不論也。至於志藝文，則增損劉略，刪七爲六，通著六藝諸子，皆非漢人著述；更何得謂之斷漢爲書？隋書經籍志，雖變六略而爲四部，然兼錄古今載籍，則與班同；以爲皆其時柱下之所藏也。唐宋經籍藝文諸志因之。獨明史藝文，第就二百七十年各家著述，釐次成志，此則斷代著錄之創例耳。而班書不然。然則班書斷代，祗限紀傳，而非所論於十志。其後律曆、禮樂、天文、地理、刑法，歷代史皆不能無。後漢書改地理爲郡國；又增禮儀、祭祀、百官、輿服四志。三國無志。晉、宋、齊書，大概與前書同。惟宋書增符瑞志，不知何所取義？史公傳龜策，以三代聖王重卜筮也。然且爲史通所疑（見史通外篇古今正史第二），若東漢而後，圖讖之學，直是妖言，篝火狐鳴，帛書牛腹，自昔覬覦非分者，莫不造爲符命以搖惑人心。沈休文乃欲以挽力征逐鹿之風，何異揚湯而止沸也。南齊書亦分祥瑞於五行之外，蕭子顯特欲侈其先世受命，以掩篡奪之迹耳，休文志此胡爲乎？梁、陳書及南史無志，魏書改天文爲天象，地理爲地形，祥瑞爲靈徵，餘皆相同；而增官氏、釋老二志。齊、周及北史皆無志，隋書本亦無志，今志乃合梁、陳、齊、周、隋並撰者；其藝文則改爲經籍。新唐書增儀衛、選舉、兵制三志。薛五代史志類有減無增。歐五代史另立司天，職方二考，亦卽天文地理而變其名也。宋史諸志，與前史名目多同，惟遼史增營衛、捺鉢、部族、兵衞諸志，其國俗然也。金、元二史志目，與宋史同；惟少藝文耳。明史志目與宋史同，其藝文志，著述以明人爲斷，斯爲特例；蓋長洲尤侗之所草創也。（侗有明藝文志五卷別行）然考其初載，亦有自來。北史宋隱傳載：「族裔世景從孫孝王爲北平王文學，非毁朝士，撰朝士別錄二十卷。會周武滅齊，改爲關東風俗傳，更廣見聞，成三十卷。」而史通志篇，則云：「藝文一體，古今是同；詳求厥義，當變其體。近者宋孝王關東風俗傳，亦有墳籍志；其所錄皆鄴下文儒之士，讎校所司，所列書名，惟取當時撰者；習茲楷模，庶免譏嫌。」豈明史藝文志著錄羣籍，限斷當代之例所自昉乎？

以上言表與書志。史記之表，昉於周譜，而以書爲史公所創。實則書志，乃古官禮之遺，非無所自昉也。史記曰書，漢書改曰志，名異而實同也。表非傳記，實亦傳記。表之作用甚大：凡無功過者，傳之則不勝其傳。但又不容盡沒其姓氏，則列之於表，可不必爲立傳，可省許多筆墨，則傳可少，而不致繁蕪，最爲作史之良法。自史漢以後諸史，有無表者，有增損者，有易名而實無異者，而不盡一，要多爲事實而爲之，亦不無有得有失。此言班書爲斷代史，而其人物表，綜古今，不應有。章學誠以爲前史所無，後世可以補之，班書之有古今人物表，並無不可，不能以此而詆班書，不失爲通達之論。鄭樵通志，深以班氏斷代爲書，有失會通之旨，致周秦不相因，古今成間隔。而趙氏以爲漢書古今人物表，載自秦而往，不言漢事；而志禮樂、刑政、食貨、郊祀、五行、地理、溝洫諸志，皆上溯遂古，下迄當代，未嘗斷漢，不能觀其會通，其所斷者，特紀傳耳。其以此駁正鄭樵良是。但趙氏又言古今人物表，以劉知幾所譏爲然，不無自相牴迕矣。且隋書經籍志，上溯梁、陳、周至隋，亦因前史所無補之也。各史諸志中，以符瑞、祥瑞志，最不足道。宋書有符瑞志，南齊書分祥瑞於五行外，蕭子顯特欲侈其先世受命以掩其篡奪之迹。若司馬相如封禪文，揚子雲劇秦美新，班孟堅典引之類，歌頌功德，有符瑞之意，不足論也。次之爲列傳。

其五曰列傳，傳者，轉也；轉受經旨以授於後；所以詁經，非以敍人物也，而敍人物以爲傳，則自太史公始。又於傳之中，分公卿將相爲列傳。其儒林、循吏、酷吏、刺客、游俠、佞幸、滑稽、日者、龜策、貨殖等，又別立名目，以類相從。自後作史者，就各一朝所有人物傳之，固不必盡拘太史公舊名也。漢書省刺客、滑稽、日者、龜策四傳，而增西域傳。蓋無其人，不妨缺；有其人，不妨增。至外夷傳，則又隨各朝之交兵通貢者而載之，更不能盡同也。惟貨殖一款，本可不立傳；而漢書載貨殖，又多周秦時人，與漢何涉？後漢書於列傳儒林、循吏、酷吏外，又增宦者、文苑、獨行、方術、逸民、列女等傳；獨儒林最為後世所稱；五經分類敍次，各先載班書所記之源流，而後以東漢習經者著為傳，以徵師法淵源之所自。列傳則卓茂傳，敍當時與茂俱不仕莽者孔休、蔡勳、劉宣、龔勝、鮑宣等五人；來歷傳，敍同諫廢太子者祋諷、劉瑋、薛皓、閭邱宏、陳光、趙代、施延、朱倀、第五頡、曹成、李尤、張敬、龔調、孔顯、徐崇、樂闓、鄭安世等十七人。此等既不能各立一傳；而其事可傳，又不忍沒其姓氏；故立一人傳，而同事者用類敍法，盡附見於一人傳內，其例蓋倣於三國志。三國志倉慈傳後，歷敍吳瓘、任燠、顏斐、令狐邵、孔乂等，以其皆良吏而類敍之。王粲傳後，歷敍徐幹、陳琳、阮瑀、應瑒、劉楨及阮籍、稽康等，以其皆文士而類敍之。歷官行事，隨事附見，以省人人立傳之煩，亦見其簡而該也。三國志傳目有減無增；獨方術則改為方伎；方伎傳內，如華陀則敍其治一證，卽效一證；管輅則敍其占一事，則驗一事；獨於朱建平傳總敍其所相者若干人，而又總敍各人之徵驗於後；蓋仿太史公扁鵲等傳而變通其意者也。晉書改循吏為良吏，方伎為藝術，不過稍易其名；又增孝友、忠義二傳；其逆臣則附於卷末，不另立逆臣名目。宋書但改佞幸爲恩倖；其二凶亦附卷末。而敍次則多帶敍法；其人不必立傳，而其事有附見於某人傳內者，卽於某人傳內敍其履歷以畢之；而下文仍敍某人之事；如此者甚多。蓋人各一傳，則不勝其傳；而不爲立傳，則其人又有事可傳；有此帶敍法，則既省多立傳，又不沒其人，此與後漢、三國之類敍，俱爲作史良法。但後漢三國於類敍者，多在本傳後方綴履歷，此則正在本傳敍事中，而忽以帶敍者履歷入之，此則同而有不同者。其大兵刑，輒以始末備之一傳，餘文互見，端緒秩然，不克尙友孟堅，固已抗手蔚宗。齊書改文苑爲文學，良吏爲吏政，隱逸爲高逸，孝友忠義爲孝義，恩倖爲倖臣，亦名異而實同。其降敵國者亦附卷末；而類敍傳孟堅意，帶敍用休文法。梁書改孝義爲孝行，又增止足一款；其逆臣亦附卷末。陳書及南史亦同。惟南史則侯景等另立賊臣名目。魏書改孝行爲孝感，忠義爲節義，隱逸爲逸士，宦者爲閹宦，亦名異而實同。其劉聰、石勒、晉宋齊梁，俱入外國傳。北齊各傳名目無所增改。周書增附庸一款。隋書改忠義爲誠節，孝行又爲孝義；餘皆與前史同；而以李密、楊元感次列傳後，宇文化及、王世充附於卷末。北史各傳名目，與南史同；增僭僞一款。舊唐書諸傳名目亦同前史；其安祿山則附卷末，不另立逆臣名目。新唐書增公主、藩鎭、奸臣三款；逆臣中又分叛臣、逆臣爲二，亦附卷末。薛五代史增世襲一款。歐五代史另立家人、義兒、伶官等傳，其歷仕各朝者謂之雜傳；又分忠義爲死節、死事二款；又立唐六臣傳。蓋五代時事多變局，故傳名亦另創也。宋史增道學一款，以別出於儒林；又有周三臣傳，餘與前史同。遼史亦多同前史；惟改良臣爲能吏，另有國語解。金史無儒學；但改外戚爲世戚，文苑爲文藝；餘與前史同；而以金初滅遼取宋，中間與宋和戰不一，末年又爲蒙古所滅，故用兵之事，較他朝獨多；其勝敗之迹，若人人鋪敍，徒滋繁冗。金史則詳敍一人以爲主，而諸將之同功一體者，旁見側出，以類相從，有綱有紀，最得史法；亦有國語解。元史增釋老，餘與前史同。明史各傳名目，亦多同前史；惟閹黨、流寇及土司三傳，則前史之所無。蓋貂黨之禍；雖漢、唐以下皆有；而士大夫趨勢附羶，則惟明人爲最夥；其流毒天下亦至酷；別爲一傳，所以著亂亡之源，不但示斧鉞之誅也。闖，獻二寇，至於亡明，勦撫之先，足爲炯鑒；非他小醜可比，故別立之。至於土司，古謂羈縻州也；不內不外，釁隙易萌；大抵多建置於元，而滋蔓於明；控馭之道，與牧民殊，與禦敵又殊；故自爲一類焉。而其編纂之得當，如數十人共一事者，擧一人立傳，而同事者各附以小傳；如同一事者別有專傳，而此一事不復詳敍，但云語在某人傳而已。

此言敍人物以爲傳，始自太史公。傳之名早已有之，如孟子言「於傳有之」，當兼敍人敍事而言；而曾文正經史百家雜鈔，紀載門，傳誌類，謂：「所以記人者，經則有堯典、舜典；史則有本紀世家列傳」。堯典、舜典乃記人者，雖無傳之名，要爲敍人之最早者，殆亦爲太史公所昉歟？史記除分公卿將相爲列傳外，又有儒林、循吏、酷吏、游俠等以類相從之傳，以後正史多本之，或增或減，以無其人，不妨缺；有其人，不妨增，其增其減，亦有得有失也。其言後漢書集數人，以一人立傳，其事同者，用類敍法，附見於一人傳內，謂其例倣於三國志，實則在史記中已有之。如史記張丞相列傳，有周昌、任敖、申屠嘉；並附韋賢、魏相、丙吉、黃霸、韋玄成、匡衡等。而事不必相同，而附傳者，如孟子荀卿列傳，附有淳于髡、愼到、騶奭、騶衍、李悝、尸子等人，此皆類敍法也。衛將軍驃騎列傳內，附敍之人尤多。又言漢書中載貨殖，多周秦時人，與漢無涉，是則地理、溝洫、刑法諸志，皆上溯邃古，下迄當代，皆可不必載矣。其所言帶敍之法，亦於史記有之。要之，自史記後之諸史，其所立名目，固因時事而有增減，要爲本之史記；其作法，亦多承之史記也。

劉知幾史通，以古今史體，分爲六家，一曰尙書家，記言者也。二曰春秋家，記事繫以時日。三曰左傳家，編年而詳事。四曰國語家，國別爲書。五曰史記家，紀傳通史之體。六曰漢書家，法史記紀傳而斷代。其言六家，以尙書等四家，其體已廢，所可祖述者，惟左氏及漢書二家，故其於二體篇言：「邱明傳春秋，子長作史記，載筆之體，於斯備矣，後來繼作，相與因循，假有更張，變其名目，區域有限，孰能逾此？蓋荀悅、張璠、邱明之黨；班固、華嶠，子長之流也。惟此二家，各相矜尙」。其於六家中，以史記已廢；於二體中，又詳言史記，不言漢書；蓋所廢者史記之通史體裁，而紀傳體則未廢也。至邱明因經作傳，發凡起例，年經月緯，仍法春秋編年詳事；又作國語以概括之，比事屬辭，互相爲用。尙書依事編述，實開後世紀事本末之先河。六家中，四家雖廢，仍未廢也。何以言之？如史記爲紀傳通史，在正史中，倣史記通史體者，有李延壽之南史、北史，薛、歐之新舊五代史，此皆以斷代而行通法者。如上述漢書中之地理、禮樂、刑法、溝洫、藝文諸志，及古今人物表之類，皆上溯邃古；而隋書經籍志，新唐書藝文志等，亦不限於當代著述；惟明藝文志，則錄一代之作。是其所斷者紀傳而已，仍行史記之通法也。左傳家之為編年體，承左氏作者，如「荀悅漢紀，依左傳著漢紀三十篇；張璠、孫盛、干寶、徐賈、(當作廣) 裴子野、吳均、何之元、王卲等，其所著書，或謂之春秋，或謂之紀，或謂之略，或謂之典，或謂之志，雖名各異，大抵皆依左傳以為的準。(史通六家) 其書或傳或不傳，又繼左傳而作，如司馬光資治通鑑，畢沅之續資治通鑑等，皆為編年之鉅著；比之紀傳體，仍不逮其宏廣也。左氏傳春秋，別開編年一體，而法春秋者，如諸正史中之本紀，朱子綱目，歷代帝王實錄及起居注，可謂皆衍春秋家之一體而變之者，其流已細，人多不重視。尚書所主，本於號令，其所載，多典、謨、訓誥、誓命之文；亦有臣對君，臣與臣之間言辭，後世晉之孔衍作漢尚書，魏尚書，隋尚書；隋之王劭隋書；而章學誠言：史家之取奏議，如尚書之載訓誥。其有關一時之制度者，載入書志之篇；其關於一人之樹立者，編諸列傳之內；然而記傳篇幅，各有限斷，一代奏牘，文字繁多，廣收則史體不類，割愛則文有闕遺。按班氏漢書，備詳書奏；然覆檢藝文志內，石渠奏議之屬，高祖、孝文，論述册詔之傳，未嘗不於正史之外，別有專書；然則奏議之編，固與實錄起居注相為表裏者也。前人編漢、魏尚書，近代編名臣章奏，皆體嚴用鉅，不若文士選文之例，而不知者，往往忽而不察，良可惜也，(文史通義永靖縣志徵序例奏議敍錄) 此言前人編漢、魏尚書，卽指孔衍而言。王通亦有是類之作。章氏言劉知幾嘗患史體載言繁瑣，欲取詔誥章疏之屬，以類相從，別爲一體，入於紀傳之史，是未「察古人各有成書，相輔益章之義也」。蓋是類之作，雖欲衍尚書家之一脈，而不能通變，難以行世也；轉不如紀事本末體之爲得之。章氏論紀事本末體曰：

司馬通鑑，病紀傳之分，合之以編年；袁樞紀事本末，又病通鑑之合，而分之以事類。按本末之爲體也，因事命篇，不爲常格，非深知古今之大體，天下之經綸，不能洞羅隱括，無遺無濫，文省於紀傳，事豁於編年，決斷去取，體圓用神，斯眞尚書之遺也。在袁初無此意，即其學亦不足以語此，書亦不盡合於所稱，故歷代著錄諸家，次其書於雜史，自屬纂錄之家，便觀覽耳。但即其成法，沉思冥索，加以神明變化，則古史之源，隱然可見，書有作者甚淺，而觀者甚深，此類是也」。

（文史通義書教篇）

章氏此言，以袁氏此書，決斷去取，體圓用神，眞得尚書之遺，而於袁氏此書，不無可議，因其所述僅限政治，分目又涉瑣碎，未極貫通之能事。蓋以袁氏本以鈔通鑑爲職志，所述不出通鑑之外，亦其著書體例使然也。閔萃祥彙刊七種紀事本末序曰：

左氏以事繫年，創編年之始例，司馬繼爲紀傳，則又以事繫人，後之史家，未有能出其範圍者。顧後世記載彌繁，綜一年之所聚，萃一人之所爲，累紙盈寸，起訖未窮；且年不一事，事不一人，端緒既繁，中引非易，學者欲求一事之本末，原始而要終，則編年者患其前後隔越，紀傳者患其彼

> 此錯陳，自非博覽強識，融會於中，有未易明其條例者矣。袁氏有見於此，乃作通鑑紀事本末，揭事爲題，紀聚而條分，首尾詳備，鉅細無遺，一變編年紀傳之例，而實會其通，誠紀事之別格，而史學之捷徑也。

閔氏所言，殊爲允洽。紀事本末，於紀傳、編年、而外，別創一體。不規模尙書之成格，決斷去取，體圓用神，得尙書之遺，亦爲尙書體之流裔，而尙書家，代有祖述，其體固未嘗廢也。紀事本末，不止七種，有二十餘種之多，足與編年史相抗衡矣。此外所謂國語家。國語，亦傳爲邱明所作，韋昭國語序稱爲外傳，以左傳爲內傳，以國別而爲書者，分周、魯、齊、晉、鄭、楚、吳、越八國，事起周穆王，終魯悼公，較左傳時間爲長，其間所載之事，多與左傳重出而小異。自來有賈逵、王肅、虞翻、韋曜等，申以注釋，治其章句，此亦六經之流，三傳之亞也。四庫書目題要，與戰國策，同編入雜史類，以戰國策亦爲國別史也。劉知幾六家篇、國語家、言：「漢代劉向，以戰國游士爲之策謀，因謂戰國策。(分東西周、秦、齊、燕、楚、三晉、宋、衞、中山，合十二國) 至孔衍復撰春秋時國語，復撰春秋後語，勒成二書，各爲十卷，今行於世者，惟後語，案其書序云：『雖左氏莫能加，世人尤其不量力，不度德』。尋衍之此義，自比於邱明者，當謂國語，非春秋傳也，必方以類聚，豈多嗤乎」！又言：「司馬又錄其行事，因爲九州春秋，州爲一篇，合爲九卷，尋其體統，亦近代之國語也」。自後有十六國春秋，十國春秋，皆衍國語家餘緒也。是則國語家之作，雖不若其他各史之多，亦未全廢也。我國之史，多爲兩分法，卽褒善貶惡，進賢退不肖，此卽春秋之義，有人以爲卽須將事實敷陳，則社會各種事爲可了然，不必斤斤於此。但史之任務，畢竟示人以正途，莫尙勸善規過，故以後各史，大多主張能與春秋之義相發；卽以今日報刊而言，亦不能外之也。故本節開端，卽略述作史之意義，次之而言作史之體裁，歷代因革，有小異而大同。經學之傳記，有注解詁訓，間接發明經義；而在歷史傳記中，亦有注解詁訓。但每一經都有，而史則或有或無，亦不若經之多也。史記裴駰集解，司馬貞索隱，張守節正義，玆隨擧史記中一二句之解釋以言之。吳太伯世家，其首句：

吳太伯。集解「韋昭曰：『後武王追封爲吳伯，故曰吳太伯』」。索隱：「國語黃池之會，晉定公使謂吳王夫差曰：『夫命圭有命，固曰吳伯，不曰吳王』，是吳本伯爵也」。范甯解論語曰：『太者、善大之稱，伯者、長也』。周太王之元子，故曰太伯，稱仲雍、季歷皆以字，配名則伯，亦是字，又是爵。但其名史籍先闕爾」。正義：「吳、國號也，太伯居梅里，在常州無錫縣東南六十里。至十九世孫壽夢居之，號曰句吳。壽夢卒，諸樊南徙，後吳至二十一代孫光，使子胥築闔閭城都之，今蘇州也。

此三家注，集解簡，索隱及正義較詳，但不相同，觀於三家之注，對何以稱吳太伯。可了然矣。

又張儀列傳，其首句曰：

張儀者、魏人也。集解：駰案呂氏春秋曰：「儀、魏氏餘子」。索隱：晉有大夫張老，又河東有西張城，張氏爲魏人必也。而呂覽以爲魏氏餘子，則蓋魏之支庶也。又書略說，以餘子謂之季子也。正義：左傳、晉有公族餘子公行。杜預云：「皆官卿之嫡爲公族大夫，餘子、嫡子之母弟也。公行庶子，掌公戎行也」。藝文志云：「張子十卷，在縱橫流」。

集解只引述呂氏春秋，「儀、魏氏餘子」一句，索隱與正義，又將「魏氏餘子」，加以引證解說，一似經中之有注疏。注解經，而疏又詮釋注也，玆再隨舉漢書中一二句解釋以言之。漢書，顏師古注，王先謙補注。摘漢書淮南衡山濟北王傳中一句：

謾吏曰：「不知安在」？師古曰：「謾、誑也。實葬肥陵，誑云不知處」。補注：王先謙曰：「顏說非也。初言不知安在，謂告往捕之吏，不知開章所在，非謂不知葬處也。繼乃誑稱已死，陽表其墓，實未死也。迨吏窮知其詐，長知不可掩，乃令簡忌殺之肥陵，卽葬其地，情事如此。此文特倒敍，遂致讀者難明耳。」

此如鄭康成箋毛詩傳。毛當則從之，不當則別出己見以補其遺，玆再摘賈誼傳二句言之：

天子議以誼任公卿之位。絳、灌、東陽侯，馮敬之屬盡害之。師古曰：「絳侯周勃也。灌、灌嬰也。東陽侯，張相如也。馮敬時爲御史大夫」。補注：周壽昌曰：「害忌也。史記燕昭王使樂毅約趙、楚代齊，諸侯害齊湣王驕暴，皆許之。注：害、猶言患之也，患與忌意同。屈原傳：上官大夫與之同列，爭寵，而心害其能，亦謂忌其能也」。先謙曰：「公卿表，孝文三年，書典客馮敬。

七年，典客馮敬爲御史大夫。此在帝初即位時，顏注誤」。

王氏於顏師古注，一爲引周壽昌說，補師古未注釋「害」字之義；一爲是時文帝初即位，馮敬爲典客，未爲御史大夫，以正師古之誤。此爲注中之注。注解亦傳記也，亦可謂傳中之傳。是注史與注經有相同者。此約擧正史史中之注解以見一斑，餘不備列。次述傳記之合分。

二、傳與記之合分

事物之稱號，有共名與別名之分；有先有共名，而後有別稱；有古爲別稱，而後則共稱。是因爲時代之遷變，亦由習慣之形成，有不知其然而然者。但研究學術文章，當分辨剖析，以見其何以合？何以分？其分其合，果爲有當與無當？譬禽獸之名，古無分別，稱禽可以賅獸，稱獸亦可以賅禽；而後世則不能混稱。文字二字，古有分別，而後世擧凡筆之楮帛者，皆可以文字稱之。但研究文字學，則文與字，不能合而言之；合而言之，便無以見古人造字之本義。經與傳記，古有分別；而後世有以傳記列爲經，稱之爲經者。傳與記古無分別，後世傳與記，有時分，而又互名者。吾人研究傳記文，當明其分合之迹，以見傳記之體，古與今不盡相同，爲用亦不盡相侔；然用之無背於義，互用亦未始不可也。章學誠曰：

傳記之書，其流已久，蓋與六藝先後雜出，古人文無定體，經史亦無分科，春秋三家之傳，各記所聞，依經起義，雖謂之記可也。經禮二戴之記，各傳所說，坿經而行，雖謂之傳可也。其後支分派別，至於近代，始以錄人物者，區爲之傳，敍事蹟者，區爲之記，蓋亦以集部繁興，人自生其分別，不知其然而然，遂爲天經地義之不可移易，此類甚多，學者生於後世，苟無傷於義理，從衆可也。然如虞預妬記，襄陽耆舊記之類，敍人何嘗不稱記？龜策，西域諸傳，述事何嘗不稱傳？大抵爲典爲經，皆是有德有位，綱紀人倫之所制作，今之六藝是也。夫子有德無位，則述而不作，故論語、孝經，皆爲傳而非經；而易繫亦止稱爲大傳。其後悉列爲經，諸儒尊夫子之文，而使之有以別於後儒之傳記爾。周末儒者，及於漢初，皆知著述之事，不可自命經綸，蹈於妄作；又自以立說，當稟聖經以爲宗主，遂以所見所聞，各筆於書以爲傳記，若二禮諸記，詩書易春秋諸傳是也。蓋皆依經起義，其實各自爲書，與後世箋註，自不同也。後世專門學衰，集體日盛，敍人述事，各有散篇，亦取傳記爲名，附於古人傳記專家之義爾！明自嘉靖而後，論文各分門戶，其有好爲高論者，輒言傳乃史職，身非史官，豈可爲人作傳？世之無定識而強解事者，羣焉和之，以爲於古，未之前聞。夫後世文字，於古無有，而相率而爲之者，集部紛紛，大率皆是，若傳則本非史家所創，馬班以前，早有其文。（孟子答苑囿湯武之事，皆曰於傳有之，彼時並未有紀傳之史，豈史官之文乎）今必以爲不居史職，不宜爲傳，試問傳記，有何分別？不爲經師，又豈宜更爲記耶？記無所嫌，而傳爲厲禁，則是重史而輕經也！文章宗旨，著述體裁，稱爲例義，今之作家，昧焉而不察者多矣；獨於此等無可疑

者，輒爲無理之拘牽，殆如村俚巫媼，妄說陰陽禁忌，愚民擧措爲難矣。（文史通義、傳記）

章氏言傳記依經而起，古人傳與記不分。其後以集部繁興，人自生其分別，支分派別，至於後代，始以錄人物者，區爲之傳；敍事者，區爲之記。認爲天經地義之不可移易。學者生於後世，苟無傷於義理，從衆亦可。但昔人如虞預妬記，襄陽耆舊記之類，敍人可以稱記；史記龜策、西域諸傳，述事亦可稱傳。其說古人傳記不分，敍人述事，傳與記可以互稱。左氏春秋，豈非述事，亦稱傳，史記龜策、西域諸傳之所本也。但後世傳記亦有可以合稱，亦有勢不得不分者。昔人非但傳與記不分，序與說亦不分，甚至訓詁箋解可統屬於傳記之類。孔子作十翼，有說卦序卦繫辭傳，發明經義，可謂之傳記。自爲之書，而加之論說，如左傳中之君子曰，便開後來史傳之論贊。承左傳而作之司馬光資治通鑑中，有臣光曰，便是正史中之論贊，亦卽謂之序；序亦記也。在無形中，傳與記已分，而序贊不分也。如史記五帝本紀贊曰：

> 太史公曰：「學者多稱五帝尙矣！然尙書獨載堯以來；而百家言黃帝，其文不雅馴，薦紳先生難言之。孔子所傳宰予問，五帝德，及帝繫姓，儒者或不傳。余嘗西至空峒，北過涿鹿，東漸於海，南浮江淮矣。至長老皆各往往稱黃帝堯舜之處，風教固殊焉！總之不離古文者近是。予觀春秋國語，其發明五帝德，帝繫姓章矣；顧弟弗深考，其所表見皆不虛，書缺有間矣！其軼乃時時見於他說，非好學深思，心知其意，固難爲淺見寡聞者道也。余並論次，擇其言尤雅者，著爲本紀書首。

此史公自述作五帝本紀，採取資料之審慎，所謂「其文不雅馴」者，多爲荒誕之事，不足採信：但自古所傳五帝之事，多不免怪異，故只能釋其言尤雅者論次之。此爲五帝本紀贊，實卽五帝本紀之序。劉師培言：「所謂序者，實卽贊之一種，蓋古文序贊不分。後漢之論，卽爲前漢之贊，論贊之用，並與序同。孔子贊易，乃著繫辭，是作序有韻，亦非無無本」。(漢魏六朝專家之研究緒論) 文選分類，有序、有史論、有史述贊。史述贊，卽序、卽史論也，並無分別。則紀與序區異，亦卽傳與記有不同也。又史記外戚世家曰：

自古受命帝王，及繼體守文之君，非獨德茂也，蓋亦有外戚之助焉！夏之興也以塗山，而桀之放也以末喜；殷之興也以有娀，紂之殺也嬖妲己；周之興也以姜源及大任，而幽王之禽也淫褒姒。故易基乾坤，詩始關雎，書美釐降，春秋譏不親迎。夫婦之際，人道之大倫也。禮之用，惟婚姻爲兢兢。夫樂調而四時和，陰陽之變，萬物之統也，可不愼歟？人能弘道，無如命何？甚哉！妃匹之愛，君不能得之於臣，父不能得之於子，況卑下乎？旣歡合矣，或不能成子姓；能成子姓矣，或不能要其終，豈非命也哉！孔子罕稱命，蓋難言之也，非通幽明之變，惡能識乎性命哉！

此是外戚世家篇首之序，序古今來外戚之得失，而著重在漢，對於漢代之外戚，不無微辭，而多用疑似感歎以出之，而不質言。是雖冠於篇之序論，與其置於篇後之贊無以異。大多篇首有序，而篇後無贊，亦間前後皆有者。此傳與序之分也。推之史記後諸史，亦往往如此。或曰論曰評之類，其實皆序，異名同實也。史記後有自序，漢書後有敍傳，嗣後之史，或有或無。乃爲其自述世系作史之本旨，及綱要。此可謂其自傳，而實全書之序，與其傳紀傳略有別，是亦傳與序之分也。古人著書，在其書後，如莊子天下篇，是其自作！如荀子末篇，爲其弟子作。莊子、荀子二書非傳記，其意義與孔子十翼相仿，在申明作書之意。而請人作序，則始於左太沖作三賦成，因皇甫士安有重名於時，請爲作序，開後人刻詩文集成，請有文名者作序，以資游揚之先河。而贈人之序，其始皆有詩，如韓退之送楊少尹序，楊少尹解官還鄉，丞相有愛而惜之者，白以爲都少尹，不絕其祿，又爲歌詩以勸之，京師之長於詩者，亦屬而和之。又送石處士序，末云：「東都之人士，咸知大夫與先生，果能相與以成也，遂各爲歌詩六韻，遣愈爲之序云」。是贈序，爲送別歌詩而作，嗣後則不必有詩，而徒有序矣。贈序，本爲陳忠告，致敬愛。而後人之作，則多爲頌揚之辭，失其義矣。此類之文，要皆傳記之支裔，逾變而逾遠，至末則不免有流弊，知道之士，多不願爲；但苟爲之而有其義，並非不可作，一視作者，能否人以文求之，我以道予之耳，不能因噎而廢食也。每種文體，行之久遠，難免有流弊，救弊補偏，有賴於後之人也。

正史中之傳，有贊有論，可謂傳與記之分，而其表，是以無功無過之人，傳不勝傳，其姓名又不可沒，於是列表載之，而爲之序。正史中大都有表，皆是此意，茲舉史記高祖功臣侯年表序爲例。其序曰：

太史公曰：「古者人臣功有五品，以德立宗廟定社稷曰勳，以言曰勞，用力曰功，明其等曰伐，積日曰閱。封爵之誓曰：『使河如帶，泰山如厲，(同礪)國以永寧，爰及苗裔。始未嘗不欲固其根本，而枝葉稍陵夷衰微也。余讀高祖侯功臣，察其首封，所以失之者，曰：異哉所聞；書曰：『協和萬邦，遷於夏商』。或數千歲。蓋周封八百，幽厲之後，見於春秋，尚書，有唐虞之侯伯，歷三代千有餘載，自全以藩衞天子，豈非篤於仁義奉上法哉？漢興，功臣受封者百有餘人。天下初定，故大城名都，散亡戶口，可得而數者十二三。是以大侯不過萬家，小者五六百戶。後數世，民咸歸鄉里，戶益息，蕭、曹、絳、灌之屬，或至四萬。小侯自倍，富厚如之，子孫驕溢，忘其先，淫嬖。至太初，百年之間，見侯五，餘皆坐法，隕命亡國，耗矣！罔(同網)亦少密焉！然皆身無兢兢於當世之禁云。居今之世，志古之道，所以自鏡也，未必盡同。帝王者，各殊禮而異務，要以成功爲統紀，豈可混乎？觀所以得尊寵，及所以廢辱，亦當世得失之林也，何必舊聞？於是謹其終始，表見其文，頗有所不盡本末，著其明，疑者闕之，後有君子，欲推而列之，得以覽焉！」

表是傳之範圍縮小者，傳詳而表略。此表自高祖元年始封諸侯起，至武帝太初四年止，百年之間，見侯五，餘皆坐法，隕命亡國，耗矣。雖諸侯子孫驕溢，忘其先，淫嬖。而漢之網亦少密焉，是言功臣子孫不能兢兢於當世之禁，而漢之待功臣之子孫恩薄也。表列歷年功臣侯國之損耗，而序則說其原因，小中可以見大，此作史表之不可少也明矣。此爲表與傳之分，即傳與記之分，而不得不分也。

其他可推而知之。此一人之作，自爲傳序，而讀前人之記傳，而爲記者。如班孟堅記秦始皇本紀後。其曰：

孝明皇帝十七年十月十五日乙丑日，周歷已移，仁不代母，呂政殘虐；然以諸侯十三，並兼天下，極情縱欲，養育宗親，三十七年。兵無所不加，制作政令，施於後王，蓋得聖人之威，河神授圖，據狼弧，蹈參伐，佐政驅除，距之，稱始皇。始皇既歿，胡亥極愚，酈山未畢，復作阿房，以遂前策，云凡所爲貴有天下者，肆意極欲。大臣至欲罷先君所爲，誅斯去疾，任用趙高，痛哉言乎！人頭畜鳴，不威不伐。惡不篤，不虛亡；距之不得留，殘虐以促期；雖居形便之國，猶不得存。子嬰度次得嗣，冠玉冠，佩華紱，車黃屋，從百司，謁七廟。小人乘非位，莫不怳（同恍）忽失守，偷安日日。獨能長念却慮，父子作權，近取於戶牖之間，竟誅猾臣，爲君討賊。高死之後，賓婚未得盡相勞，餐未及下咽，酒未及濡脣，楚兵已屠關中，眞人翔霸上，素車嬰組，奉其符璽以歸帝者。鄭伯茅旌鸞刀，嚴王退舍，河決不可復壅，魚爛不可復全。賈誼、司馬遷曰：「向使嬰有庸主之才，僅得中佐，山東雖亂，秦之地可全而有；宗廟之祀，未當絕也。秦之積衰，天下土崩瓦解，雖有周旦之才，無所復陳其巧，而以責一日之孤，誤哉！俗傳秦始皇起罪惡，胡亥極，得其理矣；復責小子，云秦地可全，所謂不通時變者也。紀季以酅，春秋不名。吾讀秦紀，至於子嬰車裂趙高，未嘗不健其決，憐其志，嬰死生之義備矣。

班孟堅記秦始皇本紀後，其重要處，在說明秦始皇極惡，而胡亥更甚，是得其理。至言子嬰時，秦地可全而有，此不通時變之論。因子嬰方即位，誅趙高，未有喘息機會，而漢高、項羽已入關矣。此言賈誼過秦論，責秦始皇二世則可，以亡國責之子嬰未當也。其舉賈誼、司馬遷何也？太史公作秦始皇本紀，取賈誼過秦論，列本紀後，作爲秦始皇本紀論贊，（賈誼過秦論史公本取以列秦始皇本紀後，爲後人錯亂分散）即代表司馬遷之意。過秦論上中下三篇，上篇言秦始皇之過，中篇言二世之過，下篇言子嬰之過。下篇中言：「向使子嬰有庸主之才，僅得中佐，山東雖亂，秦之地可全而有，宗廟之祀，未當絕也」云云。過秦論本賈誼之文，史公取以作爲秦始皇本紀論贊，班氏亦認爲是史公之言，故其稱：「賈誼、司馬遷曰」。作史取他人之言以入史，皆可認爲作史者之言。史公取賈誼過秦論，以爲秦始皇本紀論贊，論贊即是序論，亦是記，本紀亦是傳，此傳與記之分也。班氏記秦始皇本紀後，乃傳記之傳記也。班氏此文，亦爲開後來書後，讀某某書，某某文集序之先導。如韓退之讀荀子，張中丞傳後敍，柳宗元論語辨，辨列子，辨鬼谷子；曾子固書魏鄭公傳後，王介甫書李文公集後，靈谷詩序皆是。此亦傳記文支裔也。關於論辨類論史之文，如論全書，若蘇明允權書六國，蘇子由六國論，三國論；曾子固唐論，若作史採取附於各書之後，便爲記序；論一人，如蘇子瞻留侯論，蘇子由漢文帝論，作史取以附於各人紀傳之後，一如史公取過秦論，附於秦始皇本紀後，便爲史傳之論贊。文章因人採取移置，其體亦爲之變易，歷史中採人之言論入傳者甚多，若在其文集中，則爲論爲說爲辭賦有別，採入其傳中，則爲史矣。

讀一經之傳記，便可知一經宗旨要義，讀諸子百家之記序亦然；讀歷史亦無不皆然。但亦須看其所作，有無特見卓識，如泛泛之論，無所短長，不讀亦可；如能擧其書中之利病得失，則非讀不可。如劉子政戰國策序，欲明戰國時何以如此紊亂，非先讀此序不可，今將此序移錄如下，並加以說明。其序曰：

周室自文武始興，崇道德，隆禮義，設辟雍泮宮庠序之敎，陳禮樂絃歌移風之化。敍人倫，正夫婦，天下莫不曉然論孝弟之義，敦篤之行；故仁義之道，滿乎天下，卒致之刑措，四十餘年。遠方慕義，莫不賓服。雅頌歌咏以思其德。下及康昭之後，雖有衰德，其綱紀尙明。及春秋時，已四五百載矣；然其餘業遺烈，流而未滅。五霸之起，尊事周室；五霸之後，時君雖無德，人臣輔其君者，若鄭之子產，晉之叔向，齊之晏嬰，挾君輔政，以並立於中國，猶以義相支持，歌詠以相感，聘覲以相交，期會以相一，盟誓以相救，天子之命，猶有所行；會享之國，猶有所恥。小國得有所依，百姓得有所息。故孔子曰：「能以禮讓爲國乎何有」。周之流化，豈不大哉！及春秋之後，衆賢輔國者旣歿，而禮義衰矣！孔子雖論詩書，定禮樂，王道粲然分明。以匹夫無勢，化之者七十二人而已，皆天下之俊也，時君莫能尙之！是以王道遂用不興。故曰：「非威不立，非勢不行」。仲尼旣歿之後，田氏取齊，六卿分晉。道德大廢，上下失序。至秦孝公，捐禮讓而貴戰爭，棄仁義而用詐譎，苟以取强而已矣。夫篡盜之人，列爲侯王，詐譎之國，興立爲强，是以轉相放效，後嗣師之，遂相吞滅，並大兼小，暴師經歲，流血滿野。父子不相親，兄弟不相安，夫婦離散，莫保其命，湣然道德絕矣。晚世益甚。萬乘之國七，千乘之國五，敵侔爭權，蓋爲戰國。貪饕無恥，競進無厭。國異政教，各自制斷。上無天子，下無方伯，力功爭强，勝者爲右。兵革不休，詐僞並起。當此之時，雖有道德，不得設施。有謀之强，負阻而恃固，連與交質，重約結誓，以守其國。故孟子、孫卿儒術之士，棄捐於世；而游說權謀之徒，見貴於俗。是以蘇秦、張儀、公孫衍、陳軫、代、厲之屬，主縱橫長短之說，左右傾側。蘇秦爲從，張儀爲橫。橫則帝秦，從則楚王，所在國重，所去國輕。然當此之時，秦國最雄，諸侯方弱，蘇秦結之，合六國爲一，以儐(同擯)背秦。秦人恐懼，不敢闚兵於關中，天下不交兵者，二十有九年。然秦國勢便形利，權謀之士，咸先馳之。蘇秦初欲連橫，秦弗用，故東合從。及蘇秦死後，張儀連橫，諸侯聽之，西向事秦。是故始皇因四塞之國，據崤函之阻，跨隴蜀之饒，聽衆人之策，乘六世之烈，以蠶食六國，兼諸侯，并有天下。仗於詐謀之積，終無信篤之誠，無道德之教，仁義之化，以綴天下之心。任刑法以爲治，信小術以爲道，遂燔詩書，坑殺儒士，上小堯舜，下邈三王。二世愈甚。惠不下施，情不上達，君臣相疑，骨肉相疏，化道淺薄，綱紀壞敗，民不見義而懸於不寧。撫天下十四歲，天下大潰，詐僞之弊也。其比王德，豈不遠哉？孔子曰：「道之以政，齊之以刑，民免而無恥；道之以德，齊之以禮，有恥且格」。夫使天下有所恥，故化可致也。苟以詐僞偷活取容，自上爲之，何以率下？秦之敗也，不亦宜乎？戰國之時，君德淺薄，爲之謀策者，不得不因勢而爲資，據時而爲畫，故其謀扶急持傾，爲一切之權，雖不可以臨國教化，兵革救急之勢也。皆高才秀士，度時君之所能行，出奇策異智，轉危爲安，易亡爲存，亦可喜，皆可觀。

吾人觀於此序，則自古以來，天下所以治，所以亂之故，舉不能外乎此。周室自文武始興，及至成、康，所以教化大行，卒致刑措四十餘年者，以崇道德，隆禮義，設辟雍泮宮庠序之教，陳禮樂絃歌，移風之化。敍人倫，正夫婦，天下莫不曉然論孝弟之義，敦篤之行致也。降至春秋之世，五霸迭起，周之餘業遺烈，流而未滅，皆能尊事周室。五霸之後，時君雖無德，人臣輔其君者，猶能以義相支持，歌詠以相感，故小國得有所依，百姓得有所息。以禮義猶能行故也。及至戰國，秦孝公首先棄禮讓而貴戰爭，棄仁義而用詐譎，各國轉相仿效，於是游說權謀之徒，見貴於俗；孟子，孫卿儒術之士，棄捐於世，天下因之以大亂。暴師經歲，流血滿野，父子不相親，兄弟不相安，夫婦離散，莫保其命，道德潛然以絕。劉氏序戰國策，上溯自文武以至春秋之世，而及戰國者，以明周室自文武以至成康，因崇道德，隆禮義，所以大治。春秋之世，時君雖無德，而輔國之臣，猶能知禮以義相支持，故小國得有所依，百姓得有所息，尚能相安無事。及戰國之時，捐禮讓而貴戰爭，棄仁義而用詐譎，所以大亂。故曰：「有禮則治，無禮則亂」。天下治亂興衰之道，莫不由此。今日世界所以如此擾攘不安，亦無非是「捐禮讓而貴戰爭，棄仁義而用詐譎」有以致之。故曰：「以古爲鑑，可知治亂」。讀史者，不可不知，治國家者，不可不讀史，亦不可不知之也。但我人雖讀戰國策，而戰國所以大亂之故，或不能十分明白，讀劉氏此序，則曉然洞豁矣。故書之所貴有序者，於此可以見之。但無劉氏之學之識，洞察古今治亂興衰之迹，亦不能如其言之深切著明也。但劉氏之言信善，仍不無可議者。

曾子固戰國策目錄序曰：

向敍此書，言周之先，明敎化，修法度，所以大治。及其後，謀詐用而仁義之路塞，所以大亂，其說既美矣。卒以謂此書，戰國之謀士，度時君之所能行，不得不然，則可謂惑於流俗，而不篤於自信者也。夫孔孟之時，去周之初已數百歲，其舊法已亡，舊俗已熄久矣！二子乃獨明先王之道，以謂不可改者，豈將强天下之主，以後世之不可爲哉？亦將因其所遇之時，所遭之變，而爲當世之法。使不失乎先王之意而已！二帝三王之治，其變固殊，其法固異，而其爲國家天下之意，本末先後，未嘗不同也。二子之道，如是而已！蓋法者所以適變也，不必盡同；道者所以立本也，不可不一，此理之不可易者也。故二子者守此，豈好爲異論哉。能勿苟而已矣！可謂不惑乎流俗，而篤於自信者也。戰國之游士則不然，不知道之可信，而樂於說之易合，其設心注意，偷爲一切之計而已，故論詐之便而諱其敗，言戰之善而蔽其患：其相率而爲之者，莫不有利焉，而不勝其害也；有得焉，而不勝其失也。卒至蘇秦、商鞅、孫臏、吳起、李斯之徒，以亡其身，而諸侯及秦用之者，亦滅其國，其爲世之大禍明矣，而俗猶莫之悟也。惟先王之道，因時適變，爲法不同，而考之無疵，用之無弊，故古之聖賢，未有以此而易彼也。

此曾子固言劉向戰國策序「周室自文武始興至秦之敗也，不亦宜乎」，以爲其說信美；至末言「戰國之士，度時君之所能行，不得不然，可謂惑於流俗，而不篤於自信。」言孔孟處此便不如此，二帝三王之法可隨時變易，二帝三王之道，則不可易。以說戰國游士，不知道之可信，而樂於說之易合，其設心注意，偷爲一切之計而已，其爲害則亡己之身，諸侯及秦用之，則滅其國，以駁正劉向所言之非。切中其失。戰國策爲國別史，同於國語，是傳而非附經之作。劉向申明戰國之流弊而爲之序，律之孔子序卦，亦傳記文也。而曾子固戰國策目錄序，以正劉氏之失，可謂傳記中之傳記，曾子固戰國策目錄序中，又曰：

或曰：「邪說之害正也，宜放而絕之，則此書之不泯，其可乎」？對曰：「君子之禁邪說也，固將明其說於天下，使當世之人，皆知其說之不可從，然後以禁則齊，使後世之人，皆知其說之不可爲，然後以戒則明，豈必滅其籍哉？放而絕之，莫善於是，是以孟子之書，有爲神農之言者，有爲墨子之言者，皆著而非之；至於此書之作，則上繼春秋，下至楚漢之起，二百四十五年之間，載其行事，固不可得而廢也。

曾氏此言，驟看之若有理，細繹亦非然。唐宋文醇，對曾氏此言有評議，以爲戰國策既是歷史，歷史不論其善惡，皆當畢載，自無容以其邪說則廢，非邪說則存。故曾氏以戰國策議其可存可廢，實不應有此說，而爲之言，是爲多餘。言頗允當，曾氏對此亦無以解。揆之一代之史實，終不免有善惡，在治世則善多於惡；在亂世，則惡多於善。戰國之世，亂世也，當時之人，所爲之事，自不免惡多於善，亦不乏其人其事足稱者。一如五代，其亂極矣，豈無可述之人，可載之事，吾人讀歐公五代史，可以知之。作歷史，倘只載其善而去其惡，必無此事，惡與善並載，足昭勸戒，此修史之一任務也。故曾子固議劉向戰國策末後之言，切中劉向之失；而其議戰國策一書，可存可廢，此不應有之言而爲之言，唐宋文醇言其爲費辭，亦切中曾氏之失。於此，不論博學卓識之士，所言又豈能悉當而無一失，此又賴後人以補其遺。劉氏之失，曾氏補之；曾氏之遺，有唐宋文醇以補之。如此，可臻於完美矣。但世之綴文之士，莫不以其所作，自以爲悉當而無缺失，倘一旦有人提有異議，認仍有意挑剔，悻悻然現於其面，對我批評者，視同讎敵，是只許人對我贊揚，不得對我貶抑，要非眞正研究學問之態度。研究學問要能如子路「聞過則喜」。古人有以其文，爲人易一字，或加一句，喜而爲之下拜者，此眞不失爲學人之風度，求之今世，則罕覯矣！亦可見今人胸襟不及古人之處，而學問自難可與古人比擬。玆述劉、曾二人之言，附帶及之，非有他故，在彌無謂之爭耳。劉與曾二人，所處時代不同，劉不及聞曾之言；曾亦不及聞唐宋文醇之評議，卽使其處同一時期，吾知其必能欣然接納。論古論今，亦未皆有當，卽有不當，亦不必爲之抱不平，自有遠見高識士，出而正之，是非曲直，恩怨正邪，一時難明，至末後，是罪是功，終能獲得公平之裁決。在其勢力猶存之時，可以爲之回護，至勢焰已盡之時，又誰能爲其保持永遠而不墜？故吾人治學，只論是非，如漢儒之「黨同門，妒道眞」，則是有損而無益，吾人宜戒之。

劉子政之戰國策序，與曾子固之戰國策目錄序，可謂傳記中之傳記，亦可爲傳與記之分，不得不然，玆不過擧一例，其他類此者甚多。傳記中，又有行狀，逸事，事略，題跋之類。或單行，或附作，不一而足。行狀，始於漢代胡（一作傳）幹之楊原伯行狀，其文不傳，其後繼作者，歷代有之；而傳者不多。行狀之作及其作用，大多由親友門人或其子孫所爲，其爲用，上之朝廷議謚，送史館作傳之參考。此爵秩地望高者如此。或請人作墓碑誌之依據。但事實須正確，如議謚，行狀上朝廷後，交臣下分別詳議，頗多駁難爭辨，倘事迹涉虛僞，或過爲誇飾，則有損無益。而行狀所述之事迹，宜詳而不略，因史館作傳，及文士爲其作墓誌銘，立場不同，所取行狀中之事迹，亦不能一律，由作者隨其所需而爲之去取。故傳視行狀爲略，而墓碑誌，視傳又略也。因此行狀與傳作法不同，而墓碑誌，亦與傳不同也。逸事之作，大多因正史未載之事，有足傳者，不必史官，凡能文之士，有所聞見，都可爲之。如方望溪左忠毅公逸事。因左光斗特別賞識史可法予以提携；而史可法確能不負左公而效忠於國，此事正史不載，但殊有價値，方氏爲作逸事，爲世矜式，此可謂史外之史，傳記中之傳記。柳宗元有段太尉逸事狀，此作段太尉逸事以送史館，故曰狀，俾史官作段太尉傳時，欲以此類事迹列入；以此事迹，爲史官所不知，故上之史官，其文曰：

太尉始爲涇州刺史時，汾陽王以副元帥居蒲；王子晞爲尚書領行營節度使，寓軍邠州；縱士卒無賴邠人偷嗜暴惡者，率以貨竄名軍伍中，則肆志，吏不得問。日羣行匄取於市，不嗛，輒奮擊折人手足，椎釜鬲甕盎盈道上，把臂徐去；至有殺孕婦。邠寧節度使白孝德以王故戚，不敢言。太尉自州以狀白府，願計事。至則曰：「天子以生人付公理，公見人被暴害恬然，且大亂，若何」？孝德曰：「願奉教」！太尉曰：「某爲涇州甚適少事，今不忍無寇暴死，以亂天子邊事；公誠以都虞候命某者，能爲已亂，使公之人不得害」。孝德曰：「幸甚」！如太尉請。卽署一月，晞軍士十七人入市取酒；又以刃刺酒翁，壞釀器，酒流溝中。太尉列卒取十七人，皆斷頭揭槊上，植市門外，晞一營大譁，盡甲。孝德震恐，召太尉曰：「將奈之何」？太尉曰：「無傷也，請辭於軍」。孝德使數十人從太尉，太尉盡辭去，解佩刀，選老躄者一人，持馬至晞門下，甲者出。太尉笑且入曰：「殺一老卒，何甲也？吾載吾頭來矣」！甲者愕！因諭曰：「尚書固負若屬耶？副元帥固負若屬耶？奈何欲以亂敗郭氏？爲白尚書，出聽我言」。晞出，見太尉。太尉曰：「副元帥勳塞天地，當務始終，今尚書恣卒爲暴，暴且亂，亂天子邊，欲誰歸罪？罪且及副元帥。今邠人惡子弟，以貨竄名軍籍中，殺害人，如是不止，幾日必大亂，亂由尚書。尚書出，人皆曰：『尚書倚副元帥，不戢士』；然則郭氏功名，其與存者幾何」？言未畢，晞再拜曰：『公幸教晞以道，恩甚大，願奉軍以從』。顧叱左右，皆解甲，散還火伍中，敢譁者死。大尉曰：「吾未晡食，請假設草具」。既食，曰：「吾疾作，願留宿門下」。命持馬者去，且曰：「明旦來」。遂臥軍中。晞不解衣，戒候卒，擊柝衛太尉。且、俱至孝德所，謝不能，請改過。邠州由是無禍。先是太尉在涇州，爲營田官，涇大將焦令諶取人田自占數十頃，給與農曰：『田且熟，歸我半』。是歲大旱，野無草，農以告諶，諶曰：『我知入數而已，不知旱也』。督責益急，農且饑死，無以償，即告太尉。太尉判狀，辭甚巽，使人來諭諶，諶甚怒，召農者曰：『我畏段某耶？何敢言我』？取判鋪背上，以大杖擊二十垂死，輿來庭中。太尉泣曰：「乃我困汝」。即自取水洗去血，裂裳衣瘡手，注善藥，且夕自哺農者，然後食。取騎馬賣市穀，代償，使勿知。淮西寓軍帥尹少榮，剛直士也，入見諶，大罵曰：『汝誠人耶？涇州之野如赭，人且饑死，而必得穀；又用大杖擊無罪者？段公仁信大人也，而汝不知敬。今段公惟一馬，賤賣市穀入汝；汝又取之不恥！凡爲人傲天災，犯大人，擊無罪者；又取仁者穀，使主人出無馬，汝將何以視天地？尚不愧奴隸耶』？諶雖暴抗；然聞其言，則大愧汗流不能食。曰：「吾終不可以見段公」，一夕自恨死。及太尉自涇州以司農徵，戒其族，過岐，朱泚必致貨幣，愼勿納。及過，泚果致大綾三百匹，太尉壻韋晤堅拒不得命，至都，太尉怒曰：「果不用吾言」？晤謝曰：「處賤無以拒也」。太尉曰：「然終不以在吾第，以綾如司農治事堂」，棲之梁木上。泚反，太尉終吏以告泚，泚取視其故封識具存。

段太尉即段秀實，朱泚反，以秀實有人望，使騎往迎，陽與合。一日與泚計事，突奪象笏擊之，唾其面大罵之。笏中泚額，至流血被面，遂遇害，追封太尉，諡忠烈。即文天祥正氣歌所謂：「顧爲擊賊笏，逆豎頭破裂」者也。關於以笏擊朱泚事，在柳宗元時，史已載之；史外所不載者，有柳氏所述逸事中二事，亦爲彰彰不可沒者，於其所爲逸事外，另具狀送史館，俾俱載入。如史已修成，不及送往，則載入作者文集中，此逸事之作所由來，與正史可並傳，亦爲史之輔翼也。與逸事相類者，如孫樵書田將軍事，書何易于事，陸游書包明事等，此類文作者頗多，不必其人是否正史有傳無傳，若其人有一節可取，則筆之於書，載其文集中。又有記某某人事，與書某某事，都不必論其地位如何，只須其事可警世垂戒，無須相識或受人請託，皆可爲之，如陸游書包明事：

包明者，不知其鄉里。少爲兵，事湯岐公，自樞密至左相，明常在府。紹興末，岐公以御史論罷，故例一府之人皆罷。遇拜執政，則往事焉。久之，御史中丞汪公澈，拜參知政事，一府皆往；汪公蓋前日刻岐公者也。於是明獨不肯往，曰：「是嘗論擊吾公，持何面目事之；雖妻子饑寒不之顧。未幾以病死。方岐公貴時，所薦達士大夫多矣；至其失勢，不反噬以媚權門者幾人？且岐公平日待明，非有異於衆也？汪公之拜，一府俱往，非獨明也？明而往事汪公，非有負也？泥塗賤隸，又非清議所及，而其自信，毅然不移如此，蓋有古烈士之風矣！書其始末，使讀者有感焉！

湯岐公名思退，字進之，宋史有傳。陸氏蓋感於世態炎涼，有爲而發。以有操守之人，出之泥塗賤隸，而士大夫爲其薦達者，一旦失勢，掉臂而去，不反噬以媚權門者已無幾人，此類之事，無世無之，而於衰季之世尤多。陸氏爲此文所以愧士大夫也。人之有無足以稱道，固不在地位之高低，一視其人之德性如何；但世之文士，於地望高之人，歌頌之不遺餘力；而於泥塗之賤隸有操持者，漠不關心，或則從而鄙視之，此又陸游之罪人也。又爲傳記文，只須人有一善可取，便可以爲之立傳，垂之後世。世之爲自傳及回憶錄者，不問事之大小及有無價值，靡不筆之於書。動輒千言萬語，其平日所爲之事，都有價值乎？實難使人信而不置疑？此類之文，作之不如不作爲愈也。又有所謂錄者，如孫樵孫氏西齋錄，杜牧燕將錄，歐陽修集古錄，趙明誠金石錄，宋濂秦士錄之類。西齋錄，是孫氏自撰之編年史；集古錄，金石錄，是歐陽氏趙氏考訂金石文字而成之書，歐陽修有集古錄序，趙妻李清照有金石錄序，燕將錄及秦士錄是敍人之傳，雖皆同謂之錄，而內容則不同。若夜兩秋燈錄，則屬於小說。玆錄孫氏西齋錄序文：

孫樵謂陸長源唐春秋，乃編年雜錄，因掇其絜切峭獨可以示懲勸者，刪其叢冗禿屑不足以警訓者，自爲十八通書，號孫氏西齋錄。起高祖之初，洎武后之終。首廟號，以表元首，日月以表事。尙功力，正刑名，登崇善良，蕩戮凶回，有所鯁避，則微文示譏，無所顧憐，則直書志慝。所謂高祖殺太子建成者何？黜功徇愛，譏失教也。李勣立皇后武氏者何？忘諫贊慝，懲廢命也。起王后已廢之魂，上配天皇者何？登嫌黜冢，不可謂順，予懼後世疑於禘祼也。條天后攬政之年，下繫中宗者何？紫色閏位，不可謂正，予懼後世牽以稱臨也。崔察賊殺中書令裴者何？詭謏梯亂，肇殺機也。張守珪以安祿山叛者何？貸刑咈敎，稔禍階也。稱天下殺者何？罪暴天下，示衆與殺也。稱天子殺者何？死非其罪，示衆不與殺也。臣或不書字者何？不以直終去卒，以示貶也。君或不書葬者何？不以正終去葬，以示譏也。懼怠去瑞，示戒志沴；尙德必書，賤尸位，則黜貴，皆所以毆邪合正，俾歸大義。操實置例，以示懲勸。嗚呼！宰相升沉人於十數年間，史官出沒人於千百年後，是史官與宰相分挈死生之權也；爲史官者，不能抃忠骨於枯墳，雪諂魂於下泉，磨毫賾札，叢閣飽帙，豈國家任史官意耶？樵既序其略，授其友高錫望傳之矣。

此錄爲孫氏掇取陸長源唐春秋而爲之者。起自唐高祖至武周止。觀此序所立之義例，是明孔子春秋而爲之褒貶，其書不傳，此以事爲經，以人爲緯，亦爲編年史之流裔，人所罕稱，殆不足重歟？孫樵文辭艱澀，由來無擇而上承皇甫湜，而韓退之，爲奇崛之一派。章學誠言史學不專家，文集中有傳記，若燕將錄，秦士錄亦其類也。文長不錄，玆錄歐陽修集古錄目序：

物常聚於所好，而常得於有力者之强。有力而不好，好之而無力，雖近且易，有不能致之。象犀虎豹，蠻夷山海殺人之獸；然其齒角皮革，可聚而有也。玉出崑崙流沙萬里之外，經十餘譯，乃至乎中國；珠出南海，常生深淵，採者腰索而入水，形色非人，往往不出，則下飽鮫魚；金礦於山，鑿深而穴遠，具火餱糧而後進，其蛭崩窟塞，則遂葬於其中者，率常數十百人。其遠且難，而又多死禍常如此；然而金玉珠璣，世常兼聚而有也。凡物好之而有力，則無不至也。湯盤孔鼎，岐陽之鼓，岱山鄒嶧會稽之刻石，與夫漢魏已來，聖君賢士，桓碑彝器，銘詩序記，下至古文籀篆分隸諸家之字書，皆三代以來至寶怪奇偉麗工妙可喜之物，其去人不遠，其取之無禍；然而風霜兵火，湮沒磨滅，散棄於山崖墟莽之間，未嘗收拾者，由世之好之者少也。幸而有好之者，又其力或不足，故僅得一二，而不能使其聚也。夫力莫如好，好莫如一。予性顓而嗜古，凡世人之所貪者，皆無欲於其間，故得一其所好於斯。好而既篤，則力雖未足，猶能致之，故上自周穆王以來，下更秦漢隋唐五代；外至四海九州，名山大澤，窮崖絕谷，荒林破塚，神仙鬼物，詭怪所傳，莫不皆有，以爲集古錄。以謂傳寫失眞，故因其石本，軸而藏之。有卷帙次第，而無時世之先後，蓋其取多而未已，故隨其所得而錄之。又以謂聚多而終必散，乃撮其大要，別爲錄目，因並載夫可與史傳正其闕謬者，以傳後學，庶益於多聞。或譏余曰：「物多則勢難聚；聚久而無不散，何必區區於是哉」？予對曰：「足吾所好，玩而老焉可也。象犀金玉之聚，其能果不散乎？余固未能以此而易彼也」。

朱子題歐公金石錄序眞蹟云：「集錄金石於古初無，蓋自文公始」。歐公此序謂集古錄，卽金石錄也。以後趙明誠之金石錄，繼歐公而爲之者。古代遺留之金石，考古者可據以正史闕謬，卽歐公所云：「別爲錄目，因並載夫可與史傳正其闕謬者」是也。晚清安陽龜甲文出，頗多以此考古史，而以羅振玉研考最力；但頗多贋品，亦不能全信。此類金石文字，作有系統編列，可視爲史傳外之史傳，陳列以供觀賞，可以發思古之幽情，欲求保存久遠，非藉公家之力不可，私藏難經久而不散也。考訂古物，而爲之序跋，非有專門研究學識不能。跋、亦爲傳序之遺，至宋時始有其名，蓋考訂金石文字而在其後加以己見，故謂之跋，移之書畫後亦謂之跋，又曰書後，又曰後記，或曰記，今日雜誌刊物，有編後記，實卽序，此序與記之不分，而跋與後記，亦名異實同。後記外又有書後，書與記序之意亦相同。古人之序，載之書前或書後，惟題辭多載於書之前，蓋自趙岐孟子題辭始，而用韻語或散體不一。又有所謂「言」，所謂「說」，所謂「引」，所謂「論」者，要皆爲傳序之別名，此外尙多，不勝列擧。如劉基賣柑者言，卽傳體也。如范蔚宗後漢書宦者傳論，逸民傳論，及歐陽公五代史宦者傳論，五代史伶官傳論，論卽是序贊。薛福成有蟻說，說、亦是記。其曰：

> 階前兩蟻穴，東西相望。天將雨，蟻背穴而鬪。西蟻數贏什五，東蟻敗，乘勝蹙之，將傅壘矣；東蟻紛奔告急，遽出穴，如潮湧，濟師可三倍，進諸礎下。相齧者，相擒者，勝相嗾者，敗相救者，相持僵斃不動者，沓然眩目。西蟻伏尸滿階，且戰且却；又有蟻自穴中出，向東蟻若偶語者，蓋求和也。東蟻稍稍引退，西蟻亦分道收屍。明日視之，則西蟻徙穴益西，無敢東首者矣。夫蟻智相若，力相等，兩陣交鋒，數多者勝，蟻似能用衆者；然倏忽之間，而勝負異焉，則一勝烏足恃哉！

此是說蟻戰，倘移之於人，則一大戰也，筆之史傳，則一大事也。又如蘇洵名二子說：

輪輻蓋軫，皆職乎車，而軾獨若無所爲者。雖然，去軾，則吾未見其爲完車也，軾乎！吾懼汝之不外飾也！天下之車，莫不由轍，而言車之功，轍不與焉！雖然，車仆馬斃，而患不及轍，是轍者，禍福之間，轍乎！吾知免矣！

此老泉說軾轍之用，名其二子之意，作文以戒勉之也。此文姚氏古文辭類纂入序跋類，雖曰說亦即序。此說與薛氏蟻戰，則說與傳序不分也。至於引，蘇洵有族譜引：

蘇氏族譜，譜蘇氏之族也。蘇氏出於高陽，而蔓延於天下。唐神龍初，長史味道刺眉州，卒於官，一子留於眉，眉之有蘇氏自此始，而譜不及者，親盡也。親盡則曷爲不及，譜爲親作也，凡子得書而孫不得書者，何也？以著代也。自吾之父，以至吾之高祖，仕不仕，娶某氏，享年幾，某日卒，皆書，而他不書者，何也？詳吾之所自出也。自吾之父，以至吾之高祖，皆曰諱某，而他則遂名之，何也？尊吾之所自出也。譜爲蘇氏作，而獨吾之所自出，得詳與尊，何也？譜、吾作也。嗚呼！觀吾之譜者，孝弟之心，可以油然而生矣！情見於親，親見於服，服始於衰，而至於緦麻，而至於無服。無服則親盡，親盡則情盡，情盡，則喜不慶，憂不弔。喜不慶，憂不弔，則途人也。吾所與相視如途人者，其初兄弟也。兄弟其初一人之身也。悲夫！一人之身分而至於途人，此吾譜之所以作也。其意曰：分至於途人者勢也，勢吾無如之何也。幸其未至於途人也，使其無至於忽忘焉可也。嗚呼！觀吾之譜者，孝弟之心，可以油然而生矣。系之以詩曰：「吾父之子，今爲吾兄；吾疾在身，兄呻不寧。數世之後，不知何人。彼死而生，不爲戚欣。兄弟之情，如足如手，其能幾何？彼不相能，彼獨何心？

族譜爲一族之史，擴而大之，有一縣之史，一省之史，一國之史。族譜，記載一族之世系，爲史記倣周譜作世表之遺，此傳記之支裔也。年譜詳著一人之事迹，亦屬於傳記，所謂一人之史也，比之傳則加詳而已。族譜而有引或序，猶表之有序，此可謂傳與記之分，與上名二子說不同。老泉之父名序，故蘇氏諱序，或曰引，或曰說。實則在詩中篇名有曰引者，而在其他文集，序易爲引，往往有之。其餘不名爲傳記而實爲傳記者，難以盡述。如柳子厚記事小文，曰陪永州崔史君遊讌南池序，序飲，序棋，實亦記，故姚氏古文辭類纂雜記類，將此三文入之。此爲序與記之不分。又王勃滕王閣序，有稱之爲滕王閣記，按此文，由今言之，實記體，以古人傳記有時不分，記與序亦不分，故名爲序，並未有誤。以上不過略舉傳記有分有不分之大凡言之。不能一一備列，惟即此推之，其餘亦可知之矣。

三、傳記不盡是史

吾人一見「傳記」二字，便連想及之此是歷史，此曰傳記何以不盡是史？蓋由經而言，有經學史；由史而言，有史學史；由文而言，有文學史。但總其源流全體言，有關經學之著述，可稱之爲經學史；有關歷史之著述，可稱之爲史學史；有關文學之著述，可稱之爲文學史。若就個別而言，則經學、史學、文學，雖曰傳記，則不盡是史。今就此三方面，各舉例以說明之。先就孔子易文言而言：

文言曰：「元者、善之長也，亨者、嘉之會也，利者、義之和也；貞者、事之幹也。君子體仁足以長人，嘉會足以合禮，利物足以和義，貞固足以幹事。君子行此四德者；故曰：乾元亨利貞。初九曰潛龍勿用何謂也？子曰：龍德而隱者也。不易乎世，不成乎名，遯世无悶，不見是而无悶，樂則行之，憂則違之，確乎其不可拔，潛龍也。九二曰見龍在田，利見大人，何謂也？子曰：龍德而正中者也，庸言之信，庸行之謹，閑邪存其誠，善世而不伐，德博而化。易曰見龍在田，利見大人，君德也。九三曰君子終日乾乾，夕惕若，厲，无咎，何謂也？子曰：君子進德修業。忠信所以進德也，修辭立其誠，所以居業也。知至至之，可與幾也；知終終之，可與存義也。是故居上位而不驕，在下位而不憂，故乾乾因其時而惕，雖危无咎矣。九四曰或躍於淵，无咎，何謂也？子曰：上下无常，非爲邪也，進退无恒，非離羣也。君子進德修業，欲及時也，故无咎。九五曰飛龍在天，利見大人，何謂也？子曰：同聲相應，同氣相求，水流濕，火就燥，雲從龍，風從虎，聖人作而萬物覩。本乎天者親上，本乎地者親下，則各從其類也。上九曰亢龍有悔，何謂也？子曰：貴而无位，高而无民，賢人在下位而無輔，是以動而有悔也。潛龍勿用，下也。見龍在田，時舍也。終日乾乾，行事也。或躍於淵，自試也。飛龍在天，上治也。亢龍有悔，窮之災也。乾元用九，天下治也。潛龍勿用，陽氣潛藏；見龍在田，天下文明；終日乾乾，與時偕行；或躍在淵，乾道乃革；飛龍在天，乃位乎天德；亢龍有悔，與時偕極。乾元用九，乃見天則。乾元者，始而亨者也；利貞者，性情也。乾始能以美利利天下，不言所利，大矣哉！大哉乾乎！剛健中正，純粹精也；六爻發揮，旁通情也；時乘六龍以御天也；雲行雨施，天下平也。君子以成德爲行，日可見之行也；潛之爲言也，隱而未見，行而未成，是以君子弗用也。君子學以聚之，問以辨之，寬以居之，仁以行之。易曰見龍在田，利見大人，君德也。九三重剛而不中，上不在天，下不在田，故乾乾因其時而惕，雖危无咎矣。九四重剛而不中，上不在天，下不在田，中不在人，故或之。或之者，疑之也，故无咎。夫大人者，與天地合其德，與日月合其明，與四時合其序，與鬼神合其吉凶。先天而天弗違，後天而奉天時，天且弗違，而況於人乎？況於鬼神乎？亢之爲言也，知進而不知退，知存而不知亡，知得而不知喪。其惟聖人乎！知進退存亡而不失其正者，其惟聖人乎」！

文言曰：「坤至柔而動也剛，至靜而德方，後得主而有常，含萬物而化光。坤道其順乎？承天而時行。積善之家，必有餘慶，積不善之家，必有餘殃。臣弑其君，子弑其父，非一朝一夕之故，其所由來者漸矣，由辯之不早辯也。易曰履霜堅冰至，蓋言順也。直其正也，方其義也，君子敬以直內，義以方外，敬義立而德不孤，直方大，不習无不利，則不疑其所行也。陰雖有美含之，以從王事，弗敢成也。地道也，妻道也，臣道也。地道無成，而代有終也，天地變化，草木蕃；天地閉，賢人隱。易曰：括囊无咎无譽，蓋言謹也。君子黃中通理，正位居體，美在其中，而暢於四支，發於事業，美之至也。陰疑於陽必戰，爲其嫌於无陽也，故稱龍焉。猶未離其類也，故稱血焉。夫玄黃者，天地之雜也，天玄而地黃。

此文言推明易之乾坤二卦之義。於乾卦解釋詳，坤卦則略。於乾之元亨利貞，及六爻，均有解釋。於坤卦則概括而言。文言，易之傳記也，不必論其是否孔子之作，要於明易之義，而與歷史無甚關係。章學誠雖謂六經皆史，作有易教，究爲勉强，人多不以爲然。傳孔子易者，有馯臂子弓，子弓受易於商瞿。（韓愈之言，商瞿受易於孔子，以授魯橋庇子庸，子庸授江東馯臂子弓），至漢立十四博士，易有施、孟、梁邱、京四家。推之以後治易專家，尋其承受衍變之迹，可成易學史，便爲經學之作。故漢書及後漢書儒林傳，吾人可作爲兩漢經學史讀。但祇如文言一篇，則非史也。茲再隨學何休春秋公羊傳序言之：

昔者孔子有云：「吾志在春秋，行在孝經」。此二學者，聖人之極致，治世之要務也。傳春秋者非一，本據亂而作，其中多非常異義可怪之論，說者疑惑，至有倍經任意反傳違戾者，其勢雖問不得不廣，是以講誦師言，至於百萬，猶有不解，時加釀嘲辭，援引他經，失其句讀，甚可閔笑者，不可勝記也。是以治古學貴文章者，謂之俗儒。至使賈逵緣隙奮筆，以爲公羊可奪，左氏可興，恨先師觀聽不決，多隨二創，此世之餘事，斯豈非守文持論敗績失據之過哉！余竊悲之久矣！往昔略依胡母生條例，多得其正。

自西漢季世，劉歆移讓太常博士書後，今古文之爭肇起後；而主古文左氏傳，主今文公羊傳二派之爭甚烈。何休爲東漢時人，亦參與左氏、公羊學派之爭者。吾人讀何氏此序，其字裏行間，雖隱約可知，仍使人不能瞭然。即何氏此序，不看徐彥疏，亦不能全解。此類序文，不能如儒林傳可作經學史讀也。其餘爲經傳作序，無關乎經學史者殊多，不備列。但亦有關涉經學史者，如邢昺論語序曰：

敍曰：漢中壘校尉劉向，言魯論語二十篇，皆孔子弟子記諸善言也。太子太傅夏侯勝，前將軍蕭望之，丞相韋賢及子玄成等傳之。齊論語二十二篇，其二十篇中章句頗多於魯論。琅邪王卿及膠東庸生，昌邑中尉王吉，皆以敎授，故有魯論與齊論。魯共王時，嘗欲以孔子宅爲宮，壞得古文論語。齊論有問王、知道，多於魯論二篇。古論亦無此二篇，分堯曰下章子張問以爲一篇，有兩子張，凡二十一篇，篇次不與齊魯論同。安昌侯張禹本受魯論，兼講齊說，善者從之，號曰張侯論，爲世所貴。包氏、周氏章句出焉。古論惟博士孔安國爲訓解，而世不傳。至順帝時，南郡太守馬融亦爲訓說，漢末大司農鄭玄就魯論篇章，考之齊、古，爲之注。近故司空陳羣，太常王肅，博士周生烈，皆爲義疏。前世傳授師說，雖有異同，不爲訓解，中間爲之訓解至于今多矣，所見不同，互有得失。今集諸家之善，記其姓名，有不安者，頗爲改易，名曰：「論語集解」。光祿大夫關內侯臣孫邕、光祿大夫臣鄭冲，散騎常侍中領軍安鄉亭侯臣曹羲，侍中臣荀顗，尙書附馬都尉關內侯臣何晏等上。

吾人讀此序，知論語有齊、魯、古三種之不同，傳論語及爲之訓解有若許人，此有關經學史之作也。玆舉此序，與前述相對看，知經學傳記文中，固多有關經學史之作，而與經學史不盡相關者亦多；至於歷史傳記亦然。傳記不盡是史者，除假託寄寓外，卽寫實之作，亦與史無關，今亦隨舉數事以明之。如歸有光筠溪翁傳曰：

余居安亭，一日有來告曰：「北五六里溪上，草舍三四楹，有筠溪翁居其間，日吟哦，數童子侍側，足未嘗出戶外」。余往省之，見翁頎然皙白，延余坐，瀹茗以進；擧架上書，悉以相贈，殆數百卷。余謝而還。久之，遂不相聞。然余逢人，輒問筠溪翁所在。有見之者，皆云翁無恙。每展所予書，未嘗不思翁也。今年春，張西卿從江上來，言翁居南澥浦，年已七十，神氣益淸，編摩殆不去手。侍婢生子，方呱呱。西卿狀翁貌，如余十年前所見加少，亦異矣哉！噫！余見翁時，歲暮，天風憭慄，野草枯黃。日將晡，余循去徑還家。媼兒子以遠客至，具酒。見余挾書還，則皆喜。一二年，妻兒皆亡；而翁與余別，每勞人問死生。余雖不見翁，而獨念翁常在宇宙間，視吾家之溘然而逝者，翁殆如千歲人。昔東坡先生爲方山子傳，其事多奇。余以爲古之得道者，常游行人間，不必有異，而人自不之見。若筠溪翁，固在吳淞㵎水間，豈方山子之謂哉？或曰：「筠溪翁非神仙家者流，抑巖處之高士歟」？

此文述筠溪翁事迹殊少，末後多爲想像感歎欽崇之辭，而筠溪翁眞實姓名家世皆未具，卽爲筠溪一人之史亦恍惚不備，比之蘇氏方山子傳亦不類。方山子姓陳名慥字季常，傳中皆述之。方山子本有用世之意，而不遂所願而隱居，亦爲蘇氏假以抒發胸中感喟也。歸氏以之比擬，似未允洽。故余謂此類之傳，與史事無關。又龔自珍記王隱君曰：

於外王父段先生廢簏中，見一詩，不能忘。於西湖僧經箱中，見書心經，其蠹且半，如遇簏中詩也；益不能忘。春日，出螺師門，與轎夫戚貓語；貓指荒塚外曰：「此中有人家；段翁來杭州，必出城訪其處；歸、不向人言。段不能步，我舁往；獨我與吳轎夫知之」。循塚得木橋，遇九十許人，短褐，曝日中。問路焉，告聾。予心動，揖而徐言：「先生眞隱者」。答曰：「我無印章」。蓋「隱者」與「印章」聲相近。日晡矣，貓促之，悵然歸。明年冬，何布衣來，談古刻。言：「吾有宋拓李斯琅邪石。吾得心疾，醫不救。城外一翁至，言能活之；兩劑而愈。曰：「爲此拓本來也」。入室，徑携去。他日，見馬太常，述布衣言。太常俯而思，仰而掀髯曰：「是矣！是矣！吾外甥鎖成嘗失步，入一人家，從灶後湫戶出，忽見有院宇，滿地皆松化石；循讀書聲，速入室，四壁古錦囊，囊中貯金石文字，案有謝朓集，借之，不可，曰：「寫一本贈汝」。越月往視，其書類虞世南。曰：「蓄書生乎」？曰：「無之」。指牆下鋤地者：「是爲我書」。出門，遇梅一株，方作華，竊負松化石一塊歸，若兩人所遇，其皆是歟」？予不識鎖君，太常，布衣皆不言其姓，吳轎夫言彷彿姓王也。西湖僧之徒取心經來，言是「王老者」寫。參互求之，姓王何疑焉！惜不得鋤地能書者姓。橋外大小兩樹，依倚立，一杏，一烏桕。

此記王隱君，實爲王隱君傳，推考而知其姓王，不知其名，與歸有光筠溪翁傳相同。此曰記。是傳與記可互名而無異也。此類之作，要皆與歷史無關。歸氏以筠溪翁，擬之東坡方山子，余言其不類，茲錄方山子傳於下：

方山子，光黃間隱人也。少時慕朱家、郭解爲人，閭里之俠皆宗之。稍壯，折節讀書，欲以此馳騁當世，然終不遇，晚乃遁於光黃間，曰岐亭，庵居蔬食，不與世相聞。棄車馬，毀冠服，徒步往來山中，人莫識也；見其所著帽，方聳而高，曰：「此豈古方山冠之遺像乎」！因謂之方山子。余謫居於黃，過岐亭，適見焉，曰：「嗚呼！此吾故人陳慥季常也，何爲而在此」？方山子亦矍然，問余所以至此者？余告之故，俯而不答，仰而笑。呼余宿其家，環堵蕭然，而妻子奴婢，皆有自得之意。余既聳然異之！獨念方山子少時，飲酒好劍，用財如糞土。前十有九年，余在岐山，見方山子從兩騎，挾二矢，游西山，鵲起於前，使騎逐而射之，不獲；方山子怒馬獨出，一發得之。因與余馬上論用兵及古今成敗，自謂一世豪士；今幾日耳，精悍之色，猶見於眉間，而豈山中之人哉！然方山子世有勳閥，當得官，使從事於其間，今已顯聞。而其家在洛陽，園宅壯麗，與公侯等；河北有田，歲得帛千匹，亦足以富樂，皆棄不取，獨來窮山中，此豈無得而然哉？余聞光黃間多異人，往往佯狂垢汙，不可得而見，方山子儻見之歟！

吾人讀此文，可知東坡無限感慨，見於言表。其言方山子「折節讀書，欲以此馳騁當世；然終不遇，晚乃遁於光黃間」。是言其有用世之心，而世莫能知，不得已而隱遁。又謂「與余馬上論用兵及古今成敗，自謂一世豪士」。言方山子有濟世濟民之才，而以豪傑自許，繼而歎曰「而豈山中之人哉」！言方山子並非山中隱士，與前「然終不遇」相應，言外朝廷執政者不能求賢用人。至末「余聞光黃間多異人，往往佯狂垢汙，不可得而見，方山子儻見之歟」！言外以奇才異能之士如方山子者甚多，亦以朝廷執政者，不能求而用之，因此遁世而不願爲人知。是時王介甫執政行新法，對新法批評之人，皆爲其所擯斥，而進用蔡京，呂惠卿等人，新法亦因之而失敗，皆由於不能知人善任之過也。東坡亦爲王氏擯斥之一。本文中點出：「余謫居於黃，過岐亭適見焉」，「方山子亦矍然：問余所以至此者。余告之故，俯而不答，仰而笑」。「俯而不答，仰而笑」二語，頗堪玩味。意謂在今不能用人之時，出而從政，遭受擯斥，豈非自取？笑其不能見幾而作，如其隱居山中，無憂無慮也；不但自己無憂無慮，而妻子奴婢，皆能自得其樂。故此文，固爲方山子不遇於世而作，實東坡借以抒胸中牢愁，亦寓諷世之意，可謂有爲而作。此等文雖與歷史有關；但非歷史傳記，而是文學之傳記，以文學，在發抒情性也。故余謂歸氏以筠溪翁擬之方山子爲不類也。筠溪翁傳，歸氏並未借以抒牢愁。而方山子傳，有姓有名有字，筠溪翁則無也。故筠溪翁傳，與方山子傳不同，筠溪翁傳與歷史無關也，此不可不知。記之一體，包括至廣，大要可分記事、記物、記山水等類。記事，如紀事本末，以事爲主，紀事小文，如柳子厚序飲、序棋，姚姬傳言：「雖謂之序，實記之類」。此亦爲記與序之稱不分也。記物，以考工記刻畫最入妙。後世記物之作，以韓退之畫記爲佳，黃淳耀李龍眠畫羅漢記，則又步趨退之。魏學伊之核舟記，學考工記能得其神似者，此亦與歷史無關。山水記，導源尚書禹貢，後世酈道元水經注，描繪山水，有極佳之作，柳子厚諸山水記本之，推爲絕響，其諸作多與歷史無關，人亦多讀之，茲錄記事之作，林嗣環口技一篇如下：

京中有善技者，會賓客，大宴於廳之東北隅，施八尺屏幛。口技人坐屏幛中，一桌、一椅、一扇、一撫尺而已。衆賓團坐。少頃，但聞屏幛中撫尺一下，滿坐寂然，無敢譁者。遙聞深巷中犬吠，便有婦人驚覺欠伸，丈夫囈語。既而兒醒，大啼，丈夫亦醒。婦撫兒，兒含乳啼，婦拍而嗚之。又一大兒醒，絮絮不止。當是時，婦手拍童聲，口中嗚聲，兒含乳啼聲，大兒初醒聲，夫叱大兒聲，一時齊發，衆妙畢備。滿坐賓客，無不伸頸，側目，微笑，默歎，以爲妙絕。未幾，夫齁聲起，婦拍兒，亦漸拍漸止。微聞有鼠，作作索索，盆器傾側。婦夢中咳嗽。賓客意少舒，稍稍正坐。忽一人大呼「火起」！夫起大呼，婦亦起大呼，兩兒齊哭。俄百千人大呼，百千兒哭，百千犬吠。中間力拉崩倒之聲，火爆聲，呼呼風聲，百千齊作；又夾百千求救聲，曳屋許許聲，搶奪聲，潑水聲；凡所應有，無所不有；雖人有百手，手有百指，不能指其一端；人有百口，口有百舌，不能名其一處也。於是無不變色離席，奮袖出臂，兩股戰戰，欲先走。忽然撫尺一下，衆響畢絕。撤屏視之，一人、一桌、一椅、一扇、一撫尺而已。

此亦是記事小文，與歷史無關者。此雖記事，亦未嘗不寫人，有人而後有事。傳人述事，雖有分別，二者有相互關係，故記可稱傳，傳亦可稱記也。

傳記之文，包括至爲廣泛，有多種之不同。譬如附經之傳記，其名類有多種，上章已略言之，不附經之作亦猥多。如正史之儒林外傳，其專著之書，有宋元明清學案，伊洛淵源錄，理學類編等等，難以悉數。漢學師承記，漢學商兌，則漢宋之爭，可覘漢宋學派之長短得失；而東塾讀書記，無邪堂答問，又主張漢宋二派；合則雙美，離則俱損。若十通，歷代會要、實錄、近思錄、四書反身錄等皆與經學傳記有關，治經學者，不可不一覽。在各家文集中，有經學傳記之文，更難以枚擧，如王安石三經義序，歐陽修吉州學記，曾子固宜黃學記，王安石慈溪學記等，皆與經學有關者，其餘單論六經一經，或兼數經之文尤多，要皆爲經學支裔。歷史傳記之作，視經學傳記更繁富。四庫提要目錄分類有正史有編年史，有別史、雜史、有詔令奏議、有傳記、有史鈔、載記、有時令、有地理、有職官、有政書、有目錄、有史評、有史錄、有譜牒等項目，其間有不盡關於傳記者，而以傳記爲多。其於傳記，專列一類，實則正史、編年史、別史、雜史、載記等皆傳記也。爲四庫所未收，如李元度之先正事略，列朝詩集小傳等專門傳記之作猥多。本章所述歷史傳記流裔，不過撮取其間一鱗一爪，藉資說明傳記文，有此承嬗衍變，及傳與記之合分，傳記不盡是史，三種不同之情實而已。

文學傳記流裔第六

上述經學、歷史傳記派流支裔，茲述文學傳記。歷史傳記不同於經學傳記；文學傳記亦不同於歷史傳記。文學傳記不同於歷史傳記，其分別：歷史傳記在徵事可信，文學傳記在抒情興感，一爲實事求是，一爲假設寄寓，二者截然不同。作歷史，固然文欲其美，史傳中文章，有甚多煥乎彬蔚者；但不能與文學等量齊觀。何則？歷史所重者在事實，文欲其美，在所述之其人其事，躍然紙上，栩栩如生，使讀之者，如親見其人其事，爲之喜，爲之悲。故劉知幾言作史須具才學識三長，方可稱之爲良史。倘所作之史，文雖佳，而遠於事實，或顛倒是非，則歷史價值全失，不成其爲信史矣。明乎此，則知文字優美，乃作歷史之輔翼，而非歷史之主要也。文學重在性情之發舒，對述人敍事，因有感，而爲之抑揚，人與事，可就已有之事實，或增或減，甚而可以虛構，假以諷世正俗，導人於軌物，有裨政理風教。其功用並不亞於經學、歷史之傳記。而誨淫誨盜之文學傳記，敗壞風俗，爲士君子所擯斥，亦爲世人所詬病者，實不能列於文學傳記之林。故文學傳記之宗旨，一如經學，歷史傳記，而以有義理不苟作者爲貴。故文學傳記，亦須具有才有學有識，方可盡其能事；有宗有趣，有遠識，有才情達我意中所欲言，求之我國以往之作，能如此者甚多。但在我國歷史載籍中，亦頗不乏文學傳記之作，故凡涉及此類文字，便不能認爲可信之史實，以文學傳記視之可也；似應別出於歷史傳記之外；又在我國歷代文集中，亦不少屬於文學傳記之作，今分別述之如次：

一、史籍中之文學傳記

史籍中之文學傳記，不外廣徵異聞，遠於事實，及寓言寄托，以抒憤懣；要皆由詩而出。故考證家，不能據之以推斷年月事跡，以其所言之人與事，多爲借託，而別有所指。卽如莊子所載之人與事，皆不能據之以爲卽眞實之其人其事，所謂「項莊舞劍，意在沛公」是也。倘泥迹以求，失之遠矣。何則？此是文學，而非信史。文學作品中之人與事，往往虛構，與史之實事求是不同。故讀文學作品，當超事實以求之。惟古代多以神道設教，歷史與文學，有時混而不分，不免有神話之羼入。其間，固有以此爲勸戒警惕；而亦有好奇愛博，別無他意，以資談助者，吾人對此，不必深較，以文學作品視之可也。今揭取有關歷史中是類之事以言之。左傳：

齊侯（襄公）使連稱、管至父戍葵丘，瓜時而往，曰：「及瓜而代」。期戍，公問不至；淸代，弗許，故謀作亂。僖公之母弟曰夷仲年，生公孫無知，有寵於僖公，衣服禮秩如適。襄公絀之，二人因之以作亂。連稱有從妹在公宮無寵，使間公。曰：「捷！吾以女爲夫人」。冬十二月。（魯莊公八年十二月）齊侯游于如婺，遂田于貝丘。見大豕，從者曰：「公子彭生也」！公怒曰：「彭生敢見」！射之，豕人立而啼，公懼，隊(同墜)于車，傷足，喪屨。反，誅屨於徒人費，弗得，鞭之見血，走出，遇賊于門，刼而束之。費曰：「我奚禦哉」！袒而示之背，信之。費請先入，伏公而出，鬬死于門中。石之紛如死于階下。遂入，殺孟陽于牀。曰：「非君也，不類」！見公足于戶下，遂弒之，而立無知。初襄公立無常，鮑叔牙曰：「君使民慢，亂將作矣」！奉公子小白出奔莒，亂作，管夷吾、召忽奉公子糾來奔。

此敍齊襄公被弒之原因。言襄田于貝丘，見大豕，從者見公子彭生。彭生爲襄公所殺者，此俗語：「白晝見鬼」。此事要不足信。或作亂之人僞裝公子彭生未可知？作亂之事，及鮑叔牙奉公子小白出奔莒，管夷吾，召忽奉公子糾奔魯，要爲事實。公子彭生白晝現形，決無此理，與小說言神言鬼何異？此類之文，不能作歷史讀，以文學傳記觀之可也。又左傳：

鄭厲公自櫟侵鄭，及大陵，獲傅瑕。傅瑕曰：「苟舍我，吾請納君」。與之盟，而赦之。六月甲子，傅瑕殺鄭子及其二子，而納厲公。初內蛇與外蛇鬬於鄭南門中，內蛇死。六年而厲公入。公聞之，問於申繻曰：「猶有妖乎」？對曰：「人之所忌，其氣燄以取之，妖、由人興也。人無釁焉，妖不自作，人弃常，則妖興，故有妖」。厲公入，遂殺傅瑕，使謂原繁曰：「傅瑕貳，周有常刑，既伏其罪矣。納我，而無二心者，吾皆許之上大夫之事，吾願與伯父圖之。且寡人出，伯父無裏言，入，又不念寡人，寡人憾焉」！對曰：「先君桓公命我先人典司宗祏，社稷有主，而外其心，其何貳如之。苟主社稷，國內之民，其誰不爲臣？臣無二心，天之制也。子儀在位十四年矣，而謀召君者，庸非二乎！莊公之子，猶有八人，若皆以官爵，行賂勸貳，而可以濟事，君其若之何？臣聞命矣」，乃縊而死。

此敍鄭厲公之入爲君，殺傅瑕，使謂原繁之語，與原繁答言自縊而死之事，當爲事實。而中間追敍內蛇與外蛇鬬之事，外蛇象徵厲公；內蛇象徵鄭子。（鄭子卽子儀，莊公四年稱伯，會諸侯，今見殺，不稱君，無謚。）似覺無謂，一若其事有先定者，不足信也，此亦類誌怪稗乘，祗能以文學傳記視之。傅瑕納厲公，爲厲公所殺，責其有二心，迨後漢高祖斬丁公，亦責其事項王不忠，如出一轍。又左傳：

晉侯改葬共太子，（申生）秋，狐突適下國，遇太子，太子使登僕。而告之曰：「夷吾無禮，余得請於帝矣，將以晉畀秦，秦將祀余」。對曰：「臣聞之，神不歆非類，民不祀非族，君祀無乃殄乎？且民何罪？失刑乏祀，君其圖之」！君曰：「諾！吾將復請，七日，新城西偏，將有巫者而見我焉」！許之，遂不見。及期而往，告之曰：「帝許我罰有罪矣，敝於韓」。丕鄭之如秦也，言於秦伯曰：「呂甥、郤稱、冀芮，實爲不從，若重問以召之，臣出晉君，君納重耳，蔑不濟矣！

此敍狐突夢見太子申生之問對語，在說部中載之則可，在史中載之，則爲不經。其言：「七日，新城西偏，將有巫者，而見我焉」。此與今日之巫師神鬼附身，爲人驅妖捉鬼之事何異，誰能信之？

又左傳：

二十二年春，(魯莊公二十二年)陳人殺其太子御寇，陳公子完，與顓孫奔齊。顓孫自齊來奔。齊侯使敬仲(公子完)爲卿，辭曰：「羇旅之臣，幸若獲宥，及於寬政，赦其不閑於教訓，而免於罪戾，弛於負擔，君之惠也，所獲多矣，敢辱高位？以速官謗，請以死告！詩云：「翹翹車乘，招我以弓，豈不欲往，畏我友朋」！使爲工正，飲桓公酒樂。公曰：「以火繼之」。辭曰：「臣卜其晝，未卜其夜，不敢」！君子曰：「酒以成禮，不繼以淫，義也；以君成禮，弗納於淫，仁也。初、懿氏卜妻敬仲，其妻占之曰：「吉！是謂鳳凰于飛，和鳴鏘鏘，有嬀之後，將育于姜，五世其昌，並于正卿；八世之後，莫之與京」。陳厲公蔡出也，故蔡人殺五父而立之，生敬仲，其少也，周史有以周易見陳侯者，陳侯使筮之，遇觀䷓之否䷋曰：「是謂觀國之光，利用賓于王，此其代陳有國乎？不在此，其在異國；非此其身，在其子孫，光遠而自他有耀者也！坤，土也；巽，風也；乾，天也；風爲天於土上，山也。有山之材，而照之以天光，於是乎居土上。故曰『觀國之光，利用賓于王』，庭實旅百，奉以之玉帛，天地之美具焉！故曰：『利用賓于王』。猶有觀焉，故曰：『其在後乎』？風行而著於土，故曰：『其在異國乎』？若在異國，必姜姓也。姜，太嶽之後也，山嶽則配天，物莫能兩大，陳衰此其昌乎」？及陳之亡也，陳桓子始大於齊，其後亡也，成子得政。

此以卦筮，推言敬仲子孫在齊，迨後取齊而代之爲君，卦辭推至八代。與上所述狐突夢太子申生，二蛇鬭於鄭南門中，齊襄公見公子彭生，各不相同，要之皆爲悠謬之言。或謂陳敬仲之後代齊有國之事，左氏將已成之事而附之卜筮，以神其說，後來禨祥讖緯，莫不以爲帝爲王，皆有天命，在正史中，不乏其事。以上不過舉左傳中數事言之，此外尚多。韓退之言「左氏浮誇」，曾文正謂「左氏好稱引奇誕」，即指此類之事也。在史記中，亦有類是之事，意不相同。高祖本紀曰：

高祖，沛豐邑中陽里人，姓劉氏，字季，父曰太公，母曰劉媼，其先劉媼嘗息大澤之陂，夢與神遇。是時雷電晦冥，太公往視，則見蛟龍於其上，已而有身，遂產高祖。高祖爲人，隆準而龍顏，美須髯。左股有七十二黑子。仁而愛人，喜施，意豁如也。常有大度，不事家人生產作業。及壯，試爲吏，爲泗水亭長，廷中吏無所不狎侮，好酒及色。常從王媼，武負，貰酒，醉臥，武負、王媼，見其上常有龍，怪之。高祖每酤，留飲酒，讎數倍。及見怪，歲竟，此兩家常折券棄責。高祖常繇咸陽，縱觀，觀秦皇帝，喟然太息曰：「嗟乎！大丈夫當如此也」。單父人呂公，善沛令，避仇，從之客，因家沛焉。沛中豪傑吏，聞令有重客，皆往賀，蕭何爲主吏，主進，令諸大夫曰：「進不滿千錢，坐之堂下」。高祖爲亭長，素易諸吏，乃紿爲謁曰：「賀錢萬」，實不持一錢。謁入，呂公大驚，起，迎之門。呂公者，好相人，見高祖狀貌，因重敬之，引入坐。蕭何曰：「劉季固多大言，少成事」。高祖因狎侮諸客，遂坐上坐，無所詘。酒闌，呂公因目固留高祖。高祖竟酒，後，呂公曰：「臣少好相人，相人多矣，無如季相，願季自愛。臣有息女，願爲季箕帚妾」。酒罷，呂媼怒呂公曰：「公始常欲奇此女，與貴人，沛令善公，求之不與，何自妄許與劉季」？呂公曰：

「此非兒女子所知也」，卒與劉季。呂公女，乃呂后也。生孝惠，魯元公主。高祖爲亭長時，常告歸，之田，呂后與兩子居田中耨，有一老父過請飲，呂后因餔之。老父相呂后，曰：「夫人！天下貴人」。令相兩子，見孝惠，曰：「夫人所以貴者，乃此男也」。相魯元，亦皆貴。老父已去，高祖適從傍舍來，呂后具言，客有過，相我子母，皆大貴。高祖問，曰：「未遠」。乃追及問老父。老父曰：「鄉者夫人嬰兒，皆似君，君相貴不可言」。高祖乃謝曰：「誠如父言，不敢忘德」。及高祖貴，遂不知老父處。高祖被酒，夜徑澤中，令一人行前，行前者還報曰：「前有大蛇當徑，願還」。高祖醉，曰：「壯士行，何畏」？乃前，拔劍擊斬蛇，蛇遂分爲兩，徑開。行數里，醉因臥。後人來，至蛇所，有一老嫗夜哭，人問何哭？嫗曰：「人殺吾子，故哭之」。人曰：「嫗子何爲見殺」？嫗曰：「吾子，白帝子也，化爲蛇，當道；今爲赤帝子斬之，故哭」。人乃以嫗爲不誠，欲笞之。嫗因忽不見。後人至，高祖覺。後人告高祖；高祖乃心獨喜，諸從者日益畏之。秦始皇帝常曰，東南有天子氣，於是因東游以厭之，高祖自疑，亡匿，隱於芒碭山澤巖石之間。呂后與人俱求，常得之。高祖怪問之？呂后曰：「季所居、上常有雲氣，故從往，常得季」。高祖心喜，沛中子弟或聞之，多欲附者矣。

史公所述高祖未興起時諸怪異事，事涉妄誕，不足信。蓋與陳涉世家事相同。「陳勝吳廣行卜。卜者知其指意，曰：「足下事皆成，有功。然足下卜之鬼乎」？陳勝、吳廣喜。念鬼曰：「此教我先威衆耳」。乃丹書帛，曰：「陳勝王」。置人所罾魚腹中，卒買魚烹食，得魚腹中書，以怪之矣。又間令吳廣之次近所傍叢祠中，夜篝火，狐鳴呼曰：「大楚興，陳勝王」。卒皆夜驚恐。旦日，卒中往往語，皆指目陳勝。因欲威衆，使人附已，故爲此類事，以懾服人耳。陳勝、吳廣之事，可直書以指其僞，於高祖則不能，不得不神化之也。如斬蛇之事，白帝子，赤帝子，安有此事？其觀秦皇帝，喟然太息曰：「嗟乎！大丈夫當如此也」！與項羽觀秦始皇「彼可取而代也」。一爲羨慕之口吻，一爲蔑視之豪語，相形之下，劉不及項。又言劉媼嘗息大澤之陂，夢與神遇，是時雷電晦冥，太公往視，則見蛟龍於其上，已而有身，遂產高祖。蛟龍是否能與人交合，明明是史公以劉媼有外遇苟合，不能直說，託之神怪，故爲此不可思議之言，使人玩索，雖若稱頌之，實鄙夷之耳。曾文正曰：「太史公稱莊子皆寓言，吾觀子長所爲史記，寓言亦居十之六七」。(聖哲畫像記) 此寓言也。章太炎以爲不然，其讀太史公書曰：

甚矣！曾國藩之妄也。其言曰：「司馬遷書，太半寓言」。愛憎過其情，與解觀失實者有之，未有作史而橫爲寓言者也。國藩之意，豈不以遷六國時事，瑰特譎麗，與周漢事狀絕殊？故疑其出於胸臆耶？案六國史記，遭秦燔滅，不復見。遷書六國表具言之。然則其記六國大事，取秦記，其人自爲傳者，取於其人之遺書與其徒所傳述而已。自商君而上，蘇秦、張儀、魯連、虞卿皆有所書。魏公子有兵法，其他陳軫之倫，所著書不傳，短長書或載焉！屈原傳乃本淮南王，藺相如、荊軻事，大抵劍客之所稱道。史既燔滅，非此無可徵者。百家之自述也，辯必已勝，策必已效，或什百於庸衆而無算，非徒駕說之士然。孟子、孫卿尚往往有是，故其瑰特譎麗，上軼周，下踊漢，非恒情所有，乃其人與其徒自爲增飾使然，遷安得有寓言乎？遷知其增飾不能去，顧揚子以遷爲實錄者，何也？曰：遷雖才，辭屬不過景帝以下，前即伯夷、老、莊、孟、荀，其他結集與施訓故而已。如六國分裂之世，奇材固多，悉棄則不忍，悉信則非國史所傳，爲是移寫其文，不敢有增損以厠傳疑之列，乃所以爲實錄也。若寓言者，可以爲實錄乎哉？（章太炎文錄續錄）

太炎此言，有待商榷。王允言太史公書爲謗書，劉向、揚雄謂之實錄。此二種不同之說，深堪玩味。所謂「謗書」者，對漢事多所譏刺；尤不滿於武帝。所謂「實錄」者，以史記所記之事，皆信而有證也。史記十二諸侯年表序曰：

> 孔子明王道，干七十餘君，莫能用，故西觀周室，論史記舊聞。興於魯而次春秋。上記隱，下至哀之獲麟。約其辭文，去其煩重，以制義法。王道備，人事浹。七十子之徒，口授其傳指，爲有所刺譏挹損之文辭，不可以書見也。

司馬遷以所作史記，竊比孔子春秋，其言「七十子之徒，口授其傳指，爲有所刺譏挹損之文辭，不可以書見」。故太史公亦以己書對當世之事，有所刺譏挹損，欲藏之名山，傳之其人。所記載之事，刺其所當刺，譏其所當譏，不得謂謗書。刺其所當刺，譏其所當譏，褒貶不失輕重，即實錄也。吾人再看數人之言，史記中是否有寓言？程伊川言：「讀史記，當求之蹊徑之外」。梅伯言書莊子後：「莊周也，屈原也，司馬遷也，皆不得志於時者之所爲也，皆怨悱之書也；然而莊子之怨悱也隱矣」。此言屈原、司馬遷之怨悱易見，莊子則隱而不易知。吳闓生評史記十二諸侯年表序曰：

諸表序，乃史公精心結撰之文，每篇皆別有寓意，言在此而意在彼。高情微旨，深眇不測，非常人所可與知。歸、方、姚、曾頗識之，而未盡至。先大夫（吳汝綸）而始洞察無遺。文字之妙，此其絕詣也。

觀以上數家之論，皆謂史記有寓言，可證太炎斥曾氏言司馬遷書寓言之無當。本師錢子泉先生亦言：「太史公史記不爲史，何也？蓋發憤之所爲作，工於抒慨而疏於記事，其文則史，其情則騷也」。此亦足以證明太炎所論史記無寓言，未達史記高情微旨也。言史記有寓言，並非只說其有寓言，便爲了事，須提出證明，方能使人心服。除上述高祖本紀外，就吾人所常讀史記之文，簡括以說明之。

史記管晏列傳，無人不讀。其傳不錄，錄其贊如下：

太史公曰：「吾讀管氏牧民、山高、乘馬、輕重、九府，及晏子春秋，詳哉其言之也。既見其著書，欲觀其行事，故次其傳。至其書，世多有之，是以不論，論其軼事。管仲世所謂賢臣；然孔子小之，豈以爲周道衰微，桓公既賢，而不勉之至王，乃稱霸哉？語曰：「將順其美，匡救其惡，故上下能相親也，豈管仲之謂乎？方晏子伏莊公尸，哭之，成禮，然後去。豈所謂見義不爲，無勇者耶？至其諫說，犯君之顏，此所謂進思盡忠，退思補過者哉？假令晏子而在，余雖爲之執鞭，所欣慕焉！

作史要將其重要事跡寫出，不能但論其軼事。軼事，爲史家所未能搜集有價值之事，爲他人所不知而敍述者，如上章所述柳子厚段太尉逸事，方望溪左忠毅公逸事之類。而太史公之管晏列傳，但論其軼事，於史法不合。管晏之事，雖於齊世家略有記載，而不詳。屈原賈誼列傳，何以詳載事跡並錄其所作辭賦，其辭賦世多有亦人所讀之者，以史法言，管晏列傳，可謂變例。史公所以要論管晏軼事，吾人須觀其報任少卿書中所言。因言「李陵之事，幽於縲絏，家貧，貨賂不足以自贖，交游莫救視，左右親近，不爲一言」。故作管晏列傳，首言鮑叔牙少與管仲游，知管仲賢。管仲貧困，常欺鮑叔，鮑叔終善遇之。管仲與鮑叔賈，分財利，多自與，鮑叔以管仲貧，不以爲貪。鮑叔事齊公子小白，管仲事公子糾，及小白立爲桓公，公子糾死，管仲囚焉，鮑叔進管仲，管仲既用，任政於齊，齊桓公以霸，九合諸侯，一匡天下。史公於管仲傳，特載此等事，是言己若遇鮑叔之人爲友，必能爲我贖罪，並能薦我。於晏嬰傳，言之尤爲著明。晏子知越石父賢，在縲絏中，晏子出，遭之途，解左驂贖之。載歸，弗謝。入閨，久之，越石父請絕，晏子戄然攝衣冠謝曰：「嬰雖不仁，免子於厄，何絕之速也」？石父曰：「不然！，吾聞君子絀於不知己，而信於知己者。方吾在縲絏中，彼不知我也。夫子既已感寤而贖我，是知己；知己而無禮，固不如在縲絏之中」。晏子於是延入爲上客。又晏子爲齊相，出，其御之妻，從門間而闚其夫；其夫爲相御，擁大蓋，策駟馬，意氣揚揚，甚自得也。既而歸，其妻請去，夫問其故？妻曰：「晏子長不滿六尺，身相齊國，名顯諸侯。今者妾觀其出，志念深矣，常有以自下者。今子長八尺，乃爲人僕御，然子之意，自以爲足，妾是以求去也」。其後夫自抑損，晏子怪而問之，御以實對，晏子薦以爲大夫。史公述此二事，以爲倘今世有晏子其人，必能贖我於縲紲之中，亦必薦我朝廷。故見意於其贊末後一語曰：「假令晏子而在，余雖爲之執鞭，所欣慕焉！」與其報任少卿書所言：「幽於縲紲，家貧，貨賂不足以自贖，交游莫救視，左右親近不爲一言」相對照，不特自慨，亦以喟歎當時在朝之士大夫，只知「全軀保妻子，隨而媒孽其短」。及「陵未沒時，使有來報，漢公卿王侯，皆奉觴上壽。後數日，陵敗書聞，主上爲之食不甘味，聽朝不怡，大臣憂懼，不知所出」。吾人於此，知史公傳管晏，但論其軼事指意所在矣。此非寓言而何？史記文之抑揚，往往在全文末後一句。若封禪書，漢武帝欲求長生，迷惑方士之言，爲方士愚弄，終不覺悟。其末曰：「自此之後，方士言神祠者彌衆，然其效可睹矣」！此語頗冷雋，亦以譏武帝也。封禪書，亦寓言也。太炎所提藺相如等，以爲此類史料，爲劍客之所稱道。今舉廉藺傳贊以言之：

太史公曰：「知死必勇，非死者難，處死者難。方藺相如引璧睨柱，及叱秦王左右，勢不過誅，然士或怯懦而不敢發，相如一奮其氣，威信敵國；退而讓頗，名重太山，其處智勇，可謂兼之矣。

此史公贊藺相如，亦假以自道。吾人須再讀史公報任少卿書，可以見之。其曰：

近自託於無能之辭，網羅天下放失舊聞，略考其行事，綜其終始，稽其成敗興壞之紀。上計軒轅，下至於茲。爲十表，本紀十二，書八章，世家三十，列傳七十，凡百三十篇，亦欲以究天人之際，通古今之變，成一家之言。草創未就，適會此禍，惜其不成，是以就極刑而無慍色。僕誠已著此書，藏之名山，傳之其人，通邑大都，則僕償前辱之責，雖萬被戮，豈有悔哉？然此可爲智者道，難爲俗人言也。

此段文意思，是史公言，因著史記未成，適遭李陵之禍，是以就極刑而無慍色；倘此書已著成，藏之名山，傳之其人，則死便無顧惜。其於死生之際，籌之甚熟，有重於泰山，輕於鴻毛。故其於藺相如傳贊曰：「知死必勇，非死者難，處死者難」。此雖言藺相如，實假以自明己意也。不但於藺相如傳贊言之，其於伍子胥傳贊曰：

太史公曰：怨毒之於人甚矣哉！王者尙不能行之於臣下，況同列乎？向令伍子胥從奢俱死，何異螻蟻？棄小義，雪大恥，名垂於後世，悲夫！方子胥窘於江上，道乞食，志豈嘗須臾忘郢耶？故隱忍就功名，非烈丈夫孰能致此哉？白公如不自立爲君者，其功謀亦不勝道者哉？

此言伍子胥從其父奢死，雖不失爲孝；但此乃小義，而以報仇雪恥爲重。此孟子所謂：「可以死，可以無死，死傷勇」也。死生之際，應權其輕重得失，有以善處之。伍子胥窘於江上，道乞食，隱忍不死，爲就功名，以報仇雪恥也。此亦史公假伍子胥之從父同死爲輕，而以就功名，報仇雪恥爲重；以自比其所著書未成而死爲輕，而爲欲完成其所著之書，隱忍受辱不死爲重也。不惟此也，其於季布欒布傳贊曰：

太史公曰：以項羽之氣，而季布以勇顯於楚，身屨典軍搴旗者數矣，可謂壯士！然被刑戮，爲人奴而不死，何其下也？彼必自負其才，故受辱不羞，欲有所用其未足也！故終爲漢名將！賢者誠重其死！夫婢妾賤人，感慨而自殺者，非能勇也，其計畫無復之耳！欒布哭彭越，趣湯如歸者，彼誠知所處，不自重其死，雖往古烈士，何以加哉！

此以季布受辱而不羞，而不死，欲有所用其未足。欒布趣湯如歸，不自重其死。二人所處死生之際，各得其宜，吾人讀季布欒布傳，可以知史公假此二人之或重其死與不重其死，以表明己之處死生之際，並非漫無選擇，死非所難，處死爲難。此視其所贊伍子胥，藺相如假以自道其意，尤爲顯白。此寓言也。袁簡言：「詩文含有雙重意思者，無不佳妙」，即此之謂也。但欲說明者，史公之假傳人述事，以抒一己之慨，並非將其人其事，有所變易曲以就己，其所傳述之人事，仍爲信實可恃也，此之謂「實錄」，而其所作，要不失爲信史；而史中含有文學意義，所謂歷史中之文學傳記也。史公所作，亦並非不談政治。班孟堅言其：「論大道，則先黃老，而後六經」，是未會史公之意。太史公談論六家要旨中，雖言陰陽、儒、墨、名、法各家皆有所短，惟道家兼各家之長而無其失。而史遷則不然。吾人讀史記全書，老莊與申韓合傳，於儒家，有儒林傳，有孔子弟子列傳，有孔子世家，先黃老，而後六經者，其若是乎？然其推崇黃老處，並非無故？吾人讀汲黯鄭當時傳便知之。

當漢之初興，以秦嚴刑峻法，民不堪命，漢高入關，與民約法三章，用黃老之術與民休息，直至文帝亦行老黃之術也。景帝則稍重法矣。史稱文景之治，國治民康。迄武帝，好大喜功，連年用兵，賦役繁重，民不勝其負荷，而用張湯輩之酷吏，任峻法誅求無厭，國幾大亂。汲黯鄭當時，皆好黃老之學，尤其汲黯，以黃老之術治民，民安靜無事。卽其一端。以武帝之暴殄黎民，用峻法而亂，不如用黃老，清靜無爲而治也。其所以先黃老者，其原因卽在此；亦非卽以黃老爲治而足也。其傳酷吏曰：

孔子曰：「道之以政，齊之以刑，民免而無恥；道之以德，齊之以禮，有恥且格」。老氏稱「上德不德，是以有德；下德不失德，是以無德」。法令滋章，盜賊多有。太史公曰：信哉是言也！法令者治之具，而非制治清濁之源也。昔天下之網嘗密矣；然奸僞萌起；其極也，上下相遁，至於不振。當是之時，吏治若救火揚沸，非武健嚴酷，惡能勝其任而愈快乎？言道德者，溺其職矣！故曰：「聽訟吾猶人也，必也使無訟乎？」下士聞道大笑之，非虛言也。漢興破觚而爲圜，斲雕而爲朴，網漏於吞舟之魚，而吏治烝烝，不至於奸，黎民艾安，由此觀之，在彼不在此。

史公所傳酷吏，多漢代人，而以武帝時爲多。觀此，知史公雖重黃老，仍以儒家爲先，因在武帝時救急之計，不如淸靜無爲，與民休息也。此乃史公譏貶武帝用重刑之過，並未直指，於言外可以見之。而史公被吏議，而受極刑，不無有惡於當時之執法者，亦往往借以抒其憤懣也。史記寓言之處非一，但就以上所舉事例，可見其概矣。史記後諸史，或多或少，載有不經之事，但非如史記之寓言；玆擧一二言之。如漢書武五子傳，言昌邑王賀曰：

初賀在國時，數有怪，嘗見白犬高三尺，無頭，其頸以下，似人而冠方山冠；後見熊，左右皆莫見。又大鳥飛集宮中，王知惡之，輒以問郎中令遂，遂爲言其故，語在五行志。王仰天歎曰：「不祥何爲數來」？遂叩頭曰：「臣不敢隱忠，數言危亡之戒，大王不說。夫國之存亡，豈在臣言哉，願大王內自揆度，大王誦詩三百五篇，人事浹，王道備，王之所行詩中一篇何等也。大王位爲諸侯王，行汙於庶人，以存難，以亡易。宜深察之」。後又血汙王坐席，王問遂，遂叫然號曰：「宮空，不久祆祥數至，血者陰憂象也，宜畏愼自省」。賀終不改節。居無何，徵、旣卽位後，王夢靑蠅之矢，積西階東，可五六石，以屋版瓦覆，發視之，靑蠅矢也。以問遂，遂曰：「陛下之詩不云乎？營營靑蠅，至于藩•愷悌君子，毋信讒言。陛下左右側，讒人衆多如是，靑蠅惡矣，宜進先帝大臣子孫親近，以爲左右，如不忍昌邑故人，信用讒諛，必有凶咎，願詭禍爲福，皆放逐之，臣當先逐矣」。賀不用其言，卒至於廢。

此言昌邑王賀廢，先有諸種怪異之事出現；假如昌邑王賀不廢，卽有諸種怪異之事，亦必不記載也。諸種怪異之事，是否可信？誰能知之。故此類記述，祗能視作稗史觀，屬於文學傳記則可，非信史也。又漢書佞幸傳，記述鄧通事曰：

　鄧通、蜀郡南安人也。以濯船爲黃頭郎。文帝嘗夢欲上天，不能，有一黃頭郎推上天，顧見其衣尻帶後穿，覺而之漸臺，以夢中陰目求推者郎，見鄧通，其衣後穿，夢中所見也。召問其名姓，姓鄧名通，鄧，猶登也。文帝甚說，尊幸之，日日異。通亦愿謹，不好外交；雖賜洗沐，不欲出。於是文帝賞賜通鉅萬以十數，官至上大夫。文帝時間至通家游戲。然通無他伎能，有所薦達，獨自謹身以媚上而已。上使善相人者相通曰：「當貧餓死」。上曰：「能富通者在我，何說貧」。於是賜通蜀嚴道銅山，得自鑄錢。鄧氏錢布天下，其富如此。文帝嘗病癰，鄧通常爲上嗽吮之。上不樂，從容問曰：「天下誰最愛我者乎」？通曰：「宜莫若太子」。太子入問疾，上使太子齰癰，太子嗽癰而色難之。已而聞通嘗爲上齰之。太子慙，繇是心恨通。及文帝崩，景帝立，鄧通免，家居。居無何，人有告通盜出徼外鑄錢。下吏驗問，頗有遂，竟案，盡沒入之，通家尚負責數鉅萬。長公主賜鄧通，吏輒隨沒入之，一簪不得著身，於是長公主乃令假衣食，竟不得名一錢，寄死人家。

　此傳載史記，班氏取以入漢書，字句間有不同。本傳敍文帝夢鄧通，召相人相鄧通，已開後來傳奇小說之體，故此類之文，應以文學傳記視之，以其涉於神話也。後漢信讖緯，故後漢書記此類事較多，即光武帝紀中，言彊華奉赤優符，醴泉涌出，赤草生水崖。今亦擧一二以言之。方術列傳曰：

王喬者，河東人也。顯宗世爲葉令，有神術，每月朔望自縣詣臺朝帝，怪其來數，而不見車騎。密令太史伺望之。言其臨至，輒有雙鳧從東南飛來，於是候鳧至，擧羅張之，但得一隻舄焉。乃詔上方診視，則四年中所賜尚書官屬履也。每當朝時，門下鼓不擊自鳴，聞於京師。後天下玉棺於堂前，吏人推排終不搖動。喬曰：「天帝獨召我邪？」乃沐浴服飾寢其中，蓋便立覆。宿昔葬於城東，土自成墳。其夕縣中牛皆流汗喘乏而人無知者。百姓乃爲立廟，號葉君祠。牧守每班錄，皆先謁拜之。吏人祈禱，無不如應；若有違犯，亦立能爲祟。帝乃迎取其鼓，置都亭下，略無復聲焉。或云，此即古仙人王子喬也。

此文若載之傳奇說部中，是爲佳構；而登於信史中，則失其本質，史不應有無稽之談也。方術傳又曰：

費長房者，汝南人也。曾爲市掾；市中有老翁賣藥，懸一壺於肆頭，及市罷，輒跳入壺中，市人莫之見；惟長房於樓上覩之異焉。因往再拜奉酒脯。翁知長房之意其神也，謂之曰：「子明日可更來」。長房旦日復詣翁，翁乃與俱入壺中，惟見玉堂嚴麗，旨酒甘肴盈衍其中。共飲畢而出。翁約不聽與人言之。後乃就上候長房曰：「我神仙之人，以過見責，今事畢，當去，子寧能相隨乎？樓下有少酒與卿爲別」。長房使人取之，不能勝。又令十人扛之，猶不擧。翁聞笑而下樓，以一指提之而上，視器如一升許，而二人飲之，終日不盡。長房遂欲求道，而顧家人爲憂。翁乃斷一青竹度與長房身齊，使懸之舍後，家人見之，即長房形也。以為縊死，大小驚號，遂殯葬之。長房立其傍，而莫之見也。於是遂隨從入深山，踐荆棘於羣虎之中，留使獨處，長房不恐。又臥於空室，以朽索懸萬斤石於心上，衆蛇競來齧索且斷，長房亦不移。翁還，撫之曰：「子可教也」。復使食糞，糞中有三蟲，臭穢特甚。長房意惡之，翁曰：「子幾得道；恨於此不成，如何？」長房辭歸，翁與一竹杖，曰：「騎此，任所之，則自至矣。既至，可以杖投葛陂中也」。又為作一符，曰：「以此主地上鬼神」。長房乘杖，須臾來歸，自謂去家適經旬日，而已十餘年矣！即以杖投陂，顧視則龍也。家人謂其久死，不信之。長房曰：「往日所葬，但竹杖耳」。乃發冢，剖棺，杖猶存焉。遂能醫療衆病，鞭笞百鬼及驅使社公，或在他坐，獨自恚怒，人問其故，曰：「吾責鬼魅之犯法者耳。汝南歲歲常有魅僞作太守章服詣府門椎鼓者，郡中患之。時魅適來，而逢長房謁府君，惶懼不得退，便前解衣冠，叩頭乞活。長房呵之云，便於中庭正汝故形。即成老鼈，大如車輪，頸長一丈。長房復令就太守服，付其一札以敕葛陂君。魅叩頭流涕，持札植於陂邊，以頸繞之而死。後東海君來見葛陂君，因淫其夫人，於是長房劾繫之三年，而東海大旱。長房至海上見其人請雨，乃謂之曰：「東海君有罪，吾前繫之葛陂，今方出之，使作雨也」。於是雨立注。長房曾與人共行，見一書生黃巾被裘，無鞍騎馬，下而叩頭。長房曰：「還他馬，赦汝罪」。人問其故。長房曰：「此狸也，盜社公馬耳」。又嘗坐客，而使至宛市鮓，須臾還，乃飯。或一日之間，人見其在千里之外者數處焉。後夫其符，爲羣鬼所殺。

後漢書載此類之事尚多。不備擧。此類之事，與稗史無異，讀之者，以資博聞則可，信以爲眞有其事則非矣。陳承祚三國志，號稱謹簡，亦載有神怪之事，如魏志方伎傳載朱建中善相人之事，亦涉悠謬，其曰：

朱建平，沛國人也。善相術，於閭巷之間，效驗非一。太祖爲魏公，聞之，召爲郎。文帝爲五官將，坐上會客三十餘人。文帝問己年壽，又令徧相衆賓。建平曰：「將軍當壽八十。至四十時當有小厄，願謹護之。謂夏侯威曰：「君四十九位爲州牧，而當有厄；厄若得過，可年至七十，致位公輔」。謂應璩曰：「君六十二，位爲常伯，而當有厄。先此一年，當獨見一白狗，而旁人不見也」。謂曹彪曰：「君據藩國，至五十七，當厄於兵，宜善防之」。初穎川荀攸、鍾繇相與親善，攸先亡子幼，繇經紀其門戶，欲嫁其妾，與人書曰：「吾與公達曾共使朱建平相。建平曰：「荀君雖少；然當以後事付鍾君。吾時啁之曰：『惟當嫁卿阿鶩耳。何意此子竟早隕沒，戲言遂驗乎？今欲嫁阿鶩，使得善處。追思建平之妙，雖唐擧、許負,何以復加也』文帝黃初七年,年四十、病困，謂左右曰：「建平所言八十，謂晝夜也，吾其決矣」。頃之，果崩。夏侯威爲兗州刺史，年四十九、十二月上旬得疾，念建平之言，自分必死，豫作遺令及送喪之備，咸使素辦。至下旬轉差，垂以平復。三十日，日昃，請紀綱大吏設酒曰：「吾所苦漸平，明日鷄鳴，年更五十，建平之戒，眞必過矣」。罷客之後，合瞑疾動，夜半遂卒。璩六十一，爲侍中直省內，欻見白狗，問之，衆人悉無見者。於是數聚會，並急游觀田里，飲宴自娛。過期一年六十三卒。曹彪封楚王，年五十七，坐與王凌通謀賜死。凡說此輩，無不如言，不能具詳，故粗記數事。惟相司空王昶，征北將軍程喜，中領軍王肅有蹉跌云。肅年六十二，疾篤，衆醫並以爲不愈。肅夫人問以遺言，肅云：「建平相我踰七十，位至三公，今皆未也，將何慮乎」？而肅竟卒。建平又善相馬，文帝將出，取馬外人。建平道遇之，語曰：「此馬之相，今日死矣」。帝將乘馬，馬惡衣香，驚齧文帝膝，帝大怒，卽便殺之。建平，黃初中卒。

此與上述之事雖不同，同爲無稽則一也。三國志「裴松之注，不詳字句解釋，而博采異聞以廣之，不知裴所引述諸書，承祚何嘗未見。要不足徵信耳。但裴注雖猥雜，而其引述諸書，在當時皆行世，至今存者無幾，轉賴其注以傳耳。四庫全書總目提要，言裴注三國志曰：

宋元嘉中，裴松之受詔作注，所注雜引諸書，亦時下已意，綜其大致，約有六端：一曰引諸家之論以辨是非。一曰參諸書之說以核譌異。一曰傳所有之事詳其委曲。一曰傳所無之事補其闕佚。一曰傳所有之人詳其生平。一曰傳所無之人附其同類。其中往往嗜奇愛博，頗傷蕪雜。如袁紹傳中之胡母班，本因爲董卓使紹而見，乃注曰班嘗見太山府君及河伯，事在搜神記。語多不載，斯已贅矣。鍾繇傳中，乃引陸氏異林一條，載繇與鬼婦狎昵事；蔣濟傳中，引列異傳一條，載濟子死爲泰山伍伯，迎孫阿爲泰山令事。此類鑿空語怪，凡十餘處，悉與本事無關，而深於史法有碍，殊爲瑕類。又其初意，欲如應劭之注漢書，考究訓詁，引證故實，蓋欲爲之而未竟；又惜所注已成，不欲刪棄，故或詳或略，或有或無，亦頗爲例不純。然網羅繁富，凡六朝舊籍今所不傳者，尚一一見其厓略，又多首尾完具，不似酈道元水經注，李善文選注，皆剪裁割裂之文，故考證之家，取材不竭者，反多於陳壽本書焉。

裴注三國，補其缺遺則可，鑿空語怪，有同稗野，實有妨史法。玆即提要所言，錄數則以見一斑，鍾繇傳中，裴注引陸氏異林曰：

繇嘗數月不朝會，意性異常。或問其故，云：「嘗有好婦來，美麗非凡」。問者曰：「必是鬼物，可殺之」。婦人後往，不即前，止戶外。繇問何以？曰：「公有相殺意」。繇曰：「無此」。乃勤勤呼之，乃入。繇意恨，有不忍之心；然猶斫之，傷髀。婦人即出，以新緜拭血，竟路。明日，使人尋跡之，至一大冢木中，有好婦人形體如生人，著白練衫，丹繡裲襠，傷左髀，以裲襠中緜拭血，叔父清河太守說如此。清河、陸雲也。

蔣濟傳，引列異傳曰：

濟爲領軍，其婦夢見亡兒泣涕曰：「死生異路。我生時，爲卿相子孫，今在地下。爲泰山伍伯，憔悴困辱，不可復言。今太廟西謳士孫阿，今見召爲泰山令，願母爲白侯屬阿，令轉我得樂處」

。言訖，母忽然驚寤。明日，以白濟。濟曰：「夢爲爾耳，不足怪也」。明日暮復夢曰：「我來迎新君，止在廟下，未發之頃，暫得來歸，新君明日日中當發，臨發多事，不復得歸，永辭於此。侯氣强，難感悟，故自訴於母，願重啓侯，何惜不一試驗之」。遂道阿之形狀，其言甚備悉。天明，母重啓侯，雖云夢不足怪，此何太適適，亦何惜不一驗之。濟乃遣人詣太廟下，推問孫阿，果得之，形狀證驗，悉如兒言。濟涕泣曰：「幾負吾兒」！於是乃見孫阿，具語其事。阿不懼當死，而喜得爲泰山令，惟恐濟言不信也。曰：「若如所言，阿之願也；不知賢子欲得何職」？濟曰：「隨地下樂者與之」。阿曰：「輒當奉敎」。乃厚賞之。言訖、遣還。濟欲速知其驗，從領軍門至廟下，十步安一人，以傳阿消息。辰時，傳阿心痛；巳時，傳阿病劇；日中，傳阿亡。濟泣曰：「雖哀吾兒之不幸，且喜亡者有知」。後月餘，兒復來，語母曰：「已得轉爲錄事矣」。

觀以上兩事，皆怪誕不經，誠如提要言：「深於史法有碍」。但裴注類此事猥多，如吳志孫策傳，引搜神記：「策既殺于吉，每獨坐，彷彿見吉在左右，意深惡之，頗有失常。後治創方差，而引鏡自照，見吉在鏡中，顧而弗見。如是再三，因撲鏡大叫，創皆崩裂，須臾而死」。此事亦載三國演義中，演義中載之無妨，以其小說也。至作史或爲史注，如以此爲博，則傷體要矣。又吳志孫皓傳，裴注引搜神記曰：

吳以草創之國，信不堅固，邊屯守將，皆質其妻子，名曰「保質」。童子少年，以類相與戲遊者，日有十數。永安二年三月，有一異兒，長四尺餘，年可六七歲，衣青衣，來從羣兒嬉。諸兒莫之識也。皆問曰：「爾誰家小兒？今日忽來」？笑曰：「見爾羣嬉樂，故來耳」。詳而視之，眼有光芒，爚爚外射。諸兒畏之，重問其故。兒乃答曰：「爾惡我乎？我非人，乃熒惑星也；將有以告爾，三公鉏司馬如」。諸兒大驚，或走告大人，大人馳往觀之。兒曰：「舍爾去乎」？竦身而躍，卽以化矣。仰而視之，若引一匹練以登天。大人來者，猶及見焉，飄飄漸高，有頃而沒。時吳政峻急，莫敢宣也。後五年而蜀亡，六年而晉興。至是而吳滅司馬如矣。

此不外言吳將亡而妖孽現，搜神記小說，不妨載之，以資談助，注正史則不可。裴注，除引搜神記，神仙傳外，所引小說類，如世說新語等，頗爲繁富，怪誕不經，何止數十？吾人遇此類之事，不得以史實視之，而以史籍中傳記文學讀之可也。繼之再言晉書。晉書所載之史實失體，議之者甚多，唐房喬等奉敕所撰，爲開局官修之書。四庫提要總目言晉書曰：

書成之日，卽不慊於衆論。考書中惟陸機王羲之兩傳，其論皆稱制曰，蓋出於太宗之御撰。夫典午一朝政事之得失，人材之良楛，不知凡幾，而九重擒藻，宣王言以彰特筆者，僅一工文之士衡，一善書之逸少，則全書宗旨，大概可知。其所褒貶，略實行而獎浮華；其所採擇，忽正典而取小說。波靡不返，有自來矣。卽如文選馬汧督誄，引臧榮緒王隱書，稱馬汧立功孤城，死於非罪，後加贈祭，而晉書不爲立傳，亦不附見於周處孟觀等傳。又太平御覽引王隱書云：「武帝欲以郭琦爲佐著作郎，問尚書郭彰，彰憎琦不附己，答以不識。上曰：「若如卿言，烏丸家兒能事卿，即堪郎也」？及趙王倫篡位，又欲用琦，琦曰：「我已爲武帝吏，不能復爲今世吏」。終於家。琦蓋始終亮節之士也；而晉書亦削而不載。其所載者，大抵宏獎風流，以資談柄，取劉義慶世說新語，與劉孝標所注，一一互勘，幾於全部收入，是直稗官之體，安得目曰史傳乎？黃朝英湘素雜記，詆其引世說和嶠峨峨如千丈松，礧砢多節目。既入和嶠傳中，又以嶠字相同，並載入溫嶠傳中，顛倒舛迕，竟不及檢；猶其枝葉之病，非其根本之病也。正史之中，惟此書及宋史，後人紛紛改撰，其亦有由矣。特以十八家之書並亡，考晉事者，舍此無由，故歷代存之不廢耳。

此言晉書之失，所採取之資料，多爲稗史，而眞正有關重要之事迹，反棄而不錄，而未論及其詞章良楛。於此，吾人便知作史以事跡有無足取爲第一義，次之論詞之良楛，與作其他文則有異。以文章而論，並不亞晉書後其他各史，只以所載之事無當，其價値因之而降低。倘吾人以文學傳記讀之，則一良書也。晉書之失，在當時劉知幾已致譏切，史通外篇雜說中曰：

夫學未該博，鑒非詳正，凡所修撰，多聚異聞，其爲躊駮，難以覺悟。案應劭風俗通，載楚有葉君祠，即葉公諸梁廟也。而俗云孝明帝時，有河東王喬，爲葉令，嘗飛鳧入朝；及干寶搜神記，乃隱應氏所通，而收流俗怪說，又劉敬昇異苑，稱晉武庫失火，漢高祖斬蛇劍穿屋而飛。其言不經，故梁武令殷芸編諸小說。及蕭方等撰三十國史，乃刊爲正言。既而宋求漢事，旁取令升之書；唐徵晉語，近憑方等之錄，編簡一定，膠漆不移。故今俗之學者，說凫履登朝，則云漢書舊記；談蛇劍穿屋，必曰晉典明文。摭彼虛詞，成兹實錄。語曰：「三人成市虎」，斯言得之者乎？

馬遷持論，稱堯世無許由；應劭著錄，云漢代無王喬，其言讜矣。至士安撰高士傳，具說箕山之跡；令升作搜神記，深信葉縣之靈。此並向聲背實，捨眞從僞。知而故爲，罪之甚者。近者，宋臨川王義慶著世說新語，上敍兩漢三國，及晉中朝江左事。劉峻注釋，摘其瑕疵，僞跡照然，理難文飾。而皇家撰晉史，多取此書。遂採唐王之妄言，違孝標之正說，以此書事，奚甚厚顏？

以上兩節所言，均著重晉書。其云：「唐徵晉語（原注謂皇家撰書）近憑方等之錄」。是言晉書所採之資料，多爲小說。又云：「皇家撰晉史，多取此書」。言其所取者世說新語搜神記之類書也。余謂撰寫小說，如世說新語，搜神記類。載記神怪之事，不得以爲非，小說家所記之事，本爲街談巷議也。作正史而採取之，則深妨史法矣。故作史雖曰須具才學識者，而以識最爲重要。四庫提要所言，與劉氏譏晉書其意相同。晉書中所載不經之事猥多，兹隨擧張華傳中一事以言之。

武庫火，華懼因此變作，列兵固守，然後救之。故累代之寶，及漢高斬蛇劍、王莽頭，孔子履等盡焚焉。時華見劍穿屋而飛，莫知所向。初華所封壯武郡，有桑化爲柏，識者以爲不祥。又華舍及監省數有妖怪。少子韙，以中臺星坼，勸華遜位，華不從。曰：「天道玄遠，惟修德以應之耳，不如靜以待之，以俟天命」。及倫秀將殺賈后，秀使司馬雅夜告華曰：「今社稷將危，趙王欲與公共匡朝廷爲霸者之事」。華知秀等必成簒奪，乃距之。雅怒曰：「刃將加頸，而吐言如此」！不顧而出。華方晝臥，忽夢見屋壞，覺而惡之。是夜難作，詐稱詔召華，遂與裴頠被收。……華聞豫章人雷煥，妙達緯象，乃要煥宿，屏人曰：「可共尋天文，知將來吉凶」。因登樓仰觀。煥曰：「僕察之久矣，惟斗牛之間，頗有異氣」。華曰：「是何祥也」？煥曰：「寶劍之精，上徹於天耳」。華曰：「君言得之；吾少時，有相者言吾出六十，位登三事，當得寶劍佩之，斯言豈效歟」？因問曰：「在何郡」？煥曰：「在豫章豐城」。華曰：「欲屈君爲宰，密以尋之可乎」？煥許之。華大喜！即補煥爲豐城令。煥到縣，掘獄屋基入地四丈餘，得一石函，光氣非常，中有雙劍，並刻題，一曰龍泉，一曰大阿。其夕，斗牛間氣不復見焉。煥以南昌西山北巖下土以拭劍，光芒豔發，大盆盛水，置劍其上，視之者，精芒炫目。遣使送一劍，並土與華。留一自佩。或謂煥曰：「得兩送一，張公豈可欺乎」煥曰：「本朝將亂，張公當受其禍，此劍當繫徐君墓樹耳！靈異之物，終當化去，不永爲人服也」。華得劍，寶愛之，常置坐側。華以南昌土，不如華陰赤土，報煥書曰：「詳觀劍文，乃干將也；莫邪何復不至？雖然，天生神物，終當合耳」。因以華陰土一斤致煥，煥更以拭劍，倍益精明。華誅，失劍所在，煥卒，子華爲州從事，持劍行，經延平津，劍忽於腰間躍出。墮水。使人沒水取之，不見劍，但見兩龍各長數丈，蟠縈有文章，沒者懼而反。須臾，光彩照水，波浪驚沸，於是失劍。華歎曰：「先君化去之言，張公終合之論，此其驗乎」？

劉知幾言劉敬昇異苑，稱「晉武庫失火，漢高祖斬蛇劍穿屋而飛」。與此相同。自爲晉書所採也。其餘得豐城兩劍之事，亦爲不經之談，絕是一篇傳奇妙文，此是文學，而非史實也。以上所述，不過在此五史中，各擧一二事，以說明歷史中有傳記文學，不煩備列，吾人讀歷史，於此類文，當分別觀之，知讀史與讀文，固應分爲兩事；論史與論文，亦應有分別，不可混淆。自晉書後諸史，及其他之史，頗多類是之作，皆當作如是觀；此不過於千百中撮取一二爲例，然即此推之，其餘可知之矣。

二、文集中之文學傳記

在各家文集中，固然有屬於經學、歷史傳記，而屬於文學傳記者亦甚多。關於屬於經學，歷史傳記，已略述如上，玆言屬於文學之傳記。何謂文學傳記？便是抒情寄寓，借人借事物；或本無其人其事其物，虛構以寓刺譏規戒，或自抒一己之懷者皆是，此亦祇能擧要言之。

在上述蘇東坡所作方山子傳，似若爲方山子立傳，是屬於歷史傳記，實則東坡借以暗示在朝執政者，不能求才任賢，而反排斥才賢，使之不得不隱居，不肯出而從政，此便是屬於文學傳記，而非歷史傳記。歷史傳記，將爲其作傳之人，一生重大之事迹，詳實敍述，或傳末加以論贊。東坡方山子傳，通篇只是感歎，似胸中有甚不平假以傾吐者，故謂之文學傳記，而非歷史傳記。如韓退之所作圬者王承福傳，人多讀之。退之雖若述王承福之言，恐王承福無此見識；不特王承福無此見識，卽一般自命讀書人，恐亦甚少能見及此。此傳可作爲官箴讀。意在戒爲官者，如無其才其德，彙緣冒進，即能償所願，不有人禍，必致天殃，決不能保持長久。其曰：「嘻！吾操鏝以入富貴之家有年矣，有一至焉，又往過之，則爲墟矣！有再至三至者焉，又往過之，則爲墟矣：問之其鄰，或曰：「嘻！刑戮也」。或曰：「身既死，而其子孫不能有也」！或曰：「死而歸之官也」。吾以是觀之，非所謂食焉怠其事，而得天殃者耶！非强心以智而不足，不擇其才之稱否而冒之者耶！非多行可愧，知其不可而强爲之者耶！將富貴難守，薄功而厚饗之者耶！抑豐悴有時，一去一來，而不可常者耶！吾之心憫焉！是故擇其力之可能者行焉。樂富貴而悲貧賤，我豈異於人哉」？是言作事要量己之力，力之不逮，不如棄其大而就其小。爲大官而不善終，皆不度德量力致之也。此傳，凡爲居高位者，寫一通以爲座右銘，以此自審自度，可以抑躁進而愼其所作所爲。此蓋退之有見於爲政者種種弊害，借傳王承福以爲戒；而王承福有無其人，皆不必深考也。故此傳屬於文學，而非歷史。又柳子厚種樹郭橐駝傳，亦人多讀之，可作官箴讀。與退之王承福傳所述之事雖不同，而以當時爲官所爲之事無當，思有以規戒之則一也。其述郭橐駝之言曰：「橐駝非能使木壽且孳也，能順木之天以致其性焉爾！凡植木之性，其本欲舒，其培欲平，其土欲故，其築欲密。既然已，勿動勿慮，去不復顧。其蒔也若予，其置也若棄，則其天者全，而其性得矣。故吾不害其長而已，非有能碩而茂之也；不抑耗其實而已，非有能早而蕃之也。他植者則不然。根拳而土易，其培之也，若不過焉則不及。苟能有反是者，則又愛之太恩，憂之太勤，旦視而暮撫，已去而復顧；甚者爪其膚以驗其生枯，搖其本以觀其疎密，而木之性日以離矣。雖曰愛之，其實害之，雖曰憂之，其實讎之，故不我若也，吾又何能爲哉」？問者曰：「以子之道，移之官理可乎」？駝曰：「我知種樹而已，官理非吾業也。然吾居鄉，見長人者，好煩其令，若甚憐焉，而卒以禍。旦暮吏來而呼曰：官命促爾耕，勗爾植，督爾穫。早繅而緒，早織而縷。字而幼孩，遂而雞豚。鳴鼓而聚之，擊木而召之。吾小人輟飧饔以勞吏者，且不得暇；又何以蕃吾生，而安吾性耶？故病且怠。若是，則與吾業者，其亦有類乎」？問者嘻曰：「不亦善夫！吾聞養樹得養人術，傳其事，以爲官戒也」。此言勤民而不得其道，固足以害民；而戕虐其民，如根拳土易，害民尤甚也。此借以直指官吏之無良，明白言之。與退之圬者王承福傳暗譬則異。郭橐駝有無其人，而能言種樹養民之道如此，要不可信，皆子厚有爲而言之也。柳氏又有梓人傳，亦寓言之作。儲同人云：「分明一篇大臣論，借梓人以發端。由賓入主，非觸類而長之之謂也」。本傳云：「余所遇者楊氏，潛其名」。此明明言假設而並無其人，意謂作宰相者，當如梓人所爲則可矣。柳氏又有宋清傳，語頗激憤，爲交友而言。其曰：

宋清，長安西部藥市人也。居善藥，有自山澤來者，必歸宋清氏，清優主之。長安醫工得清藥，輔以方，輒易售，咸譽清。疾病疕瘍者，亦皆樂就清求藥，冀速已，清皆樂然響應，雖不持錢者，皆與善藥。積券如山，未嘗詣取直，或不識，遙與券，清不爲辭。歲終度不能報，輒焚券，終不復言。市人以其異，皆笑之曰：「清蚩妄人也」。或曰：「清其有道者歟」？清聞之曰：「清逐利以活妻子耳，非有道也。然謂我蚩妄者亦謬」。清居藥四十年，所焚券者百數十人。或至大官，或連數州，受俸博，其餽遺清者，相屬於戶，雖不能立報，而以此賒死者千百，不害清之爲富也。清之取利遠，遠故大，豈若小市人哉，一不得直，則怫然怒，再則罵而仇耳。彼之爲利，不亦翦翦乎？吾見蚩之有在也。清誠以自得大利，又不爲妄，執其道不廢，卒以富，求者益衆，其應益廣。或斥棄沈廢妄者，交視之落然者，清不以怠，遇其人，必與善藥如故。一旦復柄用，益厚報清，其遠取利，皆類此。吾觀今之交乎人者，炎而附，寒而棄，鮮有能類清之爲者。世之言，徒曰市道交，嗚呼！清市人也，今之交，有能望如清之遠者乎？幸而庶幾，則天下之窮困廢辱，得不死亡者衆矣，市道交豈可少耶？或曰：「清非市道人也」。柳先生曰：「清居市，不爲市之道；然而居朝廷，居官府，居庠塾鄉黨，以士大夫自名者，反爭爲之不已，悲夫！然則，清非獨異於市人也。

以上退之圬者，子厚種樹，梓人等，皆假以諷諭政治。此則子厚假以慨歎交遊道衰。沈歸愚曰：「以一市字，發出無限感慨。後段如太史公憤激於親戚交遊，莫救視也」。誠然。子厚貶斥後，曾致函在朝之有力者救視，而多忌其才，終莫之救，卒死於柳州貶所。而其未死前胸中鬱憤，故不覺借物以發之耳。故以上所述，要皆爲文學傳記，而非歷史傳記也。又韓退之毛穎傳，人多以爲「以文爲戲」，不知亦有寄託。其曰：

毛穎者，中山人也。其先明視，佐禹治東方土，養萬物有功，因封於卯地，死爲十二神。嘗曰：「吾子孫神明之後，不可與物同，當吐而生，已而果然。明視八世孫娩，世傳當殷時居山中，得神仙之術，能匿光使物，竊姮娥，騎蟾蜍入月。其後代遂隱不仕云。居東郭者曰㕙，狡而善走，與韓盧爭能，盧不及，盧怒，與宋鵲謀而殺之，醢其家。秦始皇時，蒙將軍恬南伐楚，次中山，將大獵以懼楚。召左右庶長與軍尉，以連山筮之，得天與人文之兆。筮者賀曰：「今日之獲，不角不牙，衣褐之徒，缺口而長鬚，八竅而趺居。獨取其髦，簡牘是資，天下同其書，秦其遂兼諸侯乎」？遂獵，圍毛氏之族，拔其豪，載穎而歸，獻俘於章臺宮，聚其族而加束縛焉。秦皇帝使恬賜之湯沐，而封之管城，號曰：「管城子」。日見親寵任事。穎爲人強記而便敏，自結繩之代，以及秦事，無不纂錄。陰陽卜筮，占相醫方，族氏山經地志，字書圖畫，九流百家，天人之書；及至浮圖老子外國之說，皆能詳悉。又通於當代之務。官府簿書，市井貨錢注記，惟上所使。自秦皇帝及太子扶蘇胡亥、丞相斯、中車府令高；下及國人，無不愛重。又善隨人意，正直邪曲巧拙，一隨其人。雖見廢棄，終默不洩。惟不喜武士；然見請，亦時往。累拜中書令，與上益狎。上嘗呼爲中書君。上親決事，以衡石自程，雖宮人不得立左右，獨穎與執燭者常侍。上休方罷。穎與絳人陳玄，弘農陶泓，及會稽褚先生友善，相推致。其出處必偕。上召穎，三人者不待詔，輒俱往，上未嘗怪焉。後因進見，上將有任使，拂拭之，因免冠謝。上見其髮禿，又所摹畫，不能稱上意。上嘻笑曰：「

中書君老而禿，不任吾用。吾嘗謂君中書，君今不中書耶」？對曰：「臣所謂盡心者」。因不復召歸，封邑，終於管城。其子孫甚多，散處中國夷狄，皆冒管城。惟居中山者，能繼父祖業。

太史公曰：「毛氏有兩族，其一姬姓，文王之子，封於毛，所謂魯衛毛聃者也。戰國時，有毛公毛遂。獨中山之族，不知其本所出，子孫最爲蕃昌。春秋之成，見絕於孔子，而非其罪。及蒙將軍拔中山之豪，始皇封之管城，世遂有名。而姬姓之毛無聞。穎始以俘見，卒見任使，秦之滅諸侯，穎與有功。賞不酬勞，以老見疏，秦眞少恩哉！

此是爲毛筆作傳，所謂遊戲文字也。實則亦有寓意。此文學史記得其神似；而其用意，亦得自史記。史記寓意，往往於贊後，或全文末一二語而見意。此文贊後：「賞不酬勞，以老見疏，秦眞少恩哉」！是指人目畢生盡勞竭悴，至年老精力衰疲，不能任事時，則棄之而不顧問，乃借秦始皇對穎「賞不酬勞，以老見疏」，以諷世之用人者，一如秦始皇之所爲也。戲中有謔，此等文是也。故不得專以遊戲文字視之。在退之時，此類之事固有之，推之後世，亦無代無之。文章虛中有實，實中有虛，欲知古人文不徒作，應於此等處玩味之。又柳子厚鞭賈一文，亦傳記文學體也。其曰：

市之鬻鞭者，人問之，其賈值五十，必曰五萬。復之以五十，則伏而笑，以五百則小怒，五千則大怒，必五萬而後可。有富者買鞭，出五萬，持以誇予。予視其首，則拳蹙而不遂；視其握，則蹇仄而不直；其節汚黑而無文。掐之，滅爪而不得其窮；舉之，飄然若渾虛焉。予曰：「子何取於是？而不愛五萬」？曰：「吾愛其黃而澤，且賈者云……」予乃召僮爚湯以濯之，則遬然枯，蒼然白，向之黃者梔也，澤者蠟也。富者不悅；然猶持之。三年後，出東郊，爭道長樂坡，馬相踶，因大擊，鞭折爲五六，馬踶不已，墜於地，傷焉！視其內，空空然。其理若糞壤，無所賴者。今之梔其貌，蠟其言，以求賈技於朝者，一誤而過其分則喜，當其分則反怒曰：「予曷不至於公卿」？然而至焉者，亦良多矣！居無事，則過三年不害；當其有事，驅之於陳力之列，則禦乎物，以空空之內，糞壤之理，而以責其大擊之效，惡有不折其用，而獲墜傷之患者乎？

此喻用人，不能但觀其貌，聽其言，須考其實質？若祗求之於外，鮮有不受其欺而失敗者。卽孔子所謂：「聽其言，必觀其行也」。劉基「賣柑者言」，金玉其外，敗絮其中，與此所見相同。柳氏蓋因當世用人，只求其外者，借鞭賈以諷之也。又列子中愚公移山，亦爲寓言之作。其曰：

太行王屋二山，方七百里，高萬仞，本在冀州之南，河陽之北。北山愚公者，年且九十，面山而居，懲山北之塞，出入之迂也。聚室而謀曰：「吾與汝畢力平險，指通豫南，達於漢陰，可乎」？其妻獻疑曰：「以君之力，曾不能損魁父之邱，如太行王屋何？且焉置土石」？雜曰：「投諸渤海之尾，隱土之北」。遂率子孫荷擔者三夫，叩石墾壤，箕畚運於渤海之尾。鄰人京城氏之孀妻，有遺男，始齔，跳往助之。寒暑易節，始一反焉。河曲智叟笑而止之，曰：「甚矣！汝之不惠！以殘年餘力，曾不能毁山之一毛，其如土石何」？北山愚公長息曰：「汝心之固，固不可徹，曾不若孀妻弱子？雖我之死，有子存焉；子又生孫，孫又生子，子又生子，子又生孫，子子孫孫，無窮匱也；而山不加增，何苦而不平」？河曲智叟無以應。操蛇之神聞之，懼其不已也，告之於帝。帝感其誠，命蛾氏二子負二山，一厝朔東，一厝雍南。自此冀之南，漢之陰，無隴斷焉。

此雖非文集中之文，而選文家多採之。如是類之文，莊子中頗多，吾人一讀，即知爲無有此事，但勉人須有堅忍不拔之志，事終有成，用意甚善，此是文學，而非歷史也。陶淵明桃花源記，無人不讀，爲其寄託，亦無不知之者。陶潛爲晉人，劉裕篡晉，而義不爲宋臣。其述桃源中人言：「自先世避秦時亂，率妻子邑人來此絕境，不復出焉，遂與外人間隔」云云。其意想若今世有桃花源可以避世，與外人間隔，善莫如之；但桃花源之絕境，自不可得，而陶潛心中自有一桃花源，與外人間隔也。故有關文學之作，無其境，可造一境也。又王績醉鄉記曰：

醉之鄉，去中國不知其幾千里也。其土曠然無涯，無邱陵阪險。其氣和平一揆，無晦明寒暑。其俗大同，無邑居聚落。其人甚精，無愛憎喜怒。吸風飲露，不食五穀。其寢于于，其行徐徐，與鳥獸魚鼈雜處，不知有舟車器械之用。昔者黃帝氏嘗獲遊其都，歸而沓然喪其天下，以爲結繩之政已薄矣。降及堯舜，作爲千鍾百壺之獻，因姑射神人以假道，蓋至其邊鄙，終身太平。禹湯立法，禮繁樂雜，數十代與醉鄉隔。其臣羲和，棄甲子而逃，冀臻其鄉，失路而道夭，故天下遂不寧。至乎末孫桀紂，怒而升其糟邱，階級千仞，南向而望，卒不見醉鄉。武王得志於世，乃命公旦立酒人氏職，典司五齊，拓土七千里，僅與醉鄉達焉。故三十年刑措不用。（三十年或作四十餘年）下逮幽厲，迄乎秦漢，中國喪亂，遂與醉鄉隔。而臣下之愛道者，往往竊至焉。阮嗣宗、陶淵明等十數人，並遊於醉鄉，沒身不返，死葬其壤，中國以爲酒仙云。嗟乎！醉鄉氏之俗，豈古華胥氏之國乎？何其淳寂也如此？今余將游焉，故爲之記。

此與陶淵明桃花源記之虛構相同，王無功爲文中子通之弟，生當隋末亂離之時，作醉鄉記以寓意。亦即「終日長昏飲，非關養性靈，眼看人盡醉，何忍獨爲醒」之意，蓋有託而逃焉者也，管異之有餓鄉記，其寓意作法，倣自醉鄉記而間有不同，亦饒有意趣，可以參看。又戴名世意園記曰：

意園者，無是園也，意之如此云爾！山數峯，田數頃，水一溪，瀑十丈，樹千章，竹萬箇。主人攜書千卷，童子一人，琴一張，酒一甕。其園無境，主人不知出，人不知入。其草若蘭，若蕙，若菖蒲，若薜荔。其花若荷，若菊，若芙蓉，若芍藥。其鳥若鶴，若鷺，若鷗，若黃鸝。樹則有松，有杉，有梅，有梧桐，有桃，有海棠。溪則爲聲如絲桐，如鐘，如磬。其色或青，或赭，或偃，或仰，或峭立百仞。其田宜稻，宜秫，其圃宜芹，其山有葳，有薇，有荀，其池有竹。其童伐薪採薇捕魚。主人以半日讀書，以半日看花彈琴飲酒，聽鳥聲水聲松聲。觀太空粲然而笑，怡然而睡。明日亦爲之。歲更幾矣，代更幾矣，不知也，避世者歟？避地者歟？不知也。主人失其姓，晦其名，何氏之民，曰：無懷氏之民也。其園爲何？曰意園也。

意園，亦與陶潛意中之桃花源相類，爲寄寓之作，戴氏何以作此類之文？其以生當清初，中國版圖爲滿人所制，欲去除滿人而力未能，往往見之於文字，其後南山集文字獄起，方望溪爲南山集作序，被逮幾死。故戴氏所爲文，富有民族思想。其記蘭一文，亦爲寓言，其曰：

蘭爲國香，東南山澤間多有之。當春深時，幽巖曲澗，窈然自芳；然往往有蟲嚙之。自其華初生時，輒被嚙而萎，卽幸而發榮，無何又輒萎。其幸得脫者，僅十二三焉！而衆草蒙翳，條達暢遂，無有害之者。歲己未，予讀書山中，每晨起，輒捕蟲投之澗水，漂沒以去，於是蘭遂大盛。每臥苔藉草，蓋幽香未嘗不入吾懷也。而產於遐荒絕壑，不遇好事者之愛惜，而制於毒蟲惡物，以阻其天者，豈少也哉！

「蘭爲國香」第一句，是以指人民，毒蟲惡物，至蘭華初生時，輒被嚙而萎，言人民爲滿人戕害也。其幸得脫者，僅十二三，言被害者之多也。衆草蒙翳，條達暢遂，無有害之者，言處隱蔽之地，不被其發現，而能得全也。蟲之於蘭，雖衆草蒙翳，亦能嚙之；惟人得隱蔽之地，才能不被發現，此指滿人之意至爲明顯。產於遐荒絕壑，不遇好事者之愛惜，鮮不制於毒蟲惡物。是偏遠之民，須有保護，否則難免被害。戴氏鳥說曰：

余讀書之室，其旁有桂一株焉，桂之上，有聲關關然者，卽而視，則二鳥巢於枝幹之間，去地不五六尺，人手能及之。巢大如盞，精密完固，細草盤結而成。鳥雌一雄一，小不能盈掬。色明潔，娟皎可愛，不知其何鳥也。雛且出矣，雌者覆翼之；雄者往取食。每得食，輒息於屋上，不即下。主人戲以手撼其巢，則下瞰而鳴。小撼之小鳴，大撼之大鳴。手下，鳴乃已。他日余從外來，見巢墮於地，覓二鳥及雛無有，問之。則某氏僮奴取以去。嗟夫！以此鳥之羽毛潔而音鳴好也，奚不深山之適，而茂林之棲，乃託身非所，見辱於人奴以死，彼其以世路甚寬也哉！

此言鳥羽毛潔音鳴好，是指善良百姓也。傍人而居，是言寄託於滿人統治之下也。僮奴取而去，而有覆巢之患，僮奴是言滿人，可隨意滅人之家也。末後一句，彼其以世路甚寬也哉！是言滿人法網甚密，當遠避之，不可以爲可安居樂業，長養子孫也。其意深遠，而情見乎辭。戴氏南山集仍行世，其中當視此有更激憤之作，蓋爲除去，其能免於文字之獄乎？清初文字獄，非戴氏一人，一獄發生，株連數十百人，但民族思想，蘊藏於人心，至其末年，一發而掊之，還我河山。故國雖亡於一時，而民族思想不可一日無。民族思想能永存百姓心目中，國家終必能振興，文化必能復興光大，此理勢之必然也。又有以物喻人者，如薛瑄貓說，說亦記也。其曰：

余家苦鼠暴，乞諸人，得一貓，形魁然大，爪牙銛且利。余私計鼠暴當不復慮矣。以其未馴也，縶維以伺，候其馴焉。羣鼠聞其聲，相與窺其形，類有有能者。恐其噬己也，屏不敢出穴者月餘日。既以其馴也，遂解其縶維，適覩出殼雞雛，鳴啾啾焉，起而捕之。比家人逐得，已下咽矣。家人欲縶而擊之，余曰：「勿庸！物之有能者必有病，噬雛是其病也，獨無捕鼠之能乎」？遂釋之。

既而沁沁泯泯，饑哺飽嬉，一無所能。羣鼠復潛視，以爲彼將匿形致己也，猶屏伏不敢出。既而鼠窺之益熟，覺其無他異，遂歷穴相告曰：「彼無能爲也」。遂偕其類，復出爲暴如故。余方怪甚；然復有雞雛過堂下者，又亟往捕之而走，追則嚙者過半矣。余家人縶之至前曰：「天之生材不齊，有能者必有病；舍其病，猶可用其能也。今汝無捕鼠之能，而有噬雞之病，直天下之棄材也哉」？遂笞而放之。

　此借貓而喻無用之人。無用之人，能安於無用猶可；一無所用，而偏能爲害，是天下之惡物也。末後數語，正是罵盡天下無用而作惡之人，意甚明白。因此文，連思及柳子厚三戒之一之永某氏之鼠。其曰：

　永有某氏者，畏日拘忌特甚，以爲己生歲值子。子，鼠神也。因愛鼠，不畜貓，禁僮僕勿擊鼠。倉廩庖廚，悉以恣鼠，勿問。由是鼠相告，皆來某氏，飽食而無禍。某氏室無完器，椸無完衣。飲食，大率鼠之餘也。晝累累與人並行。夜則竊齧鬬暴，其聲萬狀，不可以寢，終不厭。數歲，某氏徙居他州，後人來居，鼠爲能如故。其人曰：「是陰類惡物也。盜暴尤甚，且何以至是乎哉」？假五六貓，闔門，撤瓦，灌穴。購僮羅捕之，殺鼠如山，棄之隱處。自是數月，乃已。嗚呼！彼以爲飽食無禍，爲可恒也哉？

　此似指朝廷羣小，恃君寵倖，恣肆橫暴。一旦舊君死而新主立，不知收斂，爲惡如故，以致滅族亡家。在歷史上此類之事甚多，故爲此文以諷之。柳氏之文，頗多騷情寄託，即在其諸山水記中，亦往往隱露不平鬱懷。如鈷鉧潭記曰：

鈷鉧潭，在西山西，其始蓋冉水，自南奔注，抵山石，屈折東流。其顚委勢峻，盪擊益暴，齧其涯，故旁廣而中深，畢至石乃止。流沫成輪，然後徐行，其清而平者且十畝，有樹環焉，有泉懸焉！其上有居者，以予之亟游也，一日欵門來告曰：「不勝官租私劵之委積，既芟出而更居，願以潭上田貿財以緩禍」。予樂而如其言。則崇其臺，延其檻，行其泉。於是高者墜之潭，有聲潀然；尤與中秋觀月爲宜。於以見天之高，氣之迥，孰使予樂居夷而忘故土者，非茲潭也歟！

此記中間欵門來告者一段話，是言當時政治之不清明。而末後：「孰使予樂居夷而忘故土者，非茲潭也歟」二語，感慨萬千，此是反語。言樂居夷，正不樂也；言忘故土，正不忘故土也。又小石城山記曰：

自西山道口徑北，踰黃茅嶺而下，有二道：其一西出，尋之無所得。其一少北而東，不過四十丈，土斷而川分，有積石橫當其垠；其上爲睥睨梁欐之形，其旁出堡塢，有若門焉。窺之正黑，投以小石，洞然有水聲，其響之激越，良久乃已。環之可上，望甚遠，無土壤，而生嘉樹美箭，益奇而堅。其疏數偃仰，類智者所施設也。噫！吾疑造物者之有無久矣，及是愈以爲誠有；又怪其不爲之於中州，而列是夷狄，更千百年，不一售其技，是固勞而無用，神者儻不宜如是？則其果無乎？

或曰：「以慰夫賢而辱於此者」；或曰：「其氣之靈，不為偉人而獨為是物，故楚之南，少人而多石」。是二者，余未信之！

本文自「噫！吾疑造物者之有無久矣」至末。是言天生我才，何以不世用，而來此夷狄之地，以嘉樹美箭自比。其二或曰，一言天生奇物美景，以慰謫貶之人，一為天之靈氣，不生偉人，而產奇物，楚之南，少人而多石，是借以罵世，當有所指，不知為何人！要之，皆為憤激感喟以抒胸中之鬱陶也。故是類之文，皆屬於文學，與地理歷史無關。又劉基養蜂曰：

靈邱丈人喜養蜂，歲收蜜數百斛，蠟稱之，於是其富比封君。丈人卒，其子繼之，未期月，蜂有舉族去者，勿邺也。歲餘，去且半，又歲餘，盡去，其家遂貧。陶朱公之齊，過而問焉，曰：「是何昔日之熇熇，而今日之涼涼也」？其鄰之叟對曰：「以蜂」！問其故。曰：「昔者丈人之養蜂也，園有廬，廬有守，刳木以為蜂之宮。不罅不漏。其置也，疏密有行，新舊有法，五五為伍，一人司之，視其生息，調其寒暄，時其墐發，蕃則縱之析之；寡則與之裒之，不使有二主也。去其蛛蟊蚍蜉，彌其土蜂蠅豹。夏不烈日，多不凝澌，飄風吹而不搖，淋雨沃而不潰。其取蜜也，分其贏而已矣，不竭其力也。於是故者安，新者息，丈人不出戶而收其利。今其子則不然！園廬不戢，汚穢不治，燥濕不調，啓閉無節，居處臲卼，出入障礙，而蜂不樂其居矣。及其久也，蛄蟖網其房而不知，蛇蟻鑽其室而不禁，鷯鳥掠之於白日，狐狸竊之於昏夜，莫之察也；取蜜而已，又烏得而不涼涼哉！

此文一望而知爲寓言，是若爲治家生業而言，實爲治國理民而發也。事有大小，其道則一。但只就養蜂而言，而不說明所指之事，使人讀之自行體味；若一經說明，則反覺少味矣。上述薛瑄貓說，本師唐蔚芝先生茹經堂文集卷三亦有記黑貓一文。玆錄之，以資比觀：

余於上海徐家滙獲一貓，狀豐偉以修。鳴噭然清越，遍體皆黑，鬚爪齊其色，怒睛睒睒有威稜，家人咸愛之，名之曰黑虎。一日入厨中竊食，顧不自掩藏，露其尾於外。家人覺而逐之。內子訴諸家嚴曰：「黑虎竊食，品行如此劣也」。家嚴素愛貓護貓，則曰：「天下之貓，無不竊食者！汝輩愼藏物可矣；乃不自咎藏之不密，而轉怪貓之竊食耶」？內子等不敢復言。先是家嚴夜飲，黑虎常來延頸叫呼。家嚴輒爬搔其頸以爲樂。是夜復來作恒狀。家嚴被酒喟然曰：「若非竊食貓乎？吾今搔竊食貓頸，豈非汚吾手乎？若無恥，吾不能無恥，吾不復搔若頸矣」！黑虎垂頭喪氣而去，自是乃不竊食。嗟呼！天下之無行而求人者，安得受家嚴之訓誡乎？然而是貓也，能知愧悔，其有人心者乎？抑感之者有素乎？昔司馬溫公作貓篪，及山賓傳，兩兩相形，語娓娓可愛。余媳慶棠之來歸也，美洲女伴贈一白貓，亦徐家滙產也，跳踉隳突，性頗靈黠，然其品不逮黑虎遠甚；然後知世變之惡，天質之漓，每下愈況，物猶如此矣！古之史家，所以不作春秋而作檮杌乎？

此與薛瑄所記之貓同，而所指不同。言此貓有靈性，受責備而知恥改悔，求之人類中，有鮮能及之者，世風日下，芸芸衆生，視貓之不若矣。是殆有感借貓以發之而警世歟？亦寄寓之作也。自來文集中，因有感寄寓之作甚多，以上所述，不過擧一二事例以言之耳。此類之文，皆爲抒發性情，與歷史無關，而以文學傳記視之可也。

三、韻散文中文學傳記

以上兩節所述，亦可略見文學傳記之性質體裁，但不甚明顯，仍有待加以申說之。文學傳記所包括之範圍至廣，殊難以悉擧，此亦祇能各擧其要以言之。

上章所述歷史傳記流裔中，而未言及碑誌文，一般人以爲碑誌文，是屬於歷史傳記，殆未究文體之流變也。在古時，碑誌文乃爲韻語是屬於文學之範圍；迄後，則變而似若屬於歷史之範圍矣，是當先加以說明者。姚姬傳古文辭類纂序目碑誌類曰：

碑誌類者，其體本於詩，歌頌功德，其用施於金石，周之時有石鼓刻文。秦刻石於巡狩所經過。漢人作碑文，又加以序；序之體，蓋秦刻琅邪具之矣。茅順甫譏韓文公碑序異史遷，此非知言。金石之文，自與史家異體，如文公作文，豈必以效司馬氏爲工耶？誌者，識也。或立石墓上，或埋之壙中，古人皆曰誌。爲之銘者，所以識之之辭也。然恐人觀之不詳，故又爲序。世或以石立墓上，曰碑、曰表；埋乃曰誌；又分誌銘二之，獨呼前序曰誌者，皆失其義，蓋自歐陽公不能辨矣。

此言碑誌體本於詩，歌頌功德，碑誌原本無序，恐人觀之不詳，而後加序。由此可知碑誌文作法與史不同。碑誌文誌與銘無分異，與史之有傳與贊不同，後人分誌銘爲二則非是。關於此數點，姚氏雖言之頗明，仍須加以解說。章學誠丙辰劄記曰：

乙卯多在揚州，爲張松坪編修撰墓誌銘，苦少事實，因爲短銘長誌，以詩情飾其文體。其家主不知誰何之言，謂銘短誌長，不合文格。當是時行笈無書，卽以韓碑劉統軍篇序短辭長例之。事已具別篇矣。彼時據所見文苑英華，及韓子全集，遍閱碑銘諸體，求其誌短銘長，却不多見，疑漢碑必當不乏此體。今觀洪氏隸釋，漢碑固亦有之，而不甚多；其尤顯者，李翊夫人碑，題敍不滿四十字，韻銘幾二百言。重申歎辭，又幾近二百言。

章氏此言：「題敍不滿四十字，韻銘幾二百。重申歎辭，又幾近二百言」。實則不必遍搜諸碑誌文，以秦刻石文而言，便皆爲韻語，惟琅邪臺刻石文首二句是序，餘皆無之。此姚氏所謂「漢人作碑記，又加以序；序之作，蓋秦刻琅邪具之」也。是知早先之碑誌，並未有序也。何以欲加序，恐人觀之不詳，故又爲之序。石鼓文，傳爲周宣王時作，亦無序。因其歌頌功德，施之金石，使人歌詠也。

茲錄秦碣石刻石文曰：

遂興師旅，誅戮無道，爲逆滅息。武殄暴逆，文復無罪，庶心咸服。惠論功勞，賞及牛馬，恩肥土域。皇帝奮威德，幷諸侯，初一泰宇。墮壞城郭，決通川防，夷去險阻。地勢既定，黎庶無繇，天下咸撫。男樂其疇，女修其業，事各有序。惠被諸產，久並來田，莫不安所。羣臣誦烈，請刻此石，垂著儀矩。

觀此，知秦時之碑誌，無序也。姚氏謂：「漢人作碑，又加以序」，良然。吾人觀周代毛公鼎、彔公鼎，亦無序，劉師培漢魏六朝專家文研究中言：「文章之體亦有三：一爲詩賦以外之韻文，碑銘，箴頌贊誄是也」。其以碑銘列之韻文中，而與箴頌、贊誄同科，是以最早之碑銘，多爲韻文，而與辯理，論事，敍事不同。此卽姚氏所謂：「其體本於詩，歌頌功德也」，非明於文體源流者，不能爲是言。故碑誌之文，溯其源，應屬於文學之範圍，而非歷史。但逮後，卽加以序，亦與作歷史不同。

劉氏又曰：

碑銘敍事，與記傳殊。若以後漢書楊秉、楊賜、郭泰、陳實等本傳，與蔡中郎所作碑銘相較，則傳實碑虛，作法迥異。於此可悟作碑與修史不同。

碑銘頌贊之文……本以：「擬其形容，象其物宜」爲尙，而不重寫實，秦漢碑銘全屬此體。後人不知文字有實寫與形容之別，亦不知有表象之法，故以典故代形容；典故窮後易以代詞，此風自六朝已漸兆其端，唐宋始變本加厲。今人習而不察，因據唐宋以後之文章，以律陳隋以上，殊未見其可也。

劉氏言碑銘敍事，與記傳殊，卽傳實碑虛。何謂傳實碑虛，碑誌在「擬其形容，象其物宜」，不重在寫實。傳則重在寫實，而不能形容表象。故碑誌文造句簡短，在概括。在史傳中敍述數事，在碑誌中用一二句統括之。以其刻之金石，使人歌詠，非如傳文句長而事詳也。宋人作碑誌有長達萬言以上者，是未明碑誌與史傳體各有宜也。故姚氏言：「金石之文，自與史家異體」，觀劉氏之言，可以知之矣。章學誠以「汪鈍翁輩，且欲以漢書諸傳，削去論贊，而增以韻銘作好碑誌」。譏其不知碑誌金石之文，與史傳之文異體也。

以上所言碑誌之文，多以爲屬於歷史之傳記，而不知與歷史不同，其卽皆爲韻語，而其事迹，亦約具於中，以詠歎出之，在後世詠事物詩歌中亦有其體，雖則傳人傳事，只是形容表象，屬於文學之傳記，故特先予說明。

碑誌固可謂韻文中之文學傳記，在詩中則更多。如古詩爲焦仲卿妻作一詩，原序曰：「漢末建安中，廬江小吏焦仲卿妻劉氏，爲仲卿母所遣，自誓不嫁，其家逼之，乃投水而死。仲卿聞之，亦自縊於庭樹，時人傷之，爲詩云爾」。此詩亦名「孔雀東南飛」。讀此詩，如讀焦仲卿妻傳，是以敍記法爲詩，情迹曲折備具，等於傳，不過變散體而爲韻文耳。詩長不錄。又如杜甫之自京赴奉先縣詠懷五百字，及北征。亦可作杜甫自傳讀。又有三吏三別，可見當時變亂，政治苛暴，民不聊生之情形，亦如散文中短篇記事文。白居易之長恨歌，可作太眞外傳讀。琵琶行，雖寫商女，實借以寫一已之感慨不平，意不在琵琶也。等於白居易之自傳。若此之類頗多。又如杜甫題壁畫馬歌，題李尊師松樹障子歌等作，一如散文中題跋。詩文集題辭，有散體韻文二種。蘇子瞻「韓幹馬十五匹」，亦倣自杜公，其曰：

二馬並驅攢八蹄，二馬宛頸騣尾齊。一馬任前雙舉後，一馬却避長鳴嘶。老髯奚官騎且顧，前身作馬通馬語。後有八匹飲且行，微流赴吻若有聲。前者旣濟出林鶴，後者欲涉鶴俯啄。最後一匹馬中龍，不嘶不動尾搖風。韓生畫馬眞是馬，蘇子作詩如見畫；世無伯樂亦無韓，此詩此畫誰當看？

此敍十五馬，分合參差斷續入妙。吳闓生曰：「此詩實爲奇妙，讀末三句，知公亦自得意也」。在五七律絕中，此類題詠之作不乏，皆可作傳記文讀。又如陶潛讀山海經，一如韓退之讀荀子，柳子厚讀列子等，與序跋類之文相似，不過此韻文彼散體耳。至於曲，更可以作文學傳記讀。如西廂記，是由元稹會眞記演化而來，有人言西廂記中之張生，便是元稹自道，元稹借託張君瑞而爲記。此却不論。西廂記以張生爲主，次之崔鶯鶯，其餘枝節，皆由此而生。吾人讀西廂記，亦等於讀張君瑞傳，以歷史傳記視之則非，以文學傳記視之，則絕妙佳文也。又如鄭德輝離魂記，本倩女離魂故事，張鳳翼紅拂記，本李衛公故事。在曲中所譜之人事，多有所本，本之唐宋短篇小說者頗多。而琵琶記，言蔡伯喈重婚牛府，趙五娘千里尋夫，絕無根據，不免厚誣古人。故陸游詩曰：「斜陽古柳趙家庄，負鼓盲翁正築場，身後是非誰管得，滿村聽唱蔡中郎」。此爲蔡伯喈辯誣。此類曲，無甚意義。文學作品，固可無其境而造境，無其人而可另撰人；但以不善之事，託之古人，要不足取也。以上所述，約舉一二在韻文中詩與曲，記人述事，皆可謂傳記文學也。關於是類韻文之作，皆原於詩三百篇，而散文中之寄寓之作，亦爲其流裔。若劉知幾史通，非歷史傳記，而以歷史評論之，則非也。鍾仲偉之詩品及其序，與曹丕之典論論文，陸機文賦，以及詩話，詞話之類，乃文學評論，亦非文學，作文學史視之可也。

散文文學傳記，以說部爲多。上節所述文集中之傳記，多爲散文，而非同於稗乘，故屬於說部之散文傳記，於此另行述之。說部之作，據四庫提要子部小說家類一曰：

> 張衡西京賦曰：「小說九百，本自虞初」。漢書藝文志，載虞初周說九百四十三篇。注稱武帝時才士，則小說興於武帝時矣。故伊尹說下九家，班固多注依託也。然屈原天問，雜陳神怪，多莫知所出。意即小說家言。而漢志所載青史子五十七篇，賈誼新書保傅篇中先引之，則其來已久，特盛於虞初耳。迹其流別，凡有三派：其一敍述雜事，其一記錄異聞，其一綴輯瑣語也。唐宋而後，作者彌繁，中間誣謾失眞，妖妄熒聽者，固爲不少；然寓勸戒，廣見聞，資考證者，亦錯出其中。班固稱小說家流，蓋出於稗官。如淳曰：「謂王者欲知閭巷風俗，故立稗官，使稱說之」。然則博採旁蒐，是亦古制，固不以冗雜廢矣。

小說品類不等，至爲繁雜。其善者固足寓勸戒，廣見聞，資考證；其不善者，亦足以導人爲非作惡，入於迷途，故對是類之書，不可不愼擇耳。提要言小說興於漢武帝時方士虞初。然山海經，稱爲伯益所作，是固難以徵信，但史記大宛傳，司馬遷云：「禹本紀山海經所有怪物，余未敢言」。蓋以其不經，不能采之入史也。列子稱大禹行而見之，伯益知而名之，夷堅聞而志之，蓋卽指此書，而不名山海經。王充論衡別通篇曰：「禹主行水，益主記異物，海外山表，無所不至，以所見聞，作山海經」。但書中載夏后啓，周文王及秦漢長沙象郡餘暨下嶲諸地名，知非作於三代以上，殆周秦間人所述，後來好異者又附益之。觀楚詞天問，多與符合，使古無是言，屈原何由杜撰。是知小說之起，在虞初前早已有之。以後神異經，內海十洲記，皆僞託爲東方朔作，衍山海經之緒也。而拾遺記、搜神記、異苑、集異記、博異記、稽神錄等，代有所作，至宋李昉等奉敕撰太平廣記五百卷，古來佚聞瑣事，僻笈遺文，咸爲搜集；此小說家淵海也。而明陶宗儀說郛搜雜說千餘家成一百卷，亦說部鉅製也。記一人之事者，有穆天子傳，漢武帝內傳，飛燕外傳，太眞外傳，以及唐宋之短篇傳奇皆是。至章回小說，最古者爲宣和遺事。羅貫中本之而爲水滸傳。施耐庵三國演義，曹雪芹紅樓夢，以及東周列國志，隋唐演義，岳傳，鏡花緣，西游記等，章回小說大盛矣。而又有非章回，集合許多短篇成書者，如儒林外史，今古奇觀，聊齋誌異等皆是，總觀古來之作，其體裁至爲紛雜，以上所學，不過大略而已。歷史小說，與正史不同。章學誠於三國演義，一則稱許，一則又訾議其非。章氏丙辰劄記曰：

關聖廟，侍周將軍倉，史傳並無明文，而小說載之，儒者所弗道也。然歷著靈應，似非全誣。山西通志云：「周平陸人，初爲張寶將，後遇關公於卧牛山上，遂相從，樊城之役，生擒龐德。後守麥城死之」。與三國演義俱合，但未知有所證否爾？

三國演義，因爲小說，事實不免附會；然其取材，亦頗博贍。如武侯班師瀘水，以麵爲人首，裹牛羊肉以祭厲鬼，正史所無，往往出於稗記，亦不可盡以小說無稽，而斥之也。

以上兩事，章氏似若信之。關於山西通志載周倉之事，言「未知有所證」？安知山西通志，非採自演義乎？又言周倉：「歷著靈應」。西遊記載孫悟空，而建有「齊天大聖廟」，祈禱之者，頗稱靈應。此卽所謂人心中有之，心誠求之則靈，否則不靈，妖亦如之，「妖由人興」，人皆以爲無則無，以爲有則有，不足怪也。「偶然題作木居士，便有無數祈福人」。一株枯木，有多人祈福，亦變爲神矣。以麵爲人首，裹以羊肉以祭厲鬼，要爲無稽，不足爲信，章氏又曰：

演義之最不可訓者，桃園結義；甚至忘其君臣，而直稱兄弟；且其書似出水滸傳後。敍昭烈關張諸葛，俱以水滸傳中萑苻嘯聚行徑擬之。諸葛丞相，生平以謹愼自命，却因有祭風及製造木牛流馬等事，遂撰出無數神奇詭怪；而於昭烈未卽位前，君臣寮寀之間，直似水滸傳中吳用軍師，何其陋耶？張桓侯，史稱其愛君子，是非不知禮者，演義直以擬水滸之李逵，則侮慢極矣。關公顯聖，亦情理所不近。蓋編演義者，本無知識，不脫傳奇習氣，固亦無足深責。却爲其意欲尊正統，故於昭烈忠武，頗極推崇，而無其識之陋爾！凡演義之書，如列國志，東西漢，說唐，又南北宋，多紀實事；西游，金瓶之類，全憑虛構，皆無傷也。惟三國演義，則七分實事，三分虛構，以至觀者，往往爲所惑亂。如桃園等事，學士大夫，直作故事用矣。故演義之屬，雖無當於著述之倫；然流俗耳目漸染，實有益於勸懲，須但實則從其實，虛則明著寓言，不可虛實錯雜，如三國之淆人耳。

章氏所言，仍不免以歷史規小說，與劉知幾所見略同。桃園結義，固非史實，似失君臣之義；但結義以示氣義相感，如同手足；而於君臣之有妨，則不盡然。自古帝王，多有親兄弟，在朝則未嘗不行君臣之禮也。至云實則實之，虛則明著寓言，不可虛實錯雜，作小說不能無虛實錯雜。譬如水滸，本之宣和遺言，三十六人，而演至一百零八人。元代之曲，其事多有所本，豈能有實無虛？倘完全寫實，是歷史，而非小說；是歷史傳記，而非文學傳記矣，是當分別以言之者。

提要別小說爲三派，上已述之，而未及演義之書。演義之書，日益增多，條其流別，而有因政治之弊，是非賞罰，不得其正，人民憔悴困苦而不自聊，於是爲小說者，乃因羣衆之心理，述任俠大盜報仇行義之事，以爲可以快意。因婚姻之弊，多怨偶，於是爲小說者，述男女慕悅，婚姻遇合之事。以爲可遂願。因學術之弊，極於經義程試，束縛士人之思想，出於一途，而不得擴展，爲人厭棄，於是爲小說者，乃刻畫學究迂酸之態，以譏刺之。因風俗之弊，機詐相矜，淫靡相尙，於是爲小說者，描寫社會險惡之情，以警惕之。亦有傷世局之亂離，乾淨無地，而創爲神仙方外之說，以振發人之耳目，滌除牢愁。又有歎人心之叵測，道德日替；因創爲因果報應之說，以圖提撕挽救之。是則小說之作，不爲無因，要不無有裨於世道者，故班氏曰：「雖小道，必有可觀者焉」，是以歷世而不能廢也。但以營利爲目的，誣謾失眞，妖妄熒聽之作亦有之。敗壞風俗，爲害亦大，吾人皆當羣起而斥棄之。

本章所述文學傳記，爲今日愛好文學者，所欲研究撰著而向往之者，特約舉有關文學傳記之作，加以說明，以見文學傳記之特色，而所包括種類殊多，難以悉擧，不免簡略；但擧一亦可反三矣。

各種傳記作法第七

傳記文雖可歸納爲經學、歷史、文學三大類；而各類之中，名目繁多，不一其體，無論何人，不可能皆擅長，爲之而能兼善。於衆作之中，擇其性之所近者一二，竭畢身之力以從事，能有所得，已非易事。魏文帝典論論文，言「文非一體，鮮能備善」，於王粲、徐幹、陳琳、阮瑀、應瑒、劉楨、孔融七子，各疏其所爲之長短；即有所長，或一體，或二體，以明不能備善。此特屬於詞章中之詩、賦、章、表、書記而言之耳；況屬於經學、歷史、文學，其所包括之範圍廣泛，名目繁多，視詞章中詩、賦、章、表、書記，何啻倍蓰？欲求能兼擅並長，自古及今，未見有其人也。是故長於經學者，不必長於歷史；長於歷史者，亦未必能長於文學。即經學、歷史、文學中，亦各有多種門類派流，亦無法皆通皆曉，皆爲之而兼善。若有人曰：「我皆通盡能」，可決其一無所通，一無所能。荀子言「鼫鼠五技而窮」，業貴專精也。孔子言：「誦詩三百，授之以政，使於四方，不能專對，雖多，亦奚以爲」？此又言專精又貴能行之也。劉彥和文心雕龍序志篇曰：

敷讚聖旨，莫若注經；而馬、鄭諸儒，弘之已精，就有深解，未足立家。惟文章之用，實經典枝條，五禮資之以成，六典因之致用，君臣所以炳煥，軍國所以昭明。詳其本源，莫非經典。而去聖久遠，文體解散，辭人愛奇，言貴浮詭，飾羽尚畫，文繡鞶帨，離本彌甚，將遂訛濫。蓋周書論辭，貴乎體要；尼父陳訓，惡乎異端；辭訓之異，宜體於要。於是搦筆和墨，乃始論文。

此彥和言注經，先儒已有精深之解說，倘欲從事於此，即有所得，亦難名家。以文章之用，有裨經典，故自度所能，而為此文心雕龍之書。是論評文章之得失，視注經為易也。注經闡義，固非易事，先儒雖弘之已精，後來者仍可不斷有所發明。善乎姚姬傳之言曰：「六經之書，其深廣猶江海也。自漢以來，經賢士鉅儒論其義者，為年千餘，為人數十百，其卓然獨著為百世所宗仰者，則有之矣；然而後之人，猶有補其闕而糾其失焉。非其好與前賢異，經之說有不得悉窮，古人不能無待於今，今人亦不能無待於後世，此萬世公理也」。觀姚氏之言，六經深廣如江海，其義無窮，雖歷世有人從事鑽研，若漢代馬、鄭，固弘之已精矣，自漢以來，卓然獨著為百世所宗仰，前後相望，不一其人。故六經仍有待人繼續研討也。彥和不注經而從事品藻文章，是就其個人性向之近，量力而為，因品藻文章，有裨經典，其功用與注經相同也。以上說明無論從事經學、歷史、文學研究撰著，無乎不可，其成就有得，有裨於人則一，無分軒輊也。但欲為三者之傳記文，須先明其作法，不明其作法，則不得其門而入，所得亦無幾，而用力多，徒疲精神而曠時日。作法之道頗多，各人所見亦不能一律，祇能言其原則，其瑣屑無關得失者，不必論也。玆就個人之見，分別述之於後，以供稽考：

一、經學傳記之作法

作各種傳記文，但知作法，亦並不能為傳記文，故在言作法前，須先知作傳記之先決條件。譬如欲通一經，對於此經之義蘊，及用字句法，不能明白，不能對此一經，有所發明，有其特見；即使為之，亦只是皮傅之論；無特殊見解心得，而只是皮傅之言，豈能成為一家之學？故欲通經，入門考證之學，實不可少。前述戴東原言：「治經之難，雖一事必綜其全而覈之。誦堯典數行，至乃命羲和，不知恒星七政所以運行，則掩卷不能卒業；誦周南召南，自關雎而往，不知古音，則齟齬失讀；誦古禮經，先士冠禮，不知古宮室衣服等制，則迷於其方，莫辨其用；不知古今地名沿革，則禹貢職方失其處；不知少廣旁要，則考工之器，不能因文而推其制；不知鳥獸蟲魚草木之狀類名號，則比興之意乖，而字學故訓音聲未始相離。一字一義，當貫羣經本六書，然後為定」。是欲通經，須先明天文、地理及音聲故訓小學等學。章太炎曰：「信如戴氏所舉誦堯典之說，是古人三年通一經，今必十年然後通堯典，以是教人，則是以有涯之生，隨無涯之知也」。此言良然。但欲通經，不可不略識字，韓昌黎所謂：「凡為文章，宜略識字也」。為文，宜略識字，欲通經，又豈可不略識字？識字，即通小學之謂也。章氏雖反對戴氏所說，但亦主張欲通古籍，宜知小學。特不如戴氏欲將畢生精力，從事於小學也。章氏曰：

在現在研究古書，非通小學是無從下手的了。小學在古時，原不過是小學生識字的書；但到了現代，雖研究到六七十歲，還不能盡通的；何以古易今難至於如此呢？這全是古今語言變遷的緣故。現在的小學，是可以專門研究的；但我所說的「通小學」，却和專門研究不同，因爲一方面要研究國學，所以只能略通大概了。（國學概論，通小學）

吾人讀章氏之言，知小學，可以專門研究；但專門研究，無法多讀其他各書。人之爲學，不能只是專門研究小學，不讀其他各書，不明立身處世治平之道，則所學有何用？故於小學，略通大概便可。何以讀經爲文，要略識字，章氏又曰：

尙書中盤庚，洛誥，在當時不過一種告示，現在我們讀了，覺得「詰屈聱牙」，這也是因我們沒懂當時底白話，所以如此。漢書藝文志說：「尙書，直言也」。直言就是白話。古書原都用當時的白話，但我們讀尙書，覺得格外難懂，這或因盤庚、洛誥等都是一方的土話，如殷朝建都在黃河以北，周朝建都在陝西，用的是河北的土話，所以比較的不能明白。漢書藝文志說：「讀尙書應看爾雅」。這因爾雅是詮釋當時土話的書，所以尙書中於難解的地方，看了爾雅就可明白。總之，讀唐以前的書，都非研究些小學，不能完全明白；宋以後的文章和現在差不多，我們就能完全了解了。（同上）

此是說明讀古書，何以要先通小學，因古書大多用當時土話，亦卽白話文所寫而成，非先研究小學，略識字，則不能讀通古書。小學乃通古書之津逮，所以欲通經，非先略知小學不可。小學，包括音韻，訓詁及形體等。何以要知音韻？此戴氏所謂「誦周南召南，自關雎而往，不知古音，則齟齬失讀也」。何以要明訓詁？因古訓某字為某義，後人引申某義轉為他義，如不明古時訓詁，往往誤以後義附會古義，則失讀矣。何謂形體？在近體字相像者，在篆文中未必相像，所以宜明古書某字之本形，以求古書某字之本義。言形體之書為說文，音韻之書為音韻學，訓詁之書為爾雅。三者明，可免意誤，音誤，形誤，古書大都可以讀通。

關於以上三者，至清代漢學大盛之後，於經學之書，十之七八為其考證疏通明白，吾人循其已成之業以求之，可省不少心力，不可謂非先儒之賜也。但亦難言全備無遺。以王氏父子集小學訓詁之大成，仍不能瑾瑜無瑕，臻於純美。章氏駁正其經義述聞中數件，玆舉一二以明之。章氏曰：

謂、奈也。召南行露曰：「豈不夙夜，謂行多露」。言豈不欲夙夜而行，奈道中多露何哉？小雅節南山曰：「赫赫師尹，不平謂何」？言師尹不平，其奈之何也。炳麟案：以奈訓謂，雖見齊策高注，然節南山箋訓謂何為云何，辭氣本無不順，不知王何故易之？若行露之謂當訓為曰，亦與訓云略同。此乃自作問答，言豈不欲夙夜而行耶？曰道中多露爾。道中多露，則不可行之意自見。又凡言何謂者，據名而求其實也；凡言謂之何者，據實而求其名也；凡言謂之者，據實而定其名也。王於謂之何，悉解為奈之何，然則何謂謂之，又將何解耶？

廸，發語詞也。盤庚曰：「廸高后丕乃崇降弗祥」。言高后丕乃崇降不祥也。君奭曰：「廸惟前人光施于我沖子」。言惟前人光施于我沖子也。立政曰：「古之人廸惟夏」。言古之人惟有夏也。炳麟案：以廸爲發語詞，臆造無據。盤庚、君奭二廸字，自當依釋詁訓道。盤庚本文云：「乃祖乃父，丕乃告我高后曰：「作丕刑于朕孫。廸高后，丕乃崇降弗祥」。言乃祖乃父以此導（導古字抵作道）高后，丕乃崇降弗祥也。君奭本文云：「在今予小子旦，非克有正廸，惟前人光施于我沖子」。廸字當讀屬上句，言非克有正道也。立政廸字當依釋詁訓作。說文，作、起也。（本詩傳）惟乃語助，古之人起有夏者，據三王之道言，夏爲最先也。（太炎文錄續錄王伯申新定助詞辯）

此錄章氏駁正王伯申之誤二條，餘不備錄，即此可見無論何人，對某一種學問，縱有精深之研究，欲言一無瑕疵可摘，要不可能。彼自以爲純美無瑕，不能虛受人之諍言者，其必罅漏百出，糾不勝糾也。但讀古書，固須通小學故訓，而小學故訓，亦並不能盡通讀古書，小學故訓，固可資以說經，而不能通經之大義。欲明經之大義，當涵泳於辭氣之間及意言之表。蓋小學故訓所能及者，在詞句訓解，而其義蘊，非求之文之辭氣及意言之表不爲功。朱子論語訓蒙口義序云：「本之注疏以通其訓詁，參之釋文以正其音讀；然後會之諸老先生之說以發其精微」。朱子言解經，一在以其左證之異同而證之，一在以其義理之是非而衷之。二者相須，不可缺，庶幾得之。是言欲通經，一方面固須左證，一方面在尋求其義理。「讀書百遍，其義自見」，求之辭氣而得之也。故朱國楨湧幢小品云：「古人古事古字，散見雜出，各不相同，見其一，不見其二，闃然糾駁，未免爲古人所笑」。於此可知讀古人書，但憑故訓，亦不可恃。吾人讀朱子四書集解，其所解釋文義，其所引述人之言，及自爲之說，莫不由涵泳於辭氣之間，探其義蘊而得之；且簡明而允洽。曾滌生曰：

汝讀四書，無甚心得，由不能「虛心涵泳，切己體察」。朱子教人讀書之法，此二語最爲精當。爾現讀離婁首章：「上無道揆，下無法守」。吾往年讀之，亦無甚警惕；近歲在外辦事，乃知上之人必揆諸道，下之人必守乎法。若人人不以道揆自許，從心而不從法，則下陵上替矣。愛人不親章，往年讀之不甚親切；近歲閱歷日久，乃知治人不治者，智不足也。此切己體察之一端也。（曾文正家書諭紀澤）

涵泳二字，最不易識，余嘗以意測之，曰：「涵者，如春雨之潤花，如清渠之溉稻。雨之潤花，過小則難透，過大則離披，適中則涵濡而滋液。清渠之溉稻，過少則枯槁，過多則傷澇，適中則涵養而勃興。泳者，如魚之游水，如人之濯足，程子謂：『魚躍於淵，活潑潑地』。莊子言：『濠梁觀魚，安知非樂』？此魚水之快也。左太沖『濯足萬里流』句，蘇子瞻有夜臥濯足詩，有浴罷詩，亦人性樂水者之一快也。善讀書者，須視書如水，而視此心如花，如稻，如魚，如濯足，則涵泳二字，庶可得之於意言之表。爾讀書，易，於解說文義，却不甚能深入，可就朱子：「涵泳」、「體察」二語，悉心求之。（同上）

此曾氏引朱子讀經傳之法，加以申說，以教其子者。於此，可知欲讀經傳，而得奧義，須涵泳，須體察，方能得之，但憑故訓解說，則不能也。朱子以為自：「秦漢以來，聖學不傳，儒者惟知訓詁章句之為事，而不知復求聖人之意，以明夫性命道德之歸。然或徒誦其言以為高，而不知深求其意，遂致脫略章句，陵藉訓詁，坐談空妙；而其為患甚於前日之陋」。又以自「秦漢以來，儒者不知反己潛心，而以記覽誦說為事；是以有道君子，深以為憂。然亦未嘗遂以束書不觀，坐談空妙，為可傚倖於其間也」。又以為「或遺棄事物，脫略章句，而相與馳於虛曠杳渺之中」。又以為：「其有志於為己者，又直以為可以取足於心而無事外求也；是以墮於佛老空虛之邪見，而義理之正，法度之詳，有不察也」。（此指陸子）以上朱子之所言，最為宏通。其於治經，既不廢訓詁章句，亦欲明性命道德；不尙虛曠空談，而欲反求之於身心。是欲為經學傳記，以發明經傳之義理，此為根本之圖，若此之不先立，而恣言經學傳記之撰著，雖有種種妙法，無異築室，植基於浮埃之上，終不能成也。現今人談教育，動輒言教育方法，教育固不能不言方法，而為教師者，讀書無幾，而無研究心得；方法雖多雖好，其所言者，淺薄一無深意卓見。猶之作文，談及方法，頭頭是道，及至為文，庸俗惡爛。何則？平日不讀書，即讀書，亦浮光掠影，未加深究而得要義，安能有別識心裁之文作出。且方法又豈有一定？用得其宜，則為良法，用違其宜，等於無法。故治學為文，皆須先從根本解決，不從根本解決，欲望能有成就，無異緣木求魚也。此外，欲能通讀古書，要能知古人有為而發之言，不能明其有為而發，往往對古人發生誤解，甚至加以責難。在未能明其有爲而發之前，最好能保留，弗妄施論斷。尤其詩賦，寄寓尤多，吾人讀此類之作，頗易發生誤解，因之各人見解不同。司馬遷言「詩三百篇，大抵賢聖發憤之所爲也。此人皆意有所鬱結，不得通其道，故述往事思來者」，故詩多託之男女相悅之辭，而頗多人以詩專爲戀愛之作。離騷託之美人香花，實祖詩經，意有所鬱結，不得通其道，發憤而作也。在其他經史中亦往往而有，司馬遷言孔子作春秋，定、哀之際多微辭；此亦爲史遷借以自道也。章學誠曰：

喪欲速貧，死欲速朽，有子以爲非君子之言；然則有爲之言，不同正義，聖人有所不能免也。今之泥文辭者，不察立言之所謂，而遽斷其是非，是欲責人才過孔子也。（文史通義，說林）

此言有爲而發之言，不同於常言，倘不知其爲何事而發，據其言以斷是非則失之矣。章氏引孔子有爲之言，意在使世人讀以前人之書，在未明白所以然之時，不可遽斷其是非也。章氏上述之事在禮記檀弓中。玆錄之如下：

有子問於曾子曰：「問喪於夫子乎」？曰：「聞之矣！喪欲速貧，死欲速朽」。有子曰：「是非君子之言也」。曾子曰：「參也！聞諸夫子也」。有子又曰：「是非君子之言也」。曾子曰：「參也！與子游聞之」。有子曰：「然！然則夫子有爲言之也」。曾子以斯言告於子游。子游曰：「甚矣！有子之言，似夫子也。昔者夫子居於宋，見桓司馬自爲石椁，三年而不成。夫子曰：『若是其靡也；死不如速朽之愈也』！喪之欲速朽，爲桓司馬言之也。南宮敬叔反，必載其寶而朝。夫子曰：『若是其貨也；喪不如速貧之愈也』！喪之欲速貧，爲敬叔言之也」。曾子以子游之言告於有子，有子曰：「然！吾固曰非夫子之言也」。曾子曰：「子何以知之」？有子曰：「夫子制於中都，四寸之棺，五寸之椁，以斯知不欲速朽也。昔者夫子失魯司寇，將之荆，蓋先之以子夏，又申之以冉有，以斯知不欲速貧也」。

觀此，知有爲之言，倘未知其所以爲言之故，泥迹以求，遽加以論斷，未有不失之者。故吾人讀書，至有不近情理之處，必須翻覆推敲，多方探究，以明其眞實所在，至操筆爲文之時，方不至錯謬。推之讀其他文亦然。章太炎論經史實錄不應無故疑懼曰：

若夫經國利民，自有原則，經典所論政治，面於抽象者，往往千古不磨。一涉具體，則三代法制，不可行於今者自多。卽如封建之制，秦漢而還，久已廢除，亦無人議興復者。惟三國時曹元首作六代論，主衆建諸侯，以毗輔王室；及清王船山、王崑繩、李剛主等，亦頗以封建爲是，此皆有激而然。曹憤魏世之薄於骨肉，致政歸司馬；王、李輩則因明社覆亡，無強藩以延一線，故激爲是論。若平世則未有主封建者矣。……又如井田之制，秦漢而後，惟王莽一人行之，……然卒致亂。……清初顏、李派之王崑繩、李剛主輩，亦頗有其意，余意王、李輩，本以反清爲鵠的，其所云云，或思借以致亂，造成驅滿之根耳。故滿淸一代，痛惡主張封建，井田之人。

觀以上章氏所述諸人，皆爲碩學宏識之士，並非不知封建井田之不可復，而爲是言，倘不明所以言之故，豈非不達世故，與庸衆輩何異？故誦詩讀書，又貴知人論世也。章氏何以能知諸子之所懷如此，在明其所學，考其平日之意，以定其有是類之企圖，爲有爲而發。以往有德之士，爲人作傳記，多先考查其行誼，非皆貿然而爲之者。此皆足爲吾人作傳記文之參考也。作傳記文頗難，作經學傳記文尤難，非但知其作法而已。爲經學作傳記，一如以往推明經旨，解釋其意，知名物訓詁。若言不衷理，易失之穿鑿附會，考覈不精，言多枝葉，則易失之博而寡要。故姚姬傳言爲學，必義理、考據、辭章三者，合而爲一，豈非甚難，作文要知體要，作經學傳記亦然；知體要，則知作法矣，今學有關考證之文一二以言之。阮元釋蓋曰：

爾雅釋言蓋，割裂也。郭璞注未詳，今學者皆以蓋割同聲假借，引鄭康成禮記緇衣注明之，則郭所未詳者，明矣。元更謂害、曷、盇、末、未、古音皆相近，每加偏旁，互相假借者，若以爲正字，則失之。書、呂刑曰：「鰥寡無蓋」，即害字之借。言堯時，鰥寡無害也。僞傳云：「使鰥寡得所，無所掩蓋」，失之矣。害字與割音義最近，詩生民曰：「無菑無害」，釋曰：「害、割也」。書、堯典，「洪水方割」。大誥：「天降割」之類，皆害字之借也。害字與蓋字亦近。爾雅釋文，舍人本作害，尙書君奭，割申勸王之德。鄭氏緇衣注曰：「割之言蓋」，是也。盇與曷同音，故孟子：「時日害喪」，害卽曷。呂覽，葛天氏，卽蓋天氏也。盇與末未亦最近，故春秋襄二十七年，公羊傳，「盟曰：昧雉彼視」，何休學，「昧、割也」。邵公之意，若曰：「有渝盟者，視此割雉也」，孟子「謀蓋都君」，此兼掩井焚廩而言之，蓋亦當訓為害也。若專以謀，蓋為蓋井而不兼焚廩，則下文咸我績咸字，無所著矣。（研經室集）

此考覈一字，取其文較短者為例，其餘若此類之作甚多，在其他考據家集中亦往往而是。前人言考據家之病，說尚書「若稽」二字，動至萬餘言。曾文正言考據家，「考覈一字，累數千言不能休，其為文尤蕪雜寡要」。（歐陽生文集序）因考據家大多不注意作文，故所為考據之作，多失之冗蕪而失體要。阮氏頗能作文，雖長篇，不覺可厭，但鮮有人詠誦。曾文正所為文，視阮氏為優矣。其復李眉生書曰：

接手書，承詢虛實譬喻異詁等門，屬以破格相告，若鄙人有所秘惜也者，僕雖無狀，亦何敢稍懷吝心。特以年近六十，學問之事，一無所成，未言而先自愧赧。昔在京師讀王懷祖，段茂堂諸書，亦嘗研究古文家用字之法。來函所詢三門，虛實者，實字而虛用，虛字而實用也。何以謂之實字虛用？如春風風人，夏雨雨人，上風雨實字也；下風雨則當作養字解，是虛用矣。解衣衣我，推食食我，上衣食字實字也；下衣食則當作惠字解，是虛用矣。春朝朝日，秋夕夕月，上朝夕實字也；下朝夕則當作祭字解，是虛用矣。入其門無人門焉者，入其閨無人閨焉者，上門閨實字也；下門閨則當作守字解，是虛用矣。後人或以實者作本音讀，虛者破作他音讀。若風讀如諷，雨讀如籲，衣讀如奝，食讀如嗣之類，古人曾無是也。何以謂之虛字實用？如步、行也，虛字也；然管子之六尺爲步，韓文公之步有新船，輿地之瓜步邀笛步，詩經之國步天步，則實用矣。薄、迫也，虛字也；因其叢密而林曰林薄，因其不厚而簾曰帷薄；以及爾雅之屋上薄，莊子之高門懸薄，則實用矣。覆、敗也，虛字也；然左傳設伏以敗人之兵，其伏兵卽名曰覆。如鄭突爲三覆以待之，韓穿帥七覆於敖前。是虛字而實用矣。從、順也，虛字也；然左傳於位次有定者，其次序卽名曰從。如荀伯不復從，豎牛亂大從，是虛字而實用矣。然此猶就虛字之本義而引伸之也；亦有與本義全不相涉，而借此字以名彼物者，如收、斂也，虛字也。而車之軫名曰收。賢、長也，虛字也，而車轂之大穿名曰賢。畏、懼也，虛字也，而弓之淵名曰畏。峻、高也，虛字也，而弓之挂弦處名曰峻。此又器物命名，虛字實用之別爲一類也。至用字有譬喻之法，後世須數句而喻意始明，古人止一字而喻意已明。如駿、良馬也，因其良而美之，故爾雅駿訓爲大。馬行必疾，故駿又訓爲速。商頌之下國駿厖，周頌之駿發爾私，是取大之義爲喻也。武成之侯衞駿奔，管子之弟子駿作，是取速之義爲喻也。膍、牛百葉也，或作毗，音義並同。牛百葉重叠而體厚，故爾雅毛傳皆訓爲厚。節南山之天子是毗，采菽之福祿膍之，是取厚之義爲喻也。宿、夜止也；止則有留義，又有久義。子路無宿諾，孟子之不宿怨，是取宿之義爲喻也。史記之宿將宿儒，是取久之義爲喻也。渴、欲飲也，欲之則有切望之義，又有急就之義。鄭箋雲漢詩曰：「渴雨之甚」。石苞檄吳書曰：「渴賞之士」，是取切望之義爲喩也。公羊傳曰：「渴葬」，是取急就之義爲喩也。至於異詁云者，則無論何書，處處有之。大抵人所共知，則爲常語，人所罕聞，則爲異詁。昔郭景純註爾雅，近世王伯申著經傳釋詞，於衆所易曉者，皆指爲常語，而不甚置語；惟難曉者，則深究而詳辨之。如淫訓爲淫亂，此常語，人所共知也。然如詩之「既有淫威」，則淫訓爲大。左傳之「淫刑以逞」，則淫訓爲濫。書之「淫舍梏牛馬」，左傳之淫芻蕘者，則淫當訓爲縱。莊子之「淫文章」、「淫於性」，則淫字又當訓爲贅，皆異詁也。黨、訓鄉黨，此常語，人所共知也。然說文云：「黨、不鮮也」。黨字從黑，則色不鮮，乃是本義。方言又云：「黨、智也」。郭注以爲解寤之貌。鄉射禮侯黨。鄭注以爲黨、旁也。左傳「何黨之乎」？杜注以爲黨所也。皆異詁也。展、訓爲舒展，此常語也，卽說文訓展爲轉，爾雅訓展爲誠，亦常語，人所共知也。然儀禮有司展羣幣，則展訓爲陳。周禮展其功緒，則展訓爲錄。旅獒時庸展親，則展當訓爲存省。周禮之展犧牲，展鍾、展樂器，則展又當訓爲察驗，皆異詁也。此國藩講求故訓，分立三門之微意也。古人用字，不主故常，初無定例，要之各有精意運乎其間。且如高平曰阜，大道曰路。土之高者，曰冢曰墳，皆實字也。然以其有高廣之意，故爾雅毛傳於此四字，均訓爲大。四牡孔阜，爾殽既阜，火烈具阜，阜成兆民。其用阜字，俱有盛大之意。王者之門曰路門，寢曰路寢，車曰路車，馬曰路馬。其用路字，俱有正大之意。長子曰冢子，長婦曰冢婦，天官曰冢宰，友邦曰冢君。其用冢字，俱有重大之意。小雅之牂羊墳首，司烜之共墳燭，其用墳字，俱有肥大之意。至三墳五典，則高大矣。凡此等類，謂之實字虛用也可，謂之譬喻也可；即謂之異詁也亦可。閣下見讀通鑑，司馬公本精於小學，胡身之亦博極羣書。即就通鑑異詁之字，偶一鈔記，或他人視為常語，而已心以為異，則且鈔之；或昨日視為常語，而今日以為異，亦姑鈔之。久之多識雅訓，不特譬喻虛實二門可通，即其他各門，亦可觸類而貫徹矣。（曾文正公文集）

此雖是書札，可作一篇訓詁文章讀。其所涉及，視阮氏但就一字訓釋者為廣。於此，可知欲為訓釋經傳之文，非精通雅故不可。而文章亦須精練可誦。曾氏此文，雖較阮氏為長，而文字且佳，可以誦讀，而阮文則能看，故為訓釋經傳文之作者，亦須具有才情也。茲錄姚姬傳筆記解毛詩一條曰：

毛詩於楚茨以下之小雅，盡以為述古刺時之詩，朱子不之從，誠以其詞氣稱述懿美，略無傷刺之義。序說誠不可通，朱子之傳是也。惟魚藻采菽兩篇，鼐竊以謂仍當如序說；然非刺幽王，蓋亦厲王時之詩也。厲王蓋暴虐苛急，以威嚴繩下，而恩義滑焉。自懿王居廢邱而厲因之，故詩人以思先王昔居鎬時，上下和而事簡易，可以豈樂而飲酒，豈若今之督責煩碎，尊倨而使人乖離哉？至其於諸侯也，已自尊而視人極卑，己欲富而不恤人貧，己欲安而不恤人勞，己欲樂而不恤人憂，是以諸侯畏憚，不敢來朝。若先王之時，厚賜諸侯，而以福履祝望之。王惟親諸侯，故諸侯親王。當其時，諸侯之朝，從容安樂，何為而不樂見王乎？優哉游哉，亦是戾矣，使之不得優游，夫何怪其不戾也。此二篇者，所述者美而意則傷，辭不迫而情實切。嗟乎！是則道路以目之時也。

此論毛詩楚茨以下之小雅，朱子不從毛傳盡以爲述古刺時之詩，以其詞氣稱述懿美，略無傷刺之義。誠然，但魚藻采菽兩篇，乃當從序說，然非刺幽王，此是厲王時之詩，以朱子之言，爲未盡當也。姚氏所述，根據事實，亦以詞氣得之。於此，知讀經傳，但憑考證，不能全得其意，須求於詞氣之間，方爲得之。姚氏筆記論語，解先生二字曰：

先生、本是父兄之稱；後生，本是弟子之稱。以師長猶父兄也，故亦謂之先生。而後生亦以是稱。凡受學者，固不必親子弟也；然立名之始，則原以一家人而分之，故論語先生饌，及儀禮兄弟後生舉觶，乃正是其本義。近世所有之韓詩外傳，賈生新書，乃有以先醒釋先生之義，大爲鄙陋。且說文有醒無醒，醒乃後世之字，卽此一端，足明此兩書皆爲後人僞作之本也。世乃有信其說者，亦可嗤矣！如晚生字，晋人以稱家之幼小，見晋書元帝紀；又王大令帖，二女晚生，皆佳，後世乃以爲通用之卑稱，其理亦正如此耳。禮記，遭先生於道，先生與之言則對。此先生，皆當通父兄師長言之，正義固已誤以師長爲主矣。

此是姚氏考證之文，在其筆記中類是以駁正前人之失者甚多，玆不過聊舉一二以言之耳。章太炎言桐城文家多明考據。觀姚氏筆記，及方東樹漢學商兌可知。世之動輒以桐城文家空疏不學譏之，殆皆於桐城文家之書，未嘗一讀，信口雌黃，自以爲有學，正見其不學虛妄耳。考證之學，重名物訓詁，義理之學，在涵泳體察，二者須兼備，而尤當有才華以發揮之，方能臻於完善無缺。但三者，欲求能兼擅，自古以來，能有幾人，無傷也。誠如姚氏所言互相補益之耳。章氏學誠亦曰：

人之有能有不能者，無論凡庶聖賢，有所不免者也。以其所能而易其不能，則所求者，可以無弗得也。主義理者，拙於辭章，能文辭者，疏於徵實，三者交譏而未有已也。義理存乎識，辭章存乎才，徵實存乎學，劉子元所以有三長難兼之論也。一人不能兼，而咨訪以爲功，未見古人絕業，不可復紹也。私心以據之，惟恐名之不自我擅焉，則三者不相爲助，而且以相病矣！（文史通義說林）

此言才學識三者不能兼擅並無害，咨訪相助以爲；取人之長，補我所短，斯可矣。無如世人私心據之，惟恐名不我擅；甚或互相詆排，非但不能得相助之益，且因之爲病矣。此學問文章所以日益偏狹而不能深廣也。樂廣善言而不能文，摯虞善文而不能言。晉書：摯虞傳樂廣談，虞不能對，虞筆，廣不能復，蓋筆口各有勝也。以廣之談，用虞之筆，則成爲妙文矣。韓琦爲相，人言其無文，琦曰：吾爲宰相，得歐陽修爲翰林學士，天下文章，孰大於是。是知爲文，能各以所長，互相爲用，可以爲妙文。居大位能知人善任，則人之才能，皆爲我之才能。知此義者，而後可以言學問文章，而後可以經國治人。

以上所言經學傳記作法之原則，第一須圖根基之深植。第二爲考據者要博覽廣識；爲義理者要涵泳體察。第三爲考據之文，要簡覈而不冗繁；爲義理之文，要切理而不空疏。第四如於義理考據詞章三者，一人不能兼備，要能咨訪以爲助。此外，還須讀注疏；於注疏外，仍須參閱其他之書。譬如讀論孟注疏，再讀朱子四書集解，以觀其異同得失。發明經義，固須擇其尤雅馴之文讀之，而非關經義之作，亦可倣效爲之。如韓非解老、喻老，值得參考。玆各擧一則如下：其解老曰：

德者內也，得者外也。上德不德，言其神不淫於外也；神不淫於外則身全，身全之爲得；得者得身也。凡德者，以無爲集，以無欲成，以不思安，以不用固。爲之欲之，則德無舍。（王先謙曰舍止也，無舍，言不能安其止）德無舍則不全。用之思之則不固，不固則無功，無功則生有德。德則無德，不德則有德。故曰：「上德不德，是以有德」。

解老共三十餘則，此錄其解上德不德一篇，就意義言則深刻貼切，就文字言，則簡明覈要，上德不德之義盡之矣。其喻老曰：

天下之道，無急患，則曰靜，遽傳不用，故曰：「却走馬以糞」。天下無道，攻擊不休，相守數年不已，甲冑生蟣蝨，燕雀處帷幄，而兵不歸，故曰：「戎馬生於郊」。翟人有獻豐狐玄豹之皮於晉文公，文公受客皮而歎曰：「此以皮之美自爲罪」。夫治國者以名號爲罪，徐偃王是也；以城與地爲罪，虞虢是也。故曰：「罪莫大於可欲」。智伯兼范中行而攻趙不已，韓魏反之，軍敗晉陽，身死高粱之東，遂卒被分，漆其首以爲溲器。故曰：「禍莫大於不知足」。虞君欲屈產之乘與垂棘之璧，不聽宮之奇，故邦亡身死。故曰：「咎莫憯於欲得」。邦以存爲常，霸王其可也；身以生爲常，富貴其可也。不欲自害，則邦不亡，身不死，故曰：知足之爲足矣」。

喻老共十八則，今錄其篇首第一則。此與上述解老略有不同。上爲直接解釋老子一句，以發明其義。茲乃每擧老子一句，或直解或引事實爲例，說明其義，亦極精簡，均可誦讀。可爲作經學傳記文之一種法式，在經學傳記文中，亦偶用此法，而不多見，而欲求如韓子之精簡，亦甚少，故特爲引述，以爲作經學傳記文之參考。

二、歷史傳記之作法

作歷史傳記，亦須具備作經學傳記基本條件外，而於文字之修飾，至爲重要；但作歷史傳記，爲重視事實，有時寧繁毋簡，寧樸毋華，惟欲傳之久遠，爲人傳誦，非文章優美不爲功，吾人觀四史以下諸史，所述壯烈之人與事，與四史未嘗有異，而鮮爲傳誦者，以文章不及四史，不能引人入勝，百讀不厭也。故作歷史傳記，不可不講究作法。傳記作法甚多，祇能擧要言之。作傳記先決條件，要能擇其重點，不能不權其輕重，鉅細畢載。且人之一身，具有價值之事並不能多，不能如行狀須求其詳，供人採擇。甚至居大位者一身，無功無過，無特殊績業不足爲立傳，而史家列之於表，前已言之。茲再申其義。李習之曰：

凡人之事迹，非大善大惡，則衆人無由知之，故舊例皆訪問於人；又取行狀謚議，以爲之據。今之作行狀者，非其門生，卽其故吏，莫不虛加仁義禮智，喻言忠肅惠和；或言盛德大業，遠而愈光；或云直道正言，歿而不朽；曾不直敍其事，故善惡混然不可用。至如許敬宗、李義府、李林甫，國朝之奸臣也；其使門生故吏作行狀，既不指其事實，虛稱道忠信以加之，則可以移之於房玄齡、魏徵、裴炎，徐有功也。此不惟其處心不實，苟欲虛美於所受恩之地而已；蓋亦爲文者，又非游、夏、遷、雄之列，務於華而忘其實，溺於辭而棄其理，故爲文則失六經之古風，記事則非史遷之實錄；不如此，則辭句鄙陋，不能自成其文矣。由是事失其本，文害其理，而行狀不足取信；若使指事書實，不能虛言，則必有人知其眞僞；不然者，縱使門生故吏爲之，亦不可以謬作德善之事而加之矣。臣今請作行狀者，不要虛說仁義禮智，忠肅惠和，盛德大業，正言直道，蕪穢簡册，不可取信。但指事說實，直載其詞，則善惡功迹，皆據事足以自見矣。假令傳魏徵，但記其諫爭之詞，足以爲正直矣。如傳段實秀，但記其倒用司農寺印以追逆兵；又以象笏擊朱泚，自足以爲忠烈矣。今之爲行狀者，都不指其事，率以虛詞稱之，故無魏徵之諫爭，而加之以正直；無段實秀之義勇，而加之以忠烈者，皆此也，其何足以爲據？若考功視行狀之不依此者不得受；依此者，乃下太常，並牒史館。太常定謚牘送史館，則行狀之言，縱未一一可信，與其虛加妄言，都無事實者，猶山澤高下之不同也。（李文公集，百官行狀奏）

此言行狀與傳作法，行狀亦傳記之屬，作法爲用與傳不同。行狀欲詳，傳則簡覈。行狀爲請議謚及送史館立傳，或請人作碑誌之用。行狀上之朝廷，下太常議謚。下太常議謚，如行狀所載之事不實，則有辯駁，以求眞實。故行狀雖有虛僞，而遭駁斥者亦多。及至議定謚後，送史館爲之立傳。惟請人作碑誌，由於其子孫之請碍於情面，而有豐厚潤筆之餽遺，故只書善而不言惡，不免諛墓。但有德之士，多私訪其行事，如其人了無足取，或行爲不善，則却而不爲，此不可多得也。唐時此風頗盛，故李習之於行狀，特奏請朝廷，須詳載事迹，不得虛辭飾僞。是則作行狀所載之事，要能詳實不妄。作傳，依據行狀，擇其生平有價値之事一二，便可垂世行遠，其舉例，如傳魏徵，但載其諫爭；傳段實秀，但載其倒用司農寺印以追逆兵，及以象笏擊朱泚。載其一二義烈之事，自足千秋，其餘瑣屑無關得失者，不必覼縷，徒費筆墨也。此作行狀與傳之法所應重視者也。至於述事之傳記，亦須擇其重點，愼重出之，雖有事關重要，而有意趣者，亦可附帶涉及，頰上添毫，可增加文章豐采。今將編年、傳記述事傳人兩方面言之。林琴南左傳擷華評管仲斥鄭子華曰：

　　秋，盟於寧母，謀鄭故也。管仲言於齊侯曰：「臣聞之，招攜以禮，懷遠以德，德禮不易，無人不懷」。齊侯禮於諸侯，諸侯官受方物。（諸侯各使官司，取齊約束，受其方所當貢天子之物。）鄭伯使太子華聽命於會，言於齊侯曰：「洩氏、孔氏、子人氏三族，實違君命，若君去之以爲成，我以鄭爲內臣，君亦無所不利焉。（如封內之臣也。）齊侯將許之。管仲曰：「君以禮與信屬諸侯，而以姦終之，無乃不可乎？子父不奸之謂禮，守命共時之謂信（共時事也，作供）違此二者，姦莫大焉」。公曰：「諸侯有討於鄭未捷，今苟有釁，從之不亦可乎」？對曰：「君若綏之以德，加之以訓辭，而帥諸侯以討鄭，鄭將覆亡之暇，豈敢不懼？若總其罪人以臨之（總、將領也。）鄭有辭矣，何懼？且夫合諸侯，以崇德也，會而列姦，何以示後嗣？夫諸侯之會，其德刑禮義，無國不記；記姦之位，君盟替矣！作而不記，非盛德也，君其勿許！鄭必受盟。夫子華既爲太子，而求介於大國，以弱其國，亦必不免？鄭有叔詹、堵叔、師叔三良爲政，未可間也」。齊侯辭焉。子華由是得罪於鄭。多，鄭伯使請盟於齊。

紓曰：「通篇寫桓公之劣處，在一個從字；寫桓公之佳處，在一個辭字。此章不是寫管仲，正是寫桓公。試問桓公若不聽子華之言，仲雖有一段直道正辭，如何發洩？用一從字，不亦可，遂引出管仲一篇術術烈烈之文章，然而入手招携以禮，懷遠以德八字，已足以鎮子華之姦心；尤足以息桓公之慾念，下語莊重極矣。子華之來，全不曉管仲德禮之作用，冒冒失失，貢一利字，正投入覇者之心坎，其始將許，其繼將從，此兩項不是寫子華，正爲德禮二字作一反震。篇中累用德字，處處與姦字對照，字挾風霜，自不消說。脫齊侯仍爲利字所中，如虞公之戀璧馬，管仲又將如何？幸末幅得一個辭字，則此會安穩到十分矣。凡讀文於炳炳煌煌處，孰不知其佳；然必須看其閒閒著筆，爲佳文之引子；又閒閒著筆，作佳文之收場，從平淡無奇中看出，方妙。

自來論文，大多就其已成之作，而爲之說法。惟作文者，在搜集資料後，必有一番謀篇布局，如何修辭，有所斟酌，善於爲文者，捻來自成妙諦；不善作文者，百般經營，終落平鈍。林氏評論此文，能得其要領，足以爲述事之文者考覽。其言「凡讀文於炳炳煌煌處，孰不知其佳；然必須看其閒閒著筆，爲佳文之引子；又閒閒著筆，作佳文之收場，從平淡無奇中看出，方妙」。此數語，非眞知文章甘苦者不能道出。一篇佳文，不能皆絢爛而無平淡，亦不可皆平淡而無絢爛，其平淡處，正所以襯託絢爛，其絢爛，由平淡而益見。比如畫花卉，滿紙皆是花卉，了無空餘之地或其他事物點綴，畫雖好，看不出其好處何在？不成其爲畫矣！有人教授文章，只重精華，如史記精華之類，此是教人看畫，但見滿紙花卉，了無空餘之地或其他事物點綴，文章之好處從何領會？蘇東坡詩曰：「竹外桃花三兩枝，春江水煖鴨先知」。看「竹外桃花三兩枝」一句，便知東坡知文能文。試想倘所見只是桃花，而無竹，此桃花便不可愛；倘只有竹而無桃花，所見之竹，亦平淡無奇。而竹外桃花，只有三兩枝並不多，看去，則竹與桃花皆精神活潑，呈現眼前。但讀史只讀其精華者，只是看桃花而不見竹。一篇文章，其中頗多字句覺不緊要，實不可少；其不緊要處，乃爲緊要處之襯托。陸士衡文賦曰：「立片言而居要，乃一篇之警策」，一篇文中，有數句警策，則全篇皆爲之振動生色，不緊要處，便覺並不是閒文，而不可少矣。又如奕棋，善奕者所下之子，其初似覺無關重要，但一着得氣，則全盤皆活矣。讀一書但取其精華，就文章言，能知其精華者亦鮮矣；何論乎其立言之宗旨所在？林氏又評左傳展喜犒師曰：

夏，齊孝公伐我北鄙，衞人伐齊，洮之盟故也。公使展喜犒師，使受命於展禽。齊侯來入境，展喜從之曰：「寡君聞君親擧玉趾，將辱於敝邑，使下臣犒執事」。齊侯曰：「魯人恐乎」？對曰：「小人恐矣，君子則否」。齊侯曰：「室如懸磬，野無青草，何恃而不恐」？對曰：「恃先王之命。昔周公太公，股肱周室，夾輔成王；成王勞之而賜之盟曰：『世世子孫，無相害也』。載在盟府，大師職之。桓公是以糾合諸侯，而謀其不協，彌縫其闕，而匡救其災，昭舊職也。及君卽位，諸侯之望曰：『其率桓之功』，我敝邑用不敢保聚，曰：「豈其嗣世九年，而棄命廢職，其若先君何？君必不然，恃此以不恐」。齊侯乃還。

舒曰：「文字中有下一字，造一語，重如山岳，震如雷霆，聞者立動其顏色，卽此篇「恃先王之命」五字是也。文字中有使人歡悦，使人疑駭，聞者必加以考問，卽此篇「小人恐矣，君子則否」八字是也。國策中亦間用此法；顧多拗折之筆，宛轉盤繞，本求明顯，以盤繞過多，轉致沉晦，亦比比而是。左氏則堂堂正正，一下字，卽使人無可移易，觀齊孝公之來，實襲其先公之餘烈，輕藐魯國，一開口便曰「室如懸磬，野無青草」，明明指其無恃。而展喜卽拈此恃字，爲當頭之棒喝。孝公早已愕然撟舌；而展喜却雍容閒暇。述及周公太公之間，不著一與字，正有講究，蓋著一與字，是將二公隔膜，不成一家人矣。周、太平列者，見得二公初無分別，而子孫生出不協，卽爲二公之罪人。故以下清出相害二字，不言害魯，而曰相害；且魯亦引過，是語氣之和平處。轉到桓公身上，更見得與魯親上加親。不溯鴻功，但言舊職，復歸到二公盟誓之至意，嚴切束縛孝公，使之無可挪動。「率桓之功」四字，明明責他不能躬承先業，棄命廢職，直是當面抹殺。幸有豈其二字爲之根，則雖抹殺孝公，尙是駕空立論，意謂能率桓功，卽是不廢其職；不率桓公，卽是自棄其命，點清「君子有恃不恐」之意。且下君子兩字，尤有分寸，得見君子自待如此，對待孝公亦如此。孝公不副君子之望，則孝公已不自居於君子之列，而淪於小人。師直爲壯，曲爲老，孝公經此一番申斥，默默無言。文自首至尾，無一懈筆。」

此林氏評論左氏展喜犒師之文，其言下字重要處，語氣和平而嚴正，不抗不卑，恰到好處。是讀左氏傳，既知其文法，而能明其奧義者。左氏之文，變化多端，述一事能適如其事，述一人之言能適如其人之聲貌，惟熟讀深思者乃能得之，林氏又評左傳張骼輔躒致師曰：

多、楚子伐鄭以救齊，門於東門，次於棘澤，諸侯還救鄭。晉侯使張骼、輔躒致楚師，求御於鄭，鄭人卜宛射犬吉。子太叔戒之曰：「大國之人，不可與也」。對曰：「無有衆寡，其上一也」。太叔曰：「不然！部婁無松柏」。二子在幄，坐射犬於外，既食而後食之，使御廣車而行，已皆乘乘車。將及楚師，而後從之乘，皆踞轉而鼓琴，近，不告而馳之，皆取冑於橐而冑，入壘皆下，搏人以投，收禽挾囚，弗待而出。皆超乘，抽矢而射，既免，復踞轉而鼓琴，曰：「公孫同乘，兄弟也，胡再不謀」？對曰：「曩者志入而已，今而怯也」。皆笑曰：「公孫之亟也」！

紓曰「：此篇風神蓋世，太史公，班固幾之，餘人莫逮也。著眼在公孫二字。宛射犬唯爲公孫，故目無大國，觀其對子太叔曰：「無有衆寡，其上一也」。脫口出一上字，已自表公孫身分。及二子據幄不見，公孫之身分一挫。先自食而後食客，公孫之身分又一挫。客御廣車，主皆乘車，公孫之身分又一挫。此時公孫怒極，不告而馳，弗待而出，兩處均寫公孫負氣不平；惟其如是，乃益見二子之勇，兩次踞轉鼓琴，風流瀟灑極矣。而收禽、挾囚，超乘，抽矢，全不類踞轉鼓琴者之所爲，此時公孫氣已大懾。迨第二次鼓琴時，則從容和藹言曰：「公孫同乘，兄弟也，胡再不謀」？全是琴人之語氣，公孫勢在不能不屈，脫口示怯，原期自掩褊衷；然二子已預知，皆笑曰：「公孫之亟也」。亟字是誚客之無量，笑字正示客以有能。公孫極其怒，二子極其整暇，兩呼公孫，不是尊宛射犬，正其輕之之至，故於性命呼吸之間，幾爲所賣，亦不之怒。愈不怒，愈見其能。文著墨無多，風韻高，音吐妙，百讀不厭。」

林氏言此文風神蓋世，風韻高，音吐妙，百讀不厭，自是的論。但左氏記此事，似若好奇，實寓警戒之意。晉之張骼，輔躒二子，自以大國，輕視宛射犬，及戰，不告而馳之，在性命呼吸間，幾爲所賣，幸二子之能，不及於難，否則二人皆爲楚俘矣。在左傳宣公二年春，鄭公子歸生受命于楚伐宋、宋華元、樂呂御之。二月壬子戰於大棘，宋師敗績，囚華元，獲樂呂，及甲車四百六十乘，俘二百十人，馘百人。此次戰爭，宋所以致敗之原因。將戰，華元殺羊食士，其御羊斟不與，及戰，曰：「疇昔之羊子爲政，今日之事我爲政」。與入鄭師故敗。後宋人以兵車百乘、文馬百駟，以贖華元于鄭，半入，華元逃歸，立于門外，告而入，見叔牂（羊斟也）曰：「子之馬然也」？對曰：「非馬也，其人也」。既合而來奔。此由於華元忽視羊斟，使其懷恨，致喪師辱國，與晉二子輕視宛射犬之事相類，一敗一不敗，由於二子之能，華元之無能也。左氏之意，在戒主軍事者，對士不可有輕蔑之心以致挫敗也。

以上約舉述事之傳記作法，以下述傳人之傳記作法。述事之傳記，自以左傳爲最佳，欲盡左傳之文佳妙，宜讀左傳全書，此不過略舉大凡而已。史記文章之佳妙，難以悉舉，亦祗能撮取一二以見其概。劉師培曰：

文章有生死之別，不可不知。有活躍之氣者爲生，無活躍之氣者爲死。文章之最有生氣者，莫如於前三史。史記記事最爲生動，後人觀之，猶身歷其境。如項羽本記中敍鉅鹿之戰及鴻門之會，垓下之敗，（史記卷七）皆句句活躍。周昌列傳敍諫廢太子，其活躍情形，溢於紙上。（史記卷九十六）又刺客列傳敍荆軻刺秦王一段，亦鬚眉畢現。（史記八十六）更就漢書而論，如記霍光廢昌邑王一事，前敍太后所著之衣服，繼敍宣讀奏書，而將太后之言插於其中，當時之情態，即栩栩欲生。（漢書卷六十八）至後漢書中郅惲、（卷五十六）范滂、（卷九十七）第五倫、（卷七十一）宋均、（卷七十一）王覇、（卷五十）諸傳，敍述生動，亦與史漢相同。大抵記事文之生死皆繫於用筆；善用筆者，工於摹寫神情，故筆姿活躍；不善用筆者，文章板滯，毫無生動之氣，與鈔書無異。夫文章之所以能生動，或由於筆姿天然超脫，或由於記事善於傳神，如畫蝴蝶然，工於畫者，旣肖其形，復能傳其栩栩欲活之神；不工於畫者，徒能得其形似而已。今欲研究前三史，宜看其文章之生動處，皆在於描寫之能傳神也。元史固亦有紀傳表志，而但就當時之公牘官書鈔寫而成。記事疏漏，文章直同賬簿，以視史漢三史，若天淵懸殊，此由於記事文有生死之別也。（漢魏六朝專家文研究）

此論傳記何以能佳，在能生動而活躍，能生動而活躍，又在於善於用筆；但何以能善於用筆，則有賴於作者之才華及組織練字練句參揷各得其宜。此如輪扁斲輪不能宣之於口，亦不能喩之於其子。世之言文章作法者，往往將一篇文章，枝分節解，某者爲一篇關鍵，某者爲伏爲應，爲起爲合，若有公式者然。作八股文如此，作其他文，千變萬化，豈有將一成不變之法，使之依式塡寫，能成爲佳構，無是理也。若使其人依其所說，自爲一文，能成爲絕妙之作乎？故論文章作法，只能言其原則，至運用之妙，存乎作者之一心。

劉氏所言三史生動之文，不過略擧其要而已；除其所擧數文外，生動之作仍多也。今就劉氏所擧，節錄一二如下：

荆軻刺秦王一段：荆軻奉樊於期頭函，而秦舞陽奉地圖匣，以次進，至陛。秦舞陽色變振恐，羣臣怪之。荆軻顧笑舞陽，前謝曰：北蕃蠻夷之鄙人，未嘗見天子，故振慴，願大王少假借之，使得畢使於前。秦王謂軻曰：「取舞陽所持地圖」。軻旣取圖奏之。秦王發圖，圖窮而匕首見。因左手把秦王之袖，而右手持匕首揕之，未至身，秦王驚，自引而起，袖絕，拔劍，劍長，操其室，時惶急，劍堅，故不可立拔。荊軻逐秦王，秦王環柱而走。羣臣皆愕，卒起不意，盡失其度。而秦法，羣臣侍殿上者，不得持尺寸兵。諸郎中執兵，皆陳殿下，非有詔召，不得上。方急時，不及召下兵，以故荊軻乃逐秦王，而卒惶急，無以擊軻，而以手共搏之。是時，侍醫夏無且，以所奉藥囊提荊軻也。秦王方環柱走，惶急不知所爲，左右乃曰：「王負劍，負劍」！遂拔以擊荊軻，斷其左股，荊軻廢，乃引其匕首，以擿秦王，不中，中銅柱。秦王復擊軻，軻被八創。軻自知事不就，倚柱而笑，箕倨以罵曰：「事所以不成者，以欲生刼之，必得約契以報太子也」。於是左右既前殺軻，秦王不怡者良久。

此段文字，誠如劉氏所言：「鬚眉畢見」。又史記敍述人事，爲他史所不及者，如張丞相列傳。共有張蒼、周昌、趙堯、任敖、曹窋、申屠嘉等人。皆先後爲丞相。諸人事迹，或前或後，錯綜離合，打成一片，天衣無縫。他若酷吏列傳，游俠列傳亦然。卽張耳陳餘列傳，兩人事迹，亦錯綜敍述；屈原賈生列傳，雖分敍，而賈傳中錄弔屈賦，其分亦仍合也。此種作法，以後諸史中無之，非善於用筆者不能。如此，則文自能活躍有生氣而不板滯矣。所錄荊軻刺秦王一段，固可見其工於敍事傳神，但仍須讀其全文，以明來龍去脈。史記之文，爲其他各史所不及者，不僅敍事生動，栩栩欲活，而頗多言近指遠，似褒實貶，似貶實褒，言在此而意在彼，在其他史中，更未易多見。凡文含有雙重意思者，方能神遠而玩味無窮。玆節錄漢書霍光傳廢昌邑王事一段如下：

太后被珠襦，盛服，坐武帳中，侍御數百人，皆持兵，期門武士陛戟陳列殿下，羣臣以次上殿，召昌邑王伏前聽詔。光與羣臣連名奏王，尙書令讀奏曰：「丞相臣敞……昧死言皇太后陛下。臣敞等頓首死罪。太子所以永保宗廟，總壹海內者，以慈孝禮誼賞罰爲本。孝昭皇帝早棄天下，亡嗣，臣敞等議：禮曰：「爲人後者，爲之子也」。昌邑宜嗣後，遣宗正大鴻臚光祿大夫奉節徵昌邑王典喪服斬縗，亡悲哀之心，廢禮誼，居道上，不素食。使從官略女子載衣車內。所居傳舍，始至，謁見立爲皇太子，常私買雞豚以食；受皇帝信璽，行璽大行前，就次發璽不封。從官更持節，引內昌邑從官騶宰官奴二百餘人，常與居禁闥內。敖戲自之，符璽郎節十六，朝暮臨。令從官更持節從，爲書曰皇帝問侍中君卿。使中御府令高昌，奉黃金千斤賜君卿，取十妻。大行在前殿，發樂府樂器，引內昌邑樂人擊鼓歌吹作俳倡。會下還上前殿，擊鐘磬，召內泰壹宗廟樂人，輦道牟首，鼓吹歌舞，悉奏衆樂。發長安廚三太牢具祠閤室中，祀已，與從官飲啗。駕法駕皮軒鸞旗驅馳北宮桂宮，弄彘鬬虎。召皇太后御小馬車，使官奴騎乘遊戲掖庭中，與孝昭皇帝宮人蒙等淫亂。詔掖庭令敢泄言要斬」。太后曰：「止！爲人臣子，當悖亂如是邪」？王離席伏，尙書令復讀曰：「取諸侯王列侯二千石綬及墨綬黃綬，以幷佩昌邑郎官者免奴。變易節上黃旄以赤，發御府金錢刀劍玉器采繒，賞賜所與遊戲者，與從官官奴夜飲，湛沔於酒。詔太官上乘輿食如故食，監奏未釋服未可御故食，復詔太官趣具無關。食監太官不敢具，即使從出買雞豚，詔殿門內以爲常。獨夜設九賓溫室，延見姊夫昌邑關內侯。祖宗廟祠未畢，爲璽書使使者持節以三太牢祠昌邑哀王園廟，稱嗣子皇帝。受璽以來二十七日，使者旁午，持節詔諸侯官署徵發凡千一百二十七事。文學光祿大夫夏侯勝等及侍中傅嘉數進諫以過失，使人簿責勝，縛嘉繫獄。荒淫迷惑，失帝王禮誼，亂漢制度。臣敞等數進諫不變更，日以益甚，恐危社稷，天下不安。臣敞等謹與博士臣霸……議，皆曰高皇建功業，爲漢太祖，孝文皇帝慈仁節儉爲太宗。今陛下嗣孝昭皇帝後，行淫辟不軌。詩云：『籍曰未知，亦既抱子』五辟之屬，莫大不孝。周襄王不能事母，春秋曰：『天王出居于鄭』，由不孝出之，絕之於天下也。宗廟重於君，陛下未見命高廟，不可以承天序，奉宗廟，子萬姓，當廢！臣請有司御史大夫臣誼宗正臣德，太常臣昌，與太祝以一太牢具告祠高廟，臣敞等昧死以聞」。皇太后詔曰：「可」！光令王起拜受詔。王曰：「聞天子有爭臣七人，雖無道，不失天下。」光曰：「皇太后詔廢，安得天子」，迺卽持其手，解脫其璽組，奉上太后，扶王下殿，出金馬門。羣臣隨送王西面拜。曰：「愚戇不任漢事」。起就乘輿副車大將軍光送至昌邑邸。光謝曰：「王行自絕於天，臣等駑怯，不能殺身報德。臣寧負王，不敢負社稷，願王自愛，臣長不復見左右」。光涕泣而去。

劉氏言：「前敍太后所著之衣服，繼敍宣讀奏書；而將太后之言插入於其中，當時之情態，卽栩栩欲生。」此是言作文之法。文章最忌平衍而無屈折，中間插入太后之言，便覺生動而不板滯。漢書與史記之文，世人比之一如龍，一如象，頗爲允洽。漢書文章，辭句艱深，似覺難讀；史記文章，辭句明暢，似覺易讀。實則史記辭淺而意深，漢書辭深而意淺。此就二書比較而言。讀史記較漢書者多；但能得史記眞意所在，恐無幾人。猶之莊子之文皆寓言，自來注莊子者猥多，眞能得莊子意旨者，罕見其人。又如讀詩，阮嗣宗之詠懷，辭句並不深，亦多知其處於魏晉易代之際，對當時政治頗有譏刺，但欲指其詩中所言，爲何人何事而發，自古迄今，亦無人能言之。只有存而不論矣。後漢書文，如劉氏所擧諸人之傳，固爲生動活躍，其於劉氏所擧以外之佳文仍多，劉氏亦不過擧例而言之耳。而其諸傳敍論，范蔚宗自詡爲天下奇作，信不誣。玆錄黃憲傳一篇如下：

黃憲字叔度，汝南愼陽人也。世貧賤，父爲牛醫，潁川荀淑至愼陽，遇憲於逆旅，時年十四，淑竦然異之，揖與語，移日不能去。謂憲曰：「子吾之師也」。既而前至袁閎所，未及勞問，逆曰：「子國有顏子，寧識之乎」？閎曰：「見吾叔度耶」？是時同郡戴良，才高倨傲，而見憲，未嘗不正容，及歸，罔然若有失也。其母曰：「汝復從牛醫兒來耶」？對曰：「良不見叔度，不自以爲不及；既覩其人，則瞻之在前，忽焉在後，固難得而測矣？」同郡陳蕃、周擧，常相謂曰：「時月之間，不見黃生，則鄙吝之萌，復存乎心。」及蕃爲三公，臨朝歎曰：「叔度若在，吾不敢先佩印綬矣！」太守王龔在郡，禮進賢達，多所降致，卒不能屈憲。郭林宗少游汝南，先過袁閎，不宿而退；進往從憲，累日方還。或以問林宗。林宗曰：「奉高之器，譬諸氿濫，雖清而易挹；叔度汪汪若千頃陂，澄之不清，淆之不濁，不可量也。憲初擧孝廉，又辟公府。友人勸其仕，憲亦不拒之。暫到京師而還，竟無所就。年四十八，終，天下號曰徵君。

論曰：「黃憲言論風旨，無所傳聞；然士君子見之者，靡不服深遠，去玼吝；將以道周性全，無德而稱乎？余曾祖穆侯，以為憲隤然其處順，淵乎其似道，淺深莫臻其分，清濁未議其方。若及門於孔子，其殆庶乎」？故嘗著論云。

黃憲未嘗入仕，無事迹可述，而其性德渾厚，識量淵邈，有不容沒，而借當時名賢推仰，次敘為傳，則其為人於此可以見之，是作傳之一法也。范氏文章，俊雅典贍，與史遷之逸宏，孟堅之厚重外，別立一格，而能拔戟自成一隊者也。陳壽三國志，謹嚴簡潔，以文格言，高於范書，其中若諸葛亮傳，亦迥乎莫及。與三史宜兼覽並讀。此外史中有類敘法帶敘法。本師錢子泉先生曰：

列傳卓茂傳，敘當時與茂俱不仕莽者，孔休、蔡勳、劉宣、龔勝、鮑宣等五人；來歷傳，敘同諫廢太子者，祋諷、劉瑋、薛皓、閭邱宏、陳光、趙代、施延、朱倀、第五頡、曹成、李尤、張敬、龔調、孔顯、徐崇、樂闓、鄭安世等十七人。此等既不能各立一傳；而其事可傳，又不忍沒其姓氏；故立一人傳，而同事者用類敘法，盡附見於一人傳內，其蓋倣於三國志。三國倉慈傳後，歷敘吳瓘、任燠、顏斐、令狐邵、孔乂等，以其皆良吏而類敘之。王粲傳後，歷敘徐幹、陳琳、阮瑀、應瑒、劉楨及阮籍、嵇康等，以其皆文士而類敘之。歷官行事，隨事附見，以省人人立傳之煩，亦見其簡而該也。三國志傳目有減無增；方術則改為方伎。方伎傳內，如華陀則敘其治一證，即效一證；管輅傳則敍其占一事，卽驗一事；獨於朱建平傳總敍其所相者若干人，而又總敍各人徵驗於後；蓋仿太史公扁鵲等傳而變通其意者也。晉書改循吏爲良吏，方伎爲藝術，不過稍易其名；又增孝友忠義二傳，其逆臣則附於卷末，不另立逆臣名目。宋書但改佞幸爲恩幸；其二凶亦附卷末，而敍次則多帶敍法。其人不必立傳，而其事有附見於某人傳內者，卽於某人傳內敍其履歷以畢之；而下文仍敍某人之事，如此者甚多。蓋人各一傳，則不勝傳；而不爲立傳，則其人又有事可傳；有此帶敍法，則既省多立傳，又不沒其人，此與後漢三國之類敍，俱爲作史良法。但後漢三國於類敍者，多在本傳後方綴履歷，此則正在本傳敍事中，而忽以帶敍者履歷入之，此則同而有不同者。（後東塾讀書記）

此言史籍中列傳，有類敍法、帶敍法二種。在私人文集中，爲人立傳，多敍述一人之事迹，類敍、帶敍之法則罕見。所謂類敍、帶敍法，在史記中已有創例，如上述史記張丞相列傳，與張蒼同爲丞者數人而類敍之。高祖本紀中帶敍紀信，田單列傳後帶敍王蠋，廉頗藺相如傳後帶敍趙奢李牧皆是。史傳有史傳體例，亦卽史法，與作一般文不同。章學誠信摭曰：

宋韓淲作澗泉日記，謂東光張預作百將傳，甚有旨趣。又記歐陽公與徐無黨書云：「五代史昨見曾子固之議，今却重頭改換，未有了期。」又與梅聖俞書云：「閒中不曾作文字，祇整頓了五代史，成七十四卷，不敢多令人知，深思吾兄一看，如何可得，極有義類。須要好人商量。此書不可使俗人見，不可使好人不見」云云。按五代史文筆尚有可觀，如云極有義類，正是三家村學究伎倆，全不可語於著作之林者也。其云不可使俗人見；其實不可使通人見也。梅聖俞於史學固未見如何？卽曾子固史學，亦祇是劉向、揚雄校讐之才，而非遷固著述之才。當時僅一吳縝，可備檢校，而不能用，以致唐史疵病百出。若五代史，只是一部弔祭哀挽文集，如何可稱史才也。（一部全古無此體。）而韓滮乃謂五代史與史記有微意；不知五代之微意，正是村學究之春秋講義。其文筆亦史記課蒙之選本也，豈可爲所愚耶？

韓又云：「范史有去取褒貶，唐紀志，歐陽公猶有華處，少筆削意思。按歐之於史事，本無所解；惟本紀編年書法，直過馬班；蓋得於尹洙師魯之講益者；韓乃反以爲譏誤矣！志不可謂華，乃是過求詳備，破壞古人法度耳。宋、金、元史諸志，直鈔檔案，皆是唐志開之。

此是言作史之法；亦是言作傳記之法。作史須先論其史法而後文字；文字固欲典贍，倘不合史法，則非史籍而是文集矣。章氏言「歐公五代史只是一部弔祭哀挽文集，如何可稱史才」？以其「一部全史序論，通用嗚呼二字，作爲發端，自古無此體」。吾人讀新五代史，其序論，如五代史職方考序，發端：「嗚呼！三代以上，莫不分土而治也」。五代史一行傳序，發端：「嗚呼！五代之亂極矣！」五代史伶官傳序，發端：「嗚呼！盛衰之理，雖曰天命，豈非人事哉」？雖非全都如此，而如此爲多，在五代史以前，都無此作法也。就文章而論，自是佳文，就史法言，則乖體矣。又言作志不可華，不可過求詳備。作史並非不講華贍，而是樸中之華，非藻繪辭章之華。不可過求詳備，要能揭擧其要義，方能見其重要性。史體可分兩種，卽一毗散，一毗偶。本師錢子泉先生曰：

史筆有二：有解偶爲散以疏其氣者，紀傳則有司馬遷之史記，陳壽之三國志，蕭子顯之南齊書，姚察之梁書，姚思廉之陳書，李延壽之南北史，宋祁等之唐書，歐陽修之五代史，托克托等之宋史、遼史、金史，宋濂等之元史，張廷玉等之明史。編年則有司馬光之通鑑，記言則有戰國策。此一體也。有寓偶於散以植其骨者；紀傳則有班固之漢書，范曄之後漢書，房喬等之晉書，沈約之宋書，魏收之魏書，李百藥之北齊書，令狐德芬之周書，魏徵等之隋書，劉昫等之舊唐書。編年則有左氏之春秋傳，記言則有國語。此又一體也。大抵凝重多出於偶，流美多出於散，而其樞機之轉，只看國語、國策二書便見。昔年李續川與余論文章，問國語、國策之異同？余告之曰：「國語、國策，記言體同，而文章攸殊。國語寓偶於散，以植其骨，左傳之枝流也；國策解偶爲散，以振其氣，遷史之前茅也。」續川賛其了當。（後東塾讀書記）

此言史筆，有解偶爲散與寓偶於散兩種。解偶爲散，固爲散體；寓偶於散，雖有偶句，不失其散也。倘作史全用偶體，則非所宜矣。世有人爲人作傳有全用駢體者，有乖作傳記之法也。劉知幾對此，頗致非議。史通敍事篇曰：「史道陵夷，作者蕪音累句，雲蒸泉湧。其爲文也，大抵編字不隻，捶句皆雙，修短取均，奇偶相配。故應以一言蔽之者，輒足爲二言；應以三句成文者，必分爲四句。彌漫重沓，不知所裁。是以處道受責於少期，子昇取譏於君懋，非不幸也」。此言作史傳，不宜駢體。用駢體則辭繁意晦而失眞。其覈才篇又曰：

孝標持論談理，誠爲絕倫，而自敍一篇，過爲煩碎；山栖一志，直論文章，諒難以偶迹遷固，比肩陳范者也。孝穆在齊，有志梁史；及還江左，書竟不成。嗟乎！以徐公文體，而施諸史傳，亦猶灞上兒戲，異乎眞將軍。幸而量力不爲，可謂自卜者審矣！光伯以洪儒碩學，而迍邅不遇，觀其銳情自敍，欲以垂示將來；而言皆淺俗，理無要害，豈所謂誦詩三百，雖多亦奚以爲者乎？昔尼父有言：「文勝質則史」。蓋史者當時之文也。然樸散淳銷，時移世異，文之與史，較然異轍。故以張衡之文而不閑於史；以陳壽之史而不習於文。其有賦述兩都，詩裁八詠，而能編次漢冊，勒成宋典，若斯人者，其流幾何？是以略觀近代，有齒跡文章而兼修史傳，其爲式也。羅含、謝客，宛爲歌頌之文，蕭繹、江淹，直成銘贊之序。溫子昇尤工複語，盧思道性好麗詞，江總猖獗以沉迷，庾信輕薄而流宕。此其大較也。然向之數子所撰者，蓋不過偏記雜說，小卷短書而已；猶且乖濫踳駁，一至於斯，而況責之以刋勒一家，使其始末圓備，表裏無咎，蓋亦難矣！但自世重文藻，詞宗麗淫，於是沮誦失路，雩均當軸。每西省虛職，東觀佇才，凡所拜授，必推文士。遂使握管懷鉛，多無銓綜之識；連章累牘，罕逢微婉之言，而舉俗共以爲能，當時莫之敢侮。假令間有術同彪嶠，才若班荀，懷獨見之明，負不刊之業，而皆取窘於流俗，見嗤於朋黨。遂乃哺糟歠醨，俯同妄作；

披褐懷玉，無由自陳，此管仲所謂用君子而以小人參之，害霸之道者也。

此言經學之儒，詞章之士，皆不能爲史。而尤重在詞章之士，參與史職者，更爲害事。自「世重文藻，詞宗麗淫」以下諸語，是指當時史館選人，多爲文士而非史才，使有史才者不爲人重視重用，與忤時篇相參，可以益明。劉氏對晉書頗致譏評，晉書之不能善，以修史者皆文士而非史才也。班固賦述兩都，而又能修史，乃偶而有之，究不可多得。浦起龍曰：「載文之言曰：『文之將史，其流則一』，敍事之言曰：『其爲文也，編字不隻，捶句皆雙。』而覈才又曰：『文之與史，較然異轍』。蓋三史以上，文史一揆；駢體既興，文筆難乎爲史筆，其理然也。麗於色者，必靡於質；工爲偶者，必拙爲疏。當公之時，値唐初運，連軫六朝，所謂史局皆文詠之士，故對時局再三言之」。於此，知詞筆不能爲史筆，灼然可見。以作駢文之法，而施之於史，無論其識之不逮，卽以體裁而言，無異施粉黛於武夫，未見嫵媚，反益其醜，文各有體，規法不一，宜於此者，未必合於彼，操觚之士，不可不知也。

歷史傳記之作法尙多，以上不過約擧編年及正史中傳記一二言之。餘可推而知之，不備述。

三、文學傳記之作法

文學傳記之種類猥多，各體亦各有其旨趣，各種不同之作法，不能徧擧，亦祇能約擧其要言之。

傳記文，無論傳人述事記景物，均須有意義，文筆須俊逸而生動，一如作歷史傳記，方能使人讀之不厭，味之雋永，乃爲上乘之作，忌僻澀乖戾，理意訐詭。故不論作何傳記，以透剔靈瓏爲貴。作文學傳記，與作歷史不同，一爲寫實，一爲寄託。如陶淵明五柳先生傳曰：

先生不知何許人也，亦不詳其姓氏，宅邊有五柳樹，因以爲號焉。閒靜少言，不慕榮利；好讀書，不求甚解。每有會意，便欣然忘食。性嗜酒，家貧不能常得，親舊知其如此，或置酒而招之，造飲輒盡，期在必醉，既醉而退，曾不吝情去留。環堵蕭然，不蔽風日；短褐穿結，簞瓢屢空，晏如也。常著文章自娛，頗示己志，忘懷得失，以此自終。

贊曰：黔婁有言：「不戚戚於貧賤，不汲汲於富貴。」其言茲若人之儔乎？銜觴賦詩，以樂其志，無懷氏之民歟！葛天氏之民歟！

此文人皆讀之。可謂陶氏之自傳，但非眞欲傳己，値以自舒襟懷耳。讀此文，似其不與世相往來，世事不問不聞，了無不平之氣，見於字裏行間，是其學養深到，內蘊而不外發。但細味之，仍不能掩也。其言「常著文章自娛，頗示己志。」其所作之詩，以飲酒爲多；而「詠荊軻」，則其眞意，不覺外露，豈眞忘懷得失？韓退之便窺透其用心，送王秀才含序曰：

吾少時讀醉鄉記，私怪隱居者無所累於世，而猶有是言，豈誠旨於味耶？及讀阮籍、陶潛詩，乃知彼雖偃蹇不欲與世接；然猶未能平其心，或爲事物是非相感發，於是有託而逃焉者也。

王無功當隋末世亂，託之酒，作醉鄉記，阮籍處魏晉易代之際，陶潛值劉裕篡晉之時，皆以無力以復故國，而均託之於酒，而心中不平，爲事物是非相感發一寓之於詩，使人於其言外得之。故陶潛此傳，一如其詩之相感發而不明言。倘如嵇叔夜絕交書：「非堯舜，薄湯武」，其禍立見矣。故此傳與寫實不同，如寫實，當列眞姓名世系及行事，不能但言不慕榮利，性嗜酒，著文自娛也。此之謂文學傳記。若白居易醉吟先生傳，亦爲寄託之自傳而意淺。遠不及此傳言簡而意賅，寄託遙深也。若自傳羅列其言行而無寄託，便屬於歷史傳記矣。顧亭林復庵曰：

蒨中涓范君養民，以崇禎十七年夏，自京師徒步入華山爲黃冠。數年，始克結廬於兩峯之左，名曰復庵。華之賢大夫，多與之遊；環山之人，皆信而禮之；而范君固非方士之流也。幼而讀書，好楚辭、諸子、及經史，多所涉獵，爲東宮伴讀。方李自成之挾東宮、二王以出也，范君知其必且西奔，於是棄其家走之關中，將盡厥職焉；乃東宮不知所之，范君爲黃冠矣！太華之山，懸崖之巓，有松可蔭，有地可蔬，有泉可汲，不稅於官，不隸於宮觀之籍。華下之人或助之材，以創是庵而居之。有屋三楹，東向以迎日出。余嘗一宿其庵，開戶而望，大河之東，雷首之山，蒼然突兀，伯夷、叔齊之所采薇而餓者，若揖讓乎其間，固范君之所慕而爲之者也！自是而東，則汾之一曲，綿上之山，出沒於雲影之表，如將見之，介子推之從晉公子，既返國而隱焉，又范君之所有志而不遂者也！又自是而東，太行碣石之間，宮闕山陵之所在，去之茫茫而極，望之不可見矣！相與泫然！

作此記留之山中，後之君子，登斯山者，無忘范君之志也！

此記范養民之志行，及建庵經由情事具備。何以謂之文學傳記？吾人先看題曰「復庵」，復庵者，以誌不忘明室而欲興復之也。自余嘗一宿其庵至末，後之君子，登斯山者，無忘范君之志也。是言范君不能興復明室，後之人，當繼其志以興復之也。其意至爲明顯。此記雖爲范君復庵而作，實卽亭林心中之志意，借爲范君作復庵記而傾吐之，因亭林亦無時無刻，不思興復明室也。此是借題抒情，意不專在爲庵作記，故謂之文學傳記。此記俯仰生世，低昂感慨，故國黍離之悲，溢於言表，使人讀之，民族思想之情懷，油然而生矣。就文情而言，亦極纏綿悱惻，此之謂有裨世道之文，文學之功用，豈讓其他之文？玆錄劉基郁離子二則，其一曰：

工之僑得良桐焉，斵而爲琴，弦而鼓之，金聲而玉應，自以爲天下之美也。獻之太常；使國工視之，曰：「勿古」，還之。工之僑以歸。謀諸漆工，作斷紋焉；又謀諸篆工，作古款焉。匣而埋諸土，期年出之，抱以適市。貴人過而見之，助之百金，獻諸朝。樂官傳視，皆曰：「希世之珍也」。工之僑聞之，歎曰：「悲哉，世也！豈獨一琴哉？莫不然矣！而不早圖之，其與亡矣」！遂去，入於宕冥之山，不知其所終。

此述其人其事，未必眞有，蓋借以譏世人識眞者少。以眞實之才待世，人以爲無才，必經過一番塗飾，人以爲眞才矣。實則古與今未嘗有異也。猶之在國自修有得之士，人都不重視，必出外塗金一番，人皆以有才，同一情形。因之不學之人，競欲出外，返回後以爲炫耀，人皆謂之有才，畀以顯職。無怪工之僑欲早圖之，入於宕冥之山也。蓋當時有此情事，劉基借以託諷也。其二曰：

蜀賈三人，皆賣藥於市。其一人，專取良，計入以爲出，不虛賈，亦不過取贏。一人良不良皆取焉；其價之賤貴，惟買者之欲，而隨以其良不良應之。一人不取良，惟其多；賣則賤其價，請益則益之不較，於是爭趨之；其門之限，月一易，歲餘而大富。其兼取者，趨緩，再期亦富。其專取良者，肆、日中如宵，旦食而昏不足。郁離子見而歎曰：「今之爲士者亦若是夫！昔楚鄙三縣之尹三。其一廉，而不獲於上官；其去也，無以僦舟；人皆笑，以爲癡。其一擇可而取之，人不尤其取而稱其能。其一無所不取，以交於上官，子吏卒而賓富民。則不待三年，舉而仕諸綱紀之司，雖百姓亦稱其善，不亦怪哉！

此一則，劉文成兩兩比對，已加說明，無待解釋，其意不外實心爲民而廉隅者，不得久於其任，以貧以去，愈貪贖者，愈能升遷多財蓋亦有見於當時官場有此情事，而借以諷之也。諷刺之文，以不說明有含蓄爲善，故此文，讀之則寡味也。有同敍一事，相形之下，而工拙懸殊者。洪邁容齋隨筆曰：

東坡作蓋公堂記云：始吾居鄉，有病寒而欬者，問諸醫，醫以爲蠱，不治且殺人，取其百金而治之。飲其蠱藥，攻伐其腎腸，燒灼其體膚，禁切其飲食之美者。期月而百疾作，內熱惡寒而欬不已，纍然眞蠱者也。又求於醫，醫以爲熱，授之以寒藥，旦夕吐之，暮夜下之，於是不能食。懼而反之，則鍾乳、烏喙，雜然並進，而漂疽癰疥眩瞀之狀，無所不至。三易醫，而病愈甚。里老父教之曰：『是醫之罪，藥之過也。子何疾之有？人之生也，以氣爲主，食爲輔。今子終日藥，不釋口，臭味亂於外，而百毒戰於內，勞其主，隔其輔，是以病耳。子退而休之，謝釋却藥，而進所嗜，氣全而食美矣；則夫藥之良者，可以一飲而效」。從之期月，而病良已。昔之爲國者亦然。吾觀夫秦自孝公以來，至於始皇，立法更制，以鑴磨鍛鍊其民，可謂極矣。蕭何、曹參、觀其斲喪之禍，而收其民於百戰之餘，知其厭苦憔悴，無聊，而不可與有爲也，是以一切與之休息，而天下安」。是時熙寧中，公在密州，爲此說者，以諷王安石新法也。其議論病之三易，與秦漢之所以興亡治亂，不過三百言而盡之。張文潛作藥戒，僅千言云：「張子病痞，積於中者，伏而不能下；自外至者，捍而不能納。從醫而問之，曰：非下之可。歸而飮其藥，既飮而暴下；不終日，而向之伏者散而無餘，向之捍者柔而不支。焦膈導達，呼吸開利，快然若未始有疾者。不數日痞復作，投以故藥，其快然也如初。自是逾月而痞五作五下，每下輒愈；然張子之氣，一語而三引，體不勞而汗，股不步而慄，膚革無所耗於外，而其中薾然莫知其所來。聞楚南有良醫焉，往而問之，醫歎曰：「子無歎是薾然者也。天下之理，甚快於予心者，其末必有傷；求無傷於終者，則初無望於快吾心。痞橫乎胸中，其累大矣，擊而去之，不須臾而除其大之累，和平之物，不能爲也。必將擊搏震撓而後可，其功未成，而和氣已病。則子之病，凡一快者，子之和一傷矣，不終月而快者五，則和平之氣，不既索乎？且將去子之痞，而無害於和平。子歸，燕居三月，而後予之藥可爲也」。張子歸三月而復請之，醫曰：「子之氣少全矣，取藥而授之」，曰：「服之三月而疾少平，又三月而少康，終年而復常；且飲藥不得亟進」。張子歸而行其說，其初使人懣然，遲之，著三投其藥，而三反之也。然日不見其所攻，久較則月異而時不同，蓋終歲而疾平。張子謁醫謝，而問其故？醫曰：「是治國之說也，獨不見秦之治民乎？勑之以命，捍而不聽令，勑之以事，放而不畏法。令之不聽，治之不變，則秦之民嘗痞矣。商君見其痞也，厲以刑法，威以斬伐，痛剗而力鋤之，流蕩四達，無敢或拒，痞嘗一快矣。至於二世，凡幾痞而幾快矣，積快而不已，而秦之四支枵然，徒有其物而已。民心日離，而君孤立於上，故匹夫大呼，不終日而百疾皆起，欲運其手足肩膂，而漠然不我應，故秦之亡者，是好爲快者之過也。昔者先王之民，初亦嘗痞矣，先王不敢求快於吾心，陰解其亂，而去其滯，使之悠然自趨於平安而不自知，於是政成教達，悠久而無後患，則余之藥終年而愈疾者，蓋無足怪也」。予觀文潛之說，盡祖蘇之緒論，而千言之煩，不若三百言之簡也。故詳書之，俾作文立說者，知所矜式。竊料蘇公之記，文潛必未之見，是以著此篇；若既見之，當不復屋下架屋矣。

東坡葢公堂記，借醫疾以諷王安石新法。若以文章正軌而論，不能如此作，應記葢公堂興建之所由，及興建之年月日時費用。今借以爲諷，此爲抒情，屬於文學之範圍。張文濳作藥戒，用意作法，與東坡相同。而東坡三百言盡之，文濳則千言之煩。兩相比觀，可知作文之法。作文之法，有時難以明言，須將同記或同敘一事之文對勘，方能知之。文濳之藥戒，雖非以記事爲名，亦同爲諷王安石之新法，屬於文學之範圍。文章之善否，固不能以煩簡而定，甚多煩而勝簡者，如上述東坡與文濳之作相較，則顯然簡而勝煩。陳柱中國散文史曰：

唐蔚芝師云：「左傳稱曰內傳，國語稱曰外傳。顧亭林先生謂左氏采列國之史而作，非出於一人之手。余疑內傳爲邱明所編輯，外傳則采自列國，未加删削者也。夙好以左氏傳與公穀二傳互相比較，如左氏鄭伯克段于鄢一段，宜與穀梁傳對較；晉獻公欲以驪姬爲夫人一段，宜與穀梁傳晉殺其大夫里克對較；晉靈公不君一段，宜與公羊傳對較。悟其文法之各異，而文思文境，乃可日進。又好以內傳與外傳參考，如外傳管子論軌里連鄉之法，敬姜論勞逸，優施教驪姬夜半而泣諸篇，皆爲內傳所不載，而一則波瀾壯闊，一則豐裁嚴密；一則細語喁喁，委婉入聽，均各擅其勝。又如晉文請隧，襄王不許，內傳曰：王章也，未有代德，而有二王，亦叔父之所惡也。僅三語，懍乎其不可犯；而外傳則衍成數百言，負聲振采，琅琅錚錚，有令人不厭百回讀者矣。惟吳越語氣體句調，均屬萎薾，疑與內傳未載智伯事相同，爲後人附益。司馬子長曰：『邱明懼弟子人人異端，各安其意，失其眞，故因孔子史記具論其語，成左氏春秋』。又曰：『左邱失明，厥有國語』。然則二書之當並重無疑」。

此言有關各書，所載相同之事，互相對較，可悟其文法，而文思文境，乃可日進。於此可知欲知文章之作法。將有關敍同類之事之文，相對而讀，文章優劣自見，可悟文章之作法。以上所舉各書，自屬於經學及歷史之傳記，但爲文學傳記，亦可取以爲參考，故特引述以言之。

小說一類，體裁多端，要爲傳記文學鉅流，因其如此，其內容有粹有駁，其文字有善有否，自宋以前，大多短篇筆記傳奇爲多，自宋以後，而有長篇章回體出。在以前一般人都以爲誣罔不經之書，不以重視。自元明以來，而成爲大規模之文學作品。而文人才士，盡其畢生心力，用之於傳奇小說者，不可勝計。而自元明以來之傳奇小說，已不是小道。而提高小說之地位者，允推明末淸初之金聖歎。在其時，無不訝爲大膽之作風。其爲人共稱，名之爲六才子書者，今人已不甚稱道。而其名六才子書，一爲莊子，二爲離騷，三爲史記，四爲杜詩，五爲水滸，六爲西廂記。其以此六書牽合爲一，而倘論文學者。多不措意。梅伯言書莊子後，言「莊周也，屈原也，司馬遷也，皆不得志於時者之所爲也，皆怨悱之言也」。梅氏以此三書，同以怨悱之言視之，怨悱之言，寓言也。寓言之文，胥爲文學作品。而金氏益之以杜詩、水滸、西廂三書。杜甫亦不得於時者也。詩三百篇，固多爲諷刺之作，有人以杜詩，得古詩人之意，其諷刺時事之作甚多，不煩舉例。水滸擴宣和遺事三十六人，而爲一百零八人，其人其事，多爲虛構，固不待言，其意在言爲國者，不能用人，使豪傑之士，梟聚綠林，雖言宋事，實指當時而言也，與莊子、離騷、史記書中，借古說今，同一道理。西廂記，人多以才子佳人言情之書，安知其無寄託？詩經言男女之事非一，離騷託之美人香草，世人未能察其所指，故率以言情之書視之耳。而聖歎名爲六才子書，但就文章言，皆天地間之至文，皆文學傳記中極詣之作也。（離騷有人稱之爲屈原傳，杜詩稱之爲詩史，而莊子，多稱述古人之言行，雖爲借託，當別有所指，故爲此惝怳迷離之辭，以亂人之視聽。以諷切當世，直言不免賈禍也。）聖歎評論水滸，頗有見地：亦可言水滸傳之作法。其大意言：「水滸傳之方法，都從史記得來，而多勝於史記。史記妙處，水滸都有。水滸七十回，須一目看下，便知其二千餘紙是一篇文字。其間許多事，便是文字起承轉合法。某嘗道水滸勝史記，人都不信，其實史記是以文運事，水滸是因文生事。以文運事，是先有事以成文；因文生事，只是順遂筆性，削高補低都可由我。若別一部書，寫千個人只是一樣，寫兩個人，亦是一樣」。其言，大多允當。而有商榷處。史記自多因事寓言，雖有寓言，而不脫離事實，不同小說可虛構事實，不得不因事以運文。水滸事多虛構，可因文以運事，其間難易，於此可知。史記人各爲傳，不能如章回小說，可將其人其事，自首至末，連貫而下。文各有體，作法各別，豈能相提並論，更不能以此而定其優劣。史記爲各人立傳，其人之言行性格，栩栩欲活；水滸寫許多人，其性格言行，各各不同，亦皆生動，此聖歎所謂從史記出也。與其他小說，寫一千人，只是一樣；寫兩人亦是一樣，有天淵之別。紅樓夢中寫許多人，其聲容笑貌，亦能各肖其人，無讓於水滸也。其他小說中，雖不乏佳作，能及之者，蓋寡矣。金聖歎評西廂記，只論其文而非言曲，以文字言，在諸曲中，以西廂爲最佳，而曲之作法，與作其他文不同。曲之宮調牌名多本於詞，曲之體制亦多本於詞。曲之體制：有小令，套數，雜劇。曲之修詞：有字法、句法、章法。曲之藝術：有描寫、敍事、抒情，想像。曲之謀篇，則與作其他文又相類。如一篇之內，必有其中心點，如萬山磅礴，必有主峯。如西廂記，以張君瑞爲主。而張君瑞止爲白馬解圍一事，其餘皆從此一事而生。夫人之許婚，張生之望配，紅娘之勇於作合，鶯鶯之敢於失身，與鄭恒之力爭原配而不得，皆由此而生也。其餘曲劇，大抵如此。其方式似若有定。但其善與否，在能活用，摛辭能否精切優美而定。故一種文體，有一種文體之作法，此種文體之用字造句，移之他體則便非當行。大都曲劇，以一事實爲始末，故可以文學傳記視之也。曲由故事組織之韻語，可以視文學傳記，詠故事詩，若孔雀東南飛及木蘭辭亦然，不過非如曲有套數耳。燕山外史，屬小說，全用駢文作成，爲文學傳記中罕見者。傳奇筆記小說，說神怪之作，不知凡幾，其間文字之工拙亦不等，亦有二人同敍一事者，吾人倘取以對較，其妍蚩美惡，可以立見，可悟作文之法。其與古文家之作，略有不同。古文家之作如前述韓退之毛穎傳，圬者王承福傳，柳子厚種樹郭槖駝傳，蘇東坡方山子傳，皆爲有託之作，而無小說氣，直是古文。若柳子厚蝜蝂傳，臨江之麋，永某氏之鼠，則近小說矣。傳奇短篇小說，可以新巧，不妨華美，古文貴樸質，寧拙毋巧，雖亦尚華美，是樸中之華，故其造句選詞，與小說不同，作法亦因之而異，是以作古文，作小說，乃兩種筆墨，所施各有攸宜。太史公作滑稽列傳首引六藝，而曰：「談言微中，亦可以解紛」，譎辭飾說，其功用與六藝同矣。但為之者，宗旨要正，要能針對時代之癥結而箴貶之；庶有益於世。若誨淫導惡，顛倒是非，誣良訐善，以快恩怨，既傷德而壞心術，於人無損，於已有害矣。故為是類之文，須意存忠厚，體例謹嚴，旨在勸懲，是非不謬於聖人，雖曰小說，何讓正史？故余所輯「齊諧選編」正續集，凡所采錄之文，多為勸善懲惡之作，在使一般卽不常讀經史之人，讀之而知所戒惕。為善者可更可為善，為非者可改過遷善。因是類之文易讀，亦易感人，收效速而功倍矣。因此，凡為傳記小說之作者，都不可無正確之目標。前述因政治之弊，舉世是非賞罰，不得正，人民憔悴困苦，為小說者，因羣衆之心理，述遊俠大盜報讎行義之事，以為可以快意。若史記遊俠列傳卽有此意，水滸傳亦屬於此類之作，可以反映政治之不清明，亦未始非託諷也。因婚姻之弊，多怨偶，為小說者，述男女慕悅，婚姻遇合之事。此類之事，在小說中甚多，如今古奇觀中，喬大守亂點鴛鴦譜之類是也。學術之弊，極於經義程式，束縛士人思想，文章議論，陳陳相襲，為人厭棄，為小說者，刻畫學究迂酸之態，以譏刺之。如儒林外史之類屬之。因風俗之弊，機詐相矜，淫靡相尚。為小說者，描寫社會險惡之情，以警惕之。晉人小說中，記此類事頗多。晉代風俗甚淫靡，如石崇，何曾之類皆是。其散見於說部中亦不少。有傷世道之亂離，乾淨無地，因創為神仙方外之說，以振發耳目，滌盪牢愁者。有歎人心叵測，道德日墮，因創為因果報應之說，以圖提撕挽救。關於此二類小說之作為最多。但閱小說者，多忽略神仙方外之事，為作者之寄託，往往信以爲眞而求爲神仙之人，時有所聞。此亦無足怪，如秦始皇、漢武帝，皆信以爲神仙可求。故爲是類小說者，不應說得太眞，設若干疑難不可能之事，以防其迷惑。至於報應之說，在勸人爲善，可加以强調。實則，除迷信不談外，事實亦有之。凡事多有因果，種瓜得瓜，種豆得豆。如人能處處爲善，以力以錢助人，人必對其生好感，遇有困難時，人亦必相助，此豈非因果？豈非報應？爲善之人，胸中常有樂趣，有樂趣，則俗所說「心曠體胖」，可以延壽可以益福，此非神佑之，人自求之也。君子爲善不望報，雖不望報，而人自報之。爲一般人言，爲善有神佑，俾能改過遷善，無傷於迷信也。因頗多人，不懼法律，惟畏鬼神，不敢爲非，頗收效果，古人神道設教，非無原因也。

總之，不論爲小說，爲其他文，期有俾於世，其功用無分軒輊，惟爲小說，常易趨於邪僻，如顚倒是非如碧雲騢，懷挾恩如周秦行記，繪畫橫陳如秘辛。及世人所言之黃色刋物，皆當擯而不爲。江總白猿傳，以誣蔑歐陽詢，魏收魏書，以馬叡出於牛金，稗乘有之，固爲無當；正史詭妄，直同邪說，凡讀是類之文，當分別眞僞，毋爲淆惑也。

餘論第八

余將傳記釐分爲經學、歷史、文學三類以統攝之，皆舉其大要，未遑詳加探究，待後有暇，當再事補苴，期能稍臻完備；亦甚願同好知言君子，賚錫匡糾，裨能加廣加深，繼長增高，其所獲益，豈作者一人而已！

夷考凡一學術及文體之形成，莫不有其源，漸次衍變而爲支流。我國各種學術，莫非本於五經；而各種文體，亦無不原於五經，前人早已言及之矣。既學術文體皆原於經，則經所載，其指雖千百，要其歸，無非人倫日用，體國經野，此乃我歷世聖賢所傳之道法也。其他弗論，即以傳記而言，亦應本此道法，發揮宏揚，方爲有裨於世；而文以載道之說，所由來也。而文以載道，頗爲人詬病，一言及道，即目爲迂闊而不合時宜。道乃修齊治平之事，其以道爲詬病者，殆不欲爲君子，外修齊治平，甘爲一切苟且，敗壞綱紀之人乎？此世風所以日漓，變亂所由迭起也。故吾謂不論爲人或爲大小之事，皆當有其確立之方向，方不致迷亂泛泛無所歸依。爲學固然；爲各種傳記文，亦莫不皆然。昔嘗讀蘇子瞻潮州韓文公廟碑記，謂自東京以還道喪文敝，至公始道濟天下之溺，文起八代之衰，以自東京迄於六朝，文尚偶儷，氣格卑弱，文公屏棄六朝駢麗之文，欲返之三代兩漢之作，此之謂文起八代之衰，易知也。道濟天下之溺者，六朝玄言淸談，不重視儒術，而好老莊佛氏。此雖有迹可尋，猶未甚顯著也。及讀梁昭明文選序，其曰：「姬公之籍，孔父之書，與日月俱懸，鬼神爭奧。孝敬之準式，人倫之師友，豈可重以芟夷，加之剪截。老、莊之作，管、孟之流，蓋以立意爲宗，不以能文爲本，今之所撰，又以略諸。若賢人之美辭，忠臣之抗直，謀夫之話，辨士之端，冰釋泉湧，金相玉振。所謂坐狙丘，議稷下。仲連之却秦軍，食其之下齊國，留侯之發八難，曲逆之吐六奇。蓋乃事美一時，語流千載。概見墳籍，旁出子史。若此之流，又亦繁博；雖傳之簡牘，而事異篇章；今之所集，亦所不取。至於記事之史，繫年之書，所以褒貶是非，紀別異同，方之篇翰，亦已不同。若其讚論之綜緝辭采，序述之錯比文華。事出於沉思，義歸乎翰藻，故與夫篇什，雜而集之」。其選文之宗旨，外經史子而惟沉思翰藻之歸。此東坡所謂道喪也。自魏晉時論文，已鮮及經史子，至齊梁皆別出於文之外，而儷花鬪葉，靡麗是尙，亦至齊梁而極。子瞻所謂道喪文敝者，蓋實有所指，非空論也。是則以文爲文，而以風敎政理之大，無關於文之事，其所爲文，豈能謂有宏遠正大之思想？文章之思想，能否宏遠正大，足以影響人心之振靡，國家之治亂興衰？柳冕與滑州盧大夫論文書曰：

夫文生於情，情生於哀樂，哀樂生於治亂。故君子感哀樂而爲文章，以知治亂之本。屈宋以降，則感哀樂而亡雅正。魏、晉以還，則感聲色而亡風教。宋齊以下，則感物色而亡興致。教化興亡，則君子之風盡。故淫麗形似之文，皆亡國哀思之音也。自夫子至於梁、陳，三變以至於衰弱。嗟乎？關雎興而周道盛，王澤竭而詩不作，作則王道興矣。

柳氏言文章關係人心振靡，國家治亂興衰甚大。文章靡麗，至宋、齊、梁、陳而極，而風教益衰，此即道喪文敝也。以其所尚者爲淫麗形似之文，無關風教政理；亦即只是以文爲文，而無正確之目標。劉勰雖與昭明同時，其論文宗旨，與之相異，蓋鑒於專尚辭華之敝也。文心雕龍宗經篇曰：

三極彝訓，其書言經。經也者，恆久之至道，不刊之鴻教也。故象天地，效鬼神，參物序，制人紀，洞性靈之奧區，極文章之骨髓者也。皇世三墳，帝世五典，重以八索，申以九丘。歲歷綿曖，條流紛糅。自夫子刪述，而大寶咸耀。於是易張十翼，書標七觀，詩列四始，禮正五經，春秋五例，義既極乎性情，事亦匠於文理。故能開學養正，昭明有融。然而道心惟微，聖謨卓絕，牆宇重峻，而吐納自深。譬萬鈞之洪鍾，無錚錚之細響矣。易惟談天，入神致用，故繫稱旨遠辭文，言中事隱。韋編三絕，固哲人之驪淵也。書實記言，而詁訓茫昧，通乎爾雅，則文意曉然。故子夏歎書，昭昭若日月之明，離離如星辰之行，言昭灼也。詩主言志，詁訓同書，摛風裁雅，藻辭譎喻，溫柔在誦，故最附深衷矣。禮記立體，據事制範，章條纖曲，執而後顯，採掇聖言，莫非寶也。春秋辨理，一字見義，五石六鷁，以詳略文成；雉門兩觀，以先後顯旨。其婉章志晦，諒以邃矣。尚書則覽文如詭，而尋理即暢。春秋則觀辭立曉，而訪義方隱。此聖人之殊致，表裏之異體者也。至根柢槃深，枝葉峻茂，辭約而旨豐，事近而喻遠；是以往者雖舊，餘味日新。後進追取而非晚，前修文用而未先。可謂泰山徧雨，河潤千里者也。故論說辭序，則易統其首；詔策章奏，則書發其源；賦頌歌讚，則詩立其本；銘誄箴祝，則禮總其端；紀傳銘（當作移）檄，則春秋爲根。並窮高以樹表，極遠以啓疆。所以百家騰躍，終入環內者也。若稟經以製式，酌雅以富言，是仰山以鑄銅，煮海而爲鹽也。故文能宗經，體有六義，一則情深而不詭，二則風清而不雜，三則事信而不誕，四則義直而不回，五則體約而不蕪，六則文麗而不淫。揚子比雕玉以作器，謂五經之含文也。夫文以行立，行以文傳，四教所先，符采相濟，勵德樹聲，莫不師聖，而建言修辭，鮮克宗經，是以楚艷漢侈，流弊不還，正末歸本，不其懿歟？

此言五經蘊義各不相同。但均根柢槃深，枝葉峻茂，辭約旨豐，事近喻遠。而後世各種文體，亦均由五經而出，雖則分體各殊，屬於傳記之範圍者則較多。文體既由五經出，作文亦應本之五經，五經爲文，便能情深不詭，風清不雜，事信不誕，義直不回，體約不蕪，文麗不淫，雅正而無流弊。

其於宗經外，有原道篇。其曰：

爰自風姓，暨於孔氏。玄聖創典，素王述訓，莫不原道心以敷章，研神理而設教；取象乎河洛，問數乎蓍龜。觀天文以極變，察人文以盡化。然後能經緯區宇，彌綸彝憲，發揮事業，彪炳辭義。故知道沿聖以垂文，聖因文而明道。旁通而無滯，日用而不匱。易曰：「鼓天下之動者存乎辭。」辭之所以鼓天下者，乃道之文也。

此與宗經之說，相爲表裏，上言文體由經出，爲文須本之經。此言文辭之功用。聖人之道，緣文而垂，聖人之道，亦由經而明，是爲文以載道之說所本。聖人之道，不外經緯區宇，彌綸彝憲。因此，爲文須宗經，明道須法聖，聖人之道，載之於經，故經爲學問文章之本根，不能外焉者也。王通中說言：「學者博誦云乎哉？必也貫乎道，文者苟作云乎哉？必曰濟乎義」。王氏言「讀書在貫道，爲文須濟義」。是言惟讀經才能貫道，貫道後作文才能濟義，亦即文以載道之意。文以載道，乃爲文之目標也。爲經學傳記在明經義，即明道；爲歷史傳記在翼贊經旨，亦即衷道；爲文學傳記合乎經意；即小說，述善惡，昭勸戒，導人於規法，何莫非道。朱子語類曰：

> 道者，文之根本，文者，道之枝葉，所以發之於文，皆道也。三代聖人，文章皆從此心寫出，文便是道。……方卿問：「韓文李漢序，頭一句甚好」。曰：「公道好，某看來有病」。陳曰：「文者，貫道之器，且如六經是文，其中所道，皆是道理，如何有病」？曰：「不然！這文皆是道中流出，有有文反能貫之理，文是文，道是道也？文只如吃飯時下菜耳；若以文貫道，却是把文爲末，以末爲本，可乎？其後作者，皆是如此」。

朱子以爲文不能貫道，與王通所謂「貫乎道」，李漢序韓文：「文爲貫道之器」，以爲非是。亦與劉彥和：「聖因文而明道」不同。章學誠文史通義說林曰：「李漢序韓氏文曰：『文者貫道之器』，其言深有味也。宋儒譏之，以爲道無不在，不當又一物以貫之，然則『率性之謂道』，不當又有一物以率之矣」。章氏此言，明明駁正朱子之說。擧中庸「率性之謂道」，是以道外有物以率之，道外亦有文以貫之，文非貫道而何？朱子之言，頗涉玄妙而無當。文字工具也，工欲善其事，必先利其器，發揮經義，文章善不善，攸關經義之透闢與否。且古來文章，頗多能明經義，亦有頗多不能明經義；頗多純正義美；亦有頗多邪枉意詭。故文難言皆貫道，欲求貫道一如劉彥和所言須「宗經」，宗經爲立文之本，爲文之有目標者也。故世之立言之士，多以此爲祈向。宋濂文原曰：

世之論者二：曰載道、曰紀事。紀事之文，當本司馬遷，班固；而載道之文，舍六籍將焉從？雖然，六籍者，本與根也，遷，固者，枝與葉也。此近代唐西子之論，而余之所見，則有異於是也。六籍之外，當以孟子爲宗，韓子次之，歐陽子又次之。此則國之通衢，無荆棘之塞，無蛇虎之禍，可以直趨聖賢之大道，去此則曲狹僻徑耳，犖确邪蹊耳，胡可行哉？

宋氏之言未爲無當。紀事之文，未嘗不載道？除韓歐外，言之當理者，何莫而非道也。錢大昕十駕齋養新錄曰：中庸言道之書也，曰：「天命之謂性，率性之謂道」，是道本乎天也。又曰：「天下之達道五：君臣也，父子也，夫婦也，昆弟也，朋友之交也」。是道不外乎五倫也；惟不外乎五倫，故曰：「道不遠人」；又曰：「道也者，不可須臾離也」。……張無垢曰：「道非虛無也，日用而已矣。以虛無爲道，是以亡國；以日用爲道，則堯舜三代之勳業也」。

自六經孔孟言道；及以後賢人君子言道，多不外乎人倫日用之間，迄今仍有以道爲渺茫虛無之物，而諱言道，甚至非笑之，抵排之，不知其不明所謂道？或有意破壞之？若以其言，而發爲文章，或見之於行事，皆悖逆而不可理喻矣，世局焉得不亂？章學誠曰：

文章之用，或以述事，或以明理。事溯已往，陰也；理闢方來，陽也。其至焉者，則述事而理以明焉；言理而事以範焉；則主適不偏而文乃衷於道矣。遷、固之史，董、韓之文，庶幾哉！有所不得已而言者乎？不知其故，而但溺文辭，其人不足道已！即爲高論者，以謂文貴明道，何取聲情色采，以爲愉悅，亦非知道之言也。（文史通義原道下）

章氏此言，視宋濂爲切至。述事之文，合於理，亦即衷於道也。所論皆不合於理，便謂無道。述事與明道，初未嘗分也；其可分者，皆無乎事理之當然，風花雪月之類詩文也。章氏言：高論者，謂文貴明道，何取聲情色采，以爲愉悅，謂其「非知道之言」，而未說明。其意以明道載道之文，亦須優美，其作用有二：一爲文章優美，易使人發生同感；一爲惟優美之文，能發揮道妙。宋語錄多爲談經說道之文，以其文辭鄙俗，雖所說道理十分周到，亦少有人誦讀之矣。文辭猶舟車也，舟車所以載人物也，無堅固之舟車，則人與物不能載，六經四子之文，何一文而非優美，所以能行之百世而常新者，豈非賴此優美之文辭乎？故章氏謂其「非知道之言」，文辭功用之大，於此可見。故吾嘗謂爲各種傳記，於文辭之修練，亦殊重要，而不可忽視。文辭之用有善有否，譬如刀兵，善人得之，可以禦盜，盜得之，可以殺人越貨。顧亭林日知錄曰：

文之不絕於天地間者，曰：明道也，紀政事也，察民隱也，樂道人之善也；若此者，有益於天下，有益於將來，多一篇，多一篇之益矣。若夫怪力亂神之事，無稽之言，勦襲之語，諛佞之文；若此者有損於己，無益於人，多一篇，多一篇之損矣。

此言文章，可以益己益人，亦可以損己損人。故吾謂為文不可先樹立正確之目標者以此也。今返觀經學、歷史、文學三種傳記文中，古來作者，不可勝計，是否皆為有益而無損？經學傳記，固皆為發明經義，立意未嘗不善。為明經義，而發生紛紛之爭議，樹立門戶，各成派系，由此而各趨向偏蔽，各是其是而非其非，就有所得，而逼仄不能得經義之全。如漢代今古文之爭，直至清末而未有已。其始為今文家言左氏不傳經，又謂其他各經無師法家法。豈古文一無可取？倘能取古文之長，以輔今文之不足，豈不盡善。迄東漢末，而王肅又與鄭玄爭，王肅造為僞書，以助己說，此全為爭名，而非為明經義矣。清末公羊學家之康有為，作新學經籍考，謂周禮等書為劉歆僞造，又言六經為孔子託古改制之作，以附會其變法。試問：如此何能發明經義？清代乾嘉間，又有漢宋之爭，漢宋之學，應輔相益，而各立門戶，豈非相病？大多亦為爭名，非眞為明經義也。其於發明經義，豈非受損，此於前文已述之：而復提及之者，以治學要能兼收並蓄，不可奉一先生之言，暖姝自喜，外此者皆非，惟我則是，此傳經之學者之障也。歷史傳記，本為明是非，昭勸戒，而記載不實，邪曲事實者，亦為不少，在劉知幾史通中，已言之，不再引述。而在私人文集中，為人作傳敍之文，言過其實，佞諛滿紙；而又以挽近之作爲甚。人無寸善，言其無美不備；文無足道，言其絕世之作。倘持其文，以核其人，以讀其文，人既無所可取，文亦無足短長，顧亭林所謂「諛佞之文，多一篇，多一篇之損矣」。顧亭林日知錄又曰：

詩云：「巧言如簧，顏之厚矣」。而孔子亦曰：「巧言令色鮮矣仁」。又曰：「巧言亂德」。夫巧言不但言語，凡今人所作詩賦碑狀，足以悅人之目，皆巧言之類也；不能，不足以爲通人。夫惟能之而不爲，乃天下之大勇也。故夫子以剛毅木訥近仁，學者所用力之途，在此不在彼也。天下不仁之人有二：一爲好犯上作亂之人，一爲巧言令色之人。自幼而不遜弟，以至於弒父與君，皆好犯上作亂之推也。自脅肩諂笑，未問而言，以至於苟患失之，無所不至，皆巧言令色之推也。然而二者之人，常相因以立於世。有王莽之簒弒，則必有揚雄之美新；有曹操之禪代，則必有潘勗之九錫。（世說言，潘元茂作魏公之册命，人謂與訓誥同風。）是故亂之所由也。犯上者謂之亂，巧言者爲之輔。故大禹謂之巧言令色，孔壬，而與驩兜有苗同爲一類。甚矣！其可畏也！然則學者宜如何？必先之以孝弟，以消其悖逆陵暴之心，繼之以忠信，以去其便辟側媚，使一言一動，皆出於本心，而不使不仁者加乎其身。夫然後可以修身，而治國矣。

此顧氏戒爲人作文，不可不愼。人之有善，而我稱之，未爲不可，顧氏言樂道人之善，與明道，紀政事，察民隱三者，同爲有益於天下，有益於將來也。此類之文，多一篇，多一篇之益，但無善而稱善，善小而稱大，則有損矣，此之謂諛佞。自來頗多爲權勢人作文，引以爲榮。其人並無有何善，而稱其仁德惠和，功績彪炳；其人文並未能佳，而稱其可藏之名山，傳之其人。而了無所見所知者，亦往往從旁稱道，不遺餘力。此無他，諛佞以博其青睞也。犯此病者，無世無之，此之謂「文人無行」。而被其稱譽者，一若受之當然，了無愧怍之心，而沾沾自喜。而尤其爲人作傳敍文，犯之病者，比比皆是，不可不愼也。此類之文，皆屬歷史傳記，多不能傳，幸而能傳，莫言損人，損己亦多矣。

關於文學傳記，蓄意誣蔑，以快恩仇，前已言之。顧亭林言：「怪力亂神，無稽之言」，以爲無益有損，但須視事實如何，不能一概而論。譬如聊齋誌異，所言多爲狐鬼之事，有人以爲是指滿淸而言，不能直言而以狐鬼爲映射，細味其言，確有可能。又有人言其中俠女一篇，俠女是指呂四娘，其所盛革囊中之頭，爲雍正之頭。雍正死而無首，人多傳說，正史不載，雖不可全信，亦足以快人心也。其書中頗有滅滿復漢之意，要之頗富民族思想，此怪異無稽之言，未嘗無益也。而誌異文章，在傳奇小說中，不可多得。鏡花緣係章回小說，其中所載之事，如山海經，皆爲無稽之言。但間言音韻學問，非稍有學養者，難以通讀，至末後，打破酒色財色四關，亦寓勸戒之意。紀曉嵐閱微草堂筆記，則純爲勸懲之書，其中所言，亦略有眞實事迹，並非全屬虛構，文字亦佳，一般人讀之，有益無損。故小說，不必論其是否無稽，如目標純正，於人有益即可。於人有益之書，不論其爲正史或小說，皆可視爲明道之作，其功用相等也。

以上言爲經學、歷史、文學傳記，均須有正確之目標，卽爲其他各文，亦應如此，所爲之文，方有意義，有品格價値，而不苟作，故本書特揭出而論次之。

余嘗見有人論文章，以記敍文易作，議論文難作，不知其何所見而云然？言其易，各體文都易作；言其難，各體文都難作。其難其易，又須視性向所近，或不近；及其用力之淺深而定。三蘇長於議論，而短於記敍。若言議論文難作，記敍文易作，何以被認爲易作者反難？認爲難作者反易？吾不知言議論敍事難作易作，將何以自解？二十四史中，善敍事理者，爲前四史，以下二十史，均不能及，若宋史元史，記事疏漏，直同賬簿，記敍文之作，果易於議論乎？故吾以爲對於各體文作法，無深切研究了解，切弗輕易發言，自以爲能知文章作法，爲有識者見之，恐竊笑其無識。人苦不自知，不自知之人，經常喜賣弄其才華，豈非可笑。吾爲此言，並非有意駁詰，恐爲無知者閱之，亦認爲其言可信，自誤猶小，誤人之過大矣。原其爲此言，並非無因，彼見國小學生，作記敍文易，議論文難，認爲以此推之，凡作記敍者易，作議論文皆難矣。不知作議論文，恐比之作記敍文尙易也。劉知幾言作史，須備才學識三長，而不言作其他文亦須具有三長，何也？作其他文，並非不須具有三長，但有才而學識稍差者，亦可爲佳文；作史則不然。故章學誠有自四史後，史才難得之歎；亦可見自古以來，史家少而文家多，記敍文之不易作，於此可知。柳子厚山水記，獨步千古；但柳子厚議論文，與之相埒，或有過之者不少，記敍文難作乎易作乎？實則各體文之作，語其難皆難，語其易皆易。何則？每一文體，作之能臻極詣則難，平庸無奇，人皆能爲則易。性之所近，作來較易；性非所近，作來則難。姚永樸曰：

魏文帝有言：「文章經國之大業，不朽之盛事。(典論)故欲求工，非有本原，有師法，有工夫，而又需之歲月之久者，不能也。夫以昌黎之才，生平以求國家之遺事，考賢人哲士之終始，作唐之一經爲志。(答崔立之書)而卒不敢率爾之，(答劉秀才論史書)蓋亦知其難也。近世方望溪嘗歎作記之難，(答程夔州書)曾文正嘗歎作賦之難。(筆記)張廉卿先生又告永樸以論說之不易爲。其意以爲自諸子後，其足自立者，惟過秦論，原道、原性、原毀、本論、志林十餘篇耳，其他無甚補於世，故爲之不可不愼。吳摯甫先生亦嘗論及此。永樸觀八家中最喜作論者，莫如三蘇；然自志林外，大抵非最盛之作。故東坡嘗言，「凡人爲文，至老多有所悔，僕嘗悔其少作矣」。(與張嘉父書)又曰：「軾少時好議論古人，既老，涉世更變，往往悔其言之過」。(與王庠書)由此觀之，張吳之論，誠不可不深長思也。吾弟叔節(永概)亦言：「每見海內才傑，年少氣壯，議論之文，多可觀者，至於敍述，則凌雜蔓衍，多無法則；或謹於法矣，又索漠少生氣。及已得塗徑，乃覺紀事之文尙易，議論轉難；蓋議論必發古人所未得；又其說非關係乎宇宙能自成一家言，不爲工也，以才華自雄，徒辭費耳。此說頗得大家甘苦，特附錄之，以餉學者。(國文學)

此言作賦難，作記難，作議論文難。實則，各種文，欲作得好都難。議論文，須能發古人所未得，足以自成一家；記敍文，須能生動，栩栩欲活，豈是易事。章學誠曰：

文人固能文矣，文人所書之人，不必盡能文也。敍事之文，作者之言也，爲文爲質，惟其所欲，期如其事而已矣。記言之文，則非作者之言也，爲文爲質，期如適如其人之言，非作者所能自主也。貞烈婦女，明詩習禮，固有之矣；其有未嘗學問，或出鄉曲委巷；甚至傭嫗鬻婢，貞節孝義，皆出天性之優；是其質不愧古人，文則難期於儒雅也。每見此等傳記，述其言辭，原本論語、孝經，出入毛詩，內則，劉向之傳，曹昭之戒，不啻自其口出，可謂文矣。抑思善相夫者，何必盡識鹿車、鴻案？善教子者，豈皆熟記畫荻、丸熊？自文人胸中有成竹，遂致閨修皆板印，與其文而失實，何如質以傳眞也。由是推之，名將起於卒伍，義俠或奮閭閻，言辭不必經生，記述貴於宛肖。而世有作者，於斯多不致思，是之謂「優伶演劇」。（文史通義古文十弊）

此言爲人作傳記，敍其事，要適如其事；述其言，要適如其言。能如此，方能傳眞，而不致失實，文方有生氣而活躍。但世之爲傳記文者，多不能敍事適如其事，述言適如其言，則成爲印板文辭矣。試問能合此要求，自四史以下諸史有幾？劉知幾亦有類是之言，其曰：

彥鸞（崔鴻）修僞國語史，收（魏收）、弘、（牛弘）撰魏、周二書，必諱彼夷音，變成華語，等揚由之聽雀，如介葛之聞牛，斯亦可矣；而於其間，則有妄益文彩，虛加風物，援引詩書，憲章史漢，遂使沮渠（北涼）乞伏（西秦）儒雅比於元封；（漢帝元）拓跋、（元魏）宇文、（北周）德音同於正始。

（魏文元）華而失實，過莫大焉！惟王宋著書，敍元高時事，抗詞正筆，務存直道，方言世語，由此畢彰。而今之學者，皆尤二子，以言多滓穢，語傷淺俗。夫本質如此，而推過史臣；猶鑑嫫姆多媸，而歸罪於明鏡也。（史通言語）

此亦言作史，以傳眞爲貴。其本質風雅，可加以華美；本質俚俗，而爲之粉飾，失其眞矣，便無價值可言；此卽章氏所言敍事適如其事，述言適如其言之意也。但傳俗事，使人讀之，不覺其俗，此非大手筆不辦。文章之於人，亦有天性，不可勉強。如方望溪初以詩見王漁洋，漁洋頗致呵斥，復以詩見查愼行，愼行謂望溪詩不能工，徒奪爲文日力，望溪自是不爲詩，專治古文。如作傳記文，其體類非一，難以兼擅，擇其中與吾性之所近者致力之，不必貪多務得也。貪多務得，卒至一無所得。又諸傳記中，倘非我之所長，寧藏拙而不爲；若自以爲無所不能，必至出盡醜相。林琴南曰：

序古書，序府縣志，序詩文集，序政書，序奏議，族譜、年譜、序人唱和之詩，歸入序之一門。辨某子，讀某書，書某文後、及傳後，論題某人卷後，歸入跋之一門。序跋文爲之殊難，以人於各種學問難兼擅。長於經者，不必長於史。非有心得，則不能得其精處，語中要害。跋尾於金石文，非考據精覈不能下筆；於古書古畫，非詳其流派所出，不能措語。而序之文字，貴能精實；跋之文字，貴能嚴潔，去其贅言，出以至理，方爲合作。（春覺齋論文）

林氏所言序跋讀題等，要皆爲傳記文之支裔，非具有各種學問，不能爲各類之文，傳記之不易作，從此可知矣。綜以上所述，不論爲何種文，先須學養深到，要有正確之目標，並要能專精；而不必言某一文體易爲，某一文體難作。具有才情，於某一種文有深切研究心得，爲之則易，否則皆難。是乃一人之見，未必有當也。

「中國傳記文述評」評介

宋希尚

多年來，頗多學者對於「傳記」至爲重視，並倡導鼓勵一般人多作「傳記文學」。而有關討論何者爲「傳記文學」之文章，亦數見不鮮。本人對於傳記文，常喜閱讀，因此對是類論著，輒以先睹爲快。因此亦發生若干疑問。譬如，以往史學家言六經皆史；經既是史，何必分經、史、子、集爲四部？經大可併入史部，不必有經之名。又有人以經學傳記視爲文學傳記，以爲歷史傳記與文學傳記，難以區分。對此亦不無置疑？雖曾略涉其他有關是類問題之作品，有所分辯，而欠明晰，仍不能釋然於懷。最近獲讀毛鵬基教授所著「中國傳記文述評」一書，對以上懷疑，得以冰釋。

浙江嵊縣

前國立臺灣大學教授

六經皆史之說，雖有多人不以爲然，但少學例說明。本書學例：以爲孔子春秋是經，如經中開首記載「鄭伯克段於鄢」一句，使人讀後，無人明其所以然。及讀左氏傳及公、穀二傳，其經過情形，及何以記「鄭伯克段於鄢」之義，不待解說而自明。經重在義，而略事。左氏、公、穀三傳，傳經之事與義。孔子春秋，何能作史讀？其學例又言：孔子春秋記「趙盾弑其君夷皐」。弑君者乃趙穿，何以言趙盾？倘不讀左氏及公、穀三傳，只認爲直接弑君者爲趙盾，不知有趙穿。及讀三傳後，便知何以記弑君者爲趙盾。所以孔子春秋是經而非史。史學家以六經皆史，吾人閱此學例，便知春秋不能作史讀。左氏重在傳經之事，公、穀重在傳經之義，是經之傳記。對其他各經，亦有說明，不再引述。史學家大多深於史，而疏於經。劉知幾、章學誠都不免如此。

治學爲文，竟其流，亦要溯其源，方不至誤解。近人言傳記，多側重於傳人之傳記；而傳事之傳記，言之者已少。傳經之傳記，似覺無人言及。而傳人之傳記，又往往與傳經之傳記、歷史之傳記，併爲一談。有人以論語爲傳記文學，又有人認爲歷史傳記與文學傳記難以區分；本書中亦引述各家之說，加以說明。論語爲五經之錧鎋，是屬於經學之傳記；論語雖記載孔子及弟子等言行，亦略事而在明義，豈能以傳記文學視之？論語文學價値甚高，以文學讀之則可；但其書重要處不在此。猶之左氏傳，文章亦甚佳，而是歷史傳記，非文學傳記。歷史在徵信，文學在抒寫情性；徵信，事實不能杜造；抒寫情性，事實可以虛構。二者截然不同。本書中亦引舉事例說明，使人讀後，可以瞭然於歷史傳記與文學傳記，不能相混。此非只以文章優美與否爲言，而以其內涵性質而定也。

本書中所言注疏箋解等，亦爲傳記之流裔；在未讀本書前，似覺特異。爾雅與四書、孝經，均爲六經之傳記，爾雅爲名物訓詁之初祖，爲解釋詩經及其他經之傳記，而後世注疏經傳之書之名物訓詁，皆上承爾雅也。以此而言，則後來之注疏箋解等，爲傳記之流裔何疑？此非溯源竟委不能明也。又本書中所言：讀某書、讀某文、書某書後、書某文後，以及歷史中之論贊等，此屬於序跋，似與傳記無關。本書中言孔子作易之繫辭、文言、說卦、序卦等十翼，推論易之本源，廣大其義，是爲易經之傳記。後世讀某書、書某集後，曰論、曰贊，豈非傳記之流裔？惟孔子十翼，專發明易義，而讀某書、書某集後，非專發明某書某文之義；有論其得失，考其眞僞，因事異施，是之謂衍變。推其源，則本之易傳也。學術文章大抵至其末流，不能一無變異，理勢然也。歷史中之論贊等，亦是源於孔子十翼，不過一爲對前人之書而作。一爲對己所爲之書而作。故本書視之爲傳記中之傳記，與經史之注疏，爲傳記中之傳記，文辭雖有不同，其實未嘗或異。

至於傳奇、平話、劇曲等，此乃屬於說部中之傳記文學。書中所言是類之作，源於詩經；詩經多爲假託事物，以發抒情性，以爲諷諭。說部衆作中，亦頗多可與詩義相發，與歷史傳記善善惡惡之旨亦相表裏，一似詩之比、興。屈原離騷，得風人之致，人有以爲屈原之自傳，可考見屈原生世遭遇；但其所言，亦爲假託事物以感發，是文學傳記，而非歷史傳記。在詩歌中，頗多敍述人事，以爲詠歎，皆原於詩經，可以文學傳記流裔視之。此皆爲前人似未言及，亦可見傳記文學，不同於歷史文學之處。書中又言：歷史中有傳記文學，文集中亦有傳記文學；此爲一般讀歷史文集者，甚少注意，亦各舉例以說明之。其意在使人勿因歷史文集中有傳記文學，而混歷史傳記與文學傳記也。

本書經學傳記流裔中，列有「今古文之對峙」及「漢宋學之爭議」二目，驟看之，似若與傳記無涉，不知此正經學傳記之流裔。各派各家之著述，原爲發明經義之作，但一涉及門戶之見，則不免爭於意氣，趨向偏激，流弊滋多。此類著述猥多，難以悉舉，故書中所言，只說明各派各家學說之短長得失，卽此以求各派各家之言論主張，不難得其指歸。自古以來，學者凡一涉偏私，則益少害多，甚至未蒙其利，先見其害。本書中言：欲挽救此敝，須泯除私見，樹立正確之目標，方能互補相益，有裨學術之發揚。但能不矜於文辭，名不擅爲己有者，要不多見。推其原由，蓋因道不足而爭於文，實不充而競於名，世風衰而道術裂矣。此有志於學者，所當憬悟也。本書對此，三覆其言。倘不能爾，卽著述雖多，有裨於世道亦僅矣。本書列此二目，不遍舉其著述；但論各派各家之長短得失者，蓋以此歟？

希尚來臺三十年，服務於水利工程敎育，並承中華叢書編審委員會之協助，印行實業計劃之水利研究、治水新論等書約二十餘種，亦曾爲先師張謇、李儀祉寫其生平及河上人語等，間常請益於毛鵬基敎授，多蒙指正。最近拜讀其新著，益感傳記文體之深廣，茲就管見所及，寫此評介，以求正於當代學人。幸甚！幸甚！

國家圖書館出版品預行編目資料

中國傳記文述評 / 毛鵬基編著. -- 初版. -- 臺北市：蘭臺，
2012.12面；公分. -- (蘭臺國學研究叢刊. 第一輯；5)
ISBN：978-986-6231-50-6（平裝）
1.傳記 2.經學 3.歷史
780.1　　　　　　　　101022751

蘭臺國學研究叢刊 第一輯 5

中國傳記文述評

著　　者：毛鵬基
編　　輯：郭鎧銘
封面設計：鄭荷婷
出 版 者：蘭臺出版社
發　　行：蘭臺出版社
地　　址：台北市中正區重慶南路1段121號8樓之14
電　　話：(02)2331-1675或(02)2331-1691
傳　　真：(02)2382-6225
E—MAIL：books5w@yahoo.com.tw或books5w@gmail.com
網路書店：http://store.pchome.com.tw/yesbooks/
http://www.5w.com.tw/lanti/
http://www.5w.com.tw、華文網路書店、三民書局
總 經 銷：成信文化事業股份有限公司
劃撥戶名：蘭臺出版社 帳號：18995335
網路書店：博客來網路書店 http://www.books.com.tw
香港代理：香港聯合零售有限公司
地　　址：香港新界大蒲汀麗路36號中華商務印刷大樓
C&C Building, 36,Ting, Lai, Road, Tai,Po, New,Territories
電　　話：(852)2150-2100　傳真：(852)2356-0735
出版日期：2012年12月 初版
定　　價：新臺幣1200元整（精裝）
ISBN：978-986-6231-50-6
套書定價：新臺幣12000元整（精裝）
ISBN：978-986-6231-56-8